히든 포텐셜

HIDDEN
POTENTIAL

성공을 이루는 숨은 잠재력의 과학

히든 포텐셜

애덤 그랜트 지음 | **홍지수** 옮김

ADAM GRANT

한국경제신문

모든 이에게서 잠재력을 발견했던
시걸 바세이드를 기리며

HIDDEN POTENTIAL

차례

1부_ 품성 기량
더 멀리 도약하게 하는 힘

2부_ 동기를 유발하는 임시 구조물
성장을 가로막는 장애물 극복하기

ADAM GRANT

3부 _ 기회를 만드는 체제
기회의 문과 창문을 활짝 열어젖히기

콘크리트에서 장미 키우기

> 콘크리트 틈새에서 자란 장미 이야기를 들어봤나?[1]
> 자연의 법칙이 틀렸음을 증명한 장미 말이다.
> 발 없이 걷는 법을 터득한 장미 말이다.
> 꿈을 잃지 않음으로써 신선한 공기로 숨 쉬는 법을 터득한 장미 말이다.
> 《콘크리트에서 핀 장미(The Rose that Grew from Concrete)》, 투팍 샤커(Tupac Shakur) ●

1991년 봄 어느 쌀쌀한 주말, 미국에서 가장 두뇌가 뛰어나다고 손꼽히는 젊은이들이 디트로이트시 외곽에 있는 한 호텔에 모였다. 학생들이 지정된 좌석을 찾아가면서 웅성거리는 소리로 행사장이 울렸다. 체스 게임에 쓰는 시계가 째깍거리기 시작하자 행사장은 침묵에 빠졌다. 시계를 멈추는 버튼을 누를 때 나는 딸깍, 딸깍, 딸깍 소리만 들렸다. 흑색과 백색의 정사각형이 줄지어 있는 체스판으로 모두의 시선이 고정되었다. 전국 중등학교 체스 선수권 경기였다.

● 1996년 25세 나이로 요절한 미국의 힙합 아이콘이자 전설적인 레퍼로 《콘크리트에서 핀 장미》는 친구들이 그의 글을 모아 펴낸 유고 시집이다-옮긴이

최근 몇 년간 이 토너먼트는 명문 사립학교와 매그닛 스쿨(magnet school, 수학, 과학, 예술 등에 특화된 교육프로그램을 갖고 있는 일종의 공립 특목고로, 1960년대 말 소수인종 학생의 학업 성취도를 높이고 교육 불평등을 해소하기 위해 등장했다-옮긴이)이 휩쓸어왔다. 그런 학교들은 체스를 학교 교과 과정의 일환으로 만들 재원이 있었다. 선수권 지위를 방어하는 학교는 명문 달튼(Dalton) 스쿨로서, 세 차례 연속 전국 우승을 한 뉴욕시의 엘리트 사립학교였다.

달튼 스쿨은 올림픽 훈련 센터에 맞먹는 체스 훈련 시설을 구축했다. 유치원생은 한 학기 동안 체스를 배우고, 초등학교 1학년은 한 학생도 빠짐없이 1년 동안 체스를 연구했다. 가장 뛰어난 재능을 보이는 학생들은 전국에서 가장 뛰어난 체스 선생들로부터 수업 전과 방과 후에 지도를 받았다. 달튼 스쿨이 가장 자랑스러워하는 학생은 신동(神童) 조슈아 웨이츠킨(Joshua Waitzkin)으로서, 그의 삶을 토대로 2년 후 제작된 영화 〈위대한 승부(Searching for Bobby Fischer)〉는 흥행에도 성공했다. 웨이츠킨과 또 다른 스타 선수는 그해 출전하지 않았지만 달튼 스쿨은 여전히 막강한 팀이었다.

아무도 레이징 룩스(Raging Rooks)[2] 팀이 경쟁 상대가 되리라고 보지 않았다. 레이징 룩스 선수들이 긴장한 모습으로 호텔로 들어서자 시선이 집중되었다. 그들은 부유한 명문 사립학교 소속의 백인 학생들과는 공통점이 거의 없었다. 레이징 룩스 선수들은 흑인 여섯 명, 히스패닉 한 명, 아시아계 미국인 한 명 등 빈곤층 유색인종 학생들로 구성되었다. 대부분이 한부모 가정에서 달튼 스쿨의 학비보다도 적은 소득으로 엄마, 이모, 또는 할머니 손에 자랐다.

레이징 룩스팀은 뉴욕시 할렘(Harlem) 지역의 공립 중등학교인 JHS 43학군 소속의 8학년과 9학년이었다. 달튼 스쿨의 경쟁자들과는 달리 그들은 10년 동안 체스 훈련을 받지도 않았고 출전 경력도 화려하지 않았다. 6학년에 가서야 체스를 배우기 시작한 학생들도 있었다. 팀의 주장 케이존 헨리(Kasaun Henry)는 열두 살 때 체스를 배우기 시작했고 공원에서 마약 매매상을 상대로 체스를 연습했다.

전국 대회에 출전한 체스팀은 최고 점수를 유지하고 나머지 점수는 버린다. 달튼 스쿨처럼 규모가 큰 팀은 최대 6개의 점수를 버릴 수 있다. 그러나 레이징 룩스팀은 가까스로 출전에 필요한 선수 수만을 보유했고 따라서 버릴 점수가 없었다. 실수할 여지가 없었다. 우승할 가능성이라도 엿보려면 팀원 전원이 하나같이 최고의 기량을 발휘해야 했다.

레이징 룩스팀은 출발이 좋았다. 가장 실력이 떨어지는 선수가 상대방을 수백 점 앞섰다. 나머지 팀원들도 분발해 훨씬 경험이 많은 적을 외통수로 몰아넣었다. 레이징 룩스팀은 출전한 63팀 가운데 3위로 준결승전에 진출했다.

레이징 룩스팀은 경험이 일천했지만 비밀병기가 있었다. 그들의 코치는 모리스 애슐리(Maurice Ashley)라는 젊은 체스 마스터(Chess Master)였다. 20대 중반의 자메이카 출신 이민자인 애슐리는 피부색이 짙은 아이들은 똑똑하지 않다는 고정관념을 깨겠다는 일념이 있었다. 재능은 골고루 주어지지만, 기회는 그렇지 않다는 사실을 그는 경험으로 알고 있었다. 그는 다른 이들이 못 보고 지나치는 잠재력을 알아보았다. 그는 콘크리트에서 장미를 키우려 하고 있었다.

그러나 애슐리는 준결승전에서 자기 팀이 뒤처지기 시작하는 모습을 지켜보았다. 경기를 리드하던 주장 헨리는 큰 실수를 했고 가까스로 무승부에 그쳤다. 또 다른 선수는 승리를 눈앞에 두고 상대방에게 그의 퀸(Queen)을 빼앗기면서 패했다. 그는 울음을 터뜨리면서 경기장을 뛰쳐나갔다. 한 경기는 시작부터 엉망진창이어서 애슐리는 경기장을 나와버렸다. 끔찍해서 도저히 지켜볼 수가 없었다. 준결승전이 끝나갈 무렵 레이징 룩스팀은 3위에서 5위로 밀려난 채 결승에 올랐다.

애슐리는 코치로서 팀원들에게 오로지 판단만 마음대로 할 수 있고 결과는 마음대로 하지 못한다는 사실을 다시 일깨워주었다. 따라잡으려면 레이징 룩스팀은 남은 네 경기를 모두 이기고 순위가 높은 팀들은 져야 했다. 그러나 어떤 결과가 나오든 레이징 룩스팀은 이제 전국 최고의 체스팀 중 하나로 손꼽히게 되었다. 그들은 사람들의 마음을 사기 위해 체스 토너먼트에서 꼭 우승할 필요가 없었다. 그들은 이미 모든 기대치를 산산조각 냈기 때문이다.

체스는 천재들의 게임으로 알려져 있다. 최고의 젊은 선수들은 수열을 암기하고 신속하게 시나리오를 분석하고 여러 수를 미리 내다보는 두뇌를 지닌 신동들이다. 우승할 체스팀을 꾸리고 싶다면 달튼 스쿨처럼 하는 게 가장 좋은 방법이다. 신동들을 모집해 어렸을 때부터 집중 훈련을 시키면 된다.

하지만 애슐리는 정반대로 했다. 그는 체스에 관심이 있고 훈련받을 여유가 있는 중학생들을 가르치기 시작했다. 대부분 학업에서 학점 B를 받는 학생들로서 체스에 특별한 재능을 보여 선택된 아이들은 아니었다. "우리 팀에는 스타가 없었다"라고 그는 회상한다.

그러나 결승전이 진행되면서 레이징 룩스팀은 자기 자리를 지켜냈다. 두 선수는 상대방 선수를 외통수에 몰아넣는 개가를 올렸고, 헨리는 훨씬 급수가 높은 적수를 상대로 끈질기게 버텼다. 하지만 그가 역전승을 거둔다고 해도 그것만으로는 충분치 않으리라는 사실을 레이징 룩스팀은 알고 있었다. 결승전의 첫 경기는 무승부로 끝났다.

잠시 후 애슐리는 복도 끝에서 누군가 고함을 치는 소리를 들었다. "애슐리! 애슐리!" 공방이 지루하게 계속된 종반전에서 헨리가 예상을 뒤엎고 달튼 스쿨의 최고 선수를 무찔렀다. 앞서가던 팀들이 무너지고 레이징 룩스팀이 공동 1위가 될 길이 열리자 모두가 놀라워했다. 레이징 룩스 선수들은 서로 손바닥을 마주치고, 껴안고, 환호성을 질렀다. "우리가 이겼다! 우리가 이겼다!"

겨우 2년 만에 할렘 빈민가 출신 아이들은 초보자에서 전국 체스 챔피언이 되었다. 그러나 가장 놀라운 점은 약자가 이겼다는 사실이 아니라 그들이 이긴 이유다. 놀라운 성취를 이뤄낸 과정에서 그들은 체스 선수권 우승보다 훨씬 많은 것을 얻게 된다.

———

누구든 숨은 잠재력이 있다. 이 책은 그 잠재력을 실현하는 방법에 관한 이야기다. 위대함은 대개 타고나는 것이지 길러지는 게 아니라는 믿음이 널리 퍼져 있다. 그래서 우리는 학교에서 학업 성취도가 우수한 학생들, 타고난 운동선수들, 음악 신동들을 찬양한다. 그러나 신동이 아니어도 대단한 성과를 낼 수 있다. 우리 모두 어떻게 하면 대단한 성과를 올리게 되는지를 보여주는 게 내가 이 책을 통해 추구하는 목표다.

나는 조직심리학자로서 개개인의 발전을 촉진하는 힘을 연구하는 데 평생을 바쳐왔다. 내가 터득한 사실들은 우리 각자에 숨은 잠재력에 대해 여러분이 지닌 근본적인 가정들을 정면으로 반박할지도 모른다.

한 기념비적 연구에서 심리학자들은 음악가, 예술가, 과학자, 운동선수들이 지닌 이례적인 재능의 근원을 조사하는 데 착수했다.[3] 그들은 구겐하임 미술상을 받은 조각가들, 세계적인 콘서트 피아니스트, 수상 경력이 화려한 수학자들, 선도적인 신경과학 연구자들, 올림픽 수영선수들, 세계적인 테니스선수들 120명(그리고 그들의 부모, 교사, 코치들)에 대한 심도 있는 면담을 진행했다. 그 결과 놀랍게도 그 가운데 신동은 손에 꼽을 정도였다.

조각가들 가운데 그들이 초등학교 다닐 때 미술 교사가 특별한 재능이 있다고 여긴 이는 단 한 명도 없었다. 아홉 살이 되기 전에 굵직한 경연 대회에서 우승한 피아니스트가 몇 명 있었지만, 나머지는 그저 본인의 형제자매나 이웃집 아이와 비교해 재능이 있는 정도에 그쳤다. 수학자와 신경과학자는 대체로 초등학교와 중학교 학업 성적이 우수했지만, 같은 학년의 다른 우수한 학생들 사이에서 크게 두드러지지 않았다. 수영선수들 가운데 일찍이 기록을 세운 이는 거의 없었다. 대부분이 지방 대회에서 우승했을 뿐 지역이나 전국 선수권 대회 우승은 아니었다. 그리고 테니스선수들은 대부분 첫 토너먼트의 첫 시합에서 패했고 수년이 지나서야 지방에서 최고 선수로 부상하기 시작했다. 그들이 코치의 눈에 띈 이유는 남다른 재능이 아니라 남다른 동기 유발 때문이었다. 그들의 동기는 고정된 게 아니었다. 코치나 교사가 배우는 데 재미를 느끼게 만들면서 시작되는 경향이 있었다. "이 세상 누구나 배울 수 있는 것이라면 거의 모든 사람이 배울 수 있다. 적절한 학습 조건만 조성된다면…"이라고 한 저명한 심리학자는 결론을 내렸다.

최근에는 학습 조건의 중요성을 강조하는 증거도 나왔다. 수학, 과학, 또는 외국어의 새로운 개념을 터득하려면 보통 7~8차례 연습이 필요하다. 이 횟수는 초등학교에서 대학교에 이르기까지 수천 명의 학생에게서 공통적으로 나타난다.

물론 단 몇 차례 연습만으로도 뛰어난 기량을 보이는 학생들이 있다. 그러나 그들의 학습 속도가 빠른 게 아니다(그들은 또래 동급생들과 똑같은 속도로 기량이 개선되었다).[4] 그들을 나머지 학생들과 변별하는 요인은 첫 연습 때 더 많은 초보 지식을 갖추고 있었다는 점이다. 이미 관련 자료를 파악하고 있어서 유리한 위치에 있게 된 학생들도 있고, 부모에게 어릴 때 배웠거나 어깨너머로 배운 학생들도 있다. 타고난 능력의 차이로 보이는 것들이 사실은 기회와 동기 유발의 차이인 경

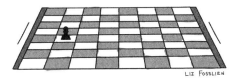

출발점보다는

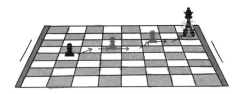

얼마나 먼 거리를 이동했는가

LIZ FOSSLIEN

우가 흔했다.

우리는 잠재력을 가늠할 때 출발점(바로 눈에 보이는 능력)에 집중하는 치명적 오류를 범한다. 타고난 재능에 집착하는 세상에서[5] 우리는 가장 전도유망한 이들은 첫눈에 두드러지는 이들이라고 넘겨짚는다. 그러나 성취도가 높은 이들이 어릴 때 보이는 재능은 천차만별이다. 아주 어렸을 때 보인 재능만으로 사람을 평가한다면 많은 이들의 잠재력은 빛을 보지 못하고 묻히게 된다.

출발점을 토대로 종착점을 예측하기란 불가능하다. 적절한 기회와 배우고자 하는 동기가 부여되면 누구는 대단한 성취를 이룰 기량을 지니게 된다. 잠재력은 출발점이 아니라 얼마나 멀리까지 가느냐다. 따라서 출발점보다는 얼마나 먼 거리를 이동했는지에 좀 더 초점을 둘 필요가 있다.

신동으로 혜성처럼 나타나 세상을 휩쓰는 모차르트(Mozart) 같은 이도 있지만, 우리 주변에는 서서히 부상하는 대기만성형 바흐(Bach) 같은 이가 더 많다. 그들은 눈에 보이지 않는 초능력을 지니고 태어난 게 아니라 대부분 가정 교육을 통해 재능을 기른다. 중요한 발자취를 남기는 특이한 재능은 타고나는 게 아니라 대체로 성장 환경과 양육의 산물로서 길러진다.

양육의 중요성을 무시하면 처참한 결과를 낳는다. 우리가 도달할 수 있는 영역과 터득 가능한 재능의 범위를 과소평가하게 된다. 그 결과 우리 자신과 주변 사람들에 제약을 가하게 된다. 안락한 지대를 벗어나지 않으려 하고 보다 폭넓은 가능성을 타진할 기회를 놓치게 된다. 다른 이들에게서 밝은 미래를 보지 못하고 기회의 문을 닫아버리게 된다. 그들이 위대한 성취를 누릴 기회를 세상이 박탈해버리게 된다.

자신이 지닌 장점을 초월해야 잠재력을 실현하고 최고의 기량을 발휘할 수 있다. 그러나 발전은 탁월함이라는 목적을 달성하는 수단에 그치지 않는다. 더 나아지는 것 자체가 가치 있는 성취다. 더 나아지는 능력을 개선하는 방법을 설명하고자 한다.

이 책은 야망이 아니라 열망을 논하는 책이다. 시카고대학교 철학과 교수인 애그니스 칼라드(Agnes Callard)가 강조했듯이, 야망은 당신이 달성하고자 하는 결과다.[6] 열망은 당신이 되고자 하는 사람이다. 얼마나 많은 돈을 벌고, 얼마나 많은 직함을 얻고, 얼마나 많은 상을 받는지가 관건이 아니다. 그처럼 지위를 나타내는 상징물들은 개개인의 발전을 가늠하기에는 형편없는 대용품이다. 얼마나 열심히 하느냐가 아니라 얼마나 성장하느냐가 관건이다. 성장하려면 마음가짐 이상의 무언가가 필요하다. 성장은 우리가 보통 간과하는 기량의 묶음과 더불어 시작된다.

진짜 중요한 것

레이징 룩스가 할렘에서 체스를 배우던 1980년대 말 무렵, 테네시주는 대담한 실험에 착수했다. 저소득층 자녀들이 주로 다니는 79개 학교에서 학생 1만 1,000여 명을 유치원부터 초등학교 3학년까지 무작위로 서로 다른 학급에 배정했다. 본래 취지는 소규모 학급이 학습 효과가 더 나은지 알아보는 게 목적이었다. 학생과 교사 모두 무작위로 학급에 배정되었다. 하버드대학교 경제학과 교수인 라즈 체티(Raj Chetty)는 나중에 이 데이터를 분석해 학급의 규모 외에 다른 특징들도 차이를 만드는지 알아냈다.

체티는 세계에서 가장 영향력 있는 경제학자로 손꼽힌다. 그는 맥아더 펠로십[선정 과정이 까다로워 '천재상(Genius Grant)'으로도 불리며 미국에서는 노벨상에 비견된다-옮긴이] 수상자다. 그의 연구에 따르면 탁월함은 우리가 생각하는 정도보다 훨씬 타고난 재능에 덜 의존한다.

테네시 실험에서 놀라운 결과가 나왔다. 체티는 학생의 유치원 교사가 누구였는지만 보고도 그 학생이 성인으로서 성공할지를 예측할 수 있었다. 경험이 많은 유치원 교사에게 배운 학생은[7] 25세가 될 무렵, 또래 집단보다 훨씬 더 많은 돈을 벌고 있었다.

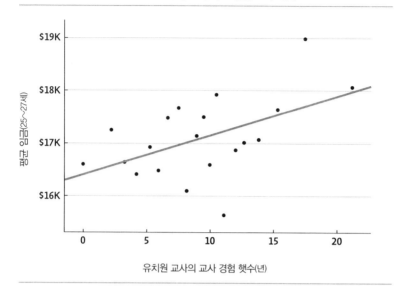

유치원 교사의 경험에 따른 성인 소득 예측

평균 임금(25~27세)

$19K

$18K

$17K

$16K

유치원 교사의 교사 경험 햇수(년)

체티와 동료 연구자들은 무경험 유치원 교사에서 숙련된 유치원 교사가 관리하는 반으로 옮긴 학생의 경우 20대 때 연봉이 1,000달러가 추가되었다고 밝혔다. 정원 수 20명 학급을 가르치는 평균 이상의 유치원 교사는 평생 32만 달러의 추가 소득만큼의 가치를 지닌다.●

● 100만여 명의 아동들을 대상으로 한 그다음 연구에서 체티와 동료 연구자들은, 당해 학생들의 시험 점수 상승치로 측정했을 때 경험이 풍부한 교사일수록 가치를 더 부가한다는 사실을 발견했다.[1] 3학년부터 8학년 사이에 경험이 풍부한 교사로부터 배운 학생들은 대학에 진학하고 더 높은 연봉을 벌고 노후 자금을 더 많이 저축할 가능성이 컸다. 경험 있는 교사가 학교를 떠나면 그 교사가 가르치던 학년 학생들은 다음 해에 손실을 겪었다. 대학에 진학할 가능성도 하락했다. 교사의 질은 여성의 장래 성공에 특히 중요했다. 부분적으로는 10대 임신 확률을 낮추기 때문이다. 하위 5퍼센트 학생들을 가르치는 교사를 평균적인 교사로 대체하면 학급의 (돈의 시간적 가치를 고려하지 않은) 평생 소득이 140만 달러 증가할 것으로 추정되었다. 교사들이 급여를 충분히 못 받고 있다는 증거가 필요하다면 이 수치가 도움이 될지 모르겠다.

유치원은 여러모로 중요하지만 교사가 학생의 20년 후 급여에 그처럼 분명한 표식을 남기리라고는 기대하지 않았다. 대부분 성인은 본인의 다섯 살 때를 기억조차 하지 못한다. 유치원 교사들이 오랜 세월이 지난 후에까지 영향을 미치는 이유가 뭘까?

그 의문에 대한 직관적인 답은 아마 효과적인 교사들은 학생의 인지적 기량이 발달하도록 돕기 때문으로 보인다. 초창기 교육은 숫자와 단어를 이해하는 데 필요한 탄탄한 토대를 구축한다. 경험이 많은 교사에게 배우는 학생이 유치원을 졸업할 무렵 산수와 읽기 시험에서 훨씬 높은 점수를 받는다. 그러나 그다음 몇 년에 걸쳐 다른 또래 집단 학생들이 그들을 따라잡는다.

학생들이 유치원에서부터 배워 성인이 되어도 간직하는 게 무엇인지 알아보기 위해 체티와 동료 연구자들은 또 다른 가능한 해석으로 눈을 돌렸다. 4학년과 8학년 학생들의 또 다른 자질들에 대해 교사들이 점수를 매겼다. 그 한 사례는 다음과 같다.

- **주도력**(Proactive): 주도적으로 질문을 하고, 자발적으로 답을 제시하고, 책에서 정보를 찾고, 수업 외 시간에 교사에게 배우려는 빈도가 얼마나 되는가?
- **친화력**(Prosocial): 또래 학생들과 얼마나 잘 어울리고 협력하는가?
- **자제력**(Disciplined): 수업 시간에 얼마나 잘 경청하고 수업을 방해하려는 충동을 억누르는가?
- **결의**(Determined): 끊임없이 어려운 문제에 도전하고, 주어진 과제

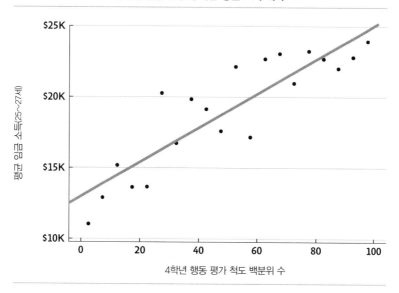

4학년 행동 점수에 따른 성인 소득 예측

평균 임금 소득(25~27세)

4학년 행동 평가 척도 백분위 수

이상으로 배우려 노력하고, 장애물에 직면했을 때 끈질기게 극복하려는 의지를 보이는가?

유치원에서 경험이 풍부한 교사에게 배운 학생은 4학년이 됐을 때 교사가 위의 네 가지 자질 평가 모두에서 훨씬 높은 점수를 주었다. 8학년 교사의 평가도 마찬가지였다. 주도력, 친화력, 자제력과 결의 등의 자질은 학생들이 오래 간직했다. 그리고 결국은 조기에 배운 산수와 읽기 능력보다 훨씬 막강한 영향을 미치는 것으로 나타났다. 체티와 그의 동료 연구자들이 4학년 때 점수를 바탕으로 성인이 되었을 때의 소득을 예측하자, 이러한 자질에 대한 점수는 표준화 시험에서의 산수와 읽기 점수보다 2.4배나 더 중요한 것으로 나타났다.

이 얼마나 놀라운 사실인지 생각해보라. 4학년 아동의 소득 잠재력을 예측하려면 객관적인 산수와 언어 점수보다 그 아동의 행동 패턴에 대한 교사의 주관적인 평가 점수에 훨씬 더 관심을 기울여야 한다니 말이다. 대부분의 사람이 주도력, 친화력, 자제력, 결의 등의 행동 유형을 타고나는 자질로 보지만, 사실 이러한 행동은 유치원에서 배운다. 학생의 출발점이 어디든 상관없이, 수십 년 후 학생의 성공여부에 영향을 미치는 이러한 행동을 학습하는 게 더 중요하다는 뜻이다.

품성에서 비롯되는 행동

아리스토텔레스(Aristoteles)는 자제력과 친화력 같은 자질에 대해 논하면서 이를 품성의 미덕(virtues of character)이라고 일컬었다.[8] 그는 품성을 사람들이 순전히 의지력을 통해 습득하고 실천하는 원칙의 묶음이라고 설명했다. 나도 품성을 그런 식으로 보았다. 명징한 도덕률을 준수하는 문제라고 생각했다. 그러나 철학자들이 갑론을박하는 개념들을 시험하고 정교하게 다듬는 게 내가 하는 일이다. 지난 20년에 걸쳐 내가 축적해온 증거를 통해 나는 그러한 시각을 재고하게 되었다. 이제 나는 품성을 의지의 문제라기보다 기량의 묶음으로 간주한다.

품성은 원칙을 지니는 상태 이상의 의미를 지닌다. 자신이 지닌 원칙을 실천하는 학습된 역량이다. 품성을 유지할 기량이 있으면 만성적으로 할 일을 미루는 사람이 본인에게 아주 중요한 사람을 위해 마감 시한을 지키게 되고, 숫기 없고 내성적인 사람이 불의에 맞서 목소리를 낼 용기를 갖게 되고, 학급 내 골목대장이 중요한 경기 전에 같은 팀원들과의 주먹다짐을 자제하게 된다. 우수한 유치원 교사들이(그리고 우수한 코치들이) 바로 이러한 기량을 북돋아준다.

애슐리가 코치로서 전국 체스 선수권 대회에 참가할 체스팀을 꾸릴 때 선발된 프랜시스 아이드헨(Francis Idehen)이라는 학생은 실력이 최고인 여덟 명에 들지 못했다. 애슐리는 그런데도 품성 기량(character skills)●을 보고 그를 선발했다. "또 다른 아이의 체스 실력이 나보다 월등했다. 하지만 그 아이는 애슐리가 중요하게 여긴, 감정을 스스로 조절하는 기량이 없었다"라고 아이드헨은 내게 말했다.

레이징 룩스팀이 전국 대회 준결승에서 뒤처질 때에도 애슐리는 비밀병기를 빼내 들지 않았다. 그는 선수들에게 전략에 대해 전혀 언급하지 않았다. 애슐리는 "선수들에게 2년 동안 함께 연습해온 자제력을 상기시켜주었다"라고 말했다.

그들의 품성 기량은 전설적인 체스 코치 브루스 팬돌피니(Bruce Pandolfini)의 관심을 끌었고, 그는 여러 명의 제자를 미국 전국 선수권 대회와 세계 선수권 대회에 출전시켰다. 레이징 룩스팀이 승리를

● 타고난 자질이 아니라 주도력, 친화력, 자제력, 결의 등의 학습 가능한 행동 유형으로 인성 역량, 품성 역량 등으로도 번역 가능하다. 이 책에서는 개인의 성질이나 성격, 원초적 본능을 넘어서 후천적으로 갈고 닦아 키울 수 있는 올바른 가치의 의미로서 '품성 기량'으로 표기한다-편집자

향해 행진하는 모습을 지켜본 팬돌피니는 다음과 같이 놀라움을 금
치 못했다.

— 그들은 거칠 것이 없었다. 대부분의 아이들은 심리적 압박을 받으면
   조금 서두르거나 감정이 드러나는데, 레이징 룩스팀은 달랐다. 그들
   은 차분했고, 체스판 앞에서 감정을 전혀 드러내지 않았다. 그 나이
   또래 아이들치고 그렇게 냉철한 아이들을 본 적이 없다. 마치 프로
   선수 같았다.

체스판의 기사(Knight)를 트로이 목마라고 한다면, 애슐리는 그 안에
품성 기량 부대를 몰래 들인 셈이었다. 그러한 품성 기량을 갖춘 팀
원들 덕분에 레이징 룩스팀은 상대방이 허둥대는 사이 급상승했다.
아이드헨은 말한다. "애슐리는 항상 강압적인 방법을 쓰지 않고 삶의
교훈을 알려주었다. 체스 게임을 실행하는 방법이라기보다 자신을 이
해하고 통달하는 교훈을 전해주었다. 이는 내 삶에서 결정적인 역할
을 했다."
　애슐리는 본인의 삶에서도 품성 기량의 가치를 소중히 여겼다. 그
는 자라면서 어머니가 모든 걸 희생해 미국으로 이주하고, 할머니가
자메이카에 남아 그와 그의 형제자매를 키우는 모습을 지켜보았다.
애슐리는 10여 년 후 마침내 뉴욕으로 이주했지만, 기회가 저절로 굴
러오진 않는다는 사실을 알고 있었다. 기회가 두드릴 문은 본인이 직
접 만들어야 했다.

고등학교 도서관에서 체스에 관한 책을 우연히 발견한 애슐리는 학교 체스팀에 가입하기로 했다. 그러나 그는 자기 실력이 충분치 않다는 사실을 곧 깨달았다. 그는 실력을 키우는 데 전력을 다했고 대학 체스팀의 주장이 되었다. 애슐리는 시급 50달러에 할렘에 있는 학교에서 체스를 가르치겠냐는 제안을 받고 그 자리에서 수락했다.

요즘 체스계에 몸담은 누구에게든 애슐리가 어떤 사람인지 물어보면 하나같이 그는 뛰어난 전략가라고 말한다. 한참 체스 경기 중 당신이 비숍(Bishop)을 옮기는 대신 킹(King)과 룩(Rock)을 함께 옮기는 캐슬링(Castling) 수를 두면 애슐리는 몇 번 말을 옮겨야 당신이 외통수에 걸리고, 그 과정에서 퀸을 잃을지 모두 예측할 수 있다. 그는 열 명의 서로 다른 선수들을 상대로 열 개의 게임을 동시에 진행해 모두 이긴 적도 있다. 그것도 눈을 가린 채 말이다. 그러나 그는 품성이 재능보다 훨씬 중요하다고 믿는다.

아니나 다를까, 이를 보여주는 증거도 있다. 아이들과 초보들은 똑똑할수록 체스를 더 빨리 터득하지만, 성인과 고수들의 체스 역량을 예측하는 척도로 지능은 거의 무용지물이다.[9] 유치원에서와 마찬가지로 체스에서도 어릴 때 인지적 기량이 주는 장점은 시간이 지나면서 사라진다. 체스 마스터가 되려면 평균 2만 시간 이상,[10] 그랜드 마스터(Grand Master)가 되려면 3만 시간 이상을 연습해야 한다. 계속 실력을 향상하려면 과거의 게임을 복기하고 새로운 전략을 세우는 주도력, 절제력, 결의가 필요하다.

품성 기량은 최고의 기량을 발휘하도록 돕는 것 이상의 역할을 한다. 최고 기량의 수준을 한층 더 올려준다. 노벨 경제학상 수상자인 제임스 헤크먼(James Heckman)은 품성 기량 연구 논문을 검토한 후[11] 품성 기량은 "삶에서 성공할지를 예측하고 성공을 실현한다"라는 결론을 내렸다. 그러나 품성 기량은 무에서 창조되지는 않는다. 그런 기량들을 기를 기회와 동기 부여가 필요하다.

멍석을 깔아주면 알아서 한다

보통 양육이라 하면 부모와 교사들이 자녀와 학생의 발달과 지원에 끊임없이 투자하는 것을 말한다. 그러나 아이들이 잠재력을 최대한 발휘하도록 도우려면 뭔가 색다른 게 필요하다. 아이들이 자신의 학습과 성장을 주도하도록 도와줄 집중적이고 일시적인 형태의 뒷받침이 필요하다. 심리학자들은 이를 임시 구조물(scaffolding)이라 일컫는다.[12]

건축 공사장에는 인부들이 손이 닿지 않는 곳까지도 올라갈 수 있도록 임시로 구조물을 설치한다. 건물이 완공되면 그 임시 구조물은 철거된다. 그 시점부터는 건물은 지지대 없이 홀로 서게 된다.

학습에서 임시 구조물도 비슷한 역할을 한다. 교사나 코치는 처음에 지침을 내린 후 지지대를 제거한다. 책임 소재를 학생으로 전환해 학생이 독자적으로 학습에 접근하는 방법을 터득하도록 하는 게 목표다. 애슐리가 레이징 룩스팀에게 해준 게 바로 이것이다. 그는 임시 구조물을 세워 그들에게 기회와 학습 동기를 부여했다.

애슐리가 체스를 가르치기 시작하자 다른 강사들이 십시일반으로 기본적인 첫수들을 가르치기 시작했다. 킹(King)의 폰(Pawn, 졸)은 두 칸 전진하고 뒤이어 나이트(Knight)가 한 칸 앞으로, 한 칸 대각선으로 움직인다. 하지만 그는 규칙을 터득하는 게 따분하다는 사실을 알고 있었고 아이들이 흥미를 잃게 하고 싶지 않았다. 그래서 6학년 학생들에게 처음으로 체스 게임을 소개하게 됐을 때 그는 거꾸로 가르쳤다. 체스 말들을 체스판에 놓고 게임 막판부터 시작했다. 그는 학생들에게 상대방을 외통수에 몰아넣는 다양한 방법을 가르쳤다. 그 구조물이 학생들을 뒷받침한 첫 임시 구조물이었다. 뜻이 있는 곳에 길이 있다고 한다. 그런데 사람들은 길이 보이지 않으면 목적지에 도달하겠다는 꿈을 접는다는 사실을 간과한다. 목표를 달성하겠다는 의지에 불을 붙이려면 길을 보여줘야 한다. 바로 그게 임시 구조물이 하는 역할이다.

애슐리는 체스 게임을 거꾸로 가르침으로써 학생들의 결의에 불을 지폈다. 학생들은 킹을 궁지에 모는 방법을 터득하자 승리로 가는 길이 열렸다고 여겼다. 이길 방법이 생기자 배우려는 의지가 생겼다. "아이들에게 '인내심과 결의와 강인함을 터득하게 된다'라고 말하면 안 된다. 그런 말을 하자마자 아이들은 꾸벅꾸벅 존다"라며 애슐리는 웃는다. "이렇게 말해야 한다. '이 게임 재미있다. 한판 하자. 내가 너를 묵사발 낼 작정이다.' 그래서 투지를 불러일으키고 승부욕에 불을 지펴야 한다. 그러면 아이들은 차분히 앉아서 게임을 배우기 시작한다. 일단 게임에 꽂히고 난 후 게임에서 지면 이기고 싶게 된다." 헨리는 체스를 배우고 얼마 지나지 않은 어느 날 밤, 침대에 누워 천장에 체스판의 정사각형 64개를 상상하며 머릿속으로 처음부터 끝까지 체스 게임을 두었다.

애슐리는 선수들끼리 서로의 기량이 발전하도록 돕는 임시 구조물도 도입했다. 그는 선수들에게 기법을 공유하는 창의적인 방법들도 가르쳤다. 선수들은 체스 수에 관한 만화를 그렸고, 체스 대결에 대한 공상과학 이야기를 썼으며, 체스판의 중심부를 장악하는 랩 송(Rap song)을 녹음했다. 그들은 혼자 하는 게임을 협력하는 친화적 연습으로 여기는 방법을 배웠다. 한 선수가 전국 선수권 대회에서 울었는데, 게임에 져서가 아니라 팀원들을 실망시켰다는 생각에 망연자실해서였다.

팀으로서의 결속력이 생기면서 선수들은 동기 유발과 기회를 스스로 만들어내기 시작했다. 그들은 게임의 모든 수를 점수판에 기록하는 책임을 서로에게 부여하고 팀원 전체가 개개인의 실수에서 교훈을 얻도록 했다. 그들은 팀에서 가장 똑똑한 선수가 되려고 노심초사하지 않았다. 팀 전체가 더 똑똑해지도록 하는 게 목표였다.

앞선 해 처음으로 참가한 전국 선수권 대회에서 레이징 룩스팀은 예산 부족으로 인해 출전한 선수의 수가 적었음에도 불구하고 상위 10퍼센트 안에 들었다. 애슐리가 이듬해 우승 목표를 세웠을 때 계획을 주도한 이는 바로 선수들이었다. 이제 기량을 갖춘 선수들은 의지도 생겼다. 그들은 임시 체스 캠프를 직접 만들고, 여름 내내 연습하고 책을 읽으며 보냈다. 그들은 애슐리를 졸라 여름 동안 훈련을 시켜 달라고 했다. 그들은 직접 운전석에 앉아 주도력을 발휘했다.

이상적인 세상이라면, 학생들이 이러한 기회를 얻으려고 코치 한 명에게 매달릴 필요가 없어야 한다. 애슐리가 만든 임시 구조물은 결함 있는 체제의 대체물이었다.● 한 학부모는 자기 아들이 체스를 두는 모습을 보고 난 뒤에야 그동안 아들에 대한 믿음이 없었다는 사실을 깨닫게 되었다고 애슐리에게 털어놓았다. 애슐리는 단순히 선수들이 자신의 잠재력을 실현하도록 돕는 데 그치지 않고 그들의 부모와 교사들이 그 잠재력을 간파하도록 돕고 있었다.

―――

애슐리 같은 코치를 둔 운 좋은 이는 별로 없다. 늘 이상적인 정신적 스승에게 도움을 청할 수도 없고, 부모와 교사가 하나같이 적합한 임시 구조물을 제공해줄 역량이 있는 것도 아니다. 따라서 이 책이 그러한 임시 구조물 역할을 하도록 만드는 게 내 목표다.

《히든 포텐셜》은 세 부분으로 나뉜다. 1부에서는 우리를 높이 도약하도록 해주는 구체적인 품성 기량들을 알아본다. 독학으로 건축을 배운 프로 권투선수, 인간 스펀지가 되어 가난을 벗어난 여성, 학교에서 특정 과목으로 인해 허덕거렸지만 이제 세계 최고로 손꼽히는 두 사람으로부터 그러한 기량을 배우게 된다.

2부에서는 동기 유발을 지속할 구조물을 만드는 방법을 제안한다. 강한 품성 기량을 갖췄다고 해도, 심신이 지치거나 자기 자신에 대한

● 경험적으로 볼 때, 품성 기량들은 불우한 환경에서 자란 이들에게 훨씬 더 중요하다.[11] 애슐리 말대로, "구조적 문화적 억압 때문에 품성의 구축을 통해 이러한 기량을 터득할 필요가 더욱더 증폭된다. 수 세대에 걸쳐 당신 목을 짓누르는 억압을 받아왔다면 강해야 한다".

회의가 생기거나 정체기를 겪는 상황으로부터 자유로운 이는 없다. 그러나 상당한 결과를 얻기 위해 일벌레가 될 필요도 없고 지칠 때까지 밀어붙일 필요도 없다. 추진력을 유지하는 데 필요한 임시 구조물을 제시하기 위해, 임시 구조물을 세워 영구적인 장애를 극복한 한 음악가, 역량이 저조한 운동선수를 스타로 변모시킨 트레이너, 모두가 틀렸음을 증명한 이름 없는 군 장교 후보생들을 소개하겠다. 놀이가 아닌 연습은 불완전하고, 똑같은 행위를 반복하는 게 앞으로 나아가는 최선의 길일지도 모르며, 자력으로 해낸다는 게 혼자 한다는 뜻이 아닌 이유를 알게 된다.

3부에서는 체제를 구축해 기회를 확장하는 데 초점을 둔다. 잠재력이 큰 사람들에게 사회가 열어주어야 하는 기회의 문은 가장 큰 장애물에 직면해온 사람들에게 부당하게 닫혀 있는 경우가 흔하다. 간과되거나 과소평가되어왔지만 오랜 세월 끝에 돌파구를 찾게 된 사람은 극소수에 불과하고 대부분은 기회도 얻지 못한다. 잠재력을 허비하지 않고 육성하는 학교, 팀, 기관들을 설계하는 방법을 터득하게 된다. 세계에서 가장 성공적인 교육 체제를 구축했다고 손꼽히는 작은 나라를 통해 모든 아이가 앞서가도록 도울 방법을 깨닫게 된다. 인류 역사상 가장 기적적인 구조 작업을 분석해 집단이 단순히 개인의 총합 이상이 되려면 무엇이 필요한지 알려주겠다. 그리고 결함이 있는 선발 과정을 바로 잡는 방법을 파악하기 위해서 미항공우주국(NASA)의 우주인 선발 과정과 아이비리그 명문 대학 입학 사정이 어떻게 이뤄지는지 그 내막을 밝히겠다. 때 이르게 사람들을 누락시키는 체제를 바꿈으로써 약자와 대기만성형이 성공할 확률을 개선하게 된다.

사회과학자인 나의 연구는 늘 데이터에서 출발한다. 축적된 결과를 계량화하는 무작위 실험, 장기간 연구, (연구 자료들을 분석한 자료인) 메타 분석(Meta analysis) 등이 그러한 데이터다. 그리고 나서야 비로소 나는 내 연구에 생명을 불어넣는 사연들을 조사하고 개인적인 의견으로 눈을 돌린다. 그러한 가운데 출발점을 훌쩍 넘어 멀리까지 발전한 사람들을 만났고 (수중과 지하에서부터 산 정상과 우주 공간에 이르기까지) 폭넓은 다양한 상황에서 그들은 숨은 잠재력을 발굴했다. 그들이 본인 자신과 다른 이들을(그리고 때로는 자기 주변의 세상을) 변모시킴으로써 어떻게 장족의 발전을 했는지 터득하는 게 내 희망이다.

바로 그것이 레이징 룩스팀이 이룬 성취다. 그들의 성공은 체스의 면모를 바꾸는 데 한몫을 했다. 코치들에 따르면, 그들이 등장한 이후로 전국 선수권 대회 토너먼트에 참가하는 소수인종 선수의 비율이 네 배가 되었다. 애슐리는 체스가 품성을 기르는 수단이라는 점을 세계적으로 널리 알리는 세계 대변인이 되었고, 그가 촉진한 이 운동으로 인해 미국 전역의 저소득층 학교에서 체스 프로그램이 운영되고 있다. 한 체스 비영리 단체는 50만 명 이상의 아동들에게 체스를 가르쳐왔다.

이런 마법이 체스에서만 일어난다는 법은 없다.[13] 애슐리가 토론에 대해 열정을 지니고 있다면, 그는 학생들에게 반론에 대비하고 서로도와 반박의 논지를 정교하게 다듬도록 지도할지 모른다. 행동이 아니라 당신이 터득하는 교훈이 차이를 낳는다. 애슐리 말마따나, "성취는 성장에 있다".

애슐리가 주도한 기회와 동기 부여 덕분에 레이징 룩스팀은 품성기량을 체스 외의 분야에도 적용했다. 근시안적인 수를 두려는 유혹을 뿌리치는 자제력은 갱단과 마약의 유혹을 뿌리치는 데 요긴하게 쓰였다. 패턴을 암기하고 상대방의 수를 예측하는 결의와 주도력은 시험을 준비할 때도 적용되었다. 함께 연습하고 서로 비판해주면서 습득한 친화력은 그들이 뛰어난 협력자이자 스스로 다른 사람의 정신적 스승이 되는 데 도움이 되었다.

레이징 룩스 선수들은 대부분 자신이 처한 환경을 극복했다. 조너선 녹(Jonathan Nock)은 우범지대인 동네에서 자랐는데 농구 경기에서 승승장구하던 한철, 농구 코트에서 강도를 당했다. 그는 현재 소프트웨어 엔지니어이자 클라우드 솔루션 회사의 창립자다. 프랜시스 아이드헨은 걸어서 등교하던 길에 칼에 찔리고 총에 맞을 위기를 모면했다. 그는 예일대학교에서 경제학 학사학위를, 하버드대학교에서 경영학 석사학위를 받았고, 미국 최대 공조 기업의 재무 관리사, 그리고 투자 기업의 최고운영책임자(Chief Operating Officer, COO)를 지냈다. 케이존 헨리는 노숙자이자 갱단의 일원에서 3개의 석사학위를 따고 수상 경력이 있는 영화제작자이자 작곡가로 변신했다. 헨리는 "체스가 내 품성을 발달시켰다. 체스는 내 집중력을 향상시켰다. 체스는 내 안에 불을 지폈다. 누군가가 별을 빛나게 했고 그 별빛은 내가 살아 있는 한 끊임없이 타오른다"라고 회고한다.

체스 덕분에 레이징 룩스 선수들은 성공적인 경력을 쌓았을 뿐만 아니라 다른 이들이 성공할 기회도 창출했다. 사방이 마약상 근거지로 둘러싸인 환경에서 자란 차루 로빈슨(Charu Robinson)의 경우, 여러 명의 친구가 살해당했고 교도소로 직행한 친구도 수없이 많다. 1991년 전국 체스 선수권 대회 경기에서 달튼 스쿨의 최고 선수들 가운데 한 명을 상대로 이긴 후 로빈슨은 전액 장학금을 받고 달튼 스쿨에 입학했다. 그는 훗날 범죄학 학위를 받고 교사가 되었다. 그는 자신이 배운 지혜를 다른 이들에게 가르쳐줌으로써 자신이 입은 은혜에 보답하고 있다.

———

1994년 JHS 43학군에서 멀지 않은 또 다른 할렘 중등학교 교장은 애슐리에게 자기 학교의 다크 나이츠(Dark Knights)팀 코치를 맡아 달라고 사정사정했다. 소년 소녀들로 구성된 그 팀은 그 후 2년에 걸쳐 연달아 전국 선수권 대회 우승을 차지했다. 그 무렵 애슐리는 역사에 발자취를 남기기 위한 다음 수순에 착수할 만반의 준비가 되어 있었다. 그는 코치 일을 잠시 쉬고 자기 게임에 몰두했다. 1999년 애슐리는 미국 흑인으로는 최초로 체스 그랜드 마스터가 되었다.

그해 새로운 코치를 영입한 다크 나이츠팀은 세 번째 전국 선수권 대회 우승을 차지했다. 그들의 부코치는 로빈슨이었다. 그는 뉴욕시 전역의 학교에서 수없이 많은 아동들에게 체스를 가르치게 되었다.

레이징 룩스팀은 콘크리트의 틈새에서 자라난 유일한 장미가 아니었다. 그들은 토양을 비옥하게 갈아엎어 더 많은 장미가 활짝 피도록 했다.

위대한 사상가, 행동가, 지도자를 존경할 때 우리는 흔히 그들의 업무 수행 성과에 집중한다. 그래서 가장 성취도가 높은 이들을 우러르지만, 가장 적은 밑천으로 가장 많이 성취한 이들을 간과하게 된다. 여러분의 잠재력을 가늠하는 진정한 척도는 여러분이 도달한 봉우리의 높이가 아니라, 그곳에 도달하기까지 얼마나 먼 거리를 전진했는가다.

HIDDEN POTENTIAL

1부

품성 기량
더 멀리 도약하게 하는 힘

ADAM GRANT

1800년대 말 심리학의 창시자 윌리엄 제임스(William James)는 다음과 같이 대담한 주장을 했다. "서른 살이 될 무렵, 품성은 석고처럼 굳어서[1] 절대로 다시 말랑말랑해지지 않는다." 아이들은 품성을 발달시킬 수 있을지 몰라도 성인은 물 건너갔다는 뜻이다.

최근 사회과학자들이 이 가설을 검증할 실험에 착수했다. 그들은 서아프리카에서 (제조업, 서비스업, 상업에서 소규모 사업체를 창업한 30대, 40대, 50대 연령의 남녀로 구성된) 1,500명의 창업자를 모집해 무작위로 세 집단에 배치했다. 하나는 통제 집단으로서 그들은 늘 하던 대로 사업을 운영했다. 나머지 두 집단은 훈련 집단으로서 일주일 동안 새로운 개념들을 배우고, 다른 사업가들의 사례를 연구하며 새로 배운 개념들을 분석하고, 역할극과 반성 연습을 통해 자기 사업에 배운 개념들을 적용했다. 두 집단의 차이는 한 집단은 인지적 기량에 초점을 두었고, 다른 한 집단은 품성 기량에 초점을 두었다는 점이다.

인지적 기량 훈련에서 창업자들은 국제금융공사가 만들고 인가받은 경영학 과정 수업을 들었다. 그들은 금융, 회계, 인사, 마케팅, 가격 책정 등을 공부했고 배운 내용을 이용해 난관을 해결하고 기회를 포착하는 데 적용했다. 품성 기량 훈련을 받는 창업자들은 개인의 주도력을 가르치는 심리학자들이 설계한 강의에 참석했다. 그들은 주도력, 자제력, 결의를 연구했고 이러한 자질들을 행동으로 옮기는 연습을 했다.

품성 기량 훈련은 극적인 효과를 낳았다.[2] 창업자들은 이러한 기량을 개선하는 데 겨우 닷새를 할애했는데, 그 후 2년에 걸쳐 회사 수익이 평균 30퍼센트 증가했다. 인지적 기량 훈련에서 얻은 이득의 거의 세 배에 달했다. 금융과 마케팅 지식은 창업자들이 기회를 금전화하도록 도왔을지 모르지만, 주도력과 자제력은 그들이 기회를 창출하도록 해주었다. 그들은 시장의 변화에 반응하기보다 시장의 변화를 예측하는 방법을 터득했다. 그들은 훨씬 창의적인 아이디어를 창출했고 더 많은 신제품을 선보였다. 그들은 재정적 난관에 봉착하면 포기하지 않고 끈질기게 가용 수단을 총동원해 대출을 받으려고 애썼다.

이 증거는 품성 기량이 대단한 성취를 가능케 한다는 사실과 더불어 그러한 기량을 기르는 데 너무 늦은 나이가 없다는 사실도 드러낸다. 제임스는 매우 지혜로운 인물이었지만, 품성 기량에 관한 주장에 있어서 그는 대단히 틀렸다. 품성은 석고처럼 딱딱해지지 않는다. 말랑말랑한 성질을 유지한다.

품성을 흔히 성격과 혼동하는데, 이 둘은 같지 않다. 성격은 여러분이 지닌 성질이나 경향이다. 생각하고 느끼고 행동하는 원초적 본능이다. 품성은 여러분의 본능보다 가치를 우선시하는 역량이다.

자신이 원칙을 알고 있다고 해서 그 원칙들을 어떻게 실천할지 안다는 뜻은 아니다. 특히 스트레스나 압박을 받는 상황에 놓였다면 말

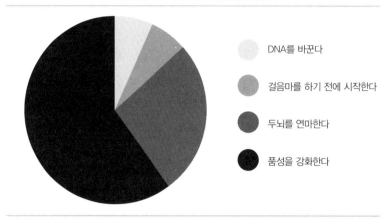

어떤 분야에서 실력을 개선하는 방법

- DNA를 바꾼다
- 걸음마를 하기 전에 시작한다
- 두뇌를 연마한다
- 품성을 강화한다

이다. 만사가 잘 굴러갈 때 주도력이나 결의를 실천하기는 쉽다. 품성의 진정한 시험대는 상황이 여러분에게 불리할 때 그러한 가치들을 지킬 수 있는지가 관건이다. 성격은 평상시에 여러분이 어떻게 반응하는지이고, 품성은 어려운 때에 여러분이 어떻게 대응하는지다.

성격은 여러분의 운명을 결정하지 않는다. 성격은 여러분의 경향이다. 품성 기량은 여러분이 그러한 경향을 초월해 여러분이 지닌 원칙에 충실하게 도와준다. 품성 기량은 여러분이 지닌 기질이 아니다. 그기질을 어떻게 활용하는지가 관건이다. 오늘 여러분이 어디에 있든 지금 당장 여러분의 품성 기량을 육성하지 못할 이유가 전혀 없다.

오랜 세월 동안 주도력과 결의 같은 품성 기량들은 '연성 기량(soft skills)'으로 폄하되어왔다.[3] 1960년대 말로 거슬러 올라가는 이 용어는 당시 심리학자들이 탱크와 총기 작동에 협소하게 집중하는 미군 훈련을 확장하는 과정에 등장했다. 남의 말을 경청하고 서로 소통하고 협동심을 촉진하는 원만한 대인관계 역량의 중요성을 인식한 그들은 폭넓게 지도력과 협력 역량을 강조해 집단들이 부분의 총합 이상이 되고, 군대가 안전하고 무사히 귀환하도록 했다. 그들은 서로 다른 두 묶음의 기량에 이름을 붙여야 했고 바로 이때 유감스럽게도 '연성 기량'이라는 명칭을 붙이게 되었다.

심리학자들은 탱크와 총기를 다루는 기량을 '경성 기량(hard skills)'이라 일컬었는데, 강철과 알루미늄으로 만든 무기를 다루는 기량이기 때문이었다. '연성 기량'은 기계와의 접촉은 거의 또는 전혀 필요하지 않은 중요한 업무 관련 기량이었다. 이러한 기량들은 실제로 사회적 감성적 행동적 기량으로서 군인들이 어떤 역할이든 성공적으로 수행하는 데 필요했다. '연성'이라고 일컫은 이유는 단지 금속을 다루는 업무가 아니기 때문이었다. 이러한 정의에 따르면 금융도 연성 기량이다. 몇 년 후 심리학자들은 이 용어의 사용을 중지하라고 권고했다. 특정한 기량을 연성이라고 일컬으면 나약해 보이는데, 군인은 강인하기를 원하기 때문이었다. 그들은 품성 기량들이 강인함의 가장 큰 원천일지도 모른다는 점을 깨닫지 못했다.

인간의 인지적 기량이 인간과 동물을 구분한다면, 품성 기량은 인간을 기계 이상의 존재로 승격시킨다. 이세 컴퓨터와 로봇이 자동차를 조립하고, 비행기를 조종하고, 전쟁에 참전하고, 돈을 관리하고 법정에서 피고를 변호하고, 암을 진단하고, 심장 수술을 집도한다. 점점 더 많은 인지적 기량들이 자동화되면서 우리는 품성 혁명의 한가운데 놓여 있다. 기술의 발달과 더불어 상호 작용과 관계의 중요성이 강조되면서 인간을 인간답게 만드는 품성 기량의 중요성이 점점 더 높아지고 있다.

성공과 행복이 삶에서 가장 중요한 목표라고들 하는데 품성은 왜 중요한 목표로 여기지 않는지 모르겠다. 우리 모두 경력을 쌓기 위한 기량 개발에 투자하는 만큼의 시간을 품성 기량 육성에 투자하면 어떨까? 미국의 독립선언문이 모든 국민에게 생명과 자유와 품성을 추구할 권리를 부여했다면 미국이 어떤 모습일지 상상해보라.

숨은 잠재력을 발휘하도록 해주는 품성 기량들을 연구한 끝에 나는 주도력, 결의, 자제력의 특정한 형태들을 규명했다. 장거리를 여행하려면 적절한 종류의 불편함, 적절한 정보를 흡수하는 역량, 그리고 적절한 불완전함을 받아들이는 의지가 필요하다.

1장

불편함의 피조물
학습이라는 참기 어려운 어색함 받아들이기

품성은 편안하고 고요한 상황에서 발달하지 못한다.[1]
오로지 시련과 고통을 겪음으로써 영혼은 강인해지고
시각이 명료해지고 야망이 타오르고 성공을 성취하게 된다.

헬렌 켈러(Helen Keller)

세라 마리아 해즈번(Sara Maria Hasbun)[2]은 처음 자신이 지닌 초능력을 깨닫게 될 당시 그 능력을 공유할 만한 그 어떤 이도 알지 못했다. 그러던 그녀는 우연히 그녀가 혼자가 아니라는 사실을 깨닫게 해준 이들이 모인 공동체를 알게 되었다. 2018년 그녀는 전 세계를 여행하며 그들을 만나기 시작했다. 표면적으로 그들은 전혀 공통점이 없었다. 국적도 제각각이고 직업도 가지각색이었다. 그러나 그들은 그들이 지닌 역량만큼이나 희귀한 사명감을 중심으로 서로 교감을 나눴다.

해즈번은 새로운 공동체에 입문하면서 한 가지 난관을 극복하기로 했다. 그녀는 공동체 구성원들에게 상황에 맞는 적절한 언어로 자신을 캘리포니아에서 온 사업가로 소개했다. 브라티슬라바에서 그녀는 "아호이, 볼람 사 세라 마리아!"라고 슬로바키아어로 인사했다. 후쿠오카에서 그녀는 "곤니치와! 와타시노 나마에와 세라 마리아 데스!"라며 일본어로 사람들을 상대했다. 팬데믹으로 중국에서 발이 묶였을 때는 베이징에 있는 난청 공동체에서 자원봉사를 하면서 중국어 수화로 사람들에게 인사를 했다.

흥미를 끌려는 꼼수처럼 들리겠지만, 언어에 대한 해즈번의 이해는 기본적인 자기소개 수준을 훨씬 넘어섰다. 한번은 여행 중 만난 베니 루이스(Benny Lewis)라는 아일랜드인 엔지니어[3]와 죽이 잘 맞았다. 두 사람은 한 시간에 걸쳐 만다린어, 스페인어, 프랑스어, 영어, 그리고 미국 수화로 대화를 했다.

해즈번과 루이스는 여러 개의 언어를 구사하는(그리고 그 언어로 생각하는) 이들이다. 그녀는 다섯 개 언어를 유창하게 하고 네 개 언어는 대화가 가능한 수준이다. 그는 여섯 개 언어가 유창한 수준이고 네 개 언어는 중급 정도다. 여러 언어 구사가 가능한 이들의 연례 모임에서 우연히 만난 두 사람이 공통으로 구사하는 다섯 개 언어를 제외하고 다른 언어로 대화하고 싶다면 멀리 갈 필요도 없다. 해즈번은 한국어와 인도네시아어로 거침없이 대화할 수 있고 초보적 수준인 그녀의 녹슨 광둥어, 말레이어, 타이어 구사력에 기름을 칠해줄 누군가와도 쉽게 맞닥뜨릴 수 있다(그녀의 니카라과 수화 실력을 되살려줄 상대도 찾고 싶어 했지만 그리 운이 따라주지 않았다). 루이스 역시 독일어, 아일랜드어, 에스페란토어, 네덜란드어, 이탈리아어, 포르투갈어, 아 그리고 드라마 〈스타 트렉〉에 등장하는 외계인의 언어인 클링곤어로 수다를 떨 상대를 찾기란 시간문제일 뿐이다.

여러 언어를 구사하는 이들이 놀라운 점은 언어 지식의 양뿐 아니라 배우는 속도다. 10년이 채 안 되는 세월 만에 해즈번은 여섯 개의 새로운 언어를 처음부터 배웠다. 한편 루이스는 체코공화국에 겨우 두 달 머무르면서 소통 가능할 정도의 체코어를 배웠고, 헝가리에서는 석 달 만에 헝가리어로 대화가 가능해졌으며, (브라질에 거주하는 동안) 이집트식 아랍어를 석 달 동안 배웠고, 중국에서는 다섯 달 만에 중급 정도 수준으로 소통할 수 있게 되었으며, 만다린어만으로 한 시간 동안 토론을 이어갈 수 있었다.

나는 여러 언어를 구사하는 이들은 타고난 재능이 있다고 넘겨짚었다. 그들은 비범한 역량을 지니고 태어났고 이러한 역량은 그들이 새로운 외국어를 흡수할 기회가 생기면 발현된다고 생각했다. 내 대학 룸메이트 하나도 그런 부류였다. 그는 여섯 개 언어를 구사했고 뛰어난 언어적 재능을 이용해 툭하면 새로운 표현을 만들어내곤 했다. 그가 만든 표현 중에 나의 최애 표현은, 누군가가 묻어두었던 고통스러운 경험이나 부정적 감정을 여행 가방의 내용물 쏟듯이 쏟아낼 때 쓰는, "내게 여행 가방의 내용물을 퍼붓지 마라"라는 표현이었다. 나는 그가 새로운 언어를 터득하는 속도와 서로 다른 언어들을 오가며 유창하게 구사하는 화법에 경이로움을 느꼈다.

나는 해즈번과 루이스를 우연히 접하고 그들의 뇌 구조는 다르다고 생각했다. 완전히 틀린 생각이었다.

루이스는 성장하면서 자신이 두 개 언어를 구사할 역량도 없다고 확신했다. 학교에 다니면서 그는 11년 동안 아일랜드어를, 5년 동안 독일어를 배웠지만 둘 다 대화가 가능한 수준에 도달하지 못했다. 대학교 졸업 후 그는 스페인으로 이주했지만 여섯 달이 지나도록 여전히 스페인어를 구사하지 못했다. 스물한 살이 될 무렵에도 그가 유창하게 구사할 수 있는 언어는 영어뿐이었고 포기할 지경에 이르렀다. "나는 언어에 타고난 재능이 없다는 생각이 끊임없이 들었다"라고 그는 말한다.

해즈번도 출발이 험난했다. 6년 동안 스페인어를 공부했지만, 여전히 한 개 언어밖에 못했다. 그녀는 언어 습득에 결정적인 시기를 놓쳤다고 확신했다. 그녀의 아버지는 엘살바도르 출신이지만 완벽한 영어를 구사했으므로, 어렸을 때 스페인어를 접할 기회가 별로 없었다면서 다음과 같이 말했다.

── 집에서는 영어를 썼다. 고등학교에서 스페인어를 배우기 시작하면서 나는 스페인어가 너무 어려워서 정말 놀랐다. 영어를 하는 사람들이 배우기 가장 쉬운 언어라는데 말이다. 열심히 노력했지만 고등학교 선생님들도 형편없는 내 스페인어 실력에 당혹스러워했다. 사람들이 내게 스페인어로 말을 거는 일이 다반사였는데, 그때마다 나는 스페인어로 대답하지 못해 너무 속상했다. 내 주변 사람들은 다른 언어를 전혀 어려움 없이 금방 배우는데 왜 나는 안 될까?

수년 동안 딸의 스페인어 숙제를 도와준 그녀의 아버지는 그녀의 마음이 상하지 않게 차분히 그녀는 절대로 스페인어를 구사하지 못할 거라고 말해주었다. 게다가 미국에서 스페인어를 쓸 일이 뭐가 있냐고 덧붙였다. 그러니 그만 스페인어는 잊고 그녀가 잘하는 것에 시간을 투자하라고 조언했다.

새로운 언어를 배우고 싶은 사람들은 많지만, 너무 노력이 많이 들어서 엄두를 내지 못한다. 루이스처럼 타고난 재능이 없다고 결론 내리는 이도 있고, 해즈번처럼 걸음마 할 때 시작했더라면 금방 배웠을 텐데 하며 결정적인 기회를 놓쳤다고 생각하는 이도 있다. 그러나 18세 무렵 언어 학습 능력이 감퇴하는 게[4] 인간의 생물학적 특징이 아니라는 증거가 점점 더 많이 나오고 있다. 교육에 하자가 있기 때문이다.

다언어 구사자들은 성인이 되고 나서도 새로운 언어를 터득하기가 가능하다는 사실을 증명한다. 해즈번과 루이스를 온라인으로 알게 되자마자 나는 그들이 쓰는 기법들을 파고들어야 했다. 그들은 배움에 관한 한 전문가들이었기 때문이다. 그들이 마침내 첫 외국어를 터득하게 된 까닭은 인지적인 장애를 극복해서가 아니라 감정적인 장애물을 걷어냈기 때문이라는 사실을 깨닫고 나는 놀랐다. 그들은 불편한 상태에 놓이는 게 편안해졌다.

불편함을 받아들이게 되면 서로 다른 수많은 학습의 형태에서 숨은 잠재력을 펼치게 된다. 불편함을 마주할 용기(특히 중요한 유형의 결의)를 내는 게 품성 기량이다. 세 가지 종류의 용기가 필요하다. 지금

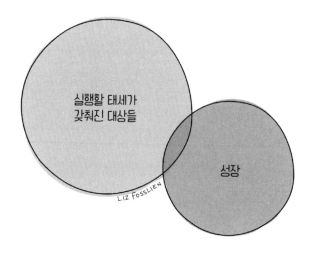

실행할 태세가
갖춰진 대상들

성장

LIZ FOSSLIEN

까지 써온 닳고 닳은 방법들을 포기하고, 싸울 준비가 됐다는 느낌이 들기 전에 링에 올라가고, 다른 이들이 시도하는 횟수보다 훨씬 여러 차례 실수할 각오를 해야 한다. 고속 성장하는 최선의 길은 불편함을 받아들이고 추구하고 증폭하는 방법이다.

학습 유형이라는 한물간 유행

많은 학생이 불편함을 추구하기를 단념하게 만든, 학교에서 널리 쓰인 관행이 있다. 미국 교육 체제에 만연한 문제를 시정할 해법으로 좋은 의도에서 시작되었다. 수십 년 동안 대부분 학교는 공장의 조립 공정처럼 운영되었다. 학생은 젊은 두뇌를 대량 생산하는 과정에서 교체가 가능한 부품처럼 취급되었다. 학생들은 장점이 다 제각각인데도 표준화된 학습 자료와 강의를 통해 동일한 지식을 흡수하는 체제에 묶였다.

1970년대에 새로운 사고의 물결이 교육계를 뒤덮었다. 학생들이 고군분투하는 이유는 가르치는 방법이 학생의 학습 유형(학생이 정보를 습득하고 유지하는 기량을 최고로 발휘하게 해주는 인지적 유형)에 알맞은 맞춤형이 아니기 때문이라는 게 핵심 전제였다. 새로운 개념을 파악하려면 언어형 학습자는 개념을 읽고 쓸 줄 알아야 한다. 시각형 학습자는 개념을 이미지, 다이어그램, 표로 나타내주어야 한다. 청각형 학습자는 개념들을 크게 읽어주어야 한다. 운동형 학습자는 신체의 움직임을 통해 개념을 직접 몸으로 표현해봄으로써 개념들을 체험해야 한다.

학습 유형 이론의 인기는 폭발했다. 학부모는 자녀들이 타고난 개성을 인정받게 됐다며 흥분했다. 교사들은 교습법을 다양화하고 학습 자료를 개인 맞춤형으로 만들 재량을 누리게 되었다며 환영했다.

오늘날 학습 유형은 교사 훈련과 학생 경험의 기초적 요소다. 전 세계적으로 교사의 89퍼센트가 자신의 교수법을 학생의 학습 유형에 맞춘다고 믿는다.[5] 많은 학생이 내게 말하기를 책보다 팟캐스트를 선호하는데, 그 이유는 자신이 청각형 학습자이기 때문이라고 한다. 여러분은 언어형 또는 시각형 학습자이기 때문에 이 책을 눈으로 읽기로 했을까? 오디오북으로 이 책을 듣는 여러분은 청각형 학습자이기 때문일까?

학습 유형에는 한 가지 사소한 문제가 있다. 낭설이라는 점이다. 전문가들이 학습 유형에 관한 수십 년의 연구를 포괄적으로 재검토한 결과 이 이론을 뒷받침하는 증거가 심각하게 부족하다는 사실을 발견했다.[6] 한 학기에 걸쳐 특정한 교습과[7] 장기적인 연구로 진행된 통제 실험에서[8] 학생과 성인 모두 교사나 학습 습관이 그들의 역량이나 선호도와 맞는다고 해도 시험 점수가 더 잘 나오지는 않았다. 연구자들은 다음과 같은 결론을 내렸다. "학습 유형 평가를 일반 교육 관행에 반영하는 관행을 정당화할 적절한 근거는 없다. 교육계에서 학습 유형 접근 방식이 누리는 어마어마한 인기와 그 유용성에 대한 신뢰할 만한 증거 부족 간의 간극은 우려스러울 정도다."

경직된 공장식의 학습 방법으로 돌아가자는 게 아니다. 하지만 경직된 학습 유형에 억지로 사람들을 끼워 맞추는 방법도 바람직하지 않다. 물론 새로운 지식과 기량을 습득할 때 선호하는 학습 유형과 기량이 있을지 모른다. 그러한 선호도는 고정불변이 아니고 자신이 지닌 장점만 이용하는 학습 유형에 의존하면 자신의 단점을 개선할 기회를 박탈하게 된다는 사실을[9] 이제 우리는 알게 되었다.

여러분이 선호하는 학습 유형으로 배우면 편안하겠지만 그렇다고 그게 가장 좋은 학습 방법은 아니다. 때로는 가장 불편하게 만드는 학습 유형으로 배우는 게 학습 효과가 훨씬 좋다. 더 열심히 노력해야 하기 때문이다. 이게 바로 첫 번째 유형의 용기다. 불편함을 감수하고 편안한 학습 유형을 던져버릴 정도의 용기 말이다.

이를 가장 잘 보여주는 사례는 코미디계에 있다. 미국의 영화배우이자 코미디언인 스티브 마틴(Steve Martin)은 1960년대에 스탠드업 코미디를 처음 시작하면서[10] 실패를 거듭했다. 한 공연에서 청중 한 사람이 자리에서 일어나 포도주잔을 그에게 던지기도 했다. "나는 타고난 재능이 없었다"라고 마틴은 회상한다. 초창기 그의 비평가들도 마틴이 자신에게 내린 평가에 동의했다. 한 비평가는 그의 공연 표를 예약한 게 "로스앤젤레스 역사상 가장 처참한 실수"라고 혹평했다.

대단한 연기자들이 연기 기법을 어떻게 터득하는지 생각해보면 듣고 보고 직접 해보면서 터득하는 게 당연하다고 여겨진다. 마틴도 그렇게 했다. 그는 다른 사람들의 연기를 청취하고 그들의 몸짓을 관찰하고 본인의 이야기를 일부 섞어 넣고 이를 버무려 만든 내용을 전달하는 연습을 했다. 수많은 시간을 쏟아부어 공연 내용을 준비했지만, 그의 공연은 호응이 없었다. 어느 날 밤 공연에서는 단 한 차례도 청중의 웃음을 끌어내지 못한 채 5분이 지나간 적도 있었다. 그리고 또 5분이 흘렀고, 또 5분이 흘렀다. 그가 무대 위에서 진땀을 흘렸던 20분 내내 폭소는커녕 낄낄거리는 웃음도 한 차례 없었다. 관찰하고 청취하고 직접 해보는 방법만으로는 그의 성장을 촉진하기에 부족했다.

마틴이 처음부터 배제한 코미디 접근 방법은 글쓰기였다. 글쓰기는 그가 선호하는 유형이 아니었다. 그는 글쓰기가 싫었다. 타고난 재능이 없었기 때문이다. "글쓰기는 힘들었다. 너무 힘들었다."

여러분도 글쓰기에 대해 같은 심정이라면 여러분만 그렇게 느끼는 게 아니다. 내가 아는 최고의 작가들 가운데도 글쓰기를 미룰 수만 있다면 무슨 짓이든 할 사람들이 있다.● 여러분이 편안한 영역을 벗

● 글쓰기가 여러분이 선호하는 학습 유형이 아니라면 여러분의 생각을 적을 때 겪는 가장 큰 불편함은 아이디어가 떠오르지 않아 글이 막히는 상황이다. 마틴은 다음과 같이 농담했다. "창작의 고통은 칭얼대며 불평하는 자들이 술 마실 핑계를 찾으려고 만든 고상한 용

어나 자신을 밀어붙일 때마다 나타나는 문제가 미루기다. 블로거 팀 어번(Tim Urban) 말마따나, 여러분의 뇌는 즉각적 보상을 바라는 원숭이한테 사로잡혀,[11] 해야 할 어려운 작업보다 쉽고 재미있는 작업을 고른다. 그처럼 시간과 공을 들이고도 얻는 것이라고 해야 자신이 게으르고 부족한 사람이라는 느낌뿐이다. 자존감을 태워 치욕의 잿더미에 얹는 셈이다.

많은 이들이 할 일을 미루는 이유는 게으르기 때문이라고 생각한다. 그러나 심리학자들은 미루기는 시간 관리의 문제가 아니라[12] 감정 관리의 문제라는 사실을 발견했다. 여러분이 할 일을 미루고 있을 때 노력을 피하는 게 아니라 그 행동이 일으키는 불쾌한 감정을 피한다. 머지않아 여러분이 원하는 바를 추구하는 일조차 회피하게 된다는 사실을 깨닫게 되지만 말이다.

한동안 마틴은 자기가 공연에서 할 농담을 쓰는 일도 미뤘다. 다른 사람들의 농담 재료를 빌려 무대 위에서 즉흥으로 써먹는 게 훨씬 재

어다." 무용수나 목수에게 창작의 고통이라는 표현을 쓰지 않는 이유가 있다. 작가가 겪는 창작의 고통은 생각이 막혀서 나타나는 현상이다. 할 말이 떠오르지 않아 진도가 안 나가는 상황이다. 자기가 좋아하는 소설의 문장들을 키보드로 두들김으로써 창작 모드에 돌입하는 소설가들도 있다. 나는 이메일에 답장을 하면서 아이디어를 떠올린다. 내게 추진력을 주기 위해 몸풀기를 하는 셈이다. 글쓰기가 일상이 되면 입에서 말이 나오듯 단어가 막힘없이 지면에 흘러나오기 시작한다. 심리학자들은 사람들을 무작위로 여러 집단으로 나눠 한 집단에게 날마다 글을 쓰게 했더니[I] 산출량이 네 배가 된다는 사실을 발견했다. 하루 15분 글쓰기만으로도 충분히 진전을 보았다. 게다가 이제는 인공지능 챗봇(Chat Bot)의 도움도 얻게 되었다. 한 예비 실험에서 전문가들에게 무작위로 챗GPT와 Bing 같은 도구들을 배정해주었더니 초안을 작성하는 단계보다[II] 아이디어를 생성하고 편집하는 단계에 노력을 집중하게 되면서 그들의(특히 글쓰기 실력이 형편없는 이들의) 글쓰기 양과 질이 모두 향상되었다. 분명히 말해두지만, 이 책에 담긴 내용 중 단 한 단어도 인공지능을 이용해 쓴 단어는 없다. 인공지능도 아마 여러분에게 그렇게 말하겠지만.

미있는데, 본인이 그토록 싫어하는 일을 홀로 앉아서 할 이유가 뭐겠는가? 그에게 즉각적 보상을 안겨주는 원숭이가 운전대를 잡고 그를 좌지우지하고 있었다. 그러나 수년 동안 스탠드업 공연으로 속을 끓인 끝에 그는 다음과 같이 참담한 깨달음을 얻었다. "내가 코미디언으로 성공하려면 직접 대본을 모조리 써야 하겠구나."

마틴은 용기를 내어 자신이 편안하게 느끼는 분야 바깥으로 진출했다. 그는 농담을 글로 쓰는 방법을 터득했다. 그는 한 버라이어티 쇼에서 젊은 작가들을 모집한다는 소식을 듣고 자기가 쓴 글을 보냈지만 채택되지 않았다. "나는 글을 쓸 줄 몰랐다"라고[13] 마틴은 내게 털어놓았다. 그런데도 선임 작가가 그에게 기회를 주었다. 그는 밴조를 연주하는 마틴을 보고 독특하다고 생각했고 본인의 봉급을 떼어 작가 고료를 지급했다. 하지만 마틴은 한 꼭지 도입부를 써 달라는 요청을 받고는 그대로 얼어버렸다. 창작의 고통이 너무 극심한 나머지 그는 단 한 단어도 쓰지 못했고, 결국 자기 룸메이트에게 연락해 농담거리를 빌렸다. 마틴을 채용할 만큼 꽤 괜찮은 농담이었다.

그 후 몇 년 동안 마틴은 낮에는 TV 대본을 쓰고 밤에는 스탠드업 공연을 했다. 글쓰기는 악전고투였지만 그는 점점 익숙해지고 편안해지기 시작했다. 한편 무대에서는 거듭해서 쪽싹 망했다. 그의 에이전트는 그에게 "글쓰기에나 집중해"라고 말했다.

그의 에이전트는 마틴이 글쓰기를 통해서 공연 실력도 나아지고 있다는 사실을 몰랐다. 무대 위에서 즉흥으로 이야기를 풀어가면 장황하게 이야기를 이어가기가 쉬웠다. 하지만 글을 쓰면서 군더더기를 걷어내자 점차 실력이 늘었다. 코미디 재료를 적어 내려가는 고통 스러운 과정을 통해 그는 본인의 유머에서 기본적인 요소들만 남기 고 걷어내는 방법을 터득했다. "왜냐하면 골격이 제일 중요하기 때문 이다. 농담의 구조는 너무 정교하면 안 된다"라고 그는 말했다. 그는 글쓰기가 주는 불편함을 받아들이고 나서야 비로소 다음과 같이 한 방 강력한 펀치를 날리는 문구를 생각해낼 역량을 다듬게 되었다.

—— 지난해 대본을 하나 영화 제작사에 제출했는데 제작사 측에서 단어 하나(를) 바꾸지 않았다. 그들이 바꾸지 않은 단어는[14] 87쪽에 있다.
['단어 하나 바꾸지 않았다(did not change one word)'라는 표현은 의미상 단 한 단어도 바꾸지 않았다, 즉 바꾼 게 없다는 뜻이지만 문자 그대로 해석하면 안 바꾼 게 달랑 한 단어, 즉 단어 하나만 빼고 다 바꿨다는 의미도 된다-옮긴이]

1970년대 중엽 무렵, 마틴은 미국에서 가장 인기 있는 스탠드업 코미 디언으로 손꼽히게 되었다. 그는 전국 순회공연에서 대규모 공연장 을 빌렸고, 표는 매진되었으며, 코미디 앨범으로 100만 장 이상 판매 하는 플래티넘 기록을 세웠고, 주말 TV 코미디 프로그램 〈새터데이 나이트 라이브(Saturday Night Live)〉에서 스탠드업 공연을 했다. 그러 한 과정을 거치면서 그는 글쓰기를 즐기게 되었고 글쓰기는 그에게 연기자로서 경력을 쌓을 기회의 문을 열어주었다. 그가 새로이 글쓰 기 기량을 터득하지 않았다면 자신의 영화계 입문 작품인 〈바보 네이 빈(The Jerk)〉의 각본을 쓰지도, 주연을 하지도 못했을지 모른다.

많은 이들이 글쓰기를 저어한다. 자연스럽게 써지지 않기 때문이다. 그런데 그들은 글쓰기가 소통 수단 이상의 의미가 있다는 사실을 간과한다. 글쓰기는 학습 도구다. 글쓰기를 하면 여러분의 지식과 논리 사이에 간극이 노출된다. 따라서 가정을 설득력 있게 표현하고 반박 논리를 개발하도록 해준다. 글이 불분명하면 생각이 불분명하다는 징후다. 또한 마틴 본인이 일갈했듯이, "단어를 잘 다룰 줄 아는 사람들도 있고, 그렇지 않은 사람들도 있다".

글쓰기를 끔찍하게 싫어하는 사람이라도 글쓰기를 꼭 해야 한다는 뜻이 아니다. 쉽게 터득되지 않는 학습 기법이 주는 불편함을 피하면 성장에 제약을 받게 된다는 뜻이다. 위대한 심리학자 테드 라소(Ted Lasso)의 표현을 빌리자면, "편안하게 느껴지면 잘못하고 있는 셈이다".[15] 앞서 언급한 다언어 구사자들이 포기하지 않고 언어를 배우게 된 계기가 바로 그러한 사실을 깨달았기 때문이다.

경기장에 뛰어들기

학습 유형을 신봉하는 이들은 어떤 사람에게는 언어형 학습이 바람직하고, 이떤 사람에게는 청각형 학습이 바람식하다고 말한다. 그러나 학습은 여러분에게 적합한 학습 방법을 찾는 게 다가 아니다. 과업에 적합한 방법을 찾는 게 중요한 경우가 훨씬 흔하다.

이를 잘 보여주는 실험이 있다. 학생들에게 20분 남짓한 시간을 주고 과학 기사를 하나 읽게 했다. 무작위로 두 집단으로 나눠 한 집단은 기사를 읽게 하고 다른 집단은 듣게 했다. 기사를 들은 집단은 읽은 집단보다 기사를 즐겼지만,[16] 이틀 후 쪽지 시험을 보자 어느 집단이 지식을 덜 얻었는지 분명히 드러났다. 기사를 들은 집단은 59점, 읽은 집단은 81점을 기록했다.

듣기가 더 재미있을지는 모르지만 읽기는 이해와 기억을 돕는다. 듣기는 직관적인 사고를 촉진하는 반면 읽기는 훨씬 분석적인 과정을 활성화한다.[17] 영어와 중국어로 똑같은 잡학지식 문제와 수수께끼와 퍼즐을 들려주기보다는 적어주었을 때 논리적 사고를 훨씬 더 잘 활용한다. 인쇄물을 읽을 때는[18] 자연스럽게 단락의 시작 부분에서 속도를 늦추고 핵심적인 개념을 처리하고 단락과 단락이 분리되는 지점과 소제목을 이용해 정보를 덩어리로 만든다. 난독증이나 학습 장애가 있어서 텍스트를 분석하기 어려운 경우가 아니라면 비판적 사고를 기르는 데 있어서 읽기만 한 게 없다.●

외국어를 배우려면 다른 접근 방법이 필요하다. 학교에서 해즈번은 교과서를 읽고 단어와 표현 문구를 적은 인덱스 카드를 만들어 산

● 여러분의 사회적 지능과 감성 지능을 개선하고 싶다면 시각적 단서보다 청각적 단서에 주의를 집중하는 게 나을지도 모른다. 친구나 낯선 사람의 목소리를 들으면 눈을 감아도 그들의 감정을 읽는 데 정확도가 떨어지지 않는다[III]는 연구 결과가 있다. 우리는 끊임없이 표정을 잘못 읽고 몸짓을 잘못 해석한다. 목소리의 어조는 사람들의 감정을 표현하는 훨씬 정확한 신호다. 문자메시지를 읽을 때 감정을 읽기가 어려운 이유는 어조가 들리지 않기 때문이지 표정을 보지 못하기 때문이 아니다. 거짓말탐지기도 마찬가지다. 범죄 혐의자가 사실대로 말하는지 확인하려면 언어적 단서가 비언어적 신호보다 훨씬 신뢰할 만하다.[IV] 미소를 짓는다고 반드시 신뢰할 만하다는 뜻은 아니다. 속이는 데서 희열을 느끼거나 거짓말을 하고도 뒤탈이 없다는 홍분감에 웃는지도 모른다. 남의 말을 들을 때 경계해야 할 경우는 목소리가 떨릴 때, 목소리가 평소보다 높을 때, 이야기가 일관성이 없을 때다.

처럼 쌓아놓고 어휘와 문법을 배웠다. 수업 시간에 말하기는 별로 하지 않았고, 많은 어휘를 암기하기 전까지는 말할 준비가 되지 않았다는 느낌이 들었다. 그녀는 바보처럼 들릴까 봐 두려웠으므로 그러한 불편함을 완전히 회피했고 오로지 영어로만 말했다.

대학교에서 해즈번은 언어학을 전공했다. 그녀는 자신의 접근 방식이 피아노나 피겨스케이팅에 관한 책을 여러 권 읽고 나서 독일의 세계적인 피아니스트 클라라 슈만(Clara Schumann)처럼 피아노협주곡을 연주하거나, 미국의 전 피겨스케이팅 선수인 크리스티 야마구치(Kristi Yamaguchi)처럼 트리플 악셀을 구사하기를 바라는 셈이라는 사실을 깨달았다. 그러나 아무리 온 신경을 집중해도 카스티야 방언은

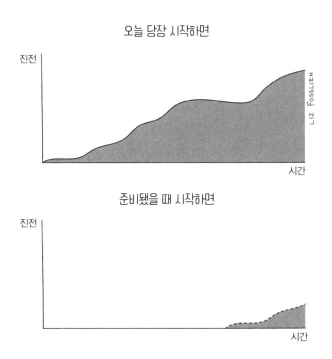

오늘 당장 시작하면

준비됐을 때 시작하면

눈에 보이지 않고, 머릿속으로 그 어조의 다이어그램이 떠오르지도 않으며, 해석적 무용을 통해 방언을 내면화할 수도 없다. 카스티야 방언을 구사하고 싶으면 직접 단어를 발음하면서 연습해야 한다.

아니나 다를까 수십 건의 실험을 메타 분석한 자료에 따르면, 학생과 성인 모두 새로운 언어를 이해만 하기보다는 스스로 말해보면서 배우면,[19] 시간이 흐르면서 모두 새로운 언어를 이해하고 말하는 데 훨씬 숙달하게 된다. 그들은 수업 전에 어휘를 배우고 수업 시간에 소통을 연습하도록 하는 '역발상 학습(flipped class)'에서[20] 언어 습득이 훨씬 향상되었다. "쓰지 않으면 잃게 된다"라는 널리 알려진 문구만으로는 부족하다. 쓰지 않으면 애초에 습득하지도 못할지 모른다.

최소한의 불편함이 느껴질 때 이를 받아들이는 것만으로는 충분치 않다. 놀랍게도 불편함을 적극적으로 추구하는 게 훨씬 바람직하다. 해즈번이 마드리드로 이주해 영어를 가르치는 일을 하면서, 일부러 오로지 스페인어만 하는 가족과 함께 살며 시도한 게 바로 불편함의 적극적인 추구였다. 여름이 끝날 무렵 해즈번은 스페인어를 유창하게 구사하게 되었다. 그녀는 편안함이 오히려 불편해지면 어떤 언어든 배울 수 있겠다는 자신감이 생겼다.

나는 그녀가 돌파구를 뚫게 된 경험을 두고 그녀와 대화를 하면서 문득 깨달았다. 학습에서 편안함은 모순이다. 어떤 기량을 갈고닦아 완전히 터득하기 전까지는 진정으로 편안해지기 어렵다. 그러나 터득하기 전에 연습하는 과정이 불편하므로 사람들은 이를 회피하게 된다. 학습을 가속화하려면 두 번째 유형의 용기가 필요하다. 습득한 지식을 이용할 용기 말이다.

일부러 어색한 상황에 놓이기

시카고대학교의 심리학자 케이틀린 울리(Kaitlin Woolley)와 아옐렛 피시바흐(Ayelet Fishbach)는 기발한 실험을 했다. 즉흥 코미디 강습을 수강하는 수백 명을 무작위로 서로 다른 목표에 집중하도록 배치했다. 가장 장기간 목표를 꾸준히 추구한(그리고 가장 창의적인 과업에 배치된) 이들은 학습에 초점을 두라고 권고받은 이들이 아니었다. 의도적으로 어색하고 서투른 상황에 직면하게끔 권고받은 이들이었다. "당신의 목표는 어색하고 서투르고 불편함을 느끼는 것이다"라는 지침을 받은 이들이다. 불편함을 성장의 징표로 보게 되면[21] 자신이 편안하게 느끼는 영역을 벗어나려는 동기가 유발된다.

정치적 경쟁자들에게도 적용된다. 우리는 민주당 지지자와 공화당 지지자가 각각 생각이 같은 자기 진영을 벗어나 새로운 정보를 추구하도록 동기 부여하려고 애쓴다. 불편함을 추구하도록 권고하면 그들은 상대방 진영의 관점에서 쓴 기사들을 다운로드할 가능성이 커진다.● 불편함이 진전한다는 신호라면 그 신호를 피해 달아나면 안 된다. 계속 성장하기 위해서는 꾸준히 불편함 쪽으로 다가가

● 불편함이 익숙하고 편해지는 상황은 집단의 성장에도 중요하다. 조직 관리 학자 캐시 필립스(Kathy Phillips)가 행한 일련의 실험에서 다양한 인종으로 구성된 집단이 비슷한 인종으로 구성된 집단보다 훨씬 창의적인 문제 해결책을 내놓았고, 훨씬 현명한 판단을 내

야 한다.

결혼을 일곱 달 앞두고 해즈번은 자기 남편과 시댁 식구들에게 깜짝 선물을 준비했다. 그들의 모국어인 광둥어로 결혼 축배사를 하기로 했다. 생각만 해도 떨렸다. 그래서 더 신이 났다. 그녀는 영어로 초안을 작성해서 광둥어 강사에게 광둥어로 번역해 녹음해 달라고 했다. 그리고 광둥어로 녹음한 축배사를, 저장해놓은 좋아하는 노래 목록처럼 반복해서 들었다. 그녀는 축배사를 달달 외울 때까지 반복해서 들었다. 장 보러 갈 때도 읊었다. 하지만 남편에게는 철저히 비밀로 했다.

그녀는 자신이 광둥어로 축배사를 한 후에 시댁 식구들이 광둥어를 얼마나 잘하나 시험해보리라 예상하고, 머릿속을 광둥어 관련 정보의 포화 상태로 만들기로 했다. 그녀는 광둥어로 진행하는 팟캐스트를 듣고 광둥어로 된 영화를 시청했다. 그녀는 남편 몰래 광둥어 강사로부터 교습을 받고 날마다 말하기를 연습하면서, 엉뚱한 단어로 자기소개를 하는 고통과 엉뚱한 성조(聲調)로 독백하는 창피함을 기꺼이 받아들였다. 그녀는 목이 조이고 넘어지는 악몽을 꿨지만, 어색하고 서투른 발음과 실수는 배우고 있다는 징후라는 사실을 자신

리는 것으로 나타났다. 그런데 다양한 인종으로 구성된 집단 구성원들은 자신들이 실제보다 못하다고 생각했다. 다양성이 그들을 불편하게 했기 때문이다. 공교롭게도 이러한 불편함은 그들이 성공하게 된 원동력이었다. 서로 다름은 사람들이 더 체계적으로 생각하고, 더 철저히 준비하고, 자신의 의견을 더 분명히 설명하도록 하고, 남의 말을 더 경청하도록 밀어붙인다. 필립스와 동료 연구자들은 불편함을 받아들이면 "감정적 고통을 인지적 이득으로 전환하도록 도와준다"[v]라는 결론을 내렸다.

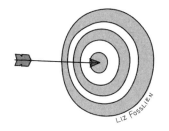
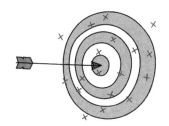

에게 상기시켰다. 그녀는 결혼 축배사를 멋지게 해냈고 아홉 가지 서로 다른 성조도 완벽하게 구사했다. 축배사가 끝난 후 그녀는 남편의 할머니와 농담도 주고받았다. 광둥어밖에 못하는 할머니였는데 말이다. 그녀의 시댁 식구들은 그녀가 시간을 들여 그들의 언어를 배우고 그들의 문화를 존중해줘 매우 뜻깊고 고맙다고 말했다.

　외국어로 소통하기 전에 도서관 분량의 지식 전체를 습득할 때까지 기다릴 필요가 없다. 여러분의 정신적 도서관은 여러분이 소통하면서 확장된다. 내가 해즈번에게 외국어를 시작하려면 어떻게 해야 하는지 묻자, 그녀는 대화가 가능한 수준이 될 때까지 기다리지 않는다고 말했다. 그녀는 이제 불편함은 아랑곳하지 않고 배우는 첫날 말하기 시작한다. "항상 사람들에게 그냥 말하기 시작하라고 설득한다. 문장 몇 개를 그냥 외워라. 자기소개하고 그 언어를 배우는 이유를 설명하는 짧은 단락을 외워라"라고 그녀는 내게 말했다.

　이는 루이스에게는 인생을 바꾸는 조언이었다. 그는 스페인에 체류하는 동안 자신이 좋아하는 소설, 스페인어판 《반지의 제왕》을 산

뒤 사전을 옆에 놓고 책을 번역했다. 첫 한쪽 번역에 일주일이 걸렸다. 그다음에는 700쪽만 더 하면 되었다. 여섯 달 동안 스페인어를 배우려다 실패하고 만 그는, 스페인어를 배우려 온갖 수단을 다 동원했지만 정작 말하기는 해보지 않았다는 사실을 깨달았다. 여기서 세 번째 유형의 용기가 필요했다. 불편한 상황을 받아들이고 적극적으로 추구하는 데 그치지 않고 용기를 내 더 많은 실수를 함으로써 불편한 상황을 증폭하는 용기 말이다.

꾹 참기

나는 사촌과 코스타리카로 여행을 간 적이 있다. 오랜 하이킹 끝에 한 식당에 들어갔다. 사촌은 갓 짠 오렌지 주스가 아주 맛있어 보인다고 했다. 그가 스페인어로 주문을 하자 웨이터가 웃음을 터뜨렸다. '후고 데 나랑하(jugo de naranja)'라고 해야 하는데 '프루토 데 페리오디코(fruto de periodico)'라고 했다. 신문 과일 한잔을 달라고 한 셈이다.

새로운 언어를 처음으로 사용할 때 무척 불안하고 떨리는 느낌을 경험해봤으리라. 낯선 단어를 우물거리면서 당혹스럽고 창피한 기분을 느낀다. 실수해서 다른 사람들을 불쾌하게 할까 봐 걱정된다. 내 아내 앨리슨은 고등학교에서 일본어를 배웠는데, 기말 시험에는 식당에서 일본어로 음식을 주문하는 현장 학습도 포함되어 있었다. 내 아내는 실수할까 봐, 시험을 통과하지 못할까 봐 너무 걱정되어 아픈 척했다고 고백했다. 바로 이때가 용기가 필요한 순간이다. 외국어 말하기를 연습하려면 실수를 많이 할 각오를 하는 용기가 필요하다. 실수는 다다익선이다.

해즈번은 아이들이 어른보다 외국어를 훨씬 빨리 배우는 이유 중 하나가 바로 이 때문이라고 생각한다.[22] 물론 아이들은 아직 머리가 말랑말랑하다는 이점(발달 중인 뇌는 발달이 완성된 뇌보다 훨씬 빨리 재조직 화한다)이 있고, 이미 아는 지식의 방해를 덜 받는다(한 언어의 문법 규칙 들에 매몰되지 않는다). 그뿐만 아니라 아이들은 실수하면 느끼는 창피함 과 불편함을 대체로 두려워하지 않는다. 아이들은 소통을 주저하지 않는다. 새로운 단어를 배우자마자 주절거리기 시작한다. 아이들은 남에게 멍청하게 보일까, 다른 사람들이 나를 어떻게 볼까 두려워하 지 않는다.

수줍음이 많은 사람의 경우 특히 실수한다는 생각만 해도 겁이 난다. 수줍음은 사회적 상황에서 부정적인 평가를 받을까 봐 두려워하 는 마음인데, 루이스는 이러한 두려움을 매우 강하게 느꼈다. 파티에 서 다른 사람들과 어울리는 데 서투른 10대였던 그는 구석에 처박혀 휴대전화로 게임만 했다. 외국어 수업에서 그는 손을 들어 적극적으로 참여하지도 않았다. 스페인으로 이주한 그는 스페인어를 해야 하는 두 려운 상황 근처에도 가지 않았고 영어를 하는 사람들과 어울렸다.

심리 치료사는 공포증을 치료할 때 체계적 둔감화(systematic desensitization)와 자극범람(flooding), 이 두 가지 서로 다른 노출 치료 방법을 쓴다. 체계적 둔감화[23]는 아주 소량의 위협에 노출한 뒤 시간 이 흐르면서 노출되는 위협의 양을 점점 늘려가는 방법이다. 여러분이 거미를 두려워한다면, 거미를 그리게 하고, 그다음에는 방 건너편의 우리에 갇힌 거미를 두고 보게 한다. 욕조 속에서 다리가 긴 거미와 가까이서 마주치게 되는 상황에 놓이기 전에 훨씬 위험의 정도가 덜한 상황에서 공포심을 조절하는 방법을 터득하게 된다. 하지만 자극범람 요법은 정반대다.[24] 심리 치료사가 징그러운 거미를 여러분 팔에 떨어뜨린다. 당연히 끔찍하고 소름이 끼치겠지만 그 시련을 무사히 견뎌내고 나면 깊은 공포심이 사라지게 된다.

노출 요법은 불편함을 증폭함으로써 불편함을 줄인다. 극단적인 사례는 비행 연습하는 조종사의 경우다. 비행에서 비행기가 땅을 향해 돌진하는 실속(失速) 상황만큼 두려운 상황은 별로 없다. 실속은 조종사가 너무 천천히 날거나 너무 가파르게 상승하는 실수를 저지를 때 나타나는 현상이다. 실속은 치명적인 민간 항공기 사고 원인의 15퍼센트를 차지하고 추락 원인의 거의 4분의 1을 차지한다. 많은 조종사가 자신이 조종하는 비행기가 하늘에서 추락하는 악몽을 꾼다.

조종사 훈련을 받을 때 가장 먼저 모의 비행에서 체계적 둔감화 훈련을 받는다. 모의 훈련을 통해 기기 작동법과 실속했을 때의 감각을 익힌다. 손은 어떻게 해야 하는지, 추락하기 시작할 때 지평선은 어떻게 보이는지 등등을 익힌다. 그러나 실제로 조종석에 앉게 되면 비행 강사가 공포스러운 지침을 건네주는 순간이 온다. 비행기가 실속할 때까지 속도를 늦추고 조종간을 잡아당겨 기수를 올리라는 지침이다.

바로 이 부분에서 명실상부한 자극범람 요법을 경험하게 된다. 여러분이 모의 비행을 수없이 했어도, 공중 수천 피트 상공에 떠 있고 경로를 수정하기에 충분한 시간이 있어도, 여러분의 뇌는 아랑곳하지 않는다. 비행기라는 육중한 금속 우리에 갇힌 채 기수(機首)가 땅을 향해 빠르게 돌진한다고 생각해보라. 일부러 비행기를 바위처럼 떨어뜨리는 정말 두려운 상황에 대해 마음의 준비를 할 수 있는 인간은 없다.

미국에서 조종사 자격증을 취득하려면 실속 상황에서 빠져나와 비행기를 안전하게 착륙시킬 수 있음을 증명해야 한다. 효과적인 훈련 프로그램은 의도적으로 뜻밖의 새로운 위협을 도입하도록 설계되었다. 이러한 깜짝 요소는[25] 매우 중요하다는 증거가 있다. 실속 훈련이 예측 가능한 일상이 되면 조종사를 실제 긴급 사태에 대비시키는 데 효과가 없다. 모든 상황에 대해 훈련을 받지 않으면 아무 대비도 하지 못한다. 조종사는 불편함을 강화함으로써 불편함을 다루는 방법을 터득하고 불편함을 헤쳐나가면서 기량을 키운다.

불편함을 증폭하는 방법은 루이스가 새로운 언어를 학습하는 데 매우 중요했다. 루이스는 수줍음을 극복하기 위해 체계적 둔감화부터 시작했다. 자신을 약간 불편한 상황에 놓이게 했다. 그는 장난스러운 요정이 쓰는 모자를 쓴 채 거리를 활보하거나, 춤출 때 디스코 조명을 발산하는 기능을 탑재한 레이저 포인터를 갖고 공연장에 나타나는 등 사람들의 눈길을 끌어 낯선 사람들이 먼저 자기에게 접근하도록 만들었다. 소란스러운 행사장에서는 귀마개를 나눠주고 술집에서는 사람들과 잔을 마주치면서 먼저 사람들과의 교감을 시도하는 데 익숙해졌다. 스페인에서 여섯 달이 더 흐르고 난 후, 그는 탄탄한 스페인어를 구사하게 되었고 이탈리아로 이주해 이탈리아어에도 도전하기로 했다. 그가 언어 뽀개기 전문가가 되는 건 이제 시간문제였다. 몇 달 만에 낯선 사람과의 소통이 가능한 정도 수준으로 새로운 언어를 배우는(그리고 다른 이들에게 이 방법을 가르치는) 게 그가 추구하는 목적이었다. 이러한 목적은 그를 자극범람 요법으로 이끌었다.

루이스는 이를 사회적 스카이다이빙이라고 일컫는다. 그는 새로운 나라에 도착하면 가까이 있는 아무에게나 다가가 말을 걸고 5초 이상 투자한다. 형식상의 대화가 아니라 보다 의미 있는 반응을 끌어내기 위해 훨씬 큰 모험을 시도한다.● 그는 스페인에서 발렌시아 출신의 누군가와 우연히 만났을 때는 그 지역 노래를 열창했다. 브라질에서는 숙소인 호스텔에 도착해 숙박계를 쓰면서, 접수 직원에게 자신이 로마에서 같은 일을 할 때 중노동에 쥐꼬리 급여를 받았던 경험을 이야기해줬다. "내가 보기에 언어를 배우는 사람들이 하는 가장 중요한 실수 중 하나가 언어 공부는 지식의 습득이라고 생각한다는 사실이다. 그렇지 않다! 새로운 언어를 배우는 일은 소통 기량을 구축하는 일이다"라고 루이스는 지적한다.

● 대부분 어색함을 피하려고 형식상의 대화를 고수하지만 심도 있는 대화가 놀라울 정도로 호응이 좋다.[VI] 7가지 연구에서 사람들은 낯선 사람과의 심도 있는 대화에 예상보다 훨씬 더 즐겁고 교감을 느끼고 덜 불편해한다는 결과가 나왔다. 수년 동안 내 스페인어 실력을 녹슬게 방치한 끝에 보스턴에서 멕시코까지 버스를 타게 되었는데, 단순히 작업을 물어보다가 질문을 바꿔 즐겨 하는 게 뭔지 물어보았을 때 훨씬 즐거운 대화를 나누고 스페인어 연습을 훨씬 알차게 하게 되었다.

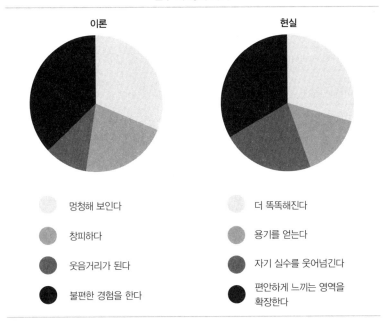

실수 더 많이 하기

이론   현실

멍청해 보인다   더 똑똑해진다

창피하다   용기를 얻는다

웃음거리가 된다   자기 실수를 웃어넘긴다

불편한 경험을 한다   편안하게 느끼는 영역을 확장한다

학습은 실수를 인식하고 바로잡고 방지하는 과정이라고 흔히들 생각한다. 그러나 루이스는 언어에 유창해지려면 실수를 줄이려 하지 말고 오히려 늘리려 애써야 한다고 생각한다. 그가 옳다는 증거가 있다. 수많은 실험을 통해서 드러난 바와 같이, 새로운 정보를 학습할 때 학생이 틀리게 추측한 뒤에 정답을 가르쳐주면[26] 나중에 시험을 볼 때 실수할 가능성이 줄어든다. 사람들에게 실수해도 괜찮다고 하면 실수를 오히려 덜 한다. 초기에 하는 실수는 정답을 기억하도록 도와주고 계속 배우고자 하는 동기를 부여한다.

루이스는 새로운 언어를 배울 때 야심만만한 목표를 세운다. 하루에 적어도 실수를 200개 하기다. 그는 자기가 하는 실수 개수로 진전을 가늠한다. "실수를 많이 할수록 빨리 진전하고 덜 꺼림칙해진다. 실수하는 게 불편하게 느껴지는 감정을 극복하려면 실수를 더 많이 하는 게 가장 좋은 치료법이다"라고 루이스는 지적한다.

언어를 배우는 과정에서 루이스는 어색한 상황에 놓인 적이 적지 않다. 자신의 성별을 잘못 소개한 적도 있고, 버스에게 성적 매력을 느낀다고 한 적도 있고, 누군가에게 항문이 멋지다고 칭찬한 적도 있다. 그러나 그는 자책하지 않았다. 실수하는 게 목표였으니까. 그가 실수해도 사람들은 대체로 노력이 가상하다며 칭찬해주었다. 그러면 계속 노력하고 싶은 동기가 유발된다.

심리학자들은 이러한 선순환을 학습된 근면성이라고 일컫는다. 노력해서 칭찬을 받으면 노력한다는 느낌 자체가 부차적 보상의 가치를 띠게 된다.[27] 계속 노력하도록 자신을 닦달하기보다 자연스럽게 노력하는 쪽으로 끌려간다.

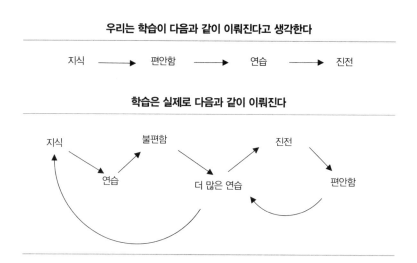

우리는 학습이 다음과 같이 이뤄진다고 생각한다

지식 ⟶ 편안함 ⟶ 연습 ⟶ 진전

학습은 실제로 다음과 같이 이뤄진다

지식 → 연습 → 불편함 → 더 많은 연습 → 진전 → 편안함

새로운 언어를 배우는 첫날부터 말하기를 한다는 아이디어는 학습에 대한 내 생각을 바꿔놓았다. 코딩도 첫날부터 만들 수 있고, 가르치기도 첫날부터 할 수 있고, 코치도 첫날부터 할 수 있다고 말이다. 기량을 연습하기에 앞서 편안함을 느끼지 않아도 된다. 기량을 연습하면 점점 편안해진다.

몇 년 전 해즈번은 자기 가족의 넷플릭스 계정으로 누군가가 한국 드라마를 시청하고 있다는 걸 알아챘다. 그녀의 아버지였다. 그녀가 한국에 거주할 때 한국을 방문한 후 한국 문화를 좋아하게 된 아버지가 몰래 한국어를 배우기 시작했다. 77세인 그는 빠른 속도로 어휘와 문법을 섭렵하고 있었고 그녀는 그런 아버지를 가르칠 수 있었다. "아버지는 사실 이미 한국에 대한 지식이 상당했다. 읽고 쓰기를 많이 하고 있었다. 하지만 말하기는 두려워했다. 그러던 아버지가 마침내 말하기를 조금 할 수 있는 지점에 도달했다"라고 그녀는 말한다.

현재 해즈번은 언어 번역 서비스 회사의 창립자이자 전무이사다. 그녀는 약간 불편함을 감수할 의향이 있는 한 배움에 너무 늦은 나이는 없다고 생각한다. 그리고 그러한 용기는 전염된다.

새로운 난관에 도전할 준비가 되었다고 느낄 때까지 기다리면 아예 목표를 추구하지 않게 될지도 모른다. 어느 날 눈을 떴더니 문득 준비된 느낌이 드는 날은 오지 않을지 모른다. 눈 질끈 감고 뛰어내리듯 무턱대고 시작하면 준비된다.

2장

인간 스펀지
흡수하고 적응하는 역량 구축하기

가장 지적인 종이 살아남는 게 아니라,
가장 강한 종이 살아남는 게 아니라 가장 잘 적응하는 종이 살아남는다.[1]
리언 메긴슨(Leon Megginson, 전 루이지애나 주립대학교 경영학과 교수)

거의 5억 년 전 지구에는 천재지변이 일어났다. 화산이 폭발하면서 재를 뿜어냈고 인이 바다로 흘러 들어가고 거대한 빙산이 형성되었다가 녹았으며 산소 수위가 급락했다가[2] 급등했다. 생물 종의 4분의 3 이상이 사멸했다. 역사상 가장 먼저 일어난 최악의 대규모 멸종 사건으로 손꼽힌다. 공룡이 멸종됐던 재앙보다도 훨씬 처참했다.

하지만 야릇하게도 단순히 살아남는 데 그치지 않고 번성한 종이 적어도 하나 있었다. 해면(海綿, Sea Sponge)은 전체가 성장하고 번성했다. 미국의 인기 애니메이션 주인공인 스펀지밥(SpongeBob)의 밈(meme)이 인터넷을 도배하기 훨씬 오래전 이미 스펀지는 바다를 지

배했다.[3]

과학자들은 해면을 발견하자마자 식물이라고 단정했다. 수풀처럼 생겼고 거의 움직이지 않는 데다 뇌, 신경, 장기, 근육도 없었다. 그러나 해면은 광합성을 하지 않는다. 동물처럼 먹이를 먹는다. 해면은 이제 지구상에서 가장 오래된 동물로 손꼽힌다.[4]

해면이라고 하면 여러분은 아마 부엌에서 쓰는 스펀지를 떠올릴지 모르겠다. 주변의 모든 걸 빨아들이는 스펀지 말이다. 그러나 해면은 단순히 수동적으로 먹이와 산소를 흡수하지 않는다. 독성 물질과 건강에 해로운 입자를 걸러내는 데 도가 텄다.[5] 짧은 머리카락처럼 생긴 편모는 물의 흐름을 만들어 영양소를 포획하고 박테리아를 물리친다. 해면은 외벽을 통해 물을 흡수하고 작은 입처럼 생긴 기관을 통해 물을 내뿜는다. 심지어 사람이 재채기를 하면 콧물이 나오듯이 재채기를 하고 기공(氣孔)을 통해 점액질을 배출한다.[6]

2000년 이상 장수하는 해면도 있다.[7] 몸뚱이는 부드럽고 숨구멍이 많지만, 내구성이 강한 골격 구조를 갖췄다.[8] 물살이 거세거나 포식자에게 뜯어 먹혀 몸이 손상된다고 반드시 물 위에 둥둥 뜨거나 죽지는 않는다. 생존 포자(일단 여건이 호전되면 새로운 스펀지를 생성하게 해주는 세포)[9]를 통해 재생하는 종류도 있다. 이처럼 흡수하고 여과하고 석응하는 역량 덕분에 해면은 성장하고 번성한다. 그리고 이는 인간에게도 매우 중요한 역량이다.

스펀지를 닮는다는 게 단순한 비유는 아니다. 스펀지처럼 된다는 건 품성 기량을 의미한다. 이는 숨은 잠재력을 실현하기 위해 꼭 필요한 형태의 주도력이다. 개선은 추구하는 정보의 양이 아니라 받아들이는 정보의 질이 좌우한다. 성장은 얼마나 열심히 노력하느냐가 아니라 얼마나 잘 배우느냐가 관건이다.

노력에 대한 보상을 증가시키기

시카고에서 싱글맘의 여섯 자녀 중 막내로 자란 멜로디 홉슨(Mellody Hobson)은 어린 시절을 어렵게 보냈다.[10] 그녀의 어머니는 전기, 수도, 냉난방 요금을 댈 여유도 없었다. 목욕을 하려면 물을 데워서 욕조에 붓는 수밖에 없을 때도 있었다. 홉슨이 하교해 집에 돌아오면 단전되거나 전화 서비스가 중단되어 있던 적이 한두 번이 아니었다. 어머니가 고지서 요금을 메우느라 정신없는 와중에 가계 위기가 발생했다. 기본적인 전기, 수도 서비스가 끊기는 데에서 그치지 않고 자동차까지 압류당했고 살던 집에서 퇴거당한 후 계속 이사를 다녀야 했다.

홉슨은 아이비리그 대학교에 입학하기로 마음을 정했다. 그러나 또래들보다 한참 뒤처진 상황에서 출발한 그녀는 초등학교 1학년이 되자 집중하고 적응하는 데 애를 먹었고 글을 읽을 줄도 몰랐다. 그녀는 학력 보충이 필요한 아동들을 모아놓은 반에 배정되었다.

현재 홉슨은 성공적인 투자 회사의 공동 최고경영자다. 그녀는 스타벅스 이사회 이사장을 맡고 있고, 〈타임〉지의 가장 영향력 있는 100인에도 선정되었다. 그녀는 프린스턴대학교에 입학했을 뿐만 아니라 곧 흑인으로서는 최초로 그녀의 이름을 딴 기숙사형 단과대학이 생기게 된다.

사람들에게 홉슨이 난관을 극복한 비결을 물어보면 이구동성으로 철저한 직업 윤리의식이라고 말한다. 초등학교 시절 그녀의 통학버스가 사고를 당했다. 동급생들이 버스를 기다리는 동안 홉슨은 학교까지 걸어갔다. 고등학교에서 그녀는 전 과목 A학점을 받는 일이 다반사였고, 학생부 집행위원회에서 일했으며, 학생들에 대한 정보를 담은 연감의 편집을 맡았고, 지역 초등학생의 개인 교사, 약물 남용 예방 클럽의 부회장이자 재무 관리자로 자원봉사도 했다.

홉슨의 성공기는 미국의 전형적인 '개천에서 용이 난' 사례였다. 한 세기 전 위대한 사회학자 막스 베버(Max Weber)는 성취를 통해 얻은 이례적인 보상은 프로테스탄트 노동 윤리[11]에서 비롯되었다고 밝혔다. 그는 종교 개혁 이전에 노동은 필요악으로 여겼다고 주장했다. 1500년대에 마틴 루터(Martin Luther)의 가르침 덕분에 노동은 소명으로 바뀌었다.[12] 훌륭한 프로테스탄트란 생산적인 노동을 통해 사회에 봉사하는 도덕적 의무를 실천하는 사람이었다.[13] 결의와 자제력은 미덕이 되었다. 나태함과 낭비는 악덕이 되었다. 오늘날 많은 이들이 속전속결과 끈질긴 근성을 높이 사는 이유가 그 때문인지도 모르겠다. 그러나 장족의 발전은 노동의 양이 아니라 노동의 결실에서 비롯된다.

그리 멀지 않은 과거에 사샤 베커(Sascha Becker)와 루드거 뵈스만(Ludger Woessmann) 두 경제학자는 대규모 차원에서 종교 개혁의 영향을 시험해보기로 했다. 종교 개혁은 한 인구 전체의 성취에 영향을 미쳤을까? 두 학자는 프로테스탄트 믿음이 확산하면서 나라 전체가 더 높은 경제 성장을 이뤘다는 사실을 밝혔다.[14] 그러나 딱히 사람들이 갑자기 더 열심히 일하게 되었기 때문은 아니었다.

프로테스탄티즘이 뿌리를 내린 대부분 지역에서 역사적으로 지배적인 종교는 가톨릭교였다. 당시 가톨릭교회는 성서에 대한 지배력을 유지하고 있었고 가톨릭교도들은 보통 성당에서 구두로 설교를 들었다. 루터는 이를 바꿔놓았다. 그는 최초로 성서를 독일어로 번역했고, 어느 마을에 있는 어느 학교든 모조리 아이들에게 성서를 읽도록 가르쳐야 한다고 설교했다. 그러려면 사람들이 글을 읽을 줄 알아야 했다. 그리고 일단 글을 배우게 되자 모든 정보가 손안에 들어오게 되었다. 사람들은 뭐든 훨씬 빠른 속도로 배웠다. 베커와 뵈스만은 종교 개혁의 추진력은 노동 윤리라기보다 문해력이었다고 주장했다.

1900년 기준 서로 다른 여러 국가에서 프로테스탄트의 비율을 나타내는 두 개의 그래프를 보자. 하나는 1인당 GDP, 다른 하나는 문해율을 보여준다. 이례적인 몇몇 북유럽 국가를 제외하고(이들에 대해서는 나중에 더 자세히 논하겠다), 긍정적인 상관관계가 거의 동일하게 나타난다.

프로테스탄트가 거의 없는 나라들(브라질, 이탈리아, 멕시코)은 경제 성장률과 문해율이 모두 낮은 경향이 있다. 종교 개혁이 휩쓴 나라들(독일, 영국, 스웨덴)은 경제 성장률과 문해율이 높은 편이었다.

물론 서로 다른 점이 한두 가지가 아닌 몇몇 나라들에서 비롯된 상관관계를 바탕으로 인과관계를 결론 짓기는 불가능하다. 따라서 베

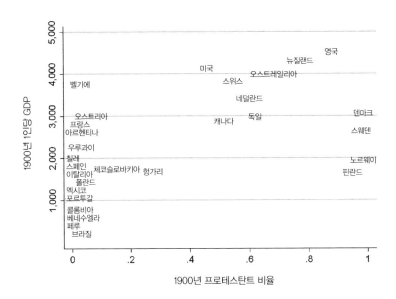

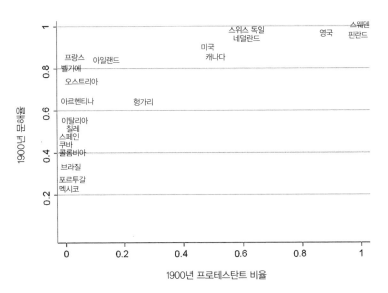

커와 뵈스만은 독일제국 내의 450개 이상의 지방들에 대해 자연스럽게 이뤄진 실험을 이용했다. 그들은 루터가 종교 개혁을 일으킨 도시 비텐베르크(Wittenberg)를 종교 개혁의 심장부로 간주했다. 종교 개혁 이전에 특정 지방이 비텐베르크로부터 지리적으로 가까운지 먼지는 그 지방의 교육이나 경제 성장과 아무런 관계가 없었다. 비텐베르크와 지리적으로 가까운 지역 공동체들은 프로테스탄티즘에 휩쓸릴 가능성이 훨씬 크므로, 두 학자는 지리적 근접성으로 인해 지역 공동체들이 다른 경로를 택하게 됐는지 시험해볼 수 있었다.

결과는 다음과 같았다. 프로테스탄트 운동의 중심지와 가까운 지방일수록 평균 소득이 높았고, 문해율도 높았다. 그리고 문해율 변수를 통제하자 비텐베르크로부터의 거리는 높은 소득을 더는 예측하지 못했다. 종교 개혁의 근거지 가까이 거주하는 만큼 소득이 올랐지만, 소득 증가는 온전히 읽고 쓰는 역량을 확보했기 때문이었다.●

여기서 얻는 교훈은 다층적이다. 우리가 보통 더 열심히 노력하면 이룬다고 생각하는 진전은 실제로는 더 똑똑하게 했기 때문일지 모른다. 인지적 기량은 학습의 충분조건은 아니지만, 필요조건이기는

● 종교 개혁이 경제 성장을 어디서 언제 견인했는지에 대해서는 여전히 갑론을박이 계속되고 있지만,[I] 읽기와 쓰기를 견인한 유일한 요인은 아니라는 공감대가 세계적으로 형성되어 있다. 예컨대 1900년대 초, 마을에 도서관이 건립된 후[II] 아이들의 교육 수준이 높아졌다(그리고 훨씬 안전하고 창업 정신이 요구되고 존경받는 일자리를 얻었다)는 연구 결과가 있다. 또한 카네기 도서관 지원금과 도서관 건립 승인을 받은 마을들을 조사한 연구에서는 도서관을 실제로 건립하고 나니[III] 그 후 20여 년에 걸쳐 보상이 이어졌다는 결과가 나왔다. 특허 출원율은 (주로 도서관이 소장한 도서들이 다룬 기술 부문에서) 8~13퍼센트 증가했고, 여성과 이민자 발명가의 수도 증가했다. 문해력은 만병통치약은 아니지만 배울 기회를 열어주는 중요한 원천이었다.

하다. 기본적인 문해력이 있으면 품성 기량을 훨씬 효과적으로 이용할 수 있다. 학습에서 주도력을 발휘하면 더 빨리 배우게 된다. 사람들이 새로운 개념을 흡수하고 낡은 개념을 걸러낼 역량을 갖출수록 번영하게 된다.

정보를 흡수하고 이해하는 역량을 증폭시키는 인지적 기량은 스펀지가 되기 위한 토대를 마련해준다. 점점 더 스펀지처럼 되면 더 대단한 목표들을 성취할 역량을 갖추게 된다. 브로드웨이 뮤지컬 〈해밀턴(Hamilton)〉의 한 대목을 빌리자면, 자발적으로 시작하면 더 멀리까지 가게 된다. 그게 바로 홉슨이 한 행동이다.

영웅과 학자

2학년 때 홉슨은 읽기를 배웠다. 그해 그녀는 단편소설 백일장에서 장원을 했고 상으로 《샬롯의 거미줄》을 받았다. 처음으로 장편소설을 읽어야 해 큰 용기를 내야 했지만, 그녀는 처음부터 끝까지 꼼꼼하게 읽고 모르는 단어의 뜻을 배우겠다고 결심했다.

홉슨이 단어를 스펀지처럼 빨아들이고 자기 주변의 세상을 이해하고자 하는 욕구는 철이 들면서 점점 더 강해졌다. 그 욕구 덕분에 그녀는 존 로저스(John Rogers)에게서 여름 인턴 자리를 따냈다. 미국에서 가장 규모가 큰, 소수인종 소유의 투자 회사로 손꼽히는 회사를 창립한 로저스는 토요일 아침마다 맥도널드 햄버거 가게에서 신문을 읽곤 했고, 홉슨은 이미 아침을 먹었어도 햄버거 가게에 가서 그를 만났다. 그렇게 그녀는 증권 시장을 공부하기 시작했다. "그녀는 투자 공부에 한 번 꽂히자 워런 버핏(Warren Buffett)에 대해 나 못지않게 잘 알게 되었다. 그녀는 자신이 관심이 있는 이 분야에 대해 모조리 배우겠다는 결의를 보였다. 스펀지 같았다"라고 로저스는 내게 말한다.

홉슨을 만난 후 가장 먼저 두드러져 보인 특징이 바로 스펀지 같다는 점이었다. 10년 전 사회의 저명한 인사들로부터 내 연구 내용을 발표해 달라는 초청을 받았는데, 그 자리에서 나는 그녀를 처음 만났다. 내가 강연장에 들어서자 눈에 익은 오스카상 수상 영화 제작자들과 기술 회사 억만장자들이 보였다. 그럼에도 강연에서 가장 많은 질문을 한 사람은 홉슨이었다. 그리고 강연 내용을 적은 사람도 홉슨뿐이었다. 정보를 추구하고 빨아들이는 행위에 관한 한 그녀는 다른 이들과 차원이 달랐다. 그녀가 그처럼 강연에 적극적으로 관여한 이유는 단순히 호기심 때문만은 아니었다.

흡수 역량은[15] 새로운 정보를 인식하고 가치를 평가하고 동화하고 새로운 정보를 적용하는 능력으로서 두 가지 핵심적인 습관이 결정한다. 첫째는 정보를 확보하는 방법이다. 시야에 들어오는 대상에 반응하는가? 아니면 새로운 지식, 기량, 관점을 주도적으로 찾아 나서는가?[16] 둘째는 정보를 걸러낼 때 추구하는 목표다. 자아 충족에 초점을 두는가? 아니면 성장할 동력을 얻는 데 초점을 두는가?[17]

수동적으로 반응하고 자아를 충족시키는 데 집중하면 반드시 학습에서 지름길을 모색하게 된다. 그리고 보호막 안에 갇히게 된다. 새로

		정보를 걸러낼 때 추구하는 목표	
		자아 충족	성장 동력
흡수하는 접근 방식	반응적	고무	찰흙
	주도적	테플론	스펀지

운 정보에 대한 접근을 제약하고 자기 평판을 위협하는 정보는 무엇이든 거부하게 된다. 비판이나 모욕에 민감한 사람은 이해력이 떨어지고 둔해진다.

주도력도 있고 자아 충족에도 집중하면 더 많은 정보를 습득할 문이 열린다. 정보를 수동적으로 소비하기보다 적극적으로 피드백을 추구한다. 그러나 문제는 피드백이 부정적이면 걸러내버린다. 너무 불편하기 때문이다. 건설적 비판도 다 떨어져 나온다. 테플론(Teflon) 같이 된다. 아무것도 들러붙지 않는다.

반응적이고 성장 지향적인 사람은 배울 가능성이 더 크다. 진전을 목표로 삼고 반응하는 사람들은 찰흙처럼 모양 짓기가 쉽다. 그런 사람은 가르치기 쉽다는 칭찬을 받는다. 비판에 자기 자존심이 다칠까 걱정하지 않기에, 불편함을 받아들이고 자신의 발전을 도울 만한 제안은 뭐든 내면화한다. 하지만 문제는 쉽게 얻을 수 있는 정보를 넘어 스스로 정보를 찾아 나서지 않는다는 점이다. 누군가가 그 사람이 눈에 들어 가르쳐주기 전까지는 큰 진전을 이루지 못한다. 그런 사람의 성장은 다른 사람들의 가르침에 의해 좌우된다. 학습을 자기가 주도하는 경우는 매우 드물다.

최적점은 주도력과 성장 지향성이 만났을 때다. 바로 이 상태일 때 사람들은 스펀지가 된다. 끊임없이 주도적으로 자신을 확장하고 적응한다. 이러한 품성 기량은 불리한 여건에 처해 있을 때 특히 가치가 있다. 아프리카의 두 젊은 운동선수가 터득했듯이 말이다.

코치 없는 반항

전기도 자동차도 없는 케냐의 작은 시골 마을에서 자란 줄리어스 예고(Julius Yego)는 누가 막대기를 멀리까지 던지는지 형과 겨루면서 놀았다.[18] 고등학교에 진학할 무렵 그는 투창 선수가 되겠다는 목표를 세웠다. 그러나 연습할 제대로 된 시설도 없고 이상적인 훈련 일정표도 없고 핵심 장비도 없었다. 그에게는 코치도 없었다. 그는 혼자 연습하면서 독학으로 깨우치려고 최선을 다했다. 그는 가장 막강한 경쟁자보다 심각하게 불리한 처지였다.

이합 압델라만(Ihab Abdelrahman)[19]은 이집트의 한 가난한 마을에서 스포츠에 관심 없는 가족 사이에서 자랐다. 그는 열일곱 살이 될 때까지 오로지 축구만 했다. 한 교사가 그에게 투창을 권했는데 처음 출전한 경기에서 상을 탔다. 불과 2년 만에 그는 세계 주니어 선수권 대회에 나가 은메달을 땄다.

표면상으로 예고와 압델라만은 공통점이 많았다. 둘 다 기회가 제한되어 있고 스포츠가 더 나은 삶을 누릴 기회로 여겨지는 아프리카 마을 출신이었다. 둘 다 육상 경기로 전환해 투창을 하게 되기 전에는 축구를 즐겼다. 그러나 신체적 여건으로 따지면 다윗과 골리앗이었다.

투창은 근력이 좋아야 한다. 수석코치는 압델라만의 팔을 "내가 본 팔 중 최고에 손꼽힌다"며 "그는 체격이 크고 강하며 던지는 재능을 타고났다"라고 말했다. 압델라만은 6피트 4인치(약 193센티미터)의 치솟은 키에 체중 212파운드(약 96킬로그램)로 운동선수 체격을 갖추고 있었다. 그러나 예고는 그러한 신체적 장점이 없었다. 그는 키가 겨우 5피트 9인치(약 175센티미터)에 체중은 187파운드(약 85킬로그램)에 불과했다. 선천적으로 타고난 운동선수 체격과는 거리가 멀었다. 그가 압델라만을 이기려면 후천적으로 노력해야 했다.

2010년 예고는 7년 동안 훈련을 받은 끝에 마침내 아프리카 선수권 대회에서 압델라만과 정면 대결을 하게 되었고 동메달을 땄다. 그러나 압델라만은 금메달을 거머쥐었고 최악의 점수도 예고의 최고 점수보다 훨씬 높았다.

이듬해 아프리카 전체가 참가하는 게임에서 예고는 몸을 굽혀 금속 창을 집어 들었다. 그는 일어서서 팔을 뒤로 꺾은 후 앞으로 내달았다. 그는 팔을 앞으로 뻗어 창을 공중에 던지면서 비틀거렸다.

예고는 재빨리 몸의 균형을 바로잡고 거의 축구장 길이만큼 날아가는 창을 지켜보았다. 예고 개인으로서 최고 기록에 그치지 않고 국가 기록을 경신했다. 압델라만은 5위에 그쳤고 예고는 금메달을 목에 걸었다. 이번에는 예고의 최저 점수가 압델라만의 최고 점수를 너끈

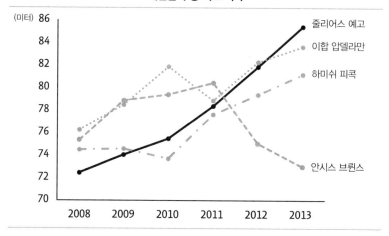

개인별 투창 최고 기록

(미터)

- 줄리어스 예고
- 이합 압델라만
- 하미쉬 피콕
- 안시스 브뢴스

히 물리쳤다. 다윗이 골리앗을 쓰러뜨렸다.

그의 궤적을 압델라만의 궤적과 비교해보자. 그리고 투창 부문에서 해마다 출전한 2008년 세계 주니어 선수권 대회 결승 진출자들과 비교해보자. 시간이 갈수록 그들은 진전하는 속도가 느려지거나 변화가 없거나 역전되었다. 같은 기간 동안 예고는 꾸준히 진전을 이룩하는 데 그치지 않고 진전 속도도 증가했다.

압델라만은 가르치기 쉬웠다. 세계적으로 투창의 수도라고 널리 알려진 핀란드에서 장학금을 받고 훈련하게 된 그는 핀란드 최고의 코치로부터 훈련을 받았다. 그는 코치의 조언을 경청하고 기술력과 속도를 개선했다. 그러나 그는 스펀지라기보다 찰흙 같았다. 그의 접근 방식은 반응적이었고 주도적이지 않았다. 또 한 차례 핀란드에서 훈련할 자금을 이집트 연방으로부터 얻지 못하게 되자 그는 혼자서 주도적으로 연습하지 않았다. 그는 훈련을 완전히 그만두었고 다섯 달이 지나서야 훈련을 재개했다.

이와는 대조적으로 예고는 자신의 성장을 주도했다. 사람들이 코치가 누군지 물어보면 그는 "유튜브"라고 대답했다. 2009년 예고는 인터넷 카페에서 유튜브로 투창 최고수들의 동영상을 시청하기 시작했다. 그들의 기량을 면밀하게 살펴보면서 독학으로 배웠다. "훈련 방식이 완전히 바뀌었다. 투창은 기술력, 힘, 유연성, 속도가 필요한데 내가 전혀 살펴보지 않은 측면들이 수없이 많았다."

2015년 예고는 세계 투창 선수권 대회에서 우승했다. 그의 기록은 92.72미터로 14년 만에 가장 멀리까지 던진 기록이었다. 그보다 멀리 창을 던진 선수는 오로지 두 명뿐이었다.

예고는 핀란드에서 몇 달 받은 훈련을 제외하는 혼자 투창을 익혔다. 그는 성장하는 데 필요한 정보를 적극적으로 찾아 나섰다. 그가 창 던지는 모습은 여느 선수와는 달랐다. 그가 창을 던질 때 보면 얼굴이 먼저 하강하고 다리가 공중에서 들리는데, 그런 자세를 가진 선수는 예고가 유일하다. 마치 브레이크댄스에서 벌레(worm)라고 일컫는 동작을 실행하려는 모양새다. 그는 자기가 본 정보를 흡수하고, 자신의 독특한 스타일에 적용되지 않는 정보를 걸러내고, 자신만의 투창 스타일을 만들어내 세계 최고가 되었다.

예고는 2016년 올림픽 우승이라는 원대한 희망을 품고 리우에 도착했다. 유감스럽게도 그는 샅(groin)에 부상을 입었고 결승전에서 여섯 차례 투창 중 한 번밖에 시도하지 못했다. 그래도 88.24미터로 올림픽 은메달을 너끈히 거머쥐었다.

독학 접근 방식은 특정한 유형의 학습에 효과적일 수 있다. 투창같이 비교적 기계적인 행위를 한다면 객관적인 기법만 익혀도 장족의 발전이 가능하다. 그러나 삶의 많은 부문에서 스펀지가 되느냐는 다른 사람으로부터 받는 훨씬 주관적인 지침을 걸러내는 행위가 좌우한다. 내가 심리학자로서의 경력을 쌓기 시작한 초창기에 터득했듯이, 그러한 피드백은 전혀 없을지도 모른다. 그리고 피드백을 수집하기란 보기만큼 단순하지 않다.

엄연한 진실을 받아들이기

내 몸이 보내는 신호는 분명했다. 여긴 네가 있을 곳이 아냐. 진땀이 내 셔츠를 축축하게 적시고 심장이 방망이질하는 가운데 나는 무대 체질이 아니라는 사실을 깨달았다. 수줍음 많고 내성적인 나는 수업 시간에 발언하려고 손만 들어도 가슴이 벌렁거렸다. 발신자 표시 서비스가 등장하기 전에는 나는 전화 받는 것조차 두려웠다.

대학원생이 되면서 나는 남 앞에서 말하기에 대한 두려움을 극복하기로 단단히 결심했다. 노출 치료 요법처럼 조금씩 차츰차츰 익숙해질 만큼 충분한 시간이 없었던 나는 범람하는 깊은 물에 바로 뛰어들기로 했다. 나는 내 친구의 학부 수업에 자원해 여러 차례 자발적으로 객원 강의를 했다. 그들의 평가를 받고 배워야 했다. 그러나 강의 후에 친구들에게 어땠냐고 물어보면 그들은 적당히 얼버무리며 형식적인 칭찬을 했다. '흥미로운 내용이다', '열정적으로 전달했다', 등등.

사람들은 도움이 될 충고가 있어도 공유하기를 꺼린다. 우리는 친구에게도 치아 사이에 음식물이 끼어 있다고 말하기를 주저한다. 우리는 공손함과 친절함을 혼동하고 있다. 공손함은 지금 당장 사람들을 기분 좋게 만들기 위해 비판을 자제하는 태도다. 친절함은 사람들이 어떻게 하면 내일 더 나은 사람이 될지에 대해 솔직하게 의견을 말하는 태도다. 할 말을 솔직하게 하면서 상대방이 마음 상하지 않도록 사려 깊게 전달할 방법이 있다. '네게 창피 주고 싶진 않지만, 잇몸에 브로콜리가 끼어 있다는 사실을 말 안 해주면 네가 훨씬 창피를 당할까 봐 말해주는 거야'라는 식으로 말이다.

남들 앞에서 발표할 때 여러분이 "안녕하세요!" 했는데, 여기저기서 "훌륭한 지적입니다!"라고 대답하면 여러분이 궁지에 처했다는 신호다. 내가 가르치는 학생들이 나를 비판하길 꺼리는 일이 없도록 나는 익명으로 피드백을 주는 양식을 나눠주고 적어 내도록 한다. 나는 스펀지가 되고 싶었다. 나는 청중으로부터 받는 평가를 모조리 흡수하고 쓸모없는 내용은 걸러냈다. 그런데 내가 엉뚱한 방법을 쓰고 있다는 사실은 까맣게 몰랐다.

학생들은 내 강의 수행 방식을 혹평했다. 불안해서 내는 거친 숨소리가 마치 영화 〈스타워즈〉에 나오는 다스 베이더(Darth Vader) 같다고 했다. 그 후 나는 명문 대학교에서 처음으로 구직 면담을 진행했는데, 채용 위원회는 나를 떨어뜨린 뒤 아무런 이유도 알려주지 않았다. 몇 개월이 지나고 나서야 비로소 한 동료가 솔직하게 털어놓는 말을 듣게 되었다. "너는 학생들의 존경을 얻을 만한 자신감이 없어

보여." 그 이듬해 미국 공군 지도자들을 대상으로 하는 강연에서 처음으로 발표를 했는데, 대령들조차 나를 아주 박살냈다. "나는 이 발표에서 얻은 게 전혀 없지만, 강사는 유용한 통찰력을 얻었으리라 믿는다"라는 평가였다. 쓸모없는 비판으로 의기소침해지는 방법에 관한 단기 특강인 셈이었다.

비판하든 응원하든 둘 중 하나를 하기는 쉽다. 그러나 코치가 되기는 훨씬 힘들다. 비판하는 사람은 여러분의 약점만 보고 치부를 공격한다. 응원하는 사람은 여러분의 장점만 보고 가장 큰 장점만 찬양한다. 코치는 여러분의 잠재력을 보고 여러분이 훨씬 나은 사람이 되도록 돕는다.

내가 남들 앞에서 말하는 기술을 터득하고 싶다면 성능이 훨씬 좋은 여과기가 필요했다. 나는 나를 비판하는 사람과 응원하는 사람 모두를 코치로 만들겠다고 결심했다. 그러나 이는 실수라는 연구 결과가 있다.

피드백을 구하기보다 조언을 구하는 게 더 바람직하다.[20] 피드백은 여러분이 지난번 얼마나 잘했는지에 초점을 두는 경향이 있다. 조언은 여러분이 어떻게 하면 다음번에 더 잘할지에 관심을 둔다. 이러한 단순한 변화만으로 훨씬 구체적인 제안과 건설적인 조언을 끌어내기에 충분하다는 사실이 실험을 통해서도 나타난다.●

● 사람들은 조언을 구하면 자신감이 없어 보일까 걱정하지만, 조언을 구하는 행위는 자신감의 부족을 드러내지 않는다. 조언을 구하는 것은 상대방의 능력을 존중한다는 징표다. 여러분이 다른 사람에게 조언을 구하면 사람들은 여러분을 훨씬 역량 있는 사람이라고 판단한다.[IV] '넌 천재야! 내게 조언을 구해야 한다는 걸 아니 말이야!'

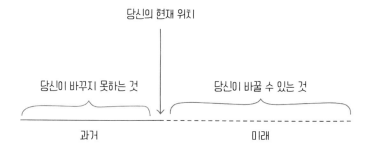

    나는 피드백을 구하는 질문을 조언을 바란다는 내용으로 바꿨다.** 내가 개선할 수 있는 게 한 가지 있다면 뭐라고 생각하는가? 이 질문을 하자 갑자기 사람들은 내게 유용한 조언을 하기 시작했다. 농담이 먹히리라는 확신이 없으면 농담으로 강의를 시작하지 말길 바란다는 조언을 받았다. 청중이 늘 내 썰렁한 농담에 호응하지는 않았고, 농담 뒤에 흐르는 침묵은 내 불안감을 증폭시켰다. 사적인 사연으로 말문을 열라. 이것은 당신의 인간적인 면을 드러낸다. 나는 나 자신이 아니라 청중을 주인공으로 만들려고 애썼지만, 청중과 교감하기보다 오히려 나를 청중으로부터 거리를 두게 했다.

●● 이 기법이 낯설다면 조언을 구하는 게 반드시 도움이 되지는 않는다. 심리학자들에 따르면, 초보자는 비판보다 칭찬을 구하고 경청할 가능성이 훨씬 크다. 전문가들은 정반대다.ᵛ 전문가는 격려보다 개선 방법에 대한 제안에 훨씬 민감하게 반응한다. 여러분이 초보자라면 장점을 발견하는 데에서 인정받는 기분을 느낀다. 칭찬받은 행동에 더 많은 시간을 투자하겠다는 열정이 생긴다. 경험이 쌓이면서 여러분은 매우 잘 할 수 있다는 자신감을 얻는다. 그 시점에 여러분은 인정이 아닌 정보를 구하게 된다. 여러분이 행동하게 만드는 상황은 여러분이 바라는 만큼 진전을 이루지 못했다는 사실을 깨달았을 때다. 여러분은 희망과 현실 사이의 간극을 메우는 방법을 터득하고 싶어진다.

10여 년을 연습한 끝에 나는 마침내 TED 강연에 초청받았다. 나는 글로벌 안경 제조 기업 와비 파커(Warby Parker)에 투자할 기회를 놓친 사연으로 말문을 열었고, 족히 42초를 기다렸다가 첫 농담을 선보였는데 청중이 웃음을 터뜨렸다. 나중에 한 농담은 폭삭 망했고, 여러 차례 내가 느끼는 불안감이 목소리에 묻어나오는 걸 눈치챌 수 있었는데, 전체적으로 볼 때 강연은 무사히 끝났다. 그 후 5년에 걸쳐 나는 세 차례 더 TED 강연에 초대되었고, 다스 베이더는 깜짝 출연에 그쳤다.

나는 강연이 끝날 때마다 주최 측에 개선할 점이 뭔지 물어보았다. 조언은 하나같이 동등한 가치를 지니지 않으며, 이는 조언을 많이 구할수록 여과기 성능도 훨씬 중요해진다는 사실을 상기시켜준다. 그렇다면 어느 조언을 믿어야 할지 어떻게 알 수 있을까?

조언자가 그대와 함께하기를[21]

멜로디 홉슨은 대학 입학 응모 자료들을 보냈고 하버드와 프린스턴 모두로부터 합격 통지를 받고 뛸 듯이 기뻤다. 프린스턴대학교 측은 그녀를 프린스턴으로 데려오려고 유명한 동문 인사들과의 조찬에 초대했다. 이 모임에서 그녀는 NBA 농구 스타 출신의 미국 상원의원 빌 브래들리(Bill Bradley) 옆에 앉았다. 그녀는 브래들리에게 많은 질문을 퍼부었고, 그는 그녀의 호기심에 큰 인상을 받고 멘토가 되어주었다.

어느 날 점심 식사 자리에서 브래들리는 홉슨에게 따끔한 피드백을 주었다. 그는 농구선수 시절 재능있는 선수들이 공을 다른 선수들에게 패스하지 않고 독차지하는 행태를 보았다고 말했다. 그녀는 장내 분위기를 압도하는 경향이 있었고, 조심하지 않으면 (공을 독차지하는 욕심쟁이 농구선수를 뜻하는) 볼 호그(ball hog)가 될지 모른다고 했다. 홉슨은 자기 눈에 눈물이 고이는 걸 느꼈다.

비판을 받고 마음이 상하는 게 잘못은 아니다. 그것은 비판을 진지하게 받아들인다는 징표다. 마음이 상한다는 사실이 나약하다거나 방어적이라는 징표는 아니다. 자존심이 학습을 방해하지 않는 한 말이다.

어느 조언자를 신뢰할까

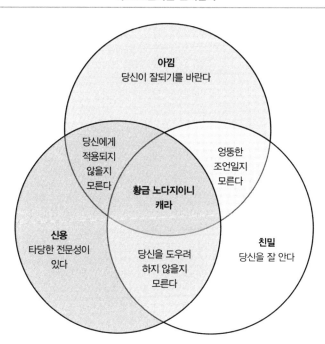

스펀지가 되는 비결은 어떤 정보를 흡수하고 어떤 정보를 걸러낼지 판단하는 역량이다. 어느 코치의 조언을 신뢰할지의 문제다. 신뢰를 세 구성 요소인 아낌, 신용, 친밀로 나눠보자.

여러분을 아끼는 사람이 아니라면 여러분이 그 사람의 반응에 신경 쓸 이유가 없다. 특정 과업을 판단할 자격이 없거나 여러분의 잠재력을 알 만큼 가까운 사람이 아니라면 그 사람의 견해는 무시하고 그들이 틀렸음을 증명하면 된다. 그러나 여러분을 아끼고 해당 분야와 여러분의 기량도 잘 알고 있는 사람이라면 여러분 자신을 개선할 정보를 제시할 수 있다. 그렇다고 해서 그 사람의 건설적인 비판을 모조리 수용하라는 뜻은 아니다. 그런 조언으로부터 배우기 위해서 반드시 그 조언에 동의할 필요도 없다. 다만 무엇이 그들의 그런 반응을 불러일으켰는지 이해하려는 과정에서 다음번에는 어떻게 하면 다른 반응을 끌어낼지에 대한 단서를 얻을 수 있다.

흡슨은 '볼 호그가 되지 말라'는 브래들리의 경고를 곱씹으면서 피드백이나 조언을 받을 권리가 있는 사람은 없다는 사실을 떠올렸다. 그녀는 속으로 '내가 울음을 터뜨리면 그는 다시는 내게 피드백을 주지 않을 거야'라고 생각했다. 그녀는 그가 그녀의 잠재력을 믿고 그녀가 성장하기를 진정으로 바라기 때문에 시간을 내 뼈아픈 충고를 했다는 사실을 깨달았다. 게다가 브래들리의 신뢰성에 대해서는 의문의 여지가 없었다. 농구선수였던 과거에서부터 정치인인 현재에 이르기까지 그는 볼 호그를 알아보는 눈썰미가 있었다. 그리고 그는 그녀와 친밀했다. 그녀의 멘토가 되면서 그는 그녀의 기량과 단점에 대해 잘 파악하고 있었다.

홉슨은 눈물을 삼키고 어떻게 하면 개선할지 조언을 구했다. 그녀는 볼 호그는 약점이라기보다 과도하게 이용(또는 오용)되는 장점이라는 사실을 깨달았다. 그녀의 흡수 역량은 분위기를 압도했고 배우고자 하는 열망이 너무 커서 본의 아니게 다른 사람들의 목소리를 묻어버렸다. 그녀는 정보에 대한 자신의 갈증을 표현하는 방법을 조절해야 한다는 사실을 터득했다.

홉슨이 건설적인 반응을 보이자 브래들리는 계속 그녀에게 조언하고 싶어 했고 두 사람의 교감은 활짝 꽃피었다. 몇 년 후 그는 스타벅스 창립자에게 그녀를 소개했고, 창립자는 그녀에게 이사회에 합류해 달라고 청했다. 그녀가 결혼할 때 브래들리는 결혼식장에 신부를 데리고 들어가는 신부의 아버지 역할을 했고, 홉슨은 그를 평생 모셔본 적이 없는 아버지라고 불렀다.

많은 이들이 건설적 비판에서 아무것도 얻지 못하는 이유는 과잉 반응을 하고 제대로 잘못을 수정하지 않기 때문이다. 홉슨은 정반대로 하겠다고 결심했다. 그녀는 스스로에게 챔피언은 적응한다고 말해주었다. 그녀는 무리해서라도 다른 사람들에게 관심을 보이고 자신의 흡수 역량을 이용해 그들에게 질문하고 그들에 대해 너 알려고 했다. 그녀의 코치들이 그녀에게 해주었듯이, 그녀는 뼈아픈 조언을 해주고 사람들이 성장하도록 도왔다. 그리고 이는 그녀를 대표하는 장점이 되었다. 홉슨은 다른 사람들에게 더 폭넓고 깊이 사고하도록 격려하는 이사회 구성원, 주저하지 않고 직언을 해주는 멘토라는 평판을 얻었다. 내가 직접 가까이서 지켜보았다.

최근 홉슨이 내가 한 새로운 강연에 청중으로 참석했다. 강연 후 그녀의 동료들이 형식상의 찬사를 보냈고, 나는 그녀라면 내게 직언해주리라 믿었다. 아니나 다를까, 내가 조언을 구하자 그녀는 내게 쪽지를 주었다. 내가 얻은 가장 중요한 조언은 청중이 핵심적인 메시지를 놓치지 않도록 강연 전체를 관통하는 분명한 주제가 필요하다는 점이었다. 그녀는 청중석에 앉아서 자신에게 도움이 될 정보만 흡수하고 적용하는 데 그치지 않고, 청중도 그 정보를 흡수하고 적용하도록 돕고 싶어 했다. 그게 내가 가장 좋아하는 스펀지의 특성이다.

———

과거 어느 시점에 해면은 진화 경로에서 벗어나 갈라져나갔다.[22] 우리는 해면의 후손이 아니다. 그러나 해면은 여전히 인간에 대한 훌륭한 조상 역할을 멈추지 않았다.

해면에 대해 폭넓게 알아보면서 나는 해면에게 흡수하는 역량보다 훨씬 더 놀라운 점이 있다는 사실을 발견하고 기뻤다. 바로 창조하는 역량이다. 해면은 단순히 독소를 배출하는 데 그치지 않고 항암, 항균, 항바이러스, 항염 작용을 지닌 생화학 물질을 생산해 생명을 보호하고 증진한다.[23] 카리브해 지역의 해면에서 추출한 물질은 HIV, 포진, 백혈병 치료에 돌파구를 제공했다. 일본 해면에서 추출한 물질은 화학요법 약물 개발에 쓰여 말기 유방암 환자들의 세포분열을 막아

생명을 연장해왔다. 남극 해면에서 추출한 펩티드는 말라리아 치료에 전도유망한 물질로 여겨지고 있다.

이러한 진전은 최근에 이뤄졌지만, 해면이 생명에 부여하는 대단한 효과는[24] 이미 5억 년 전에 일어났을지도 모른다. 수십 년 동안 과학자들은 바다에서 산소가 솟아오르면서 새로운 동물 종이 부상했다고 믿었다. 가장 최근에 드러난 증거에 따르면 해면이 이 과정에 기여했다. 물에서 유기물을 걸러내 바다에 산소가 풍부하게 한 덕에 동물이 진화했다. 해면은 우리가 알고 있는 복잡한 생명체들이 탄생하는 데 일정 부분 기여했을지 모른다는 뜻이다. 해면이 아니었다면 인간도 존재하지 않을지 모른다.

스펀지가 된다는 것은 단순히 주도적 역량만 갖추면 된다는 뜻은 아니다. 친화적 역량이 있어야 한다. 제대로 스펀지가 되려면 우리를 성장하게 해주는 영양분을 빨아들이는 데서 그치면 안 된다. 영양분을 배출해 다른 이들도 성장하도록 도와야 한다.

3장

불완전주의자
결함과 무결함 사이의 최적점 찾기

모든 것에는 빈틈이 있다.[1]
그 빈틈으로 빛이 들어온다.
레너드 코언(Leonard Cohen, 캐나다의 가수 겸 시인)

안도 다다오(安藤忠雄)는 일본에 있는 자택이 지진으로 흔들린다는 소식이 들릴 당시 지구 반대편에 있었다.[2] 그는 무거운 마음으로 공항으로 달려가 유럽에서 출발하는 첫 비행기에 몸을 실었다. 배를 타고 고베시로 향하면서 그는 마음이 조급했다. 그의 마음을 무겁게 짓누른 것은 자택에 대한 걱정이 아니었다. 그 지역 공동체가 안전한지 몰라 초조했다. 고베시 당국은 가파른 언덕에 지은 주택 단지에서부터 절에 이르기까지 그에게 많은 건축물 설계를 의뢰했었다.

안도가 초조해한 데는 그럴 만한 이유가 있었다. 그는 건축가로서 정규 교육을 받지 않았다. 1940년대 초 가난한 집에서 태어난 그는 나가야(長屋, 목재로 지은 작은 단층 연립주택 또는 다세대주택)에서 할머니 손에 자랐다. 깨진 창문으로 들어오는 혹독한 삭풍에 덜덜 떨면서 살았다. 안도는 길 건너에 있는 작은 목공소로 피난을 갔다. 그는 수없이 많은 오후와 저녁 시간을 나무로 배를 만들고 녹인 유리를 불고 금속을 만지며 보냈다. 그는 자기가 직접 건물을 짓겠다는 꿈을 꾸었다.

대학에 진학할 여유가 없었던 안도는 독학으로 건축을 배우기로 했다. 허드렛일로 월세를 벌면서 그는 주변의 건축물을 면밀하게 관찰했다. 그는 친구들로부터 건축 관련 책을 빌려서 건축 자재, 기법, 건축 사조의 변천을 공부했다. 그는 건물 스케치 위에 반투명 종이를 올려놓고 스케치의 윤곽을 따라 그리면서 그림 실력을 닦았다. 건물 스케치가 수록된 페이지가 새까맣게 될 때까지 연습했다.

마침내 안도는 독학으로 건축가 자격증을 딸 정도가 되었다. 1995년 지진이 고베시를 강타할 무렵 그는 이미 고베시에 (과거에 지진이 발생했고 미래에도 지진이 발생할 확률이 높은 활성단층 선을 따라) 수십 개 건물을 설계했다. 지진의 여파가 사그라들고 나서 보니 6,000명 이상이 목숨을 잃었다. 도시 전체가 파괴되었고 건물 20만 채 이상이 무너졌다.

고베시에 도착한 안도는 심란한 마음으로 지진이 훑고 간 뒤의 참상을 둘러보았다. 그는 반으로 갈라신 도로까시 가서 불타고 있는 전선을 피해가며 참상을 살펴보았다. 무너져 내린 10층 건물의 돌무더기를 헤쳐가며 기어 올라갔다. 그러나 놀랍게도 안도가 설계한 35개 건물 가운데 단 하나도 무너지지 않았다. 안도가 자신이 설계한 건물들을 자세히 살펴보았지만 균열조차 눈에 띄지 않았다.

안도 다다오는 건축 분야에서 가장 권위 있는 4개 상을 모두 받은 유일한 건축가다. 빛과 콘크리트의 거장이라고 알려진 그는 개척 정신이 강한 미니멀리스트로서 (주택, 절, 정원, 박물관에 이르기까지) 주변의 자연경관의 아름다움을 증폭시키는 튼튼한 구조로 존경받는다. 그의 건축물은 지진을 견뎌낸다고 알려졌고 그의 설계는 시각적 하이쿠(俳句)라고 일컬어진다.

위대한 건축가의 기질을 생각하면 가장 먼저 완벽주의가 떠오른

다. 심미적인 걸작을 창조하려면 세부 사항에 철저하게 신경을 써야한다. 지진을 견디는 구조여야 함은 말할 필요도 없고. 모든 요소가 제대로 됐는지 까다로울 정도로 꼼꼼하게 확인하지 않으면 설계는 결함이 생기고 건물은 무너질지 모른다. 그런데 타협의 여지가 없는 건축가가 되려면 타협해야 한다는 사실을 나는 깨달았다. 그리고 이 점에 있어서 안도 다다오보다 탁월한 사람은 없다는 소리를 끊임없이 들었다.

안도는 제한된 예산으로 제한된 공간을 최대한 활용하는 역량으로 찬사를 받는다. 그가 그렇게 할 수 있는 이유는 오로지 그가 완벽주의를 철저히 거부하기 때문이다. 그는 어떤 부분에서 자제력을 발휘하려면 다른 부분에서는 마음을 비워야 한다는 사실을 잘 알고 있다. 그는 최고를 지향해야 할 때와 그만하면 만족해야 할 때를 판단하는 데 있어서 자제력을 발휘하는 데 일가견이 있다. 그러려면 내구성과 디자인을 우선시하는 동시에 편안함에서는 타협을 봐야 한다는 의미다. 그의 독특한 스타일은 형태에 있어서 흠잡을 데 없지만, 기능에서는 덜 엄격하다.

안도가 자신의 두 번째 자택을 설계할 당시 대지는 200제곱피트(약 18.6제곱미터)가 채 되지 않았다. 공간의 제약 때문에 설사 *그가* 완벽을 추구한다고 해도 달성하는 게 불가능했다. 그는 근본적인 결함이 있는 설계로 타협을 보았다. 그는 창문이 하나도 없는 작은 콘크리트 상자를 건축했다. 천장에 낸 채광창뿐이었다. "환기, 채광, 햇빛 등 노출에 필요한 최소한의 조건을 충족시키고 나서 나는 기능 문제는 거주자에게 맡기기로 했다"라고 그는 말했다.

한 침실에서 다른 침실로 가려면 비바람과 눈보라를 감수하고 천장이 없는 안뜰을 가로질러야 한다. 비가 내리는 날에는 집 안에서 우산을 갖고 다녀야 한다. 이 건축 프로젝트를 건축상 응모작으로 제출하자 심사위원이 다음과 같이 기록했다. "상은 이런 환경에서 사는 용감한 소유주에게 주어야 한다."

안도는 그런 단점들을 수용했다. 도시의 게릴라라는 자신의 철학을 희생할 의향이 없었기 때문이다. 그는 도시 한복판에 잘 설계되고 내구성 있는 오아시스를 창조하고 싶었다. 외부 세계를 벽으로 차단함으로써 바깥세상의 추악함과 소란으로부터 집을 보호했다. 집 안뜰을 하늘에 개방함으로써 자연의 눈부심과 단순함을 집과 연결했다. 여러 가지 결함에도 불구하고 그의 집은 중요한 상을 받았고 건

축가로서 경력을 쌓게 되었다.

우리는 보통 심미적이고 기술적인 탁월함을 흠잡을 데 없는 결과물 추구와 연관 짓는다. 그러나 위대한 디자이너, 무용가, 다이빙 선수 등의 습관을 연구한 결과, 완벽주의를 추구하는 게 숨은 잠재력을 실현하는 비결은 아니라는 점을 깨닫게 되었다. 결함을 감내하는 태도는 초보자에게만 필요한 태도는 아니다. 전문가가 되고 계속 실력을 연마하기 위한 과정의 일환이다. 성장할수록 어떤 결함이 수용 가능한지 잘 알게 된다.

전 과목 A학점인 학생이 잘못 알고 있는 것

어렸을 때 엄마는 내가 학교에서 어떤 점수를 받든지 최선을 다했다면 자랑스럽다고 말했다. 그런데 꼭 다음과 같이 덧붙였다. "네가 A를 받지 않으면 네가 최선을 다하지 않았다는 걸 난 안단다." 엄마는 미소를 띠고 말했지만 나는 엄마의 말을 진지하게 받아들였다. 완벽하지 않으면 절대 만족하면 안 된다.

성공을 달성하고 실패를 피하는 데 신경 쓰는 것은 별개의 문제다. 여러분은 대충 수술하고 만족하는 심장 진문의를 바라지 않을 게 분명하다. 그러나 완벽주의는 기대치를 완전히 다른 차원으로 끌어올린다.[3] 구직 면접에서 사람들이 흔히 이용하는 다음과 같은 구절을 말하는 게 아니다. '내 가장 큰 약점은 지나치게 완벽주의자라는 점이다.' 완벽주의는 그보다 훨씬 더 극단적이다.

완벽주의는 흠잡을 구석이 없고 싶은 욕구다. 결함 제로가 목표다. 잘못도 결함도 실패도 없어야 한다. 내 대학 동기생은 대학 진학 적성 검사(Scholastic Aptitude Test, SAT) 만점에 홀려서 이메일 주소가 'IGot1600(나 1600 만점)'이었다. 졸업한 지 10여 년이 지나서도 여전히 이력서와 소셜 미디어 링크트인(LinkedIn) 자기소개에 평균 학점 4.0을 내세우는 학생이 그런 사람들이다. 온라인으로는 최고의 삶을 누리는 듯이 보이지만 신체적, 감정적 상처를 창피해하고 숨기는 친구들이다.

완벽주의가 미국, 영국, 캐나다 전역에서 수년 동안 상승해왔다는 강력한 증거가 있다.[4] 오늘날 소셜 미디어도 완벽주의를 완화하는 데 전혀 도움이 되지 않지만, 사실 완벽주의는 1990년대에 급등했다. 잘 다듬은 사진을 인스타그램에 올리기 시작한 때보다 족히 한 세대 전이다. 점점 경쟁이 심해지는 세상에서 아이들은 부모로부터 완벽해야 한다는 압박에 시달리고[5] 기대에 못 미치면 혹독한 비판을 받는다. 아이들은 부족한 점이 없다는 것으로 자기 가치를 판단하게 된다. 결함은 하나같이 아이들의 자존감에 일격을 가한다.[6] 나도 겪어봐서 안다.

나는 5학년 때 세계 탐험가들에 대한 퀴즈 대회에 나가 상을 탔는데, 대회가 끝나고 한 문제를 틀렸다며 얼마나 자책했는지 모른다. 인도로 가는 해상로를 발견한 사람은 마젤란(Magellan)이 아니라 바스쿠 다가마(Vasco da Gama)라는 사실을 어떻게 잊어버리니? 격투 게임 '모털 컴뱃(Mortal Kombat)' 결승에 진출해 동네 영화관 평생 이용권을

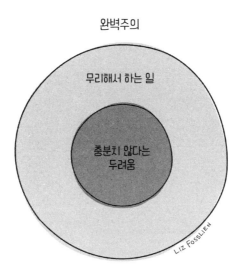

완벽주의

무리해서 하는 일

충분치 않다는
두려움

LIZ FOSSLIEN

탔을 때도 나는 신이 나지 않았다. 3등은 2등 낙오자라고 생각했다. 산수 시험에서 최고 점수를 받았을 때도 실망했다. 겨우 98점이야? 그 정도로는 어림도 없어.

완벽주의자는 직관적이고 익숙한 문제 해결에는 탁월하다. 학교에서 그들은 정답이 하나인 사지선다 문제와 암기한 내용을 되새김질하는 빈칸 채우기 문제로 구성된 시험에서 발군의 실력을 발휘한다. "미켈란젤로(Michelangelo)의 대리석 건축물은 얇은 청회색 사암 몰딩 안에 배치됐다." 지금도 무슨 뜻인지 알지도 못하는 이 구절은 대학 1학년 때 기말고사를 공부하던 주말에 외웠는데, 아직도 내 뇌리에 생생하게 새겨져 있다.

실제 세상은 훨씬 모호하다. 예측 가능한 것들, 시험이라는 내 힘으로 통제 가능한 보호막을 떠나면 '정답'을 찾으려는 욕구는 역효과를 낳을 수도 있다. 한 메타 분석에 따르면 완벽주의와 직장에서의 업무 수행 성과 간 평균 상관관계는 0이다. 과제를 터득하는 역량으로 치자면 완벽주의자는 또래들보다 낫지 않다.[7] 때로는 또래보다 못할 때도 있다. 사람들이 명문 고등학교나 대학교를 목표로 삼도록 하는 기량이나 경향은 졸업 후에는 별로 도움이 되지 않을지 모른다.

자기 분야에서 장인의 반열에 오르는 사람들은 처음에 학교 성적이 뛰어나지 않은 경우가 흔하다. 세계적인 조각가들을 연구한 자료를 보면 그들은 대부분 평균적인 학생이었다. 3분의 2가 고등학교 성적을 B학점과 C학점으로 깔았다.[8] 미국에서 가장 영향력 있는 건축가들과 건축 분야를 변모시키는 데 못 미친 동료 건축가들을 비교해봐도 비슷한 유형이 드러난다. 위대한 건축가들 가운데 훌륭한 학생이었던 사람은 드물다.[9] 보통 평균 B학점으로 대학을 졸업했다. 완벽주의 성향의 건축가들은 학점은 눈부시지만, 훗날 뛰어난 건축물을 설계한 경우는 훨씬 적다.

한 연구 조사에 따르면 무결점 결과를 추구하는 과정에서 완벽주의자들은 세 가지를 잘못한다.[10] 첫째, 중요하지 않은 세부 사항에 집착한다. 사소한 문제의 올바른 해결책을 찾느라 분주해서 꼭 해결해야 할 문제를 찾아내는 자제력이 없다. 나무를 보느라 숲을 보지 못한다. 둘째, 실패로 이어질지도 모르는 익숙하지 않은 상황과 어려운 과제를 회피한다. 따라서 새로운 기량을 개발하려 노력하지 않고 이미 자신이 지닌 협소한 기량의 묶음만 정교하게 다듬으려 한다. 셋째, 실수하면 자신을 비하하고, 그러면 실수에서 배우기가 어려워진다. 실수를 점검하는 목적은 과거의 자신에게 창피를 주려는 게 아니라

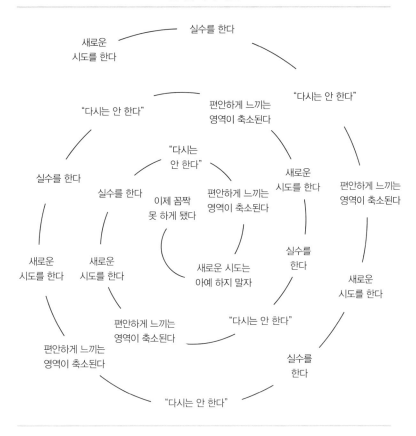

미래의 자신에게 가르침을 주기 위함이라는 사실을 깨닫지 못한다.

완벽주의가 약품이라면 흔한 부작용에 대한 경고문을 붙여야 한다. '주의: 성장 부진을 야기할 수 있음.' 완벽주의는 우리를 점점 좁아지는 시야에 가두고 실수를 회피하게 만든다. 넓은 문제를 보지 못하게 가로막고 점점 협소해지는 기량을 갈고닦는 데만 집착하게 만든다.

여러분이 자신을 완벽주의자라 여기지 않는다고 해도 아마 여러분은 중요한 과제를 하면서 그런 경향들은 겪어봤으리라. 우리에게 정말 중요한 프로젝트를 진행할 때 우리는 누구나 완벽할 때까지 고치고 다듬고 싶은 충동을 느낀다. 그러나 장족의 발전을 하려면 완벽함은 신기루임을 인정해야 한다. 그리고 적절한 불완전함을 감내하는 법을 배워야 한다.

불완전함에서 아름다움 찾기

일본에서는 한 젊은이가 다도를 가르쳐줄 스승을 구했다는 전설이 있다. 그 스승은 그에게 정원을 손질하라는 과제를 주고 시험을 해보았다. 그 젊은이는 잡초를 제거하고 낙엽을 쓸어모아 바닥을 깔끔하게 정리했다. 젊은이는 흠잡을 데 없이 정리된 정원을 둘러보면서 뭔가 빠져 있다고 생각했다. 그는 벚나무 쪽으로 걸어가 가지를 흔들어 꽃잎이 바닥에 떨어지게 했다. 그는 불완전함에서 아름다움을 찾아냄으로써[11] 스스로 장인이 될 준비가 되어 있음을 입증했다.

이 전설은 16세기로 거슬러 올라간다. 당시 일본의 다도는 지각 변동을 겪고 있었다. 티끌 하나 없는 다기들은 이 빠진 그릇으로 교체되었다. 사람들은 낡고 닳은 도기에 차를 담아 마셨다. 일본인은 이 관행을 '와비사비(侘び寂び)'라고 일컬었다.

와비사비는 불완전함에 내재하는 아름다움을 기리는 기법이다. 일부러 불완전함을 창조하는 게 아니라 결함은 필연적이라는 사실을 받아들이는 태도다. 그리고 결함이 있어도 숭고해지는 데 장애가 되지 않음을 인정하는 태도다. 이는 안도 다다오의 건축과 삶을 지배하는 주제가 되어왔다. 그는 불완전주의자였다. 그는 선택적으로 잘할 대상을 골랐다.

안도에게 그의 학창 시절이 어땠는지 물어보면 그는 학업 성적이 별로였다고 대답한다. 그는 불완전한 점수를 기꺼이 받아들인다. 그는 건축에 대한 열정이 있었지만, 고등학교 때 건축 과목에서 두각을 나타내지도 않았다. 학비를 낼 여유가 있었다고 해도 그의 고등학교 성적은 건축 학교에 입학하기에는 부족했다. 그는 프로 권투선수가 되었다.

안도가 불완전함을 편안하게 느끼는 성향은 권투 링에서 더욱 공고해졌다. 흠잡을 데 없는 경기 같은 것은 없다. 상대방에게 맞게 되어 있다. 이기고 싶다면 사소한 데 목숨 걸지 말고, 약점으로부터 숨지 말고, 난관을 피하지 말아야 했다. 자책할 필요가 없었다. 그의 경쟁자들이 수없이 타격을 가할 테니까. 얼굴과 머리를 보호하고 싶으면 몸이 노출되도록 놔두고 몇 대 맞아야 했다. "권투에서는 내가 가진 기량을 십분 발휘하고 결국 경기에서 이기려면 위험을 감수해야 한다. 새로운 건축 프로젝트를 진행할 때도 똑같은 마음가짐이 필요하다. 반드시 미지의 영역으로 한 발 더 내디뎌야 한다"라고 안도는 말한다.

2년 만에 안도는 권투를 그만두었다. 그는 건축을 독학하면서 자신의 건축 철학을 다듬었다. 그는 완벽함이 아니라 '기꺼이 받아들일 만한 정도'를 추구한다. 그는 콘크리트로 벽을 만들었다. 콘크리트는 심미적인 한계 때문에 동료 건축가들은 피하는 재료다. 그는 콘크리트의 강인함과 '복잡하고 거친' 특성에 이끌렸다. 그가 초창기에 맡은 프로젝트에서는 콘크리트를 가릴 예산이 부족했기 때문에 노출된 채 프로젝트를 마무리했다.

노출 콘크리트는 안도가 설계한 건축물의 특징이 되었다. 그가 설계한 모든 벽은 하나같이 불완전함이 눈에 띈다. 접합 부위에 선이 보이고 반죽이 채워지다 만 부분에는 구멍이 보인다. 그러한 결함이 그 주변의 아름다움으로부터 시선을 빼앗지 않도록 하려고 그는 비단이나 캐시미어처럼 느껴질 때까지 콘크리트 표면을 공들여 매끄럽게 만든다. 건축 현장 전문가 한 사람은 안도가 "콘크리트가 버터처럼 보일 때까지 다듬기를 바랐다"고 말한다. 그래도 콘크리트라는 재

료는 여전히 불완전해 보이지만 부드러운 촉감이 느껴질 정도가 되면 받아들일 만해진다.

안도의 상징적인 콘크리트 벽은 가장 잘 알려진 안도의 프로젝트로 손꼽히는 빛의 교회에서 여실히 드러난다. 그는 대부분의 건축가가 명백한 결함으로 간주했을 부분을 설계의 핵심으로 만들었다. 바로 외부에 개방되도록 한 벽 틈새다. 그러나 그 틈새는 놀라운 쓰임새가 있다. 십자가 모양의 틈새를 통해 빛이 들어오게 한다. 교회 측이 그 틈새로 찬 공기가 들어온다고 우려하자 안도는 틈새를 유리로 막는 선에서 타협했다. 그는 여전히 언젠가 그 유리를 제거하고 싶어 한다. 그는 자기가 교회를 방문할 때마다 사제들이 그에게 "제발 유리는 없애지 말아주세요"라고 애원한다고 농담조로 말한다.

와비사비는 품성 기량이다. 불가능한 이상에서 도달 가능한 표준으로 관심을 전환하는 자제력을 부여한다. 그리고 시간이 흐르면서 그 표준을 조정한다. 그러나 불완전함에서 아름다움을 발견하기란 말이 쉽지 실천하기는 어렵다. 과거에 완벽주의자였다가 극복한 사람으로서 나는 경험을 통해 알고 있다.

적절한 불완전함을 찾아서

내가 여름 내내 집 안에 틀어박혀 비디오게임만 하자 엄마는 나를 수영장에 끌고 갔다. 수심이 깊은 쪽을 바라보니 아주 우아한 몸짓으로 다이빙보드를 걸어 내려오는 구조원이 보였다. 그는 공중으로 날아오르더니 몸을 공 모양으로 움츠리고 순식간에 회전했다. 두 바퀴 돌고 입수했는데 물 한 방울 튀기지 않고 물속으로 사라졌다. 나는 입이 떡 벌어졌다.

나는 남은 여름을 기본적인 다이빙 몇 가지를 배우는 데 바쳤고 고등학교 신입생으로서 새 학기 수영부 모집에 응모했다. 수영부 코치에릭 베스트(Eric Best)는 훗날 여러 명의 올림픽 메달 수상자들을 배출하게 된다. 베스트는 내게 낭보와 비보가 있다면서 다이빙하려면우아하고 유연하고 폭발적인 힘이 있어야 한다는 사실이 비보라고했다. 나는 걸음걸이가 프랑켄슈타인 같았다. 나는 무릎을 굽히지 않고서는 발가락에 손이 닿지도 않았다. 코치의 할머니가 아마 나보다높이 뛸지도 모른다. 죄송하지만, 낭보도 있다고 하지 않았나요?

낭보가 있었다. 베스트는 내가 얼마나 형편없는지 개의치 않았다. 그는 배우려는 다이버를 내친 적이 없다. 다이빙은 찌질이가 모이는운동 종목이었다. 주류 스포츠 종목에서 스타가 될 체격, 속도, 힘이모자라는 운동선수들에게 인기가 있었다. 그는 내가 노력을 하면 상급생이 될 무렵 주에서 열리는 다이빙 결승전에 진출하게 될 것이라고 예측했다.

그 말이 내 안에 불을 질렀다. 겨우 초보자 수준의 다이빙을 하고있었지만 한번 제대로 해보겠다고 굳게 마음먹었다. 그만하고 다음단계로 넘어갈 때가 되면 나는 "한 번만 더요!"라며 사정했다.

연습이 끝날 무렵이면 베스트는 나를 수영장에서 쫓아내야 했다. 나는 결함을 모조리 제거하기 전까지는 수영장을 떠나지 않으려 했다.

다이빙은 완벽함이라는 이상을 기준으로 점수를 매긴다. 결점은 모조리 감점 요인이다. 회전 횟수가 모자라거나 넘쳐도 감점 대상이고, 다이빙보드 너무 가까이서 마무리하거나 너무 멀리서 마무리해도 감점이다. 발가락을 접촉하지 않거나 꼿꼿하게 펴지 않아도 감점이다. 입수할 때 아주 조금만 물이 튀어도 감점이다. 완벽한 도약, 완벽한 파이크(pike, 허리를 구부리고 다리를 뻗는 자세-옮긴이), 완벽한 입수가 목표다.

나는 내 완벽주의자 성향이 도움이 되리라고 생각했지만, 오히려 걸림돌이었다. 나는 공중으로 수직으로 도약하는 기술을 개선하는 훨씬 큰 장애물을 극복하려 하기보다 입수할 때 작은 물방울이라도 튀지 않으려고 수많은 시간을 소비했다. 엉뚱한 문제에 매달리는 데 더해 망설이는 버릇도 있었다.

다이빙보드에 접근해 걸어 내려가서 끝부분을 향해 도약한다. 그런데 도약하기 직전에 나는 멈칫했다. 핑계를 대자면 한도 끝도 없다. 내 몸은 너무 앞으로 쏠리거나 너무 뒤로 젖혀졌다. 다이빙보드의 리듬보다 너무 빠르거나 너무 느렸다. 왼쪽 또는 오른쪽으로 약간 몸이 기울어졌다. 나는 너무 하나하나 따지고 들었다. 나는 모든 게 최적이기를 바랐다.

나의 주저하는 버릇은 새로운 다이빙을 배울 때가 되면 특히 심해졌다. 한번은 단 한 번의 입수 시도도 하지 않고 다이빙보드 위를 45분 동안 왔다 갔다 한 적도 있다. 다이빙보드 위에서 꼼짝 못 하고 서 있을 때 시간만 허비한 게 아니다. 진전도 하지 못하고 있었다. 나는

뭔가를 잘할 때

좋았어

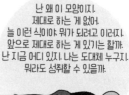

사소한 실수를 할 때

난 왜 이 모양이지.
제대로 하는 게 없어.
늘 이런 식이야. 뭐가 되려고 이러지.
앞으로 제대로 하는 게 있기는 할까.
난 지금 어디 있지. 나는 도대체 누구지.
뭐라도 성취할 수 있을까.

LIZ FOSSLIEN

어려운 다이빙 자세를 배우지도 못한 채 쉬운 자세의 사소한 결점만 다듬고 있었다. 나는 완벽주의를 극복해야 했다.●

그런데 우리는 어떻게 변해야 할까? 완벽주의자는 완벽주의 외에 다른 방법을 모른다. 여러분이 완벽주의자가 아닐지라도 목표 달성에 신경 쓴다면, 우선순위를 정하고 무엇을 최소화하고 언제 중단하고 불가피한 결함을 어떻게 받아들일지 선택하는 자제력을 발휘하기가 어렵다.

성장의 원동력은 완벽 추구가 아니라 스스로 세운 높은 기준임을[12]

● 완벽주의자는 생각이 막힐 위험도 크다. 도쿄에서 열린 경기에서 공중에 뜬 채 정신을 잃은 시몬 바일즈(Simone Biles)를 생각해보라. 체조선수와 다이빙선수는 이를 트위스티(twisties)라고 일컫는데, 뇌가 자동으로 주도하곤 하던 익숙한 동작을 몸이 갑자기 못하게 되는 현상이다. 스포츠 종목마다 다른 이름으로 불리는 현상이기도 하다. 트램폴린에서는 동작 상실 증후군, 골프와 야구에서는 입스(yips)라고 한다. 한 예비 연구에 따르면, 이러한 정신적 작동이 중지되는 현상은 완벽주의자들 사이에서 훨씬 흔하게 나타난다.[1] 압박감과 불안감을 견디지 못하고 자동주행 기능을 꺼버리고 근육의 기억을 왜곡하는 데 훨씬 취약하기 때문이다. 나도 수년 동안 해온 다이빙 자세를 하다가 이 현상을 겪은 적이 있다. 한 번 반을 몸을 비트는 자세였다. 머리부터 입수하지 않고 정반대 방향을 보고 물 위에 납작하게 누웠다. 추가로 반만큼 더 몸을 비틀었는데 그럴 의도도 전혀 없었고 그런 동작을 한지도 몰랐다. 등이 물에 부딪혔을 뿐인데도 간담이 서늘했다.

보여주는 증거가 많이 있다. 많은 이들이 이를 최고가 되려 하지 말고 최선을 다하라는 조언으로 해석한다. 그러나 최선을 목표로 삼는 게 최선의 대안은 아니다. 최선을 다하라고 격려받은 사람들은 구체적이고 어려운 목표에[13] 무작위로 배정된 사람들보다 수행 결과가 나빴고 덜 배운다는 결과가 수백 가지 실험을 통해 나타난다.

최선을 다하기는 완벽주의를 바로잡지 못한다. 목표가 너무 애매해서 노력을 기울이고 추진력을 가늠하기 어렵다. 목표가 뭔지, 의미 있는 진전을 이루고 있는지 확신하기 어렵다. 완벽주의를 타파하는 이상적인 방법은 난관을 제시하는 정밀한 목표를 추구하는 일이다. 가장 중요한 행동에 집중하게 해주고 언제 그만하면 충분한지 알려주기 때문이다.

베스트는 내게 장내 아나운서가 10점 만점을 받은 다이빙에 대해 찬사를 퍼붓는데, 이는 실수라고 말했다. 완벽한 다이빙 자세라는 건 없다. 올림픽 심사 규정에서도 10점은 완벽함을 말하는 게 아니다. 탁월함을 뜻한다. 베스트는 내게 와비사비의 기술을 가르치고 있었다.

정곡을 찌른 실감 나는 교훈이었다. 나는 완벽할 필요가 없었다. 단지 분명한 높은 목표를 겨냥하면 되었다. 베스트는 각 다이빙 자세마다 내 역량을 최대한 발휘하도록 목표를 세워주었다. 내 주종목인 기본적인 다이빙 자세에서 우리는 6.5점을 목표로 세웠다. 그러나 몸을 비틀고 회전해야 하는 훨씬 복잡한 자세에서는 5점만 달성하면 되었다. 그리고 새로운 다이빙 자세를 배울 때는 0점 이상이면 족한 것으로 정했다. 다시 말해서 실패하지만 않으면 되었다. 내가 다이빙을 하고 물에서 나올 때 베스트는 내게 점수를 매겨주었다. 그러고 나서 그는 교정해야 할 부분을 가르쳐주면서 제대로 된 자세에 근접하려면 뭔가 잘못되었다는 느낌을 받아야 한다는 점을 일깨워주었다.

나는 완벽한 접근 방식이 될 때까지 기다리지 않고 그만하면 충분한 목표를 겨냥해 출발했다. 나는 난이도가 큰 자세를 회피하지 않았고 내 역량의 한계를 밀어붙이기 시작했다. 몇 년 만에 나는 한 바퀴 비틀고 두 차례 회전한 다음 마지막에 입수하는 자세를 하게 되었다. 나는 과거의 실패 때문에 자책하지 않게 되었고 최근에 이룬 진전에 집중했다. 수영팀 연회에서 주장들은 내게 '~만 했다면' 상을 주었다. 그들은 내가 "입수할 때 내 왼쪽 새끼발가락만 쭉 폈다면 8점이 아니라 8.5점을 얻었을 텐데"라고 말하는 만화를 그려주었다.

나는 최선을 다하지 않으면 여전히 답답했다. 다이버가 베스트에게 일진이 안 좋은 날이라고 하면 그는 다이버에게 두 가지 질문을 하곤 했다. 오늘 자신이 좀 나아졌나? 다른 사람이 나아지도록 도왔나? 둘 중 한 질문에 대한 답변이 긍정적이라면 괜찮은 날이었다. 에릭 베스트의 성은 최선을 뜻하는 베스트(Best)이지만, 그는 더 나아진다는 진전을 뜻하는 베터(better)의 광팬이다.

비록 내가 내 다이빙에 만족하지 않았어도, 만족할 수 있는 또 다른 내가 있었다. 완벽주의를 폐기하는 데 도움이 된 또 다른 기법이 있다. 심리학에서 이는 정신적 시간 여행으로[14] 알려져 있다. 그렇다, 진짜 그런 게 있다.

성취할수록 기대 수준도 높아진다. 실력이 늘수록 자신에 대한 기대도 높아지고 점진적인 진전이 눈에 덜 띄게 된다. 진전을 제대로 파악하려면 과거의 자신이 현재의 성취를 어떻게 볼지 기억할 수 있어야 한다. 지금 여러분이 어떤 성취를 할지 5년 전에 알았다면 얼마나 자신이 자랑스러웠을까?

가까스로 회전할 줄 알게 된 열네 살짜리 아이였던 내가 몇 년 후 이룬 진전을 보았다면 놀랐을지 모른다. 나는 다이빙을 배우던 초창기에 찍은 동영상을 보기 시작했다. 창피함이 눈 녹듯 사라지고 놀랍게 성장한 모습이 보였다.

자책한다고 더 강해지지 않는다. 상처만 입는다. 자신을 아끼라는 말은 여러분의 단점을 무시하라는 뜻이 아니다. 실망스러운 결과에서 교훈을 얻도록 자신에게 여지를 주라는 말이다. 우리는 단점이 있다고 벌을 주기보다 단점을 받아들임으로써 성장한다. 뭔가 잘못됐다는 느낌을 받아들여라.

흔히 완벽주의자는 단 한 번만 실패해도 실패자가 된다고 걱정한다.[15] 그러나 사람들은 단 한 차례 업무 수행 성과를 토대로 다른 사람의 유능함 여부를 판단하지 않는다는 8개의 연구 조사가 있다.[16] 이를 과장된 의미 효과(overblown implication effect)라고 일컫는다. 여러분이 만든 한 가지 요리가 맛없다고 해서 사람들은 여러분이 형편없는 요리사라고 생각하지 않는다. 카메라 렌즈에 손가락을 댄 채 사진을 찍었다고 사진 찍는 실력이 형편없다고 생각하지 않는다. 여러분의 삶에서 단 한 순간만 포착한 단면이라는 사실을 사람들은 안다.

사람들이 여러분의 기량을 평가할 때는 여러분의 최저점보다 최고점에 훨씬 큰 비중을 둔다.[17] 사람들은 테니스선수 세레나 윌리엄스(Serena Williams)가 공을 서브할 때 연속해서 실패하는 광경을 목격해도, 그녀의 서브를 상대방 선수가 못 받아치는 광경을 목격하면 그녀가 탁월하다는 사실을 인정한다. 스티브 잡스(Steve Jobs)가 애플 리사(Apple Lisa)라는 제품을 출시해 폭삭 망했을 때도 사람들은 그를 여전히 맥(Mac)을 창조한, 미래를 내다보는 귀재로 여겼다. 우리는 셰익스피어(Shakespeare)의 천재성을 그의 걸작(〈햄릿〉, 〈리어왕〉 등)으로 판단하지, 기억도 가물가물한 작품(〈아테네의 티몬〉, 〈윈저의 즐거운 아낙네들〉)으로 혹평하지 않는다. 사람들은 여러분의 잠재력을 여러분이 겪은 최악의 순간이 아니라 여러분이 이룬 최고의 순간으로 판단한다. 여러분도 여러분 자신에게 조금 더 너그러우면 어떨까?

다이빙에서 내 실력은 분명히 한계가 있었다. 나는 올림픽팀 근처에도 가지 못했다. 그러나 나는 내가 세운 목표를 훌쩍 넘는 진전을 이뤘다. 고등학교를 졸업하기 전에 나는 전미 수영선수 목록에 올랐고 두 차례나 주니어 올림픽 선수권 대회 출전 자격을 얻었다. 그러나 내가 가장 자랑스러워한 순간은, 베스트가 가르쳤던 그 어떤 선수보다도 내가 재능은 떨어졌지만 진전은 훨씬 많이 이룬 제자라고 코치로서 내게 말했을 때다. 성공은 여러분이 얼마나 완벽함에 가까이 근접했는지가 아니라 성공을 향한 여정에서 얼마나 많은 장애물을 극복했는지로 가늠한다는 사실을 나는 깨달았다.

공연은 계속해야 한다

스포츠에서 탁월함은 객관적으로 측정하는 게 상당히 가능하다. 다이빙에서는 난이도를 산정하는 공식이 있고 수행 성과를 평가하는 규정집도 있다. 그러나 수많은 분야에서 성공은 훨씬 주관적이다. 한 사람 눈에는 아름답게 보이는 게 또 다른 사람의 눈에는 추하게 보이기도 한다. 이 때문에 어떤 불완전함을 받아들일지 판단하기가 어렵다.

2002년 여름 1,000여 명이 넘는 사람들이 시카고 극장에 몰렸다. 댄스 뮤지컬 초연을 보기 위해서였다. 1막이 진행되는 동안 관중은 어리둥절하고 지루한 표정을 지었다. 제작자는 관중이 중간 휴식 시간에 극장을 빠져나갈까 봐 걱정했다. 비평가 마이클 필립스(Michael Phillips)는 "억지스럽고, 혼돈스럽고, 들쭉날쭉하고, 착상이 잘못된" 뮤지컬이라고 혹평했다.

이 공연은 세계적인 무용수 미하일 바리시니코프(Mikhail Bary-shnikov)의 발레 안무(그리고 영화 〈헤어〉와 〈아마데우스〉의 안무)를 맡아 널리 알려진 트와일라 타프(Twyla Tharp)의 작품이었다.[18] 그녀는 대사가 일절 없이 빌리 조엘(Billy Joel)의 노래만으로 '두 시간짜리 무용 공연' 제작을 꿈꿔왔다. 그녀는 제작비 850만 달러를 모았고 (공연예술에서 오랜 세월 동안 과소평가되어온 집단인) 무용수들에게도 마침내 이익이 돌아가는 히트작이 되기를 바랐다.

브로드웨이 진출이 눈앞에 다가왔다. 혹평을 받자 타프는 자기 작품의 치명적인 결함이 무엇인지 알기 위해 심각한 고민에 빠져들었다. "나든 누구든 이 작품이 대중에게 먹힐 방법을 찾으려 한 시도 자체가 도박이었다"라고 그녀는 말했다. 줄거리를 바꿔야 할지, 대사를 도입하고 등장인물을 만들어야 할지, 아니면 노래를 빼야 할지 감이 잡히지 않았다. 그녀가 수정하는 부분은 모조리 공연자들이 다시 배우고 연습해야 했다.

처참한 초연을 한 지 한 달 만인 시카고 공연 말미에 타프는 수정한 공연을 공개했다. 비평가 필립스가 공연을 다시 찾았고 그는 장족의 발전을 한 공연을 보고 뜻밖에 마음에 들어 했다. "상당한 수정을 거친 후 훨씬 분명하고 만족스러운, '유쾌한 대목도 많은' 공연이 되었다"라고 평하면서 그는 다음과 같이 덧붙였다. "타프의 수정을 거치고 나자 브로드웨이에서 성공할 가능성도 커졌다." 그녀가 완벽한 공연 안무를 해내지는 못했지만, 오점이 장점을 가리지는 않게 되었다. 그녀가 재빨리 방향 전환을 한 덕분이다.

방향 전환은 실리콘밸리에서 널리 알려진 개념이다. 완벽함을 추구하기보다 시도해보는 게 낫다는 이야기다. 창업가와 엔지니어들은 최소한 시장에서 살아남을 가능성 있는 상품을 만들려면 신속하게 반복 제작하고 개선하라는 조언을 받는다. 그러나 탁월함은 훨씬 높은 기준이다. 내게는 최소한 사랑받을 만한 상품을 목표로 해야 한다는 뜻이다.

최소한 사랑받을 만한 공연을 제작하기 위해 타프는 사람들이 싫어하는 부분이 뭔지 파악해야 했다. 스펀지가 되어야 할 시점이었지만 어느 비평가의 어떤 평을 믿어야 할지 난감했다. 그녀는 핵심적인 비평을 흡수하고 적용하는 한편 나머지는 걸러내야 했다. 그녀의 아들 제시는 주제별로 실속 있는 비평을 분류했다.

다른 사람들의 평가에 가치를 매기는 가장 좋은 방법 가운데 하나가, 평가들이 서로 수렴하는 부분을 찾는 일이라는 연구 결과가 있다.[19] 단 한 사람이 무언가를 경고하면 이는 그 사람의 특이한 취향일지 모른다. 10여 명이 똑같은 문제를 제기하면 이는 객관적인 문제일 가능성이 크다. 평가자들 간에 신뢰도가 생긴다는 뜻이다.

타프와 그녀의 아들은 소음 속에서 신호를 찾아낼 여과기를 만들어냈다. 두 사람은 두 명 이상의 비평가가 제기한 문제는 무엇이든 취향의 문제가 아니라고 판단했다. 품질 관리의 문제였다. 타프는 "비평가들은 어마어마하게 쓸모가 있었다. 인정머리 없지만 참 고맙기도 했다"라고 일갈했다.

비평을 분류한 도표를 통해 2막이 아니라 1막에 대한 불만이 일관성 있게 나타났다. 타프는 1막에 너무 많은 것을 집어넣으려고 애쓰고 있었다. 한 관중은 서로 다른 여러 가지 자극에 압도되어서 한 곡에서는 눈을 가리고 다음 곡에서는 귀를 막았다. 그걸 수정할 사람은 타프였고 시간이 별로 없다는 사실을 그녀는 알고 있었다. "문제마다 완벽한 해결책은 필요 없었다. 시행 가능한 해결책이 절실했다. 그런 해결책이 아주 많이 필요했다"라고 그녀는 말한다.

최소한 사랑받을 만한 상품

공연을 완벽하게 만들려면 타프는 원점으로 돌아가서 노래와 무용 사이에 대사를 집어넣어야 했을지 모른다. 그러나 그녀는 불완전주의자였다. 무결성이 아니라 탁월함을 추구했다. 최소한 사랑받을 만한 작품을 만들려면 이야기를 단순하게 만들고, 등장인물들을 명확히 하고, 기대치를 조절하기만 하면 되었다. 그녀는 뮤지컬 관객들에게 익숙한 한 가지를 추가했다. 바로 서막이었다.

서막을 추가하려면 며칠 안에 새로운 안무를 개발해야 했다. 그녀는 처음부터 완벽한 새로운 안무를 서둘러 만들기보다 자기가 본래 했던 안무에서 차용해왔다. 그녀의 프로덕션 디자이너는 빌리 조엘의 노래와 수십 년 전 다른 공연에서 타프가 안무했던 춤 사이에 놀라울 정도로 비슷한 점이 있음을 감지했다. 타프가 재활용한 안무를 무용수 20여 명에게 가르치는 데는 몇 시간밖에 걸리지 않았다. 이제 등장인물들을 소개하고 시각적으로 관객을 황홀하게 만들 서막이 생겼다. 이듬해 봄, 타프의 〈무빙 아웃(Movin' Out)〉은 토니상 10개 부문에 후보로 올랐고, 타프는 최고 안무상을 받았다. 그녀는 와비사비를 터득했다. 관중과 비평가들은 불완전한 이야기에 아름다운 무용을 접목한 뮤지컬 공연의 가치를 인정했다.

바로잡아야 할 불완전함을 규명하는 일을 꼭 막판에 서둘러 할 필요는 없다. 요즘 타프는 인정머리 없는 비평가들 손에 자신의 운명을 맡기지 않는다. 그녀는 새로운 프로젝트에 착수한 후 소규모 집단을 초청해 제작 중인 작품을 보여준다. 그들은 자기 작품이라 객관적인 입장이 될 수 없는 그녀가 작품의 결함을 찾아 문제를 해결하도록 도와준다. 그러나 그들은 단순히 코치가 아니라 심판이기도 하다. 그들은 그녀가 전도유망한 방향으로 진행하고 있는지 가늠하는 역할을 한다. 그녀는 심판 위원회를 만들어 품질 관리에 도움을 받으라고 권한다. 내 심판 위원회는 다이빙을 배우던 시절에 생겼다.

다이빙을 그만둔 후 나는 실패에서 탁월함까지의 연속선상에서 내 실력의 위치가 어디쯤인지 정확히 알 수 있는 명료함이 그리웠다. 나는 기고문이나 책의 서문 같은 초안을 작성하면 이를 내가 신뢰하는 동료들에게 보내기로 했다.

내게 중요한 프로젝트를 어김없이 심판 위원회에게 보여준 지 이제 10년이 넘었다. 그들은 영구 구조물이 아니라 임시 구조물이다. 나는 그들은 팝업(pop-up) 작업장이라고 생각한다. 프로젝트마다 그 프로젝트의 성격에 걸맞는, 상호 보완적인 기량을 지닌 5~7명의 내부 인사와 외부 인사들로 심판 위원회를 구성한다. 그러한 심판 위원회는 필요에 따라 결성되고 해체되고 변신한다.

내가 가장 먼저 요청하는 바는 피드백도 조언도 아니다. 점수다. 나는 심판들에게 0점에서 10점까지의 척도상 몇 점을 주겠는지 물어본다. 물론 10점을 주는 사람은 없다. 그러고 나서 10점 가까이 가려면 어떻게 해야 하는지 물어본다.

내가 목표로 삼는 점수는 해당 과제의 중요성과 내 기량에 따라 달라진다. 이 책 같은 중요한 프로젝트의 경우 나는 두 가지 점수를 목표로 세웠다.[20] 하나는 희망하는 목표(9점), 다른 하나는 받아들일 만한 결과(8점)다. 일관성 있게 8점을 받으면 진전이 있다고 만족할 수 있다. 그러나 '그 문장에서 내 왼쪽 발가락만 쭉 폈어도⋯'라고 내 완벽주의가 고개를 내밀려 한다.

분명한 점수는 정보에 그치지 않고 동기 유발이 된다. 여러 심판관이 7점 이하의 점수를 주면 그들은 내게 코치를 하고 싶다는 동기를 부여받고 나는 코칭을 받고 싶다는 동기를 부여받게 된다. 사소한 수정에 타협할 수 없다는 사실을 나는 알고 있다. 대대적인 수정이 필요하다. 나는 그 간극을 줍히고 싶다. 초안에서 4,5점을 받는 상황보다 더 나를 불타오르게 하는 건 없다. 피드백과 뒤이어 제시될 조언에 대해 단단히 마음의 준비를 하게 해준다. 가장 내 마음에 들었던 피드백은 "책장이 술술 넘어갈 정도로 흥미진진하지는 않다"였다. 나는 심판이 하나같이 적어도 8점, 일부는 9점을 줄 때까지 계속 수정한다. 그게 최소한 사랑받을 만한 수준이다. 나는 삶이 다이빙 같다는 사실을 받아들였다. 억세게 운이 좋아서 10점을 받는다면 완벽해서가 아니라 탁월해서다.

심판의 점수에 얼마나 비중을 둘지는 신중하게 생각해야 한다. 완벽주의자들은 다른 사람의 기준으로 탁월함을 정의한다는 사실을 보여주는 연구가 많이 있다.[21] 다른 이들 보기에 완벽한 이미지를 만드는 데 집중하면 우울증, 불안감, 심신 소진, 그 밖에 정신 건강상의 각종 문제를 일으킬 위험이 있다.[22] 사회적으로 인정받는 데는 대가가 따른다. 7만 명을 대상으로 한 105개 연구 자료에 따르면,[23] 성장과

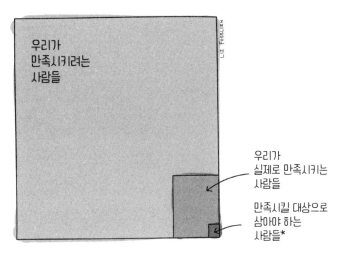

우리가
만족시키려는
사람들

LIZ FOSSLIEN

우리가
실제로 만족시키는
사람들

만족시킬 대상으로
삼아야 하는
사람들*

*에는 여러분 자신도 포함된다.

교감 같은 내재적 목표보다 인기나 겉모습 같은 외재적 목표에 더 가
치를 두면 덜 행복하다. 다른 사람의 인정을 받고자 하는 욕구는 끝
도 한도 없다.[24] 지위를 추구하게 되면 결코 만족하지 못하게 된다.
그러나 외적 평가가 성장의 도구로 소용이 있다면 이용할 가치가 있
을지 모른다.

결국 탁월함은 다른 사람들의 기대를 충족시키는 이상의 의미가
있다. 여러분 자신이 세운 기준에 부합하는 일이기도 하다. 모든 사람
을 만족시키기는 불가능하다. 누굴 실망하게 해도 괜찮은지 판단하
는 게 관건이다. 여러분 자신이 실망하기보다 다른 사람을 실망시키
는 게 낫다.

세상에 뭔가를 공개하기 전에 최후의 심판관에게 눈을 돌릴 필요가
있다. 바로 여러분 자신이다. 여러분의 작품들 가운데 이 작품이 유일

하게 사람들이 본 작품이라면 여러분은 이 작품이 자랑스럽겠는가?

안도 다다오는 끊임없이 자신에게 이 질문을 던진다. "다른 사람들이 내 작품을 어떻게 생각하는지는 나를 움직이는 원동력이 아니다. 나 자신을 만족시키고 싶은 욕구, 나 자신에게 도전장을 내밀고 싶은 욕구가 나를 움직이는 원동력이다"라고 그는 말한다.

지진이 고베시를 뒤흔든 후 안도는 과거의 유물들을 보존하고 미래에 대한 희망을 되살리고 싶었다. 그는 산이 바라보이는 해안에 미술관을 설계했다. 갑판에는 그가 직접 만든 조각품이 전시되어 있다. 거대한 풋사과다. "인생은 풋풋한 게 낫다. 풋풋할수록 좋다"라고 안도는 단언한다. "풋사과는 젊음을 상징한다." 안도는 현재 80대다. 끊임없이 성장하고픈 욕구가 그의 젊음을 반영한다.

풋풋한 상태에 머물고자 하는 열망은 끊임없이 성장하려는 결의, 미완성으로 남고자 하는 결의다. 여물지 않은 사과는 성장이 끝나지 않았다. 불완전하고 완벽하지 않다. 바로 그렇기에 아름답다.

HIDDEN POTENTIAL

2부

동기를 유발하는 임시 구조물

성장을 가로막는 장애물 극복하기

ADAM GRANT

어떤 목표를 세우든 그 목표를 향해가는 과정에서 장애물을 필연적으로 만나게 된다. 외부의 장애물과 마주치면 내적으로 대가를 치른다. 일상이 따분해지고 결국 지치게 된다. 정체되면 의기소침해진다. 어려운 과제를 달성하는 데 실패하면 낙담하게 되고 회의가 들게 된다. 앞으로 나아가기는 고사하고 다시 일어서게 될지도 의문이 들기 시작한다.

장족의 발전을 하는 데는 품성 기량만으로는 충분치 않을 때도 있다. 수많은 새로운 기량들을 사용하는 방법을 알려주는 책자가 있는 것도 아니고 가파른 언덕을 오르려면 탈것이 필요하다. 그 탈것은 임시 구조물의 형태로 나타난다. 우리 힘만으로 도달하지 못하는 높은 곳에 오르게 해주는 임시 지지대 말이다. 임시 구조물은 우리를 압도하고 성장을 제약하려고 위협하는 장애물을 극복할 회복력을 기르도록 도와준다.

심리학자들은 실험을 통해 회복력을 연구할 때 실험 대상자들에게 보기가 고통스러운 동영상을 보여주어 버거운 경험을 하게 만든다. TV나 영화에서 강렬하고 심란한 장면을 봤을 때를 생각해보라. 여러분이 좋아하는 등장인물이 우주 공간에서 광검에 목이 잘려나간다. 또는 미국 드라마 〈기묘한 이야기〉에 나오는 데모배츠(Demobats)가

머리부터 통째로 삼킨다. 여러분이 내 아이들(그리고 내 아내)과 같다면 그런 장면이 머리에서 계속 떠오르고, 영화가 끝나고 제작에 참여한 사람들의 이름이 끝없이 화면을 지나가고 난 후에도 그 장면이 머릿속에서 지워지지 않는 경험을 하리라. 〈스트레인저 씽스〉를 제작한 더퍼 형제(Duffer Brothers), 당신들 덕분이오. 그러나 심리학자들은 특별한 형태의 임시 구조물을 이용해 되살리고 싶지 않은 장면이 떠오르는 현상을 막을 수 있다는 사실을 발견했다.

처음에 나는 이를 일종의 심리 치료법이라고 넘겨짚었다. 떠올리고 싶지 않은 장면을 반복적으로 보여주고 둔감하게 만들거나(노출 요법), 그 장면을 재구성해 해를 끼치지 않게 해주는 (인지적 재평가) 방법이겠거니 했다. 그런데 틀렸다. 심리학자들이 회복력을 증강해준다고 주장하는 임시 구조물은 테트리스 게임이었다. 그렇다, 바로 그 테트리스다.

사람들은 보통 유달리 마음을 심란하게 만드는 영화 장면을 보고 나면 그다음 주 내내 여섯 일곱 차례 정도 그 장면을 떠올린다. 그런데 사람들을 무작위로 서로 다른 집단에 배치한 뒤 한 집단에게는 그 장면을 본 직후에 테트리스 게임을 몇 차례 하게 했더니, 그다음 주에 그 장면이 떠오른 횟수가 절반으로 줄었다.[1] 기하학적인 벽돌을 돌리고 옮기고 떨어뜨리는 행동이 우리의 생각을 침투하는 장면과 거부감을 불러일으키는 감정으로부터 우리를 보호해준 셈이다.

분명히 말하건대, 테트리스는 여러분을 중독에서 벗어나게 해주거나 외상후스트레스장애(PTSD)를 낮게 해주지는 않는다. 게임은 심리

치료나 약물 치료를 대신하지 못한다. 그러나 다른 연구팀들의 실험에서도 똑같은 효과를 낳았다.[2] 처음에 나는 그저 신기했다. 그런데 증거를 더 깊이 파고들자 테트리스 효과는 임시 구조물이 지닌, 다음과 같은 네 가지 핵심적 특징을 보인다는 사실을 깨달았다.

첫째, 임시 구조물은 보통 다른 사람들에게서 비롯된다. 나는 테트리스 게임을 함으로써 거북한 장면을 퇴치하리라고는 꿈에도 생각하지 못했다. 타당한 경험과 전문성이 있는 사람들로부터 비롯된 아이디어다. 우리가 처한 상황이 우리를 압도하려고 위협할 때는 시선을 안으로 향하기보다 멘토, 교사, 코치, 역할 모델, 동료에게로 시선을 돌린다. 그들이 제공하는 임시 구조물은 우리가 직면한 난관의 유형에 따라 달리 보이고 달리 느껴지지만, 효과는 동일하다. 우리에게 비빌 언덕을 만들어준다.

둘째, 임시 구조물은 여러분의 길을 가로막는 장애물에 맞춤형으로 제작된다. 심리학자들이 테트리스를 제안하는 이유는 구체적인 이점이 있기 때문이다. 테트리스는 여러분의 뇌가 정신적 이미지를 구축하는 방식을 바꾼다. 테트리스를 하는 사람의 뇌 스캔을 살펴보면[3] 테트리스는 우리의 시각적-공간적 회로를 활성화함으로써 뇌를 침투하는 이미지를 차단한다. 화면 위에서 떨어지는 벽돌을 처리하느라 바빠서 거부감을 일으키는 이미지의 위협에 신경 쓸 겨를이 없다. 다만 트리비아(Trivia)같이 테트리스와는 종류가 다른 게임은 거부감을 일으키는 영상이 떠오르는 현상을 줄이지 못한다. 테트리스가 효과적인 임시 구조물인 까닭은 특정한 난관을 우회하도록 돕기 때문이다.

셋째, 임시 구조물은 결정적 시점에 등장한다. 영화를 보기 전에는 테트리스를 해도 소용없다.[4] 아직 거부감을 일으키는 이미지가 없기 때문이다. 임시 구조물은 심란한 장면을 보고 난 후에 쓸모가 있는데, 보통 결정적 기간은 장면을 보고 난 후 24시간이다.[5] 더 오래 기다리면 이미 기억이 공고해져서 테트리스가 그 장면을 차단하기 전에 그 장면에 대한 기억부터 비활성화해야 한다.

넷째, 임시 구조물은 일시적이다. 공포영화의 잔상을 극복하기 위해 평생 테트리스 치료 요법이 필요하지는 않다. 10분만 게임을 해도 지우고 싶은 기억이 공고해지지 않게 방해하고 끔찍한 장면이 떠오르는 횟수를 줄이기에 충분하다. 여러분에게 필요한 지원을 임시 구조물로부터 얻고 나면 더는 임시 구조물에 의존하지 않아도 된다. 임시 구조물 없이도 일상을 영위할 수 있다.

우리에게 필요한 임시 구조물의 유형은 날마다 달라진다. 시기에 따라, 부딪친 난관의 종류에 따라 서로 다른 임시 구조물로부터 지원을 구하게 된다. 코치나 멘토의 도움으로 넘사벽이 계단으로 바뀔 수도 있다. 같은 팀원이나 내가 멘토링을 하는 대상이 등잔 밑이 어두워 내가 놓친 핵심적인 사항이 뭔지를 보여줄 수도 있다. 우리 앞에 불리한 조건들이 첩첩산중일 때 함께 힘을 모아 한 차원 높이 도달할 수 있다.

살다 보면 실수가 계속 쌓여만 가고 성과는 점점 사라진다는 느낌이 들 때가 많다. 제때 적절한 지원을 받으면 성장을 가로막는 장애물을 극복할 수 있다. 이러한 지지 구조물을 구축하는 방법을 터득하기 위해 나는 물리적, 감정적으로 극한의 난관에 봉착해 장족의 발전을 한 사람들을 찾았다. 등반가, 음악가, 군인, 운동선수 등 난관을 극복한 이들은 내가 임시 구조물을 바라보는 시각을 바꿔놓았다. 여러분이 스포츠 팬이 아니어도 그들이 얻은 깨달음의 가치를 제대로 인식할 수 있다. 그들은 그들이 얻은 통찰력을 일상생활에 적용하고 있다.

임시 구조물은 우리가 임시 구조물 없이는 보지 못했을 길을 개척하도록 도와줌으로써 숨은 잠재력을 발휘하게 해준다. 임시 구조물은 똑같이 반복되는 일상에 동기를 부여해주고, 정체기를 맞으면 추진력을 얻게 해주고, 난관과 회의를 강인함의 원천으로 바꿔준다.

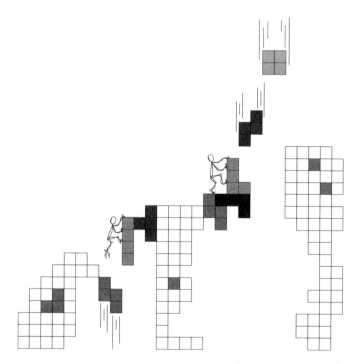

@RESEARCHDOODLES BY M. SHANDELL

4장

계획적인 놀이와 휴식
일상에 열정 불어넣기

우리를 만족시키는 것은 일도 놀이도 아니고 목적도 무목적성도 아니다.
우리를 만족시키는 것은 그 사이사이에 추는 춤이다.[1]
버나드 드 코벤(Bernard De Koven, 미국의 게임 기획자)

에벌린 글레니(Evelyn Glennie)라는 10대 소녀는 음악원 응시 서류에 마지막 손질을 하면서 가슴이 뛰었다.[2] 스코틀랜드에 있는 농장에서 자란 그녀는 음악가가 되는 꿈을 꾸었다. 그녀는 주변에서 들리는 소리와 리듬에 매료되었다. 트랙터의 엔진 소리, 나지막한 소 울음소리, 대장장이들이 쇠를 벼리는 소리, 바람에 나뭇잎이 사각사각 나부끼는 소리. 4년 동안 타악기 기술을 연마하고 피아노 연습에 몇 년을 더 투자한 끝에 글레니는 마침내 준비가 됐다고 느꼈다. 그녀는 영국 최고의 명문으로 손꼽히는 음악원에 응시했다.

왕립음악원은 최고 중에서도 최고만 합격시켰다. 동문은 엘튼 존

(Elton John), 애니 레녹스(Annie Lennox)가 있다. 오디션을 보러 런던에 도착한 글레니에게 자신의 기량을 펼칠 20분이 주어졌다. 그녀는 〈윌리엄 텔〉 서곡에서 팀파니를, 다른 작품들에서 작은 북과 실로폰을 연주했고, 피아노로 모차르트 소나타를 연주했다.

그러나 왕립음악원은 그녀를 합격시켜주지 않았다. 여러 전문가 심사위원들은 그녀의 역량이 부족하다며 우려를 표했다. 그들은 그녀가 직업 음악가로서 성공할 가망이 없다고 결론 내렸다. 10년이 채 지나지 않아, 글레니는 세계 최초로 타악기 독주자가 되었다.

보통 드럼 연주자는 청중이 보려고 몰려드는 음악가가 아니다. 비틀스의 링고 스타(Ringo Starr)가 존 레논(John Lennon)과 폴 매카트니(Paul McCartney)의 그림자에 가려졌듯이, 드럼 연주자들은 교향악단이나 밴드의 뒤에서 연주한다. 그러나 글레니는 재능이 뛰어나서 홀로 세계 순회공연을 하면 한 해에 100차례 연주회가 모두 매진이 된다.

그녀는 실내악 연주와 고전 크로스오버 앨범, 그리고 고전 음악 악기 독주 부문에서 세 차례 그래미상 최고상을 받았다. 그녀는 아이슬란드 가수이자 일렉트로니카의 살아 있는 전설 비요크(Björk)와 공연했고, TV 프로그램 〈세서미 스트리트(Sesame Street)〉에서도 연주를 했으며, 영국 여왕으로부터 작위를 받았다. 2015년 그녀는 타악기 연주자로는 최초로 (음악계의 노벨상에 해당하는) 폴라 음악상(Polar Music Prize)을 받아 엘튼 존, 요요마(Yo-Yo Ma), 폴 매카트니, 조니 미첼(Joni Mitchell), 폴 사이먼(Paul Simon), 브루스 스프링스틴(Bruce Springsteen), 스티비 원더(Stevie Wonder) 등 거장의 대열에 합류했다.

왕립음악원은 글레니가 역량이 부족하다는 판단을 내렸는데, 이는 잘못 내린 판단은 아니었다. 엄밀히 말하면 그녀는 음악 청감이 없었다. 사실 전혀 듣지 못했다. 세계 최초이자 최고의 타악기 독주자는 심각한 청각장애가 있었다.

글레니의 귀는 여덟 살 때 먹기 시작했다. 열두 살이 될 무렵 사람들이 그녀에게 말을 걸 때면 그녀는 가까스로 소리를 감지할 수 있었다. 청각학자는 그녀에게 퇴행성 신경이라는 진단을 내렸고, 앞으로 음악 연주가 불가능하다고 말했다. 극복해야 할 난관이 너무 높았고 극복하려면 갈 길이 너무 멀었다.

심각한 난청이면 음악을 터득하기가 대단히 어렵다. 그러나 글레니는 끝없이 길고 지루한 시간을 음계를 익히는 데 쏟아부었다. 학교 타악기 교사인 론 포브스(Ron Forbes)는 그녀에게 지루한 연습을 시키지 않고 그녀와 함께 그녀가 배우는 과정을 즐길 만한 임시 구조물을 만들었다.

글레니가 처음 포브스를 찾아갔을 때 그는 그녀에게 음악을 어떻게 듣는지 물었다. 그녀에게 색다른 학습 유형을 채택하는 것 말고 다른 선택의 여지가 없었다. 그녀는 높낮이가 서로 다른 모든 음을 들을 수는 없지만, 팔과 배와 광대뼈, 그리고 두피로 공기의 진동을 느낄 수 있다고 했다. 그녀는 자기 몸을 거대한 귀라고 생각하기 시작했다. 포브스가 팀파니를 연주하면 글레니는 벽에 손을 대고 서로 다른 음계를 서로 다른 신체 부위와 연관 짓는 방법을 터득했다. 높은음은 그녀의 얼굴과 목 주위에서 울렸다. 낮은음은 대부분 다리와

발에서 진동이 느껴졌다. 그녀는 맨발로 진동을 훨씬 강렬하게 느끼는 연습을 시작했다.

글레니는 강습을 시작할 때 소리를 감지하는 도전을 즐겼다. 그녀가 실력이 늘자 포브스는 음과 음의 간격을 좁혔다. 비디오 게임에서 수준을 한 단계 높이듯이 말이다. 그녀는 음과 음의 미세한 차이를 손끝만 이용해 구분하게 되었다. 포브스는 그녀에게 새로 도전할 난관들을 던져주고 그녀의 열정을 북돋워주었다. "바흐의 이 작품 알지? 작은북으로 이 작품을 연주할 수 있겠어?" 끊임없이 과제를 바꾸고 목표를 높이니 배우는 게 즐거웠다. "재미와 힘든 일이 별개였던 적이 없었다. 나는 스펀지 같았다"라고 그녀는 내게 말한다. 그녀는 현대판 드럼 스타일로 바흐의 음악을 자기 나름대로 해석하게 되었다.

우리가 지닌 기량을 개발하려면 오랜 시간 동안 지루하고 따분한 연습을 견뎌내야 한다는 말을 종종 듣는다. 그러나 숨은 잠재력을 끌어내는 최고의 방법은 지루한 일상을 견뎌내기보다 일상적인 반복을 일상적인 즐거움의 원천으로 전환하는 방법이다. 음악에서 연습할 때 사용하는 어휘인 '연주하다(play)'라는 단어가 '놀다(play)'라는 의미를 갖고 있는 데는 다 그럴 만한 이유가 있다.

조화를 이루기

어떤 분야에서든 전문가가 되고 싶으면 타고난 뛰어난 재능만으로는 충분치 않다. '어메이징 그레이스(Amazing Grace)'를 백파이프로 연주하고, 디저트 베이크드 알래스카(Baked Alaska)를 완벽하게 오븐에서 구워내고, 한 번에 일곱 개의 볼을 저글링하고, 마요네즈(mayonnaise)와 오노매토피어(onomatopoeia, 의성어) 같은 단어의 맞춤법을 척척 맞추는 내재적 역량을 타고난 사람은 아무도 없다. 연습해야 기량을 터득하게 된다.

1만 시간 연습을 통해 통달한다는 개념이 세계를 휩쓴 이후로 코치, 부모, 교사들은 특별한 종류의 연습에 매료되어왔다. 계획적인 연습이란 분명한 목표와 즉각적인 피드백을 토대로 수행 능력을 개선하는 과제를 반복하는 방법이다. 그러나 그런 연습이 얼마나 필요한지는 1만 시간 개념이 주장하는 것보다 훨씬 미묘한 의미가 있다.

탁월함에 도달하는 데 필요한 연습 시간은 사람에 따라, 행위의 종류에 따라 천차만별이라는 연구 결과가 있다. 계획적인 연습은 (골프 클럽을 휘두르거나 루빅스 큐브를 맞추거나 바이올린을 연주하는 등) 반복적인 행위가 수반되는 예측 가능한 과제에서 기량을 개선하는 데 특히 유용함은 분명하다.[3]

재능을 타고난 신동들도 계획적인 연습에 긴 시간을 투자한다고 알려져왔다. 모차르트(Mozart)의 아버지는 바이올린 연주자였는데,[4] 아들인 모차르트에게 혹독한 연습을 시켰고 공연 일정을 너무 빡빡하게 채웠다. 이를 본 한 전기작가는 모차르트 부자 관계를 "철저한 예속"이라고 일컬었다. 그러나 그처럼 광적인 연습에는 대가가 따른다. 모차르트는 자신이 얼마나 지쳤는지를 편지에 적었다. 그가 10대 때 쓴 편지에는 "수많은 서창(敍唱)을 작곡하느라 내 손가락이 욱신거린다"[5]라고 적혀 있고, 20대 때 쓴 편지에는 "공연을 너무 많이 해서 기진맥진했다"[6]라고 쓰여 있다. 그가 강박적으로 연습을 했으므로 성공했다기보다, 강박적으로 연습을 했음에도 불구하고 성공했다고 봐야 할 이유가 여기에 있다.

자기 일에 집착하는 사람들은 장시간 일하지만 동료들보다 업무 수행 성과가 전혀 낮지 않다는 결과를 보여주는 연구가 있다.[7] 그런 사람들은 신체적으로 감정적으로 지칠 가능성이 훨씬 크다. 계획적인 연습은 무료하므로 심신을 소진할(그리고 따분해서 의욕을 상실할) 위험에 처한다. 그렇다. 심신 소진(burnout)은 실제로 심리학에서 쓰는 용어다. 심신 소진이 과부하가 됐을 때 축적되는 감정적 소진이라면, 의욕 상실(boreout)은 제대로 자극을 받지 못해서 감정적으로 무감각해지는 상태다.[8]

위대한 업적을 달성하려면 계획적인 연습이 필요하지만, 너무 무리해서 연습한 나머지 자기가 하는 활동에서 즐거움을 못 느끼고 강박적으로 하는 악전고투로 변해서는 안 된다.

40세가 되기 전에 세계적인 명성을 얻은 연주회 피아니스트들을 연구한 자료에 따르면, 자기 기술에 집착한 이는 거의 없다. 초창기에 대부분은 하루에 겨우 한 시간 피아노를 연습했다. 그들은 노예를 부리듯 하거나 군인 훈련 조교처럼 연습시키는 부모 밑에서 자라지 않았다. 그들의 부모는 자식의 내면에서 우러나온 동기 유발에 열정적으로 응답했을 뿐이다. 피아니스트들은 10대가 되면서 꾸준히 하루 연습 시간을 늘려갔지만 연습이 강박적으로 집착하는 대상이나 귀찮은 심부름이 되지는 않았다. "그들이 연습한 까닭은 자기가 하는 일에 흥미가 있었기 때문이다.[9] 자기 스승과 함께 연습하는 시간이 즐거웠기 때문이다"라고 심리학자 로렌 소스니악(Lauren Sosniak)은 설명한다.

일류 음악가들의 경우 집착적인 강박 관념이 추진력인 경우는 거의 없다. 그들은 대부분 심리학자가 조화로운 열정(harmonious passion)이라 일컫는 과정을 통해 동기를 부여받는다.[10] 조화로운 열정이란 원하는 결과를 성취해야 한다는 압박감을 느끼기보다 그 과정에서 즐거움을 느끼는 상태를 말한다. '공부해야 해', '연습해야 해' 등 의무감의 망령에 사로잡혀 연습하지 않는다. '공부하고 싶어', '연습하는 게 신이 나' 등 하고 싶다는 느낌에 이끌린다. 그러면 흐름을 찾기가 쉬워진다. 완전히 몰입하는 상태에 빨리 진입한다. 완전히 몰입하면 세상이 사라지고 악기와 자신이 하나가 된다. 연습이 여러분

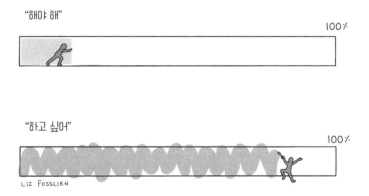

진전

"해야 해"
100%

"하고 싶어"
100%

LIZ FOSSLIEN

의 삶을 장악하지 않고 오히려 풍요롭게 한다.

열정은 음악에서만 중요한 게 아니다. 4만 5,000명 이상의 사람들을 대상으로 한 127개 연구에서 끈기는 열정이 있을 때[11] ● 훌륭한 수행 능력으로 전환될 가능성이 크다는 결과가 나왔다. 내가 가장 좋아하는 해답은 계획적인 놀이(deliberate play)라고 일컫는다.

놀면서 연주하기

계획적인 놀이는 기량을 개발하는 일이 즐겁도록 설계된, 구조가 잘 짜인 행위를 뜻한다.[12] 계획적인 놀이는 계획적인 연습과 자유로운 놀이의 요소들을 혼합한다.[13] 자유로운 놀이와 마찬가지로 계획적인 놀이도 재미있지만, 놀이와 더불어 학습과 터득에 도움이 되도록 짜여져 있다. 복잡한 과제들을 훨씬 단순한 부분들로 나누어 구체적인 기량을 연마하도록 설계되어 있다.

글레니에게 어떻게 연습하는지 묻자 그녀는 대부분의 시간을 계획적인 놀이를 하면서 보낸다고 말했다. 그녀는 따분해지면 악기를 바꾸고, 서로 다른 타악기들을 번갈아가며 연주한다. "새로운 마림바

● 내 동료 낸시 로스바드(Nancy Rothbard)는 장시간 연습하면 어떤 대가를 치를지는 여러분이 어떻게 느끼는지에 달려 있다는 사실을 깨달았다.[I] 사람들이 강박적인 집착 때문에 밤을 새워가며 무리하면 우울증, 불면증, 고혈압의 위험이 커진다. 그러나 열정 때문에 긴 시간을 노력하면 그렇지 않다. 강박적인 집착이 일과 삶 간의 갈등을 더 잘 예측한다는 증거도 있다.[II] 일을 삶으로부터 분리하려고 애쓰면 심신이 소진되기 쉽다. 한편 조화로운 열정은 만족감과 일과 삶의 균형감을 준다. 늘 일해야 한다는 압박감을 느끼지 않으면 여러 우선순위 간의 조화를 이루기가 훨씬 쉽다.

기법에 관한 관심을 지속하기 위해 이를 드럼으로 전환한다"라고 그녀가 내게 말한다. 이처럼 서로 다른 악기들을 뒤섞으면 무료함이 가시고 열정을 조화롭게 유지할 수 있다. "내가 인질처럼 묶여 있는 일상이란 절대로 없다"라고 말하며 그녀는 웃음을 터뜨린다.

계획적인 놀이를 하려면 연습에 참신함과 다양함을 도입해야 한다. 다양성은 여러분이 배우는 방식이 될 수도 있고, 사용하는 도구, 또는 설정한 목표, 여러분이 교감하는 사람들이 될 수도 있다. 여러분이 익히고자 하는 기량에 따라서 계획적인 놀이는 게임, 역할극, 또는 즉흥적인 연습의 형태를 띨지 모른다.

나는 계획적인 놀이에 관한 연구 자료를 처음 읽고 어떤 종류의 기량 연습에도 조화로운 열정을 도입할 가능성이 있다는 사실에 눈을 떴다. 그리고 전통적인 직업 훈련의 무료함을 변모시킬 수 있는지 궁금해지기 시작했다. 내 동료들과 나는 의료 전문가들을 대상으로 한 실험에서 그들에게 가장 큰 스트레스를 주는 과제에 약간의 계획적인 놀이 요소를 주입했더니,[14] 심신 소진 수준이 하락한다는 사실을 깨달았다. 알레르기 담당 간호사는 자신을 "눈 깜짝할 새 주사 놓는 간호사"로 환자들에게 소개했고, 이는 즉시 주사를 무서워하는 나이 어린 환자들의 마음을 진정시켰다. 그녀는 환자들에게 그녀가 주사 놓는 데 걸리는 시간을 측정하도록 했고, 환자들은 다음번 진료를 받을 때 그녀에게 주사를 맞겠다고 하면서 그녀에게 지난번 기록을 깨보라고 했다.

계획적인 놀이를 전문직 개발에 도입하는 운동이 일고 있다. 의과

대학원은 즉흥 코미디 강좌를 개설해 비언어적 단서를 해석하는 방법을 배우는 과정에 가벼운 즐거움을 도입했다.[15] 외국 영화(Foreign Movie)라 일컫는 한 연습에서 학생들은 동급생들이 아무 의미 없는 단어를 외치면 그들의 몸짓과 표정을 보고 무슨 뜻인지 해독하는 놀이를 했다. 학생들은 계획적인 놀이가 재미있을 뿐만 아니라 자신이 더 나은 의사가 되도록 해준다고 소감을 말한다.[16] 그리고 이제 막 나오기 시작한 증거는 희망적이다. 이러한 종류의 즉흥적인 놀이가 약학대학원의 소통 과정에 추가된 후 학생들은 환자 진료에서 훨씬 좋은 결과를 보였다.[17] 그들은 환자의 가장 큰 불만을 규명하고 환자의 걱정에 공감하는 기량이 향상되었다.

이러한 이점은 의료계에만 국한되지 않는다. 판매 강좌에서는 학생들에게 판매원과 고객의 역할극을 통해 배우도록 했다.[18] 한 역할 연습에서 고객이 상자를 들고 판매원에게 다가가면 판매원은 상자에 뭐가 들어 있는지 묻는다. 쉬지 않고 3분 동안 대화를 이어가는 게 목적이다. 그다음 달 내내 학생들에게 프로 스포츠팀 경기의 표를 팔도록 했고, 이 역할극에 참여했던 학생들은 이 훈련을 완수하지 않은 학생들보다 표를 43퍼센트 더 많이 팔았다. 훈련을 받은 학생들이 역할극 강좌를 훨씬 더 즐겼다.

계획적인 놀이를 위한 임시 구조물은 보통 교사나 코치가 구축하지만, 혼자서도 장족의 발전을 이룰 수 있다. 처음 보는 피아노 악보를 즉흥으로 연주하는 기량을 개선하고 싶다면, 새로운 악보에서 제대로 친 음이 얼마나 되는지 도전해보고 일주일마다 얼마나 진전했는지 기록한다. 알파벳으로 단어를 만드는 스크래블(scrabble) 게임에서 단어를 조합하는 능력을 키우고 싶다면, 무작위로 알파벳들을 뽑아서 그 조합으로 1분 동안 얼마나 많은 단어를 만들어낼 수 있는지 연습한다.

계획적인 놀이는 스포츠에서 특히 인기를 얻었다. 어린 나이에 한 가지 운동 경기에 특화되는 운동선수들은 절정기가 빨리 오고 난 다음 시들해진다는 증거가 많다.[19] 어린 나이부터 전력을 다해 연습하면[20] 신체적, 정신적 건강이 위험에 처할 가능성이 커진다. 계획적인 놀이를 도입하면 즐거움을 유지하고 더 큰 성과를 이루기가 훨씬 쉽다.

스포츠에서 계획적인 놀이는[21] 보통 운동 수행이나 경기의 하위 구성 요소들을 중심으로 조직화된다. 예컨대 테니스에서는 연속해서 몇 번이나 서브를 제대로 하는지 도전해보고 서빙 기량을 연마할 수 있다. 상대방을 이겨도, 자신의 예전 기록을 깨도, 시간을 단축해도 다 성공일지 모른다. 몇 시간 연습했는지가 아니라 얼마나 개선되었는지를 따진다. 여러분의 점수는 승리의 표상이 아니다. 진전을 가늠하는 척도다.

브라질에서 실시된 소규모 실험에서 스포츠 심리학자들은 어린 선수들에게 농구를 가르치는 전략으로서의 계획적인 놀이와 계획적인 연습을 비교해보았다.[22] 일부 운동선수들은 훈련의 절반을 계획적인 연습에 소비했다. 그들의 코치는 수비 선수가 있는 경우와 없는 경우 두 상황에서 드리블, 패스, 슈팅 연습을 시키고 정기적으로 피드백을 주었다.

나머지 선수들은 훈련의 거의 4분의 3을 계획적인 놀이에 소비했다. 코치는 그들의 기량을 향상시키기 위해 연습 대신 게임을 설계했다. 때로는 같은 팀 선수에게 패스는 해도 슈팅은 하지 못하도록 했다. 때로는 한 명 대 두 명, 세 명 대 네 명 등 불리한 상황에서 게임을 하게 했다. 몇 달 후 심리학자들은 농구 코트에서 비어 있는 공간으로 이동하는 능력과 수비 선수를 따돌리고 패스하는 능력 등을 측정해 두 집단의 농구 지능과 창의성을 가늠해보았다. 상당한 진전을 본 집단은 계획적 연습이 아니라 계획적 놀이를 한 집단이었다.

　계획적인 놀이는 조화로운 열정을 촉진해 심신이 소진되거나 따분해서 의욕을 상실하지 않도록 해준다. 애플리케이션 사용을 촉진하기 위해 게임 플레이 기법을 적용하는 게임화(gamification)처럼 들릴지 모르지만, 계획적인 놀이는 그와는 근본적으로 다르다. 게임화는 장치다. 지루한 과제에 흥미로운 각종 장식물을 추가하는 시도다. 지

놀이 없이 연습하기

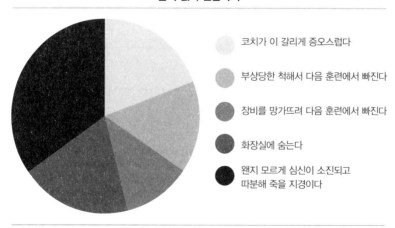

코치가 이 갈리게 증오스럽다

부상당한 척해서 다음 훈련에서 빠진다

장비를 망가뜨려 다음 훈련에서 빠진다

화장실에 숨는다

왠지 모르게 심신이 소진되고
따분해 죽을 지경이다

루하지 않도록 하거나 지치지 않도록 하려고 도파민 분출을 촉진하는 게 목표다. 가장 점수가 높은 사람들의 이름과 점수 목록을 보여주는 리더보드(leaderboard)를 보면 고통을 인내하겠다는 동기가 유발될지 모르지만, 끔찍한 일상적 훈련을 좋아하게 되지는 않는다.● 계획적인 놀이에서 여러분은 실제로 과제 자체를 다시 설계해 동기를 유발하고 진전도 이루게 된다. 내가 본 가장 좋은 사례를 농구 훈련 조교가 만들었다.

연습에서 벗어나기

나는 브랜든 페인(Brandon Payne)이 지닌 연습에 대한 철학관을 글에서 읽자마자 그에게 연락했다.[23] 페인은 샬럿(Charlotte) 교외에서 어린 시절을 보냈는데, 농구가 그의 꿈이었다. 아버지가 농구 코치였던 그는 어렸을 때 기본기를 배웠다. 자동차 진입로에 있는 농구 골대에 공을 쏘아 올리는 연습을 밤낮으로 한 그는 자유투를 명중시키고 툭하면 3점 슛을 올리는 명사수가 되었다. 그러나 농구팀에 합류하리라는 열망을 품고 윈게이트대학교에 입학한 페인은 문제에 봉착했다. 농구 코트에 빈 곳이 보여도 상대방 선수들이 수를 쓰기 전에 선수

● 최근 나는 실내에서 걷거나 뛰는 데 사용하는 운동기구 트레드밀(treadmill)이 처음에는 고문하는 장치로 발명되었다는 사실을 알았다.[III] 1800년대 초 영국의 죄수들은 물을 퍼 올려 방아가 돌아가도록 하는 커다란 바퀴의 바큇살에 올라가 여섯 시간 동안 걸어야 했다. 한 교도관은 "끔찍한 점은 '혹사'가 아니라 '무료함'"이라고 기록했다.

치질 못했다. 한쪽으로 페이크 모션을 하다가 다른 쪽으로 드리블을 해도 상대방 선수들은 속지 않았다. 결국 페인의 실력은 벽에 부딪혔고, 그의 농구 경력은 끝났다는 통보를 받았다. "하늘이 무너져 내리는 것 같았다"라고 페인은 안타까워했다. "여전히 게임을 좋아하는데 가망이 없다는 말을 누군가에게 듣는 것보다 끔찍한 느낌은 없다."

페인은 경기를 즐겼지만, 슈팅 외의 기량을 개발하는 연습은 좋아하지 않았다. 수비 선수들을 따돌리고 슛할 기회를 만들려면 그는 민첩성을 키워야 했다. "나는 운동선수로서 한계가 있었다. 내가 해야할 일들을 하지 않았다"라고 그는 시인했다. 그는 속도를 키우는 데 필요한 단거리 달리기, 유연성을 기르기 위한 스트레칭 연습, 발놀림을 개선하기 위한 연습을 하지 않았다.

페인은 코칭으로 전환했다. 이제 그는 운동선수들에게 동기를 부여해 자기가 피했던 바로 그 훈련을 하도록 만들어야 했다. 선수들은 헉헉대면서 지칠 때까지 코트에서 달음박질치고 지긋지긋하고 따분하게 반복되는 발놀림 연습을 끔찍하게 싫어했다. 페인과 마찬가지로 그들도 슈팅을 좋아했다. 그러나 그 조화로운 열정은 따분한 훈련으로 전이되지 않았다. 오히려 따분한 훈련을 더 따분하게 만들었다. 점프 슛에서 느끼는 신바람은 끝 모를 드리블 훈련의 무료함을 한층 더 강렬하게 만들었다.

한 가지 과제에 대한 열정은 그보다 덜 흥미로운 과제들을 게을리하게 만들 수 있다.[24] 이는 내 제자인 신지혜와의 연구에서 증명되었다. 한국의 판매직 종사자들을 대상으로 한 한 연구에서 우리는, 자기

일에서 가장 좋아하는 과제를 좋아하는 강도가 강할수록 가장 덜 좋아하는 과제의 수행 결과가 나쁘다는 사실을 밝혔다. 우리는 이 효과를 한 실험에서 재현했다. 사람들에게 전화번호부에 수록된 이름과 전화번호를 베끼는 따분한 과제를 주었다. 이들을 무작위로 여러 집단으로 나누고 그중 한 집단에게는 과제 수행에 앞서 먼저 흥미진진한 유튜브 동영상을 보여주었더니, 그 집단에 배치된 이들은 더 많은 실수를 했다. 따분한 과제와 흥미진진한 동영상 시청이라는 두 과제의 극명한 대조가 전화번호부 데이터를 입력하는 지루한 과제를 한층 더 지루하게 만들었다.

연습을 통해 기르는 기량은 여러 가지이고 그런 기량들을 하나같이 전부 좋아하는 경우는 거의 없다. 페인은 조화로운 열정을 연습의 모든 요소에 담을 방법을 강구하기 시작했다. 연습에서 고통을 제거할 수는 없지만, 그 과정에 즐거움을 추가할 수는 있었다. 그는 연습에서 가장 힘든 부분을 억지로 선수들에게 시키지 않고 그들이 연습에 이끌리도록 상상력을 발휘했다. "나는 선수들 가운데 아무도 내가 했던 실수를 반복하지 않을 체제를 구축하고 싶었다"라고 페인은 회상한다. 그는 임시 구조물을 구축해서 운동선수들이 게임에 대한 본인의 애정을 원동력 삼아 삼재력을 실현하도록 도왔다.

2009년 페인은 농구선수들을 위한 훈련 센터를 설립했다. 어느 날 그는 어린 NBA 선수와 마주쳤다. 선수들을 스카우트하는 담당자의 눈에 그의 단점은 너무 뻔히 보였다. 한 담당자는 이 선수에 대해 다음과 같이 기록했다. "그는 신체적으로 쓸 만한 도구가 빈약해 한계가 있다." 또 다른 담당자는 다음과 같이 탄식했다. "그는 체구도 작고, 힘도 약하고, 좌우로 방향 전환하는 속도도 느리다. 그는 폭발력이 없어서 농구 리그에서 스타가 되지 못할 가능성이 크다."

페인은 그 선수에게서 자기 자신의 단점들을 간파했고 그 선수에게 명함을 건넸다. 두 사람은 바로 다음 날 아침 함께 훈련에 돌입했다. 페인과 함께 훈련을 시작하고 첫 농구 시즌에서 그 선수는 3점 슛 최고 득점자로 NBA 기록을 경신했다. 그로부터 몇 년 후 그는 시즌 연속 NBA 최우수 선수에 올랐다. 그의 이름은 스테판 커리(Stephen Curry)다.[25]

게임을 바꾸기

커리는 NBA 역사상 최고의 슈터로 널리 인정받는다. 마이클 조던(Michael Jordan)이 슬램 덩크(slam dunk)에서 이룬 업적을 커리는 3점 슛에서 이뤘다고들 말한다. 커리는 농구를 골을 명중하는 실력 경쟁으로 바꿈으로써 농구 경기를 혁명적으로 변모시켰다. 커리보다 앞선 두 명의 3점 슛 기록 보유자들은 1,300차례 경기 끝에 기록을 세웠다. 커리는 겨우 789차례 경기를 치른 끝에 그들의 기록을 갈아치웠다.

커리는 NBA 선수의 아들이지만, 농구 명문 대학교들 가운데 단 하나로부터도 장학금을 받지 못했다. 고등학교 졸업 당시 그는 대단히 과소평가되었다. 별 다섯 개 척도상으로 보면 그는 별 3개 정도의 수준이었다. 졸업반에 진학하기 전 여름, 데이비슨 칼리지의 코치가 커리가 경기하는 모습을 참관하러 왔다. "그는 형편없었다. 공을 관중석에 던지고, 건네받은 공을 떨어뜨리고, 자기 발등에 드리블하고, 슛도 빗나갔다"라고 그 코치는 회상하면서 다음과 같이 덧붙였다. "그러나 경기가 진행되는 동안 단 한 번도 그는 심판 탓을 하거나 자기 팀원 탓을 하지 않았다. 벤치에 앉아서도 그는 한결같이 자기 팀을 응원했고 기죽지 않았다. 그의 그런 인상이 잊히지 않았다."

커리가 품성 기량을 드러낸 시기는 그보다 훨씬 전이다. 어렸을 때 그가 아버지의 농구팀과 어울릴 때 한 선수는 커리에 대해 "작은 스펀지 같다. 어딜 가든 정보를 빨아들인다"라고 평했다. 고등학교 다닐 때 그는 심지어 뒤처질 때도 자기 팀을 응원하고 평정심을 잃지 않는 자제력이 있었다. 그러나 가장 자제력이 강한 사람들이 실제로 자제력을 가장 덜 이용한다는 연구 결과가 있다. 펜실베이니아대학교 심리학과 교수이자 내 동료인 앤절라 더크워스(Angela Duckworth)에 따르면, 그런 사람들은 힘든 상황을 헤쳐나가기 위해 의지력에 의존하지 않고 상황을 덜 힘들게 바꾼다.[26]

이를 가장 분명히 보여주는 사례가 마시멜로 실험이다.[27] 심리학 역사상 가장 잘 알려진(그리고 가장 잘못 이해되고 있는) 실험으로 손꼽힌다. 여러분에게 가장 익숙한 전형적인 실험 내용은 다음과 같다. 심리학자들이 접시에 담은 마시멜로를 네 살짜리 아이들에게 주고 몇 분 기다렸다가 먹으면 하나를 더 준다고 했다. 당장 마시멜로를 꿀꺽 삼키고 싶은 유혹을 뿌리치고 나중에 더 크고 폭신한 간식을 상으로 받은 아이들이 10대가 되어서 SAT에서 더 높은 점수를 받았다는 내용이다. 이 결과는 최근에도 재현되었다.[28]

마시멜로 실험을 찍은 동영상을 처음 봤을 때 나는 아이들 가운데 월등한 의지력을 보이는 아이들이 일부 있으리라고 기대했다. 그런데 그 대신 의지력이 필요하지 않도록 임시 구조물을 만드는 아이들이 보였다. 마시멜로가 보이지 않게 눈을 가리는 아이들도 있었고, 자기 손을 깔고 앉은 아이들도 있었다. 한 아이는 마시멜로를 뭉쳐서 공처럼 만들고 장난감처럼 튕겼다. 이 아이들은 자기 나름대로 일종의 계획적인 놀이를 즉흥으로 만들었다.● 브랜든 페인이 스테판 커리에게 해준 게 바로 이것이다.

연습을 즐기기

페인이 커리와 함께 훈련한 지도 이제 10년이 넘었다. 그는 내게 자기가 훈련을 시작할 때 유념하는 기본적 원칙이 뭔지 말해주었다. "우리 훈련에서 따분함이란 없다." 그는 임시 구조물을 세워 연습에서 가장 힘든 부분을 훨씬 쉽게 만들었다. 커리가 자제력에 덜 의존

● 초창기 마시멜로 실험에서는 지연된 보상이 자제력의 징후(단기적 보상보다 장기적 목표를 우선시하는 능력)라고 가정했다. 그러나 최근 이를 재현한 실험에 따르면,[IV] 마시멜로를 하나 더 받으려고 기다리는 성향은 사회적 지원을 훨씬 많이 받는다는 징표일지 모른다. 바람직한 양육 환경에서 자란 아이들이 실험 주체가 보상하겠다는 약속을 지키리라고 믿을 가능성이 클지 모른다. 쫀득쫀득한 간식의 유혹에 굴복하는 아이들은 대부분 사회경제적으로 불우한 가정 출신이다. 빈곤하고 불확실한 환경에서 자라면[V] 훗날 더 큰 보상을 받는다고 믿기가 힘들다.

하고도 훨씬 큰 진전을 이루도록 하기 위해서다.

　연습을 재미있게 만드는 동시에 기술적 역량을 축적하기 위해서 페인은 계획적인 놀이 활동들을 고안했다. 21이라는 놀이는 1분 동안 3점 슛, 점프 슛, (바스켓 바로 밑에서 한 손으로 하는 점프 슛인) 레이업(layup)으로 21점을 올리는 놀이다. 그러나 슛을 던질 때마다 코트 중앙까지 전속력으로 달려갔다 와야 한다. 이 게임을 하는 동안 숨이 차면 실전 경기에서의 피로감과 비슷해진다. 페인은 "연습은 하나하나가 모두 게임이다. 늘 제한된 시간을 넘기면 안 되고, 늘 점수에서 앞서야 한다. 점수는 넘었는데 시간을 지키지 못해도 진다"라고 말했다.

　다른 사람들을 상대로 경쟁하는 상황의 단점은 자기 기량을 개선하지 않고도 이길 수 있다는 점이다. 상대방 선수들이 일진이 좋지 않을지도 모르고, 여러분이 억세게 운이 좋을지도 모른다. 그러나 페인이 만든 유형의 계획적인 놀이에서 선수가 경쟁하는 상대는 과거의 자신이다. 그리고 한층 높아진 목표는 미래의 자신을 위한 목표다. 완벽함을 추구하는 게 아니라 과거보다 나은 자신을 추구한다. 성장만이 이기는 유일한 길이다.

　나는 한 가지 기량에서 진전을 이룰 때까지 연습하고 난 뒤에야 다른 기량 연습으로 넘어간다고 생각했다. 그런데 페인은 똑같은 기량을 되풀이해서 연습하기보다 서로 다른 기량들을 섞는다. 페인은 21분 간격을 두고 커리가 슛과 민첩함을 연습하는 하나의 동작에서 다른 동작으로 번갈아 왔다 갔다 하도록 한다. 이처럼 다양한 기량을 연습하면 동기 유발이 될 뿐 아니라 학습 효과도 훨씬 낫다. 서로 다른 기량들을 번갈아 배우면 사람들이 훨씬 빨리 진전을 이룬다는 수많은 실험 결과가 있다.[29] 심리학자들은 이를 서로 엮기(interleaving)라 일컫는데, 이는 미술에서부터 수학에 이르기까지 여러 분야에서, 특히 개발하려는 기량들이 유사하거나 복잡할 때 쓰인다. 가는 붓과 굵은 붓을 바꿔가며 번갈아 쓰거나 농구공의 무게를 약간만 조정하는 등 미세한 조정조차 큰 변화를 만든다.[30]

계획적인 놀이는 혹독한 하계 훈련을 변모시키는 데 특히 효과가 있다. 일주일에 여러 경기가 있으면 선수들은 동기가 유발된 상태를 유지하기가 힘들다. 한편 경기가 없을 때는 흥미를 잃기 쉽다. NBA의 떠오르는 샛별 루카 돈치치(Luca Doncic)는 경기 시즌 전에 몸이 불어난 상태로 등장한 이후로 페인과 훈련을 시작했고 속도는 개선하면서 체중을 줄였다. "선수들이 자발적으로 하는 게임이 아닌 한 하

이럴 때는 한숨 돌려도 된다

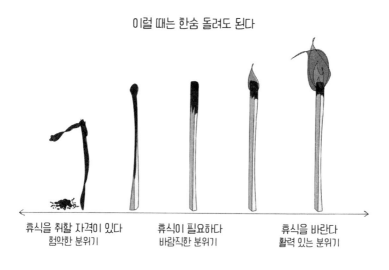

휴식을 취할 자격이 있다
험악한 분위기

휴식이 필요하다
바람직한 분위기

휴식을 바란다
활력 있는 분위기

@RESEARCHDOODLES BY M. SHANDELL

계 훈련은 지루할 때가 있다. 마음을 다잡지 않으면 훈련은 좀 무료해질지 모른다"라고 커리는 한 기자에게 말했다. 하지만 그는 계획적인 놀이에 대해 "압박감이 수반되는 게임 같은 상황을 조성하므로 빠져나갈 생각 말고 집중해야 한다"라고 전했다.

커리는 10여 년 넘게 훈련한 끝에 자신의 숨은 잠재력을 실현했다. 그는 키 6피트 2인치(약 188센티미터)에 몸무게 185파운드(약 84킬로그램)로 농구선수로서는 불리한 체구지만 정확도와 폭발력으로 체구의 약점을 보완하고도 남는다. 그는 페인이 계획적인 놀이로서 조화로운 열정을 연습에 도입한 덕분이라고 말한다. 그리고 그는 결연한 의지 덕분에 계획적 놀이에서 더 많은 이익을 얻는다. 오랫동안 커리의 코치를 지낸 스티브 커(Steve Kerr)는 이렇게 지적한다. "일상적인 훈련이 있지만 매일 훈련을 즐기면 열정도 따라온다. 시간이 흐르면서 버팀목이 되어주는 게 바로 열정이다. 내 선수들처럼 뭔가를 좋아하면 잘하려 애쓰고, 그러면 실력이 나아지고, 실력이 나아지면 계속해서 하고 싶어진다."

계획적인 놀이가 여러분을 프로 운동선수로 변신시켜주지는 않을지 몰라도 동기 유발을 북돋아주고 진전에 속도를 더해준다. 어느 날 나는 커리의 훈련 과정을 하루에 두 시간씩 추적한 한 유튜버의 동영상을 보았다.[31] 처음에 커리는 3점 슛 성공률이 겨우 8퍼센트였다. 50일에 걸쳐 계획적인 놀이를 한 그는 장족의 발전을 해 슛 성공률을 40퍼센트로 끌어올렸다.

한숨 돌리기

나는 글레니가 연주하는 모습을 2012년 올림픽 경기 개막식에서 처음 봤다. 점점 더 소리를 높여가면서 그녀는 1,000여 명의 드럼 주자들을 진두지휘했다. 수많은 드럼 앞에 서서 그녀는 장단 맞춰 가볍게 북을 두드리다가 빠르게 힘껏 북을 치기 시작했고, 개막식 경기장은 흥에 겨워 들썩였다. 개막식 말미에 금메달 수상자가 올림픽 성화를 들고 경기장에 들어오자 글레니는 본인이 설계한 악기가 내는 새로운 소리를 세계에 선보였다. 바로 글레니 콘서트 알루폰(Glennie Concert Aluphone)이다. 이 악기는 버섯처럼 생긴 종을 여러 개 묶어놓은 모양인데, 그녀가 네 개의 망치로 이 악기를 치자 오케스트라용 악기인 차임(chime)보다 훨씬 따뜻하고 기분을 북돋아주는 소리가 났다. 나는 그녀가 청각장애로 자기가 만든 음악을 듣지 못한다는 사실은 고사하고 신체적 장애가 있는 줄도 전혀 몰랐다.

글레니가 10대 시절 왕립음악원 오디션을 볼 때 심사위원 전문가들은 귀가 들리지 않는 소녀가 직업 음악가가 될 수 있다고 생각하지 않았다. 하지만 그녀는 심사위원들이 연주자의 장애가 아니라 연주의 질에 관심을 기울이게 했다. 두 번째 오디션이 끝나고 왕립음악원은 그녀를 단순히 합격시키는 데 그치지 않고 응시자의 신체적 능력이 아니라 음악적 기량을 토대로 평가하도록 영국 전체의 규정을 바꾸게 했다.

왕립음악원의 정규 학생으로서 글레니는 연습을 즐겼다. 그녀는 처음에는 하루에 2~3시간 연습했지만, 얼마 지나지 않아 연습을 더해야 한다는 압박감을 느꼈다. 그녀는 동급생들이 더 오랜 시간 연습에 몰두하는 모습을 보고 강박감이 머리를 파고드는 게 느껴졌다. 그녀는 얼마나 오랫동안 연습해야 하는지 자문했고, 연습을 더 해야 하는 게 아닐까 생각했다. 그녀는 한 시간 일찍 일어나고 저녁 늦게까지 연습하기 시작했다. 그러나 의무감을 느끼자 타악기의 리듬에서 느끼던 즐거움이 사라졌고 자신의 창의성과 진전도 즐거움과 더불어 증발해버렸다. 그녀는 연습 과잉이라는 게 있다는 사실을 깨닫기 시작했다. 그녀는 음악이 고역이 되지 않도록 하려면 규칙적으로 휴식을 해야 한다고 판단했다.

휴식하면 적어도 세 가지 이득이 있다. 첫째, 연습을 쉬면 조화로운 열정을 유지하는 데 도움이 된다. 5~10분 정도 짬을 내 휴식을 취해도[32] 피로감을 덜고 체력을 향상하기에 충분하다는 연구 결과가 있다. 휴식은 심신 소진을 예방하는 효과만 있는 게 아니다. 밤이고 주말이고 쉬지 않고 일하면[33] 해당 과제에 대한 우리의 흥미와 즐거움이 줄어든다. 토요일이라는 사실을 일깨워주기만 해도 내재적인 동기 유발이 줄어들기에 충분하다. 긴장을 풀고 뭔가 재미있는 일을 해도 된다고 생각하기 때문이다. 첼리스트 요요마는 하루에 3~6시간으로 연습 시간을 제한하고 이른 아침과 늦은 밤에는 연습을 되도록 피한다. 쇼팽은 자기 제자들에게 여름에는 하루에 2시간 이상 연습하지 말라고 했다.[34]

둘째, 휴식을 취하면 새로운 아이디어가 떠오른다.[35] 내 제자 신지

혜와의 공동 연구 결과에 따르면, 휴식을 취할 경우 과제에 대한 조화로운 열정이 느껴져 창의력이 촉진된다.[36] 과제에 대한 흥미를 유지하면 과제가 계속 무의식 속에 잠재되어 있으므로 그 과제를 새로운 틀로 바라보는 방법을 창출하고 뜻밖의 방식으로 문제를 해결할 가능성이 커진다. 배우이자 작곡가 겸 극작가인 린-마누엘 미란다(Lin-Manuel Miranda)는 휴가지에서 손에 마르가리타 잔을 들고 수영장에 둥둥 떠서 몽상하다가 뮤지컬 〈해밀턴〉의 착상이 떠올라 브로드웨이에서 대박을 터뜨렸다.[37] 베토벤(Beethoven), 차이콥스키(Tchaikovsky), 말러(Mahler)는 작곡에 몰두하는 시간만큼 긴 시간 동안 규칙적으로 산책을 했다.[38]

셋째, 휴식하면 배움에 깊이가 생긴다. 한 실험에서 학생들이 뭔가를 배운 후 10분 휴식을 취했더니 배운 내용에 대한 기억이 10~30퍼센트 개선되었다.[39] 뇌졸중 환자와 알츠하이머병 환자들의 경우 기억력이 훨씬 더 개선되었다. 정보를 접한 지 24시간이 지나면 정보는 우리 기억에서 희미해지기 시작한다. 망각의 곡선을 타고 미끄러지는 셈이다.[40] 연습 사이사이에 휴식을 취하는 식으로 시간 간격을 두고 연습을 반복하면 망각의 함정을 피할 수 있다.[41] 처음에는 한 시간에 한 번 연습하고, 하루에 한 번 연습하게 될 때까지 더 긴 휴식을 취하기 시작한다.

강박증이 생기면 휴식을 취할 때 진전이 멈춘다고 여기게 된다. 우리는 멈추지 않고 지칠 때까지 자신을 밀어붙인다. 탁월함에 도달하기 위해 치러야 할 대가라고 여긴다. 조화로운 열정이 있으면 휴식이 연료를 공급하는 행위라고 인식하기가 훨씬 쉬워진다. 규칙적으로 휴식을 취하면 체력을 유지하고 심신 소진을 예방하게 된다.

휴식은 시간 낭비가 아니다. 자신의 안위에 투자하는 행위다. 휴식은 딴청 부리는 행위가 아니다. 주의를 환기하고 아이디어를 창출할 기회다. 놀이는 하찮은 활동이 아니다. 즐거움의 원천이자 과제를 터득하는 길이다.

여러분이 지금 글레니를 본다면 그녀가 전 세계 앞에서 연주할 때 보이는 즐거움과 마찬가지의 즐거움이 우러나오는 모습을 보게 된다. 그러나 그녀는 휴식 없이 한 번에 20분 이상 연습하는 적이 거의 없다. "때로는 막대기를 집어 들고 뭔가 하고 싶어지기도 하고, 어떤 때에는 '이 자리에 그냥 앉아서 멍하니 벽을 바라보고 싶다'라는 생각이 들기도 한다"라고 그녀는 말한다.

그녀가 내게 말하기를, 흥미를 잃거나 집중력이 떨어지면 연주를 완전히 멈춘다고 한다. "진전을 이뤄야 연습이 가치가 있다. 양이 아니라 질이 중요하다. 변화를 느껴야 한다. 연습실을 나설 때 뭔가 달라졌다고 느껴야 한다."

얼마 전 딸을 둔 한 어머니가 글레니에게 조언을 요청했다. 그녀의 딸이 연속해서 음악 시험을 친 후 바이올린 연습에 대한 흥미를 잃었다고 했다. 그 어머니는 글레니가 자기 딸에게 격려의 말을 해주고 계속 연습하라고 동기를 부여해주리라고 기대했다.

그런데 글레니는 계획적인 놀이를 즉흥적으로 고안해냈다. 그녀는 이 어머니의 딸아이에게 악보를 거꾸로 연주해보고, 바이올린을 연주하지 않을 열 가지 방법을 생각해내고, 아이가 가장 좋아하는 TV 프로그램과 가장 좋아하는 동물의 소리를 연주에 접목해보라는 과제를 주었다. 글레니와의 연습을 마치고 나서는 그 소녀의 표정은 매우 밝았다. 예전에 그 소녀는 연습 시간을 '평가받는 결과'를 얻는 데 집중했다고 글레니는 말한다. 글레니가 고안한 계획적인 놀이는 그 소녀에게 '진정한 결과는 본인이 느끼는 즐거움'이라고 가르쳤다. 즐겁지 않으면 잠재력은 발현되지 않고 잠복해 있게 된다.

5장

정체기에서 벗어나기
진전을 향해 에둘러 가는 길

제약은 하나같이 끝일 뿐 아니라 시작이기도 하다.[1]

조지 엘리엇(George Eliot, 영국의 소설가)

7학년이 되자 사람들은 그를 신동이라 일컫기 시작했다. 고등학교 2학년 무렵 프로선수를 스카우트하는 담당자들이 그의 야구 경기를 참관하러 오기 시작했다. 대학교 재학 시절 그는 미국팀의 선발 투수로서 올림픽 동메달을 땄다. 같은 해 텍사스 레인저스팀은 스카우트 첫 라운드에서 그를 발탁했고 계약 상여금 80만 달러를 주었다. 그는 마이너리그의 최상위에서 출발해 한두 해 만에 빅 리그에 진출했다. R. A. 디키(R. A. Dickey)의 앞날은 밝아 보였다.

그런데 갑자기 밝은 미래가 보이지 않았다. 디키가 1996년 계약서에 서명하려고 나타났을 때 팀 트레이너는 그의 팔이 이상한 각도로

뒤틀려 있는 모습을 보고 엑스레이를 찍어보라고 권했다. 디키도 까맣게 모르고 있었는데, 오른쪽 팔꿈치에 인대가 없었다. 인대는 공을 던지는 팔에 반드시 있어야 하는 조직이었으므로 그의 잠재력 실현을 분명히 제약했다. 그가 아무리 빠른 공을 던져도 흡족할 만큼 빠르지 않을지도 모른다. 레인저스는 그의 계약 상여금을 8만 달러 이하로 후려치고 마이너리그의 가장 낮은 등급으로 내려보냈다. 원 스트라이크였다.

이런 일은 생겨서는 안 되었다. 야구는 디키에게 암울한 삶에서의 탈출구였다.[2] 그는 내슈빌(Nashville)에서 가난하게 자랐고 다섯 살이 될 무렵 그의 어머니는 그를 끌고 동네 술집에 가서 문을 닫을 때까지 술을 퍼마셨다. 그의 부모는 몇 년 후 이혼했고 그의 아버지는 없는 셈이었다. 버림받았다는 생각이 자신을 증명해 보이고 싶게 만들었다.

7년 동안 디키는 마이너리그에서 고군분투했다. 그는 야구 경력의 전성기를 낭비한다는 느낌이 들었다. 그는 속구를 던질 수 없었으므로 속도와 회전을 다양하게 구사하면서 타자를 속이는 역량을 연마했다. 마침내 20대 후반에 그는 큰 기회를 얻었다. 레인저스는 그를 메이저리그로 끌어올렸다.

메이저리그는 자신에게 과분하다는 사실을 디키가 깨닫기까지 그리 오래 걸리지 않았다. 스카우트 담당자와 기자들은 '떠돌이', '부차적', '평범한' 등과 같은 어휘로 그의 경기 실력과 잠재력을 혹평했다.

메이저리그에 입성하고 세 번째 시즌이 한창 진행 중이던 당시 그의 매니저는 그와 솔직하지만 뼈아픈 대화를 나눴다. 매니저들은 그에게 "진척이 없다"라고 말했다. "반박의 여지가 없는 평가였다. 나는 오래전부터 진척이 없었다"라고 그는 회상한다. 매니저들은 그를 마이너리그로 강등시켰다. 투 스트라이크.

디키는 메이저리그로 복귀하리라고 결심했다. 경기 시즌이 아닐 때 그는 시멘트벽돌 벽을 상대로 수없이 공을 던졌고 자동차에 야구공을 늘 두고 운전하는 동안 공을 움켜쥐는 방법을 다듬었다. 그는 여느 때보다 훨씬 더 자신을 밀어붙였다.

그다음 시즌에 레인저스는 그에게 또 한 번의 기회를 주었다. 복귀한 후 첫 경기에서 그는 메이저리그 역대 기록과 똑같은 성적을 얻었다. 그런데 바람직한 기록이 아니라는 게 문제였다. 디키는 겨우 3회 만에 홈런을 6개 허용했다. 그보다 더 저조했던 투수는 없었다. 관중이 야유하자 레인저스는 그를 경기에서 빼내 또다시 마이너리그로 내려보냈다. 쓰리 스트라이크. 넌 아웃이야.

투수는 보통 20대 중반에서 후반에 전성기를 맞고[3] 30대 초 무렵 은퇴한다. 서른한 살인 디키는 복귀하기에는 너무 늦은 게 분명했다. 끊임없이 벽에 부딪히는 게 그의 야구 경력은 끝났다는 분명한 징후였다.

기량을 연마할 때 가장 답답하고 짜증스러운 경우가 정체다. 계속 진전하지 못하고 제자리걸음을 한다. 정신적 신체적 역량의 한계에 도달한 느낌이다. 정체는 성장이 끝났다는 징후이므로 쇠락의 길로 접어든 듯하다. 내 전성기는 끝났어. 이제부터는 계속 내리막길이야. 외과 의사는 시력과 반사 작용이 나빠지면서 정체되고 쇠락한다. 과학자들은 뇌 신경세포가 죽으면서 정체하고 쇠락한다. 운동선수는 체력과 속도가 줄면서 필연적으로 정체하고 쇠락한다. 적어도 우리는 그렇게 넘겨짚는다. 그러나 현실은 그렇게 단순하지 않다. 그리고 현실은 훨씬 고무적이다.

디키는 서른다섯 살에 자신의 성장을 가로막은 벽을 완전히 박살 냈다. 마이너리그에서 야구 인생 대부분인 14년을 보낸 그는 메이저리그에 복귀했다. 그해 그는 평균자책점(투수가 9이닝 한 경기당 내준 점수로서 방어율이라고도 한다-옮긴이) 부문에서 가장 우수한 투수 상위 10위에 들었다. 그는 뉴욕 메츠팀과 여러 해에 걸쳐 수백만 달러 연봉을 받는 계약을 맺었다. 그와 동급에 속하고 그보다 성적이 우수한 투수 아홉 명 가운데 여덟 명은 이미 은퇴했고, 나머지 한 명은 다시는 메이저리그로 복귀하지 못했다. 그러나 디키는 이제 막 자신의 숨은 잠재력을 발휘하기 시작했다.

그가 궁극적으로 승리하게 된 비결은 다른 이들의 도움을 받아 구축한 임시 구조물 덕분이다. 서로 다른 수많은 원천에서 비롯된 조각들을 모아 임시 구조물을 만드는 데는 한참이 걸렸다. 그러나 그의 코치가 그를 다시 원점으로 돌려보내지 않았다면 그는 정체기를 절대로 벗어나지 못했을지 모른다.

정체기에 빠졌다고 끝이라는 징후는 아니다. 정체기는 최고점을 찍었다는 징표도 아니다. 정체기는 가던 길을 되돌아서 새 길을 찾을 때가 됐을지 모른다는 신호다. 정체기에 빠지는 이유는 엉뚱한 방향

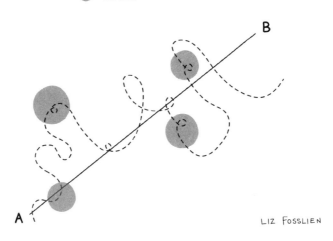

으로 진행하고 있거나, 엉뚱한 길을 택했거나, 연료가 바닥났기 때문이다. 추진력을 얻으려면 뒤로 물러서서 다른 길을 개척해야 한다. 그 길이 애초에 여러분이 가고자 했던 길이 아니라고 해도 말이다. 그 길이 낯설고 굽이치고 험한 길일지 모른다. 진전으로 향하는 길은 직선이 아니다. 진전으로 향하는 길은 보통 고리 모양으로 굽이치면서 펼쳐진다.

전진을 위한 후퇴

기량은 꾸준한 속도로 성장하지 않는다. 기량을 개선하기란 자동차로 산을 오르기와 같다. 점점 더 높이 올라감에 따라 길은 점점 더 가팔라지고 진척은 점점 줄어든다. 추진력을 상실하면 정체하기 시작한다. 액셀러레이터를 힘껏 밟아도 소용없다. 운전대가 돌아가기는 하지만 움직임을 멈춘 상태였다.

진전에 관해 한 세기 이상 축적된 증거를 살펴본 끝에 인지과학자 웨인 그레이(Wayne Gray)와 존 린스테트(John Lindstedt)는 진전이 신기한 곡선을 그린다는 사실을 알아냈다. 우리의 업무 수행 능력이 정체되면 다시 진전하기 전에 먼저 쇠락한다.[4] 테트리스에서 골프, 사실을 암기하기에 이르기까지 사람들의 기량이 정체되면 먼저 기량이 악화되고 나서야 비로소 다시 개선되는 상승 곡선을 그린다.

막다른 길에 다다르면 계속 전진하기보다 산에서 다시 내려와야 할지 모른다. 충분히 뒤로 물러서고 나면 다른 길을 찾게 된다. 정상에 도달하는 데 필요한 추진력을 구축하도록 해주는 길 말이다.

후퇴해야 한다는 사실을 받아들이기는 힘들다. 뒤로 물러나면 현재의 계획을 접고 처음부터 다시 시작해야 하기 때문이다. 그렇게 되면 업무 수행 성과가 일시적으로 쇠락한다. 지금까지 이룬 진전을 포기하는 선택을 했기 때문이다. 우리는 앞으로 나아가기 위해 뒤로 물러난다. "새로운 방법을 창안하고 실험하고 폐기하거나 받아들이는 동안 업무 수행 능력이 떨어지게 된다"라고 그레이와 린스테트는 설명한다. 우리는 "새로운 방법을 성공적으로 실행하고 나서 비로소 이전의 성취 수준을 능가해 발전하게 된다".

적당한 방법을 찾으려면 시행착오를 겪어야 한다. 순전히 착오에 불과한 것으로 드러나는 시행도 있다. 엉뚱한 전략을 채택해 운전대가 계속 헛돌아가기도 한다. 그러나 더 나은 방법을 발견한다고 해도 그 방법을 써본 경험이 없으므로 처음에는 기량이 악화한다. 그런 상황에서 뒷걸음질은 정상적일 뿐 아니라 (대부분 경우에 있어서) 꼭 필요하다.

키보드로 문서를 작성할 때 독수리타법으로 입력하면 1분에 30~40개의 단어 정도에서 더는 진전이 없게 된다.[5] 아무리 열심히 연습해도 벽에 부딪히게 된다. 1분에 60~70개의 단어까지 속도를 두 배로 올리려면 새로운 방법을 시도해야 한다. 시각이 아니라 촉각으로 키보드를 두드려야 한다. 그런데 속도가 증가하기에 앞서 먼저 속도를 늦춰야 한다. 서로 다른 키들을 암기하려면 시간이 걸린다.

그보다 상위급의 기량은 습득하기가 훨씬 어렵다.[6] 루빅스 큐브 맞추기를 한다면[7] 가장 쉬운 방법은 한 겹씩 맞추는 방법이다. 한쪽 면은 파란색 십자 모양을 만들고 돌려서 구석을 채우고 다음 면을 맞추기 시작한다. 대략 130번 돌리면 끝난다. 더 빨리 맞추고 싶으면 알고리듬 목록을 암기해야 한다. 처음에는 훨씬 오래 걸리지만 결국 60번 만에 큐브를 맞추게 된다. 그 과정에서 몸이 기억하는 방식을 재구축할 필요가 있다. 즉 과거의 습관을 버리고 새로운 습관을 몸에 익혀야 한다.

뒤로 물러서기는 여러분이 의도적으로 하지 않더라도 진전을 이룰 토대를 마련한다는 점에서 놀랍다. 2만 8,000회 이상의 NBA 농구 경기를 통해 연구자들은 자기 팀의 스타 선수가 부상을 입은 후에 팀에게 어떤 일이 일어나는지 조사했다.[8] 예상대로 팀의 경기 실력이 악화했다. 그러나 그 스타 선수가 코트에 복귀하자 그 팀은 그가 부상을 입기 전보다 훨씬 많은 경기에서 이겼다. 자기 팀의 최고 선수를

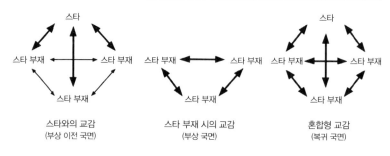

스타와의 교감
(부상 이전 국면)

스타 부재 시의 교감
(부상 국면)

혼합형 교감
(복귀 국면)

굵은 선은 공을 패스하는 빈도가 더 높다는 의미

잃게 되자 마침내 팀의 실력이 향상된 이유가 뭘까?

스타 선수가 없으면 그 팀은 원점으로 되돌아가서 성공으로 가는 새로운 길을 개척해야 한다. 팀원들은 자기가 맡은 역할을 재조정해 주변부의 선수들이 자신의 장점을 살릴 새로운 경기 수행 방법을 고안하게 해준다. 스타 선수가 복귀할 무렵이면 팀원들의 슛 실력이 향상되어 있다. 팀원들이 팀 전체를 이끄는 데 단 한 명의 영웅에게 덜 의존했기 때문이다.●

● 부상이 얼마나 오래가는지도 중요하다. NBA 스타 선수가 한두 경기 정도 불참하면, 그가 복귀해도 팀 전체 실력은 개선되지 않는다. 팀원들이 새로운 역할에 적응하거나 새로운 방법에 익숙해져야 한다는 압박에 시달리지도 않고, 익숙해질 충분한 시간적 여유도 없기 때문으로 보인다. 스타 선수가 장기간 경기에 불참하게 되는 경우, 즉 경기 시즌의 절반 이상을 불참해도 팀의 실력은 개선되지 않는다. 팀원들이 자신이 맡은 새로운 역할과 새로운 일상에 갇혀 스타 선수가 복귀해도 그 스타 선수를 효과적으로 활용하느라 애를 먹기 때문으로 보인다. 여러분이 가장 좋아하는 팀이 그 팀의 스타 선수를 몇 차례 경기에 불참시켜 팀 기량을 개선하기를 바라기 전에 알아야 할 게 있다. 이득이 손실을 능가하려면 평균적으로 스타 선수가 15차례 경기를 불참한 후에 약 43경기에 참가해야 한다. 이는 스타 선수를 경기에서 빼내는 접근 방식에 대한 새로운 근거를 제시해준다. 보통 선수들이 지는 부담을 관리하려면 선수들을 쉬게 해서 선수들의 부상을 예방하고 지치지 않도록 하는 방법도 쓴다. 팀이 정체기를 맞으면 스타 선수를 몇 차례 연속적으로 경기에 불참시킴으로써 이득을 볼지도 모른다. 팀 전체를 초기화할 기회가 된다.

NHL 하키팀에서도 선수가 부상을 입은 후에 유사한 유형이 보였다. 팀이 출전 선수들의 진용을 다양하게 짜는 실험을 많이 할수록 경기 수행 실력이 개선된다.[9]

가던 길을 멈추거나 뒤돌아서 새로운 길로 바꾸기 위해서 부상 같은 극단적인 사건이 반드시 일어나야 하는 건 아니다. 그러나 우리는 보통 뒷걸음질하기를 두려워하는 게 현실이다. 속도를 늦추면 애써 얻은 것을 잃게 되고, 후퇴는 포기이며, 새로운 길을 개척하는 일은 경로 이탈이라고 생각하기 때문이다. 우리는 뒤로 물러나면 우리가 확보한 터전을 잃게 된다고 걱정한다. 그렇다면 지금 우리가 있는 그 자리에서 요지부동이어야 한다는 뜻이다. 안정적이지만 정체된 상태에 머문다. 우리는 길을 잃는 불편함을 기꺼이 감수해야 한다.

불편함이라는 헛발질

뒤로 물러나면 새로운 지형이 우리 앞에 펼쳐진다. 가보지 않은 영토에 발을 딛게 된다. 낯선 길을 따라 가본 적 없는 목적지로 향하고 출발점에서는 보이지조차 않는 정상을 향하게 된다. 올바른 길을 찾으려면 기본적인 경로 개척 도구들의 형태로 임시 구조물이 필요하다.

비보가 있다. 완벽한 지도는 존재하지 않는다. 정확한 경로를 제시해주는 지도는 없다. 심지어 길이 없을지도 모른다. 우리가 길을 개척해가면서 조금씩 직접 길을 뚫어야 할지도 모른다.

낭보도 있다. 길 떠나는 여정에 착수하기 위해 사실 지도가 필요

우리가 새로 시작하는 데
필요하다고 생각하는 것

미래를 보여주는 완벽한 지도

우리에게
실제로 필요한 것

총체적인 방향 제시

하지 않다. 제대로 된 방향으로 가고 있는지 가늠하게 해줄 나침반만 있으면 된다.

여러분이 배우고자 하는 기량이 무엇인지에 따라 나침반을 책, 또는 웹, 또는 대화에서 발견할지 모른다. 훌륭한 나침반은 여러분이 경로를 이탈하면 경고해주고 더 나은 방향으로 여러분을 인도한다. C++ 코딩을 배우는데 실력이 정체하기 시작하면, 온라인 검색을 통해 여러분을 파이썬(Python)으로 안내하는 나침반을 찾을 수 있다. 파이썬이 배우기는 훨씬 쉽고 폭넓은 다양한 프로젝트를 완성하는 데는 C++ 못지않게 적합하다. 유화를 배우는 데 캔버스가 울퉁불퉁하게 된다면 경륜 있는 예술가와의 대화에서 물감을 묽게 하는 용매를 쓰라는 나침반을 얻을지 모른다. 끝 모를 슬럼프에서 빠져나오려고 애쓰는 야구선수라면 속구가 너무 느리다고 충고해주고 새로운 투구법을 알려주는 코치가 여러분의 나침반이 되어줄지 모른다.

코치의 충고가 바로 디키의 변신의 시작이었다. 내가 디키를 만나고 싶었던 까닭은 그토록 오랫동안 정체기를 겪고 수없이 뒷걸음질을 한 끝에 그처럼 극적으로 진전을 이룬 사람을 본 적이 없었기 때문이다. 정체기에서 벗어나는 비법을 아는 사람이라 하면, 자기 분야에서 최악으로 손꼽혔다가 최상으로 손꼽히도록 변신한 사람만큼 자격을 갖춘 사람이 또 있을까.

디키는 마이너리그 투수로 거의 10년을 보낸 끝에 경력을 쌓고 가족을 먹여 살리려고 고군분투하고 있었다. 경기 시즌이 아니었던 어느 봄, 생활비를 벌기 위해서 그는 악어가 득실거리는 호수에서 골프공을 건져내 판 적도 있다. 10년이라는 기간 동안 그는 30차례 이상 이사했지만 늘 제자리였다. 마치 모래 지옥에 발이 묶인 느낌이었다. 빠져나오려고 발버둥을 치면 칠수록 벗어나기가 점점 어려워졌다.●

디키가 서른한 살에 마지막으로 마이너리그로 강등되자 그의 투구 코치는 그에게 나침반을 건넸다. 코치들은 그에게 엉뚱한 방향으로 가고 있다고 말했다. 지금 가는 방향을 고집하면 메이저리그로 절대 복귀하지 못한다고 했다. 그들은 그의 야구 이력을 구제해주기 위해 인적이 드문 음산한 미지의 길을 가리켰다. 수년 동안 디키는 본인의

● 모래 지옥 과학(정말 그런 분야가 있다)에 따르면, 인간이 모래 지옥에 빠져 죽기는 불가능하다.[1] 아주 조금만 압력을 가해도 모래, 찰흙, 소금물이 뒤섞인 혼합물인 모래 지옥은 액체로 변하고 우리를 집어삼킨다. 하지만 인간의 몸은 밀도가 높아서 절반 이상 가라앉지 않는다. 그래도 빠져나오기는 어렵다. 발 하나 빼는 데만도 자동차를 들어 올리는 데 필요한 만큼의 힘이 필요하다. 완전히 벗어나려면 다리를 꼼지락거려서 물이 빠져나가게 하고 몸을 가둔 모래를 파내야 한다. 그리고 나서 위를 향해 반듯이 누워서 표면 전체에 체중이 골고루 분산되도록 해 모래에 가하는 압력을 줄이고 몸이 뜨도록 해야 한다. 거기서부터 배영으로 빠져나올 수 있다.

레퍼토리의 일환으로 이따금 이상하게 공을 던졌다. 그는 그 투구법을 거시기라고 명명했다. 그의 코치들은 그가 공을 쥐는 방식이 손끝으로 공에 회전을 주지 않고 손가락 관절로 공을 밀어서 던지는 너클볼(knuckleball)이라는 희귀한 방법으로 공을 던질 때와 공을 쥐는 방식과 비슷하다는 사실을 인식했다. 코치들은 디키에게 그 기법을 개발해서 자신만의 독특한 장점으로 만들라고 격려했다.

너클볼은 무서운 속도로 살벌하게 회전하면서 날아가지 않고 천천히 가능한 한 밋밋하게 날아간다. 손가락으로 공을 감싸지 않고 두 번째와 세 번째 손가락의 손톱 끝으로 공을 파고든다. 이 두 손가락의 마디가 공에 닿지 않고 공중에 붕 뜨기 때문에 이 투구 방법에 너클볼이라는 이름이 붙었다. 이처럼 이례적인 방식으로 공을 쥐고 던지면 공은 회전하지 않고[10] 공중에서 이리저리 미친 듯이 오락가락하기 때문에 타자들이 당황해 허둥지둥한다.

너클볼은 너무나도 예측 불가능하므로 포수는 공을 잡기 위해 훨씬 큰 글러브를 낀다. 너클볼은 큰 힘이 필요하지 않고 팔을 혹사하지도 않으므로 투수로서의 수명을 몇 년 연장해준다. 그러나 너클볼은 방망이로 치기도 어렵고 글러브로 받기도 어려운 만큼이나 던지기도 어렵다. 그리고 디키도 너클볼을 던지기보다 터득하기가 한층 더 어렵다는 사실을 깨닫게 된다.

디키가 자신의 기량을 개발하는 데 딱히 분명한 방법은 없었다. 그의 투구 코치들은 너클볼을 구사하는 투수를 훈련해본 경험이 없었다. 그들은 디키에게 줄 지도가 없었다. 지도라는 것 자체가 없었기 때문이다. 너클볼을 가르쳐주는 교과서나 지침서도 없었다. 코치들이 해줄 수 있는 것이라곤 어떻게 하면 회전하지 않는 공을 던질 수 있는지 대충 방향을 제시해주는 나침반 역할이 전부였다.

너클볼에 대한 것은 뭐든 디키에게는 후퇴로 느껴졌다. 공을 던질 때 공이 회전하지 않도록 하려면 손목을 가능한 한 움직이지 말아야 했다. 그러나 디키는 어렸을 때부터 공이 날아가도록 하려면 손목을 빠르게 회전해야 한다고 배워왔다. 속구는 역회전하고, 변화구는 공의 진행 방향으로 회전하고, 공이 날아가다가 스트라이크존 부근에서 갑자기 뚝 떨어지는 싱커(sinker)는 공의 측면이 회전한다. "나는 그동안 배운 걸 모두 폐기하고 나만의 기법을 다시 새로 터득해야 했다. 재건하려면 먼저 대대적인 해체 작업을 해야 했다. 완전히 철거한 다음 처음부터 다시 지어야 했다"라고 그는 내게 말했다. 그의 노력이 성공하리란 보장은 없었다.

불편함을 추구하는 품성 기량을 그는 기꺼이 받아들였다. 그러나 디키의 너클볼 습득 여정은 순탄하게 진행되지 않았다. 마이너리그 경기에서 처음으로 공을 던질 때 그는 6이닝 만에 12주자를 내보냈다. 메이저리그 경기(메이저리그 역대 최다 홈런을 허용한 투수 기록에서 그가 공동 선두를 차지한 바로 그 경기)에서 너클볼을 선보이고 처참하게 실패한 후 레인저스팀은 그를 팀에서 완전히 축출했다. 그래도 그는 자신

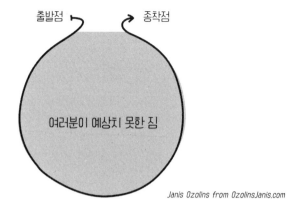

Janis Ozolins from OzolinsJanis.com

의 너클볼이 더 나은 곳으로 자신을 이끌어줄 잠재력이 있다고 생각했다. 다만 그곳에 어떻게 가야 할지 알지 못했을 뿐이다.

나침반은 (여러 방향이 아니라) 한 방향만 제시해준다는 게 단점이다. 나침반은 엉뚱한 길에서 후퇴해 더 나은 길로 여러분을 안내한다. 그러나 그 길을 효과적으로 헤쳐나가려면 안내자가 필요하다.

본인은 잘해도 남을 가르치는 데는 젬병

목표를 향한 길이 맞는지 확신이 없을 때 우리는 보통 전문가로부터 길 안내를 받으려 한다. 대단해지려면 최고로부터 배우라는 익숙한 진언이다. 최고의 요리사에게 요리 마스터클래스를 수강하라. 자녀를 테니스 프로선수의 강습에 등록시켜라. 여러분이 몸담은 분야의 최고 스타에게 멘토가 되어 달라고 설득해 그의 발자취를 따라가는 방법을 터득하라. 아인슈타인(Einstein)에게 첫 물리학 강의 듣기보다 더 나은 방법이 뭐가 있겠는가?

　그런데 그보다 나은 방법이 있다. 경제학자들은 학생들이 정말로 전문가들로부터 더 많이 배우는지 알아보기 위해 기발한 연구를 고안했다. 그들은 2001년부터 2008년까지 노스웨스턴대학교 신입생들에 대한 데이터를 모았다. 그들은 신입생이 특정 과목의 입문 과정을 자격이 월등한 강사들로부터 배우면 두 번째 강좌에서 더 우수한 성과를 내는지 조사했다. 여러분은 아마 학생들이 비전문가(특화된 지식을 덜 갖춘 강사)보다 전문가(정규 교수직을 받았거나 받을 예정인 교수)에게 기초를 배우면 훨씬 낫다고 넘겨짚었을지 모르겠다. 그러나 자료를 보면 정반대 결과가 나온다. 입문 과정을 전문가에게 배운 학생들이 그 다음 단계 강좌에서 더 낮은 학점을 받았다.

　이러한 유형은 분야를 불문하고 나타난다. 어떤 주제에서든 한결같이 전문가에게 입문 과정을 배운 학생들이 배우는 게 더 적었다.[11] 학점이 후하든 박하든 상관없이, 모든 강좌에서 (1만 5,000명 이상의 학생들을 대상으로) 모든 학년도에 걸쳐 같은 결과가 나왔다. 그리고 전문가들은 특히 학습할 준비가 덜 되어 있는 학생들을 가르치는 실력이 형편없었다.●

● 이 연구는 대학교 정규 교수직 정책을 재고하라는 강력한 증거를 제시해준다. 정교수가 되려면 연구 논문을 발표하고 강의를 해야 하는데, 가르치는 기술이 없는 연구자들을 위해 정교수가 되는 제2의 진로를 구축해야 할 때가 이미 한참 지났다. 그리고 연구하지 않는 강사들을 위한 제3의 진로도 만들어야 한다. 애초에 가르치기와 연구는 별개의 기량이다.[II] 연구 생산성과 교습의 효과 간의 평균적 상관관계는 0이다. 연구자들은 교과 과정이 포괄적이고 탄탄한지 평가할 수 있고, 강사들은 효과적인 교습법에 관한 연구에 정보를 제공할 수 있다.

여러분이 새로운 길을 택하고 길을 안내해줄 이가 필요하다면, 최고의 전문가는 최악의 길잡이다. 전문가가 초보자에게 올바른 방향을 제시해주지 못해 쩔쩔매는 데는 적어도 두 가지 이유가 있다. 하나는 그들이 이미 먼 길을 왔다는 사실이다. 그들은 너무 멀리까지 와서 초보자들의 심정이 어떤지 기억하지 못한다. 이를 지식의 저주(curse of knowledge)라고 일컫는다.[12] 알면 알수록 알지 못하는 사람의 심정이 어떤지 가늠하기 어려워진다. 인지과학자 시언 바일락(Sian Beilock)은 이를 다음과 같이 정리한다. "여러분이 하는 일에 점점 더 숙달할수록[13] 여러분이 이해한 내용을 다른 사람들과 소통하거나 다른 사람들이 그 기량을 배우도록 돕는 여러분의 역량은 점점 더 악화한다."

이게 바로 교실에서 아인슈타인이 겪은 저주다.[14] 아인슈타인은 너무 많이 알았고 그의 학생들은 너무 아는 게 없었다. 그는 머릿속에 휘몰아치는 아이디어들이 너무 많아서 (초보자에게 중력이 어떻게 빛을 굴절시키는지를 설명하기는 고사하고) 강의를 준비하는 데 애를 먹었다. 그가 열역학 강의로 처음 학생들을 가르치게 되었을 때, 그는 물리학계에서 떠오르는 샛별이었는데도, 활력 없는 교습 방법 때문에 겨우 세 명이 수강했다. 그의 강의 내용은 학생들 머릿속에 들어가지도 않았고, 그다음 학기에 수강자들을 대거 유인하는 데 실패했다. 아인슈타인은 결국 그 강좌를 폐지했다. 몇 년이 흐른 후 그는 정교수 직위를 못 받을 뻔했다. 총장이 그의 교습 기량이 기대에 못 미친다고 판단했기 때문이다.

잘하지 못하는 사람이 잘 가르친다는 말이 있다.[15] 잘하는 사람은 기초를 못 가르친다는 게 더 정확한 말일 게다. 전문 지식은 상당 부분 암묵적이다.[16] 명시적이지 않고 묵시적이다. 달관의 경지로 진전하면 할수록 기본 사항에 대한 의식적인 인식을 덜 하게 된다. 기량이 뛰어난 골프선수들과 포도주 애호가들이[17] 자신의 퍼팅 기법과 시음 기법을 말로 설명하는 데 애를 먹는다는 사실이 실험을 통해 드러난다. 그들에게 그들의 접근 방식을 설명해 달라고 요청만 해도 그들의 업무 수행에는 방해가 되므로, 그들은 보통 자율주행 모드에 머무른다. 내가 처음으로 최고 기량의 다이버가 4바퀴 반을 회전하는 광경을 보고 그에게 어떻게 그렇게 빨리 회전하는지 물어보았더니, 그는 "몸을 공처럼 구부리고 공중에 몸을 날리면 된다"라고 답했다. 전문가들은 보통 직관적으로 경로를 터득하지만, 목적지까지 가기 위해 밟아야 하는 단계들을 말로 설명하기 힘들어한다.[18] 그들이 머릿속으로 생각하는 내용을 정리해놓은 것을 보면 쓰레기도 섞여 있다.

전문가 길잡이는 여러분이 길을 찾도록 돕기는커녕 그들이 제시한 방향을 따라가다 오도 가도 못하는 상황을 만들지도 모른다. 설상가상으로 그들은 여러분이 여러분의 한계에 부딪혀 더는 앞으로 나아가지 못한다는 기분을 느끼게 만들지도 모른다. 나는 대학에 입학할 때 고등학교 시절 내가 가장 좋아하는 과목이었던 심리학과 물리학 중 어느 과목을 전공할지 갈등을 많이 했다. 나는 저명한 천체물리학 교수가 가르치는 강좌를 듣게 되어 뛸 듯이 기뻤다. 어느 날 그 교수는 우주가 전부라고 주장하면서 우주가 팽창하고 있다는 증거를 제시했지만, 우주가 팽창해 무엇이 되는지 설명하지 못했다. 나는 매료되었다는 느낌에서 답답한 심정이 되었고, 자신감에 차 있던 상태에서 무능하다고 느끼게 되었다. 그는 열정적이고 학생들을 아꼈지만, 아는 게 너무 많아서(초보자에서 벗어난 지 너무 오래되었다) 내 무지에 공감하기란 불가능했다. 나는 다시는 물리학 강좌를 신청하지 않았다.

여러분이 선택한 전문가가 여러분이 가는 길을 차근차근 알려준다고 해도, 여러분이 직접 길을 떠나 방향을 물어볼 때가 되면 두 번째 난관에 부딪히게 된다. 여러분은 그 전문가와 같은 장단점을 지니고 있지 않다. 그들이 길에서 만나는 언덕과 계곡은 여러분이 만나는 언덕과 계곡과는 다르다. 여러분은 같은 목적지로 향하고 있을지 모르지만 그들과는 출발점이 다르다. 이 때문에 그들이 걸어온 길이 여러분에게 낯선 만큼이나 여러분이 갈 길도 그들에게 낯설다.

물론 여러분을 잘 아는 길잡이로부터 여러분에게 훨씬 알맞은 맞춤형 조언을 받을 수 있다. 그러나 여러분이 믿는 멘토에게 지혜로운 조언을 구하는 방법이 아주 솔깃하게 들리겠지만 팔방 도사인 사람은 없다. 법률 회사에서 파트너가 될 진로를 모색하는 변호사들 대상의 연구에서도 이 내용이 잘 나타난다. 단 한 사람의 멘토에게 조언을 받는 경우 승진하는 데는 아무런 효과가 없었다.[19] 물론 긍정적인 결과도 있었다. 지지해주는 멘토가 있는 변호사가 없는 변호사보다 일에 대한 만족도가 높고 훨씬 더 일에 매진했다. 그러나 파트너로 승진하는 문제에 관한 한 여러 명의 멘토에게 조언을 받는 게 중요했다. 멘토에 따라 승진하는 방법에 대한 조언이 다양하다는 장점이 있다. 하지만 마을 하나를 만들 만큼 많은 멘토는 필요 없다. 멘토가 두세 명만 있어도 변호사가 자신의 경력이 정체되지 않고 파트너까지 오르도록 돕기에 충분했다.

가장 뛰어난 전문가로부터 초보적인 조언을 구하는 게 현명치 못한 것과 마찬가지로 단 한 명의 길잡이에게 의존하는 것도 실수다. 여러분의 여정을 정확히 꿰뚫고 있는 사람은 아무도 없다. 하지만 여러 길잡이로부터 방향에 대한 정보를 수집하면 때로는 그런 정보들이 모여서 여러분에게 보이지 않았던 길을 열어주기도 한다. 갈 길이 불확실할수록, 그리고 올라가야 할 정상이 높을수록 여러분에게는 길잡이들이 더 많이 필요하다.[20] 다양한 조언의 조각들을 한데 모아 여러분에게 맞는 길을 조립하는 게 관건이다.

당사자가 직접 길잡이 안내서 쓰기

여러 길잡이에게 배우는 과정은 서로 반복적으로 소통하는 과정이다. 사람들에게 다가가 "당신이 아는 걸 좀 얻을 수 있을까요?"라고 묻기처럼 간단치 않다. 게다가 남들에게서 정보를 얻는다는 관용구인 '당신 머리 좀 빌리자(Pick your brain)'라는 표현은 불쾌하다. 정보는 아무나 가져가도록 마냥 놓여 있는 게 아니다. 우리는 매트릭스에 살고 있지 않다. 길잡이가 그저 단순히 자기 생각을 업로드하면 우리는 그걸 다운로드하는 게 아니다.

길잡이를 구한다고 해서 그들이 이끄는 대로 맹목적으로 따라가라는 뜻이 아니다. 함께 탐색할 가능한 길을 개척한다는 뜻이다. 그러려면 그들이 지닌 묵시적인 지식을 명시적으로 만들어야 한다. 스펀지가 되려면 우선 길잡이에게 조언을 구해야 한다. 그러나 길잡이의 뇌에 담긴 정보를 구하기보다 그들이 걸어온 길을 되밟아 달라고 요청하는 게 낫다.

여러분의 길잡이들이 그 과정에서 (길잡이들이 산을 오르는 과정에서 만난 중요한 이정표와 전환점 같은) 단서를 떨어뜨려주도록 하는 게 목표다. 그들이 오래전에 잊은 기억을 되살리기 위해서 여러분은 그들이 마주친 교차로에 관해 물어볼 수도 있다. 그런 교차로가 그들이 추구한 기량일지도, 그들이 받아들이거나 무시한 조언일지도, 또는 그들이 택한 변화인지도 모른다. 그들에게 그들이 걸어온 길을 되짚어보기를 청하면 여러분이 그들에게 여러분이 택한 길에 관해 설명하는 데도 도움이 된다. 그들이 여러분이 과거에 걸어온 길과 현재의 위치에 대해 파악하고 나면 처음에는 지적해줄 생각도 하지 못했던, 진전을 이루는 탄탄대로를 식별하게 될지도 모른다.

여러분이 모으는 단서들이 정확한 지도를 만들지는 못한다. 어떤 단서는 여러분에게 적용되지 않을지도 모른다. 어떤 단서는 계곡을 건너라고 하는데, 여러분이 자전거를 타고 있다면 자전거는 배의 구실을 하기에는 형편없다. 어떤 단서는 더는 쓸모가 없을지도 모른다. 막다른 길로 여러분을 안내한다면 말이다. 옳은 길을 찾기까지 같은 길을 쳇바퀴처럼 돌게 될지도 모른다. 그리고 여러분의 길잡이는 최근에서야 놓인 다리에 대해 전혀 모를 가능성이 크다.

진전

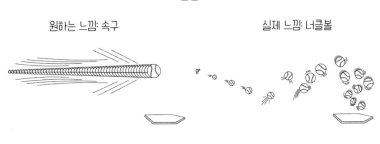

원하는 느낌: 속구　　　　　실제 느낌: 너클볼

@RESEARCHDOODLES BY M. SHANDELL

　내가 디키에게 어떻게 자신이 갈 길을 찾았는지 물어보자 그가 가장 먼저 언급한 게 자신의 길잡이 목록에 오른 길잡이의 수였다. 그에게 꾸준히 조언해준 멘토는 한 사람이 아니었다. 디키가 2005년 자신의 여정에 착수할 당시 메이저리그에서 현역으로 활동하는 너클볼 투수는 팀 웨이크필드(Tim Wakefield)뿐이었다. 시도해본 사람도 거의 없었다. 은퇴한 선수들 가운데 현역 선수일 때 너클볼 투구 기법을 성공적으로 구사한 선수도 겨우 10명 남짓했다. 너클볼의 비밀을 모두 밝혀줄 한 명의 전문가도, 디키에게 가능한 모든 방향을 안내해줄 코치 한 명도 없었다. 그가 믿을 만한 정보원을 찾고, 자신에게 적용되지 않는 조언을 걸러내고, 그에 따라 자신의 접근 방식을 적절하게 조정하기 위해서는 스스로 스펀지가 되어야 했다.

　홀로 수개월 동안 고군분투한 끝에 디키는 주도적으로 길잡이를 찾아 나섰다. 길잡이를 찾는 여정은 길고 굴곡이 많은 길이었으므로, 폭넓은 관점이 필요했다. 그는 너클볼 마법사가 된 생존 인물 몇 명에게 손을 내밀기 시작했다. 그들이 떨궈주는 단서들을 모을 희망을 품고서 말이다. 그들은 기성품처럼 만들어진 해법들을 완벽하게 구비하고 있지 않았다. 다만 디키가 시험해볼 아이디어를 제시해주었다.

2008년 웨이크필드의 팀과의 대항전에서 디키는 그를 설득해 지침을 조금 받았다. 그 정도로 너클볼 기량을 연마하는 길은 외로웠다. 한 선수가 투구 기법을 전승하기 위해 자신의 비밀병기를 적수에게 건네줘야 할 정도로 말이다. 디키는 그가 공을 던지는 모습을 지켜보고 몇 가지 질문을 하고 나서 새로 시도해볼 길을 찾았다. 그는 공을 던질 때 자기 팔이 몸의 중심 쪽으로 떨어지도록 했다. 그 이듬해 디키는 역대 최고의 너클볼 투수로 명예의 전당에 이름을 올린 필 니크로(Phil Niekro)를 찾아 나섰다. 니크로는 디키가 공을 던질 때 골반을 앞으로 밀지 않는 것을 눈치챘다. 이는 디키가 시도해볼 만한 또 하나의 새로운 길이었다. 그리고 디키는 은퇴한 또 다른 너클볼 투수 찰리 허프(Charlie Hough)를 여러 번 찾아갔고, 그는 디키에게 공을 쥐는 방법을 조정해주고 끝마무리를 다듬어주었다. 디키는 공이 회전하지 않도록 하려고 자신이 문지방에서 문틀에 몸이 닿지 않도록 선 채 공을 던지는 모습을 떠올리는 방법을 터득했다. 그렇게 하면 그의 팔의 움직임을 제약해 마치 몸집에 비해 앞다리가 턱없이 왜소한 티라노사우루스 공룡이 된 느낌이 들었지만, 이는 결정적인 전환점이 되었다.

디키는 또한 길잡이가 떨어뜨리는 단서들 가운데 어떤 단서를 무시할지도 터득해야 했다. 그의 투수 코치들은 그에게 웨이크필드와 허프가 선호한 시속 50~60마일(약 80~95킬로미터) 정도로 공을 더 천천히 던지라고 귀가 닳도록 말했다. 그러나 서로 다른 여러 속도를 시도해본 끝에 디키는 자신이 너클볼 투구로 최상의 결과를 내는 속도는 보통 시속 80마일(약 130킬로미터)이라는 점을 깨달았다.

우리는 때로는 그 어떤 길잡이도 우리에게 주지 못하는 것들을 우리 스스로 찾아내고 방향을 정해야 할 때가 있다. 디키는 시행착오를 통해 자신이 새로운 기량을 터득할 필요가 있음을 깨달았다. 바로 손톱 다듬는 기술이다. 제대로 된 너클볼을 구사하려면 손톱이 견인차 역할을 할 정도로 긴 동시에 부러지지 않을 정도로 짧아야 했다. 그는 1인 네일샵이 되었다.

3년 동안 제자리를 뱅뱅 돈 끝에 디키는 정체기에서 탈출했다. 그는 전진의 길에 들어섰다. 스스로 작성한 지침서 덕분이었다.

그렇다고 해도 그 길은 순탄하지 않았다. 그의 길잡이들은 그에게 그 여정은 신체적으로 힘들 뿐 아니라 감정적으로도 우여곡절이 많을지 모른다고 경고했다. 너클볼은 총알처럼 날아가지 않았기 때문에 조준하기가 불가능했다. 공이 나비처럼 날아가도록 내버려두는 수밖에 없었다. 그는 불완전함을 받아들여야 할지도 몰랐다. 그의 경기 수행 결과는 공이 날아가는 궤적만큼이나 들쭉날쭉했다. 디키는 "내 입장이 되어본 사람들에게 조언을 구하지 않았다면 나는 미래에 전환점이 있다고 믿지 못했을지도 모른다. 희망은 놀라운 원동력이다. 내게는 그 희망을 지탱하도록 도와준 이들이 있었다"라고 말했다.

그는 3만 차례 이상 벽돌벽, 시멘트벽, 네트에 너클볼을 던지는 연습을 하고 나서야 비로소 일관성 있게 그 기법을 구사하게 되었다고

이런 느낌이 든다

제자리에서
뱅뱅 돌기만
하고 있다

실제로는 이런 변화가 일어나고 있다

진전을
이루고 있다

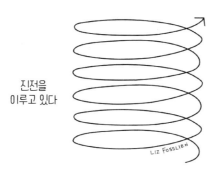

LIZ FOSSLIEN

말한다. 빙산이 움직이는 속도처럼 진전이 더딘 나머지 그는 메이저 리그로 진출하게 될지조차 의심스러웠다. 2008년에 메이저리그 '최악'의 기록에 공동 선두 자리를 차지한 사실도 도움이 되지 않았다. 어쩌면 그는 한 이닝에서 네 차례 황당한 투구를 한 투수로 역사에 기록될 운명이었는지도 모른다고 생각했다. 그는 내게 "뭔가에 혼신을 기울였는데도 결과가 나오지 않으면 정말 의기소침해진다"라고 그 당시의 기분을 묘사했다.

체력이 방전될 때

가던 길을 되돌아 후퇴한 후에 맞닥뜨리게 되는 흔한 장애물이 의기소침해지는 상황이다. 뒷걸음질한다고 새로운 정상으로 바로 연결된다는 보장은 없기 때문이다. 때로는 정체기를 맞게 되는데, 엉뚱한 길에 접어들어서가 아니라 여러분이 택한 길이 나선을 그리면서 정상까지 안내하기 때문이다. 그리고 여러분은 진전을 이루고 있는지조차 알 길이 없다. 계속 동기가 유발된 상태를 유지하기에 충분한 만큼 진전을 이루는 게 보이지 않는다.

이런 기분을 묘사하는 용어가 있다. 바로 무기력증(languishing)이다.[21] 무기력은 정체되고 공허한 느낌이다. 이 용어는 한 사회학자[코리 키즈(Corey Keyes)]가 만들었고, 이 용어의 철학적 의미를 꿰뚫어본 한 가수[머라이어 캐리(Mariah Carey)]가 노래 제목으로 널리 알려서 우리 뇌리에 영원히 새겨지게 되었다. 무기력증은 정체의 감정적인 경험이다. 우울하거나 심신이 소진되지는 않았을지 모르지만, 확실히 사는 낙이 없는 느낌이다. 날마다 월요일 같다. 하루하루를 그럭저럭 헤쳐나가는데 농도만 다른 여러 가지 잿빛으로 몇 주가 지나간다.●

이번 장을 집필하면서 나는 비선형 진전을 포착할 적절한 틀을 찾

● 나는 2021년 〈뉴욕타임스〉에 기고한 글에서 처음으로 무기력증을 언급했고, 이를 부모의 관심을 못 받고 자란 중간 자녀의 정신적 건강 상태라고 일컬었다.[III] 우울함과 활력 사이의 공백이다. 신바람이 완전히 결핍된 느낌에 대해 사람들이 그처럼 신바람 나게 이야기하는 걸 본 적이 없다. 그나마도 한마디 이상 길게 말하는 사람도 없긴 했지만 말이다.

느라 애를 먹었다. 나는 건물을 철거하고 보수하고, 터널을 뚫고, 벽을 부수고, 풀을 뽑는 등 수많은 아이디어를 시도했고 실패했다. 초안은 내 심판관들로부터 10점 만점에 4점을 받았다. 그나마 그들이 후하게 준 점수였다. 그들은 주문을 외웠다. 풀을 뽑아라. 나는 끊임없이 원점으로 되돌아갔다. 그래도 아무 소용이 없었고 나는 풀을 되살리려고 애썼다. 그러면 심판관들은 제초기를 들고 등장했다.

몇 주 동안 나는 제자리를 수없이 빙빙 돈 끝에 무기력증에 빠지기 시작했다. 정체기를 벗어나는 방법을 담은 이번 장을 쓰면서 내가 정체에 빠졌다는 모순이 뼈아팠다. 나는 극심한 정체에 빠졌고 전혀 즐겁지 않았다. 일직선적인 사고를 하는 자제력이 있는 작가인 나는 보통 아침에 머리가 명료할 때 키보드를 두드리기 시작한다. 아무 생각이 떠오르지 않는 상황이 착잡했다. 텅 빈 화면에 깜빡거리는 커서(cursor)를 노려보던 나는 커서라는 용어의 기원을 조사하기로 했다. 커서에 저주를 퍼부은(curse) 모든 작가에게 경의를 표하는 뜻에서 커서라고 했을까? 저녁을 먹을 무렵이 되자 나는 하루를 온전히 낭비했다는 기분이 들었다. 화가 났다. 이번 장에 관한 생각을 털어내고 머리를 식힐 뭔가를 찾느라 나는 늦게까지 자지 않고 아이스크림도 먹고 시트콤 〈프렌즈〉의 재방송을 보면서 노닥거렸다. 취침 시간을 어기면 어김없이 보복을 당한다.[22] 나는 체력이 거의 바닥났다. *

숨은 잠재력을 연구하면서 나는 무기력증이 정체되었다는 느낌에서 그치지 않고 계속 여러분을 정체한 상태로 묶어둔다는 사실을 깨달았다. 무기력증은 집중력을 흐트러뜨리고 하고 싶은 욕구가 무뎌

지게 한다. 진퇴양난이다. 뭔가 조치를 취해야 한다는 사실을 알고 있지만 그런다고 뭐가 달라지겠나 하는 회의가 든다. 바로 이때 고속도로를 벗어나 연료를 재충전해야 한다.

멀리 돌아가기

사람들에게 대단한 성취를 하기 위해 뭐가 필요하냐고 물어보면 가장 흔한 대답이 고도의 집중력과 목표를 향한 일편단심이라고 답한다. 체력을 소모하거나 관심을 분산하는 것은 무엇이든 기를 쓰고 차단해야 한다고 말한다. 직장에서 탁월한 업무 수행 성과를 보이려면 직장에서 더 많은 시간을 일해야 한다. 일찍 일어나고 퇴근은 늦게 해야 한다. 취미 생활은 접어둬야 한다. 그리고 절대로 부업은 금물이다. 자꾸 생각이 딴 데 가 있게 되고 지친다.

그러나 증거를 보면 전혀 딴판이다. 경로 이탈이 꼭 집중력을 분산시키지는 않는다. 에너지원이 될 수도 있다. 한 연구에서는 저녁에 부업을 한 사람들이[23] 그다음 날 본업에서 훨씬 업무 수행 성과가 나왔다는 결과가 나왔다. 그들은 밤에 이룬 진전 덕분에 그다음 날 아침에 발걸음이 한결 가벼워졌다. 동기 유발이라는 이득이 관심 분산이

● 혹시 궁금할지 모르겠는데, 커서는 '달리다', 그리고 때로는 '달리는 전령' 또는 '심부름꾼'으로 번역되는 라틴어 쿠레레(currere)에서 비롯되었다. 커서는 본래는 계산자(slide rule)에서 앞뒤로 움직이는 장치의 이름이었는데, 컴퓨터 개척자들이 이 명칭을 빌려 썼다. 그들은 한동안 컴퓨터 커서를 버그(bug)라고 일컬었다.[IV] 그런데 솔직히 말해서 벌레를 좋아하는 사람이 어디 있나.

라는 비용을 능가했다.

취미 활동도 비슷한 효과가 있다. 또 다른 연구에서는 사람들이 집에서 아주 진지하게 취미 활동을 하면 직장에서 자신감이 증가한다는 결과가 나왔다.[24] 다만 취미 생활은 직업과 다른 분야여야 한다. 여러분이 예술가인데 무기력 상태에 빠졌다면 도자기 만드는 취미는 예술가로서의 자신감을 촉진하는 데 크게 도움이 되지 않는다. 그러나 사회복지사나 회계사로 일하면서 무기력증을 느낀다면, 도자기 빚는 취미는 진전을 이루는 새로운 길이 되어줄지 모른다.

일상에서 동기를 유발해주는 요인들 가운데 가장 강력한 효과를 발휘하는 요인이[25] 진전을 이룬다는 느낌이다. 잘 안되는 걸 더 열심히 한다고 동기가 유발되지는 않는다. 때로는 샛길로 빠져나가 멀리 돌아서 새로운 목적지를 향하면 추진력을 얻을 수 있다.

우회로는 재충전하기 위해서 대로에서 벗어나는 길이다. 쉬는 게 아니다. 아무것도 하지 않고 가만히 앉아 있는 게 아니다. 잠시 경로를 이탈하지만 여전히 움직이고 있다. 다른 목표를 향해 나아가고 있다.

심리학자들에 따르면 진전을 이루고 있다고 느끼기 위해서 대단한 성취가 필요하지는 않다. 동력은 사소한 성취에서 비롯될 수 있다.[26] 대로에서 이탈했다고 해도 진전을 이루면 앞으로 나아가기가 가능하다는 사실을 상기시켜준다. 눈앞에 펼쳐진 머나먼 길에 기가 꺾이지 않고 다음에 길을 꺾을 마음의 준비가 된다.

이번 장을 집필하면서 제자리걸음을 하던 나는 내가 하는 주장을 내가 직접 실천해야 한다는 사실을 깨달았다. 머리를 식히기 위해 내가 선택한 취미는 온라인 스크래블이었다. 이는 오래전부터 취미였다. 몇 차례 게임을 하니 r-a-l-a-g-n-o-i가 나왔다. 나는 이 알파벳들을 해체하고 횟수 제한 없이 쓸 수 있는 i를 보태고 다시 조합해 'Original'이라는 단어를 만들었다. 아주 사소한 성취가 내게 필요한 연료였다. 덕분에 나는 다시 대로로 진입해 이번 장을 집필할 마음의 준비가 되었다.

나는 가장 먼저 내 기대치를 재설정했다. 단번에 이번 장 전체를 완벽하게 뜯어고치리라 기대하지 않았다. 완벽한 지도를 기다리기보다 한 번에 조금씩 진전을 이뤄야 했다. 풀을 뽑아라. 더 나은 포괄적인 은유적 표현을 찾아라(내비게이션). 하나의 핵심적인 도구를 골라라(나침반). 나는 방향 감각이 제로라서 그런 장치들을 피해왔다. 방향 감각이 얼마나 형편없는지 내가 U턴을 하면 내 장인, 장모는 애덤의 턴이라고 일컬을 정도다. 아주 사소한 몇 번의 성취를 이루면서 나는 속도가 붙기 시작했다. 가던 길을 되돌아가면 후퇴하게 될 경우도 있지만, 총체적으로 내가 앞으로 나아가도록 도와준다. 디키처럼 말이다.

디키는 처음에는 멀리 돌아가지 않고도 작은 성취를 이뤘다. 그는 공을 회전시키지 않고 던질 수 있는 횟수로 자신이 이룬 진전을 가늠했다. 공을 회전시키지 않고 던질 때마다 동기가 유발되었다. 몇 년 만에 그는 훌륭한 너클볼 투구 성공률을 50퍼센트에서 대략 75퍼센트로 끌어올렸다.

뉴욕 메츠팀이 2010년 서른다섯 살인 디키를 선발할 무렵, 그는 탄탄한 실력을 갖춘 메이저리그 투수가 되어 있었다. 그러나 그는 여전히 산 정상에 도달하지는 못했다. 그의 너클볼 속구가 우왕좌왕하면서 날아가지 않으면 타자가 공을 방망이로 쳐낼지도 몰랐다. 계속 전진하기 위해서 그는 자신의 연료 탱크에 넣을 뭔가가 더 필요했다.

그는 새로 오를 만한 산을 찾아 재충전하기로 했다. 매니저들이 말렸지만, 그는 그야말로 문자 그대로 산에 오르기로 했다.

더 높은 봉우리의 의미

2012년 겨울, 디키는 아프리카 최고봉인 킬리만자로산을 등반하기로 했다. 그가 10대 때 그 산에 대한 헤밍웨이의 소설을 읽은 이후로 꿈꿔온 도전이었다. 디키는 자선기금을 모금하기 위해 등반했다. 그는 봄베이에서 인신 성매매의 희생자가 된 10대 청소년들을 구출하기 위해 10만 달러 이상 모금했다.

메츠팀은 그를 말리려 했고 심지어 그가 부상을 당하면 그와의 계약을 무효화할 권리를 명시한 서신까지 보냈다. 그래도 디키는 다가오는 시즌에 연봉을 몰수당하는 위험을 감수하고 등반을 밀어붙였다. 그는 탄자니아에 도착해, 고산병과 극심한 피로와 살을 에는 바람과 싸워가며 등정대와 함께 7일에 걸쳐 1만 6,000피트(약 4,880미터) 이상을 등반했다. 킬리만자로 정상에 도달한 그는 "왠지 모르지만 내 평생 그 어떤 때보다도 나 자신이 왜소하다고 느꼈다. 뭔가에 완전히 도취된 기분이었다"라고 기록했다.

같은 해 디키는 그의 야구 경력에서 최고의 시즌을 누렸다. 너클볼 속구라는 안락한 지대를 벗어나 공이 날아가는 속도가 매우 느리고 계속 속도가 바뀌어서 타자들이 언제 어디로 방망이를 휘둘러야 할지 망설이게 만드는 투구 기법을 개발했다. 이따금 타자들은 공이 완전히 빗나가자 허탈한 웃음을 터뜨리기도 했다. 디키는 새로운 별명을 얻었다. 종잡을 수 없는 자.

투수로서는 전성기가 한참 지난 서른일곱 살에 디키는 대단한 성취를 이뤘다. 그는 처음으로 올스타 경기에 참여했다. 그는 메츠팀 역사상 1안타만 허용하고 32이닝 연속 무실점 기록을 세웠다. 그는 리그에서 스트라이크아웃 부문 선두를 달렸고, 너클볼 투수로는 최초로 사이 영(Cy Young) 최우수 투수상을 받았다.

한 기자가 그에게 물었다. "킬리만자로산이 뉴욕 메츠팀의 투수를 올스타로 변신시켰나?" 도발적인 질문이었다. 사회과학자로서 자신 있게 말하건대, 이 질문에 대한 답은 '그럴지도 모른다'이다.

부업과 취미에 관한 증거를 보면, 디키의 등반이 변화를 초래했을지도 모른다. 그러나 단순히 우연이었을지도 모른다. 내가 디키에게 어느 쪽인지 물었더니 그는 주저하지 않고 "나는 우연이라고 생각하지 않는다. 내게 등반은 매우 중요했다. 나는 도전하는 게 즐거웠다"라고 대답했다.

킬리만자로로 우회하면서 디키는 배터리 충전을 마무리했다. 자선활동을 위한 기금 모금을 하면서 사회에 보탬이 된다는 느낌도 얻었다. 자신이 보잘것없다고 느끼면서 좋은 결과를 내야 한다는 압박을 덜고 더 대단한 일들을 할 에너지를 공급해주었다. 성공적인 등반으

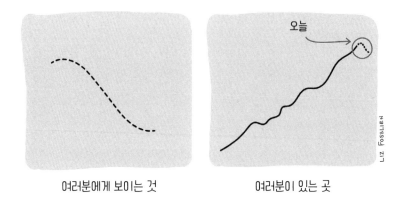

여러분에게 보이는 것　　　　여러분이 있는 곳

로 그의 자신감은 폭발했다. "목표 추구다. 나는 그해를 아프리카 최
고봉으로 시작했고 이제 야구의 정상에서 마무리하고 있다."

　관찰자들에게는 디키가 돌파구를 얻은 시즌이 뜬금없이 갑자기 생
겨난 것처럼 보일지 모르지만, 전혀 사실이 아니다. 디키가 마이너리
그로 일곱 번 강등되고 7년 동안 너클볼 연습을 했기에 일약 성공을
이루게 되었다. 대단한 돌파구처럼 보이지만 보통 사소한 성취가 축
적되어 나타나는 결과다.●

　산을 오르다가 정체되면 제자리에 가만히 있기보다 발길을 돌리는
게 낫다. U턴을 하거나 먼 길로 돌아가다 보면 원을 그리며 뱅뱅 제
자리를 도는 기분이 들게 된다. 단기적으로는 직선으로 진행하면 더

● 죽순대 씨앗을 심고[V] 몇 달, 또는 몇 년이고 물을 줘도 단 하나의 싹도 나지 않는다. 아무
　런 변화도 일어나지 않는 듯이 보이다가 어느 날 갑자기 지표면을 뚫고 싹이 마구 돋는다.
　그러고 나서 겨우 몇 주 만에 키가 20피트(약 6미터) 이상 훌쩍 자란다. 우리 눈에 보이지
　않는 땅속에서 씨앗은 뿌리를 내리고 에너지를 저장하고 있었다. 땅 밑에서 천천히 그러
　나 분명히 자라고 있었다. 풀이 소생했다.

빨리 진전을 이룬다. 그러나 장기적으로 볼 때 나선형으로 원을 그리며 최고봉에 도달하게 된다.

진전은 한순간을 단편적으로 보면 알아채기가 어렵다. 진전은 오랜 시간에 걸쳐 펼쳐진다. 특정한 어려운 순간에 몰두하면 정체한 기분이 들기 쉽다. 몇 주, 몇 달, 또는 몇 년에 걸쳐 여러분이 밟아온 궤적을 바라보아야 비로소 먼 길을 왔고 장족의 발전을 했다는 사실을 인식하게 된다.

6장

중력 거스르기
혼자 힘으로 나는 기술

> 나는 혼자 힘으로 공중을 날 수 있다고 믿는다.[1]
> 나는 그렇게 하는 게 가능하다고 믿는다.
> 태양의 서커스단 단원이 그리하는 걸 본 적이 있다.
> **스티븐 콜베어(Stephen Colbert, 미국의 영화배우이자 방송작가)**

유형을 달리한 알 듯 말 듯한 메시지가 전달되었지만, 수신자들은 하나같이 긴박감을 느꼈다. 누군가가 제시 아보(Jesse Arbor)에게 아래층에서 차가 대기하고 있고 기차는 35분 후에 출발한다는 메시지를 전달할 때 그는 한창 포커 게임을 하고 있었다. 그는 세탁기에서 옷을 꺼낼 시간조차 없었다. 제임스 헤어(James Hair)는 예인선을 타고 바다로 나가 있던 중 서둘러 뭍으로 돌아가서 커다란 갈색 봉투를 받았다. 그가 봉투의 붉은색 밀랍 봉인을 뜯자 그 안에는 초대장이 있었다. 시카고 북쪽의 모처에 출석하라는 명령이었다.

그 명령은 미국 전역의 남성 16명에게 배달되었다. 그들은 각계각

층을 망라하는 20대 중반에서 30대 중반 남성들이었다. 기계공, 제본 업자, 수위, 변호사, 판금 제조 업자 등 다양했다. 때는 1944년 1월, 그들은 무슨 영문인지 전혀 알지 못했다. 제2차 세계대전이 한창이던 당시 그들은 역사에 한 획을 그을 기회를 얻게 된다. 그들은 미국 해군 역사상 최초로 장교 훈련에 돌입할 흑인 남성들이 된다.

군대에서 해군은 유달리 편견이 심했다고 알려졌다. 4반세기 전까지만 해도 해군은 흑인의 입대를 전면 금지했었다. 그러한 정책이 마침내 바뀌어 흑인이 요리사나 구두닦이 같은 육체 노동에 제한적으로나마 참여가 허용되었다. 당시 영부인 엘리너 루스벨트(Eleanor Roosevelt)가 정치적 압력을 가하면서 흑인 남성들이 장교 대열에 합류할 문이 열렸지만, 해군 지도부는 대부분 그들이 백인 선원들을 통솔할 만큼 똑똑할지에 대해 의문을 품었다.

흑인 장교 후보생들이 훈련 장소에 도착했을 때 흑인 후보생은 백인 선원들로부터 분리되어 따로 훈련을 받았다. 그들은 그들에게 배정된 교관들로부터 인종차별적 폭언과 치욕스러운 발언을 견뎌내야 했다. 그들에게 주는 메시지는 분명했다. 너희들은 실패할 거야.

흑인 장교 후보생들 가운데는 자기 자신에 대해 회의를 느낄 이유가 더 있는 이들도 있었다. 몇 명은 학교에서 성적이 형편없었다. 세시 아보는 경제학 입문 과목에서 낙제한 C학점짜리 학생이었고, 찰스 리어(Charles Lear)는 10학년을 채우지 못했다. 그리고 윌리엄 실 화이트(William "Syl" White)는 신병 훈련소에서 이제 막 기본적인 훈련을 마쳐 군 경험이 전혀 없었다. 화이트는 "버거웠다. 장교 훈련은 마치

어둠 속에서 주먹을 휘두르는 느낌이었다"라고 회상했다.

설상가상으로, 조국이 전쟁 중이므로 훈련 기간은 절반으로 줄었다. 장교 후보생들은 꼬박 한 학기 분의 훈련을 겨우 10주 만에 속성으로 마쳐야 했다. 그들은 날마다 6시에 기상해 구보하고, 8시간 강의를 듣고 밤늦게까지 공부했다. 그들은 선박 조종술, 항해술, 포격술, 법, 해군 규정, 항공기 인식, 깃발로 신호 보내기, 모르스 부호, 생존 기술 등을 터득해야 했다. 그것도 기록적으로 짧은 기간 만에.

해군 장교 훈련 강의에서는 수강생의 4분의 3만 시험을 통과했다. 그러나 최초로 흑인 장교 후보생들로 구성된 학급은 가까스로 턱걸이하는 데 그치지 않았다. 열여섯 명 전원이 통과 기준을 훌쩍 상회하는 성적을 올렸다. 워싱턴 군 지도부는 즉시 의심을 했다. 시험에서 부정행위를 하거나 점수 매기는 데 착오가 있어서 득을 본 게 아니라는 사실을 증명하기 위해서 그들은 일부 재시험을 치러야 했다. 그들은 재시험에서 본시험보다 더 높은 점수를 받았고, 집단 평균인 GPA 4.0 만점에 3.89점으로 훈련을 마쳤다. 수년이 흐른 후 그들은 자신들이 해군 역사상 최고점을 얻었다는 사실을 알게 된다. 그들의 잠재력은 더는 숨어 있지 않게 되었다.

후보생들 가운데 열세 명은 나라의 부름에 응해 해군 장교로 복무하게 되었다.● 미국에서 최초로 황금별과 막대기를 어깨에 달게 된

● 열여섯 명 가운데 나머지 세 명인 어거스터스 앨브즈(Augustus Alves), J. B. 핑크니(J. B. Pinkney), 그리고 루이스 "머미" 윌리엄스(Lewis "Mummy" Williams)가 나라의 부름을 받지 않은 이유는 여전히 불분명하다. 애초에 이 열여섯 명이 선발된 이유도 여전히 오리무중이다.

흑인 장교들은 '황금의 13인(the Golden Thirteen)'으로 알려지게 되었다.[2] 황금의 13인은 그들을 끌어내리는 중력에 굴복하지 않고 오히려 중력을 거스르고 솟구쳤다. 새뮤얼 반즈(Samuel Barnes)가 밝혔듯이 그들은 "어깨를 짓누르는 짐의 무게에도 불구하고 꼭 성공하겠다고 결심했다".

황금의 13인은 우리 대부분이 오판하는 뭔가를 제대로 짚었다. 극복하기가 불가능해 보이는 장애물에 부딪혔을 때는 포기하고 싶은 유혹이 생긴다. 너무 어렵다. 우리를 가로막는 힘이 너무 강하다. 이런 때에 우리는 남의 도움 없이 자력으로 극복하라는 조언을 받는다. 자기 내면을 들여다보고 숨은 자신감과 지식을 끌어내야 한다는 뜻이다. 그러나 실제로 우리는 바깥으로 눈을 돌려 필요한 재원을 확보하고 다른 이들에게 도움을 청함으로써 숨은 잠재력을 발견하고 개발하게 된다. 승산이 낮을 때, 자신을 벗어나 바깥으로 시선을 집중해야 지상에서 이륙할 수 있다.

여러분이 겪은 최악의 나날들 가운데
여러분이 버텨낸 날의 비율

100%

상부상조

버거운 과제에 직면하면 능력과 자신감 둘 다 필요하다. 우리가 지닌 기량과 기대 수준을 높이는 역량을 갖추려면 우선 우리 앞에 놓인 장애물을 제대로 이해해야 한다. 장애물을 위협으로 보면 항복하고 포기하는 경향이 있다는 증거가 많다. 장벽을 극복해야 할 난관으로 취급하면[3] 분연히 떨쳐 일어서게 된다.

장애물을 극복할 난관으로 보려면 성장하겠다는 마음가짐(진전을 이루는 자신의 역량에 대한 믿음)이 필요하다. 그러나 이 개념을 밝혀낸, 개척 정신이 강한 심리학자 캐럴 드웩(Carol Dweck)은 최근 성장을 믿는 마음가짐은 이를 지탱할 임시 구조물 없이는 별 소용이 없다는 점을 보여주었다. 1만 5,000명의 학생을 대상으로 한 여러 실험에서 고등학생들에게 성장을 믿는 마음가짐을 길러줄 때,[4] 교사들이 그들의 잠재력을 인식하고 그들이 다니는 학교가 도전하는 정신을 받아들이는 분위기일 때라야 비로소 성적이 오른다는 결과가 나왔다.

운이 따라주지 않아 임시 구조물을 건네줄 사람이 없으면 우리는 스스로 임시 구조물을 조립해야 할지 모른다. 바로 여기서 자구책(bootstrapping)이 필요하다. 자력은 이미 존재하는 재원을 동원해서 궁지에서 스스로 빠져나오는 힘이다. 이 용어는 말을 타고 가다가 말과 함께 늪에 빠진(그리고 땋아 늘인 자기 머리를 밧줄 삼아 늪에서 탈출한) 한 남작에 대한 민화에서 비롯되었다. 나중에 이 이야기는 남작의 머리카락이 신발 끈(bootstrap)으로 바뀌었다.

자구책은 보통 개인적인 역량으로 여긴다. 다른 사람들의 도움에 의존하지 않는다. 장애물에서 벗어나기 위해서 자기가 신은 신발의 끈을 당겨 올리는 주체가 바로 여러분 자신이다. 개인주의를 거칠게 표현한 용어처럼 들린다. 독자적인 행위다. 그러나 장애물을 극복할 역량과 자신감을 얻으려면 자구책에 상호 의존적으로 접근해야 한다. 내가 가르치는 학생들에게서도 이를 본 적이 있다.

어느 가을 나는 와튼 경영대학원 학생들에게 기말시험이 여느 때와 달리 매우 어렵다고 공지하고, 맛보기로 예상 문제 몇 개를 나눠 주었다. 학생들은 잔뜩 겁을 먹은 얼굴로 다음 시간에 출석해서는 사지선다 부분이 너무 어렵다고 하소연했다. 시험 내용을 이해하도록 동기를 부여해주고 싶었지만, 학생들의 자신감만 훼손한 셈이었다.

나는 학생들에게 모두가 성공하기를 바란다고 했다. 심지어 학급 평균이 낮으면 점수를 상향 조정하겠다고 약속까지 했다. 그래도 학생들은 여전히 스트레스를 받았고 회의에 가득 찼다. 그래서 나는 학생들에게 작은 제안을 하나 했다. 풀리지 않는 사지선다 문제가 있을 때마다 그 문제의 정답을 알 만한 학생의 이름을 적어도 된다고 했다. 정답을 맞힐 학생의 이름을 맞히면 점수를 주겠다고 했다. TV 프로그램 〈백만장자가 되고 싶은 사람(Who wants te be a millionaire)〉에서 출연자가 문제의 정답을 모를 때 자기 지인에게 전화를 걸어 도움을 받는 방법을 뜻하는 '생명줄(lifeline)'에 상응하는 장치였다.

그 후 나는 학생들의 시험 성적을 보고 깜짝 놀랐다. 앞선 해의 시험과 비교해볼 때 그해 학급 평균이 몇 점이나 올랐다. 생명줄 덕이 아니었다. 뒤이은 수년 동안 해를 거듭할수록 새로운 학급의 성적은 계속 올라갔다. 나는 이 현상을 설명할 만한 가능성 있는 해석 목록을 만들었다. 시험이 더 쉬워지지는 않았다. 학생들이 이전 학생들보다 더 똑똑해지지도 않았다. 마침내 나는 이유를 알아냈다. 사소한 생명줄이 학생들이 시험 준비를 하는 데 큰 영향을 주었기 때문이다.

시험에서 뛰어난 성적을 얻기 위해서 학생들은 모든 내용을 터득해야 했다. 친구들과 분담해서 자기가 맡은 부분만 터득해서는 소용이 없었다. 그러나 학생들이 한 문제에서 보너스 점수를 얻으려면 누가 뭘 잘 아는지 파악해야 했다. 따라서 혼자 공부하기보다 친구들과 함께 공부하는 방법을 택했다. 학생들은 작은 집단으로 만나서 함께 공부하고 핵심적인 개념들을 통합했다.

학생들이 스스로 임시 구조물을 만들었다. 그다음 학년도 학생들은 협력을 한 차원 높였다. 그들은 한 학기 전체를 통틀어 배운 내용으로 거대한 지도를 만들었다. 한 학생은 토요일 오후에 공부할 방을 예약하고 학급 전체를 초청해 지식을 한데 모았다. 다른 학생들도 십시일반 해 각자 교과서, 참고서, 연습용 퀴즈에서 읽고 요약한 내용을 공유했다. 학생들은 혼자서 만든 자구책이 아니라 다른 사람들과 함께 만든 자구책이 가장 튼튼하다는 사실을 깨달았다.

지식이 풍부한 동료들과 함께 공부하면 성장을 촉진한다는 증거가 상당하다. 미국 정보 기관에서 어느 팀이 최고의 성과를 올릴지 예측할 때 고려해야 할 가장 중요한 요인은 동료들이 서로 얼마나 자주 상부상조하는지다.[5] 의과대학원에서 학생들은 교수진 못지않게 동료 학생들에게 많이 배운다.[6] 내가 가르치는 토요일 강좌에는 전문가인 학생은 하나도 없었다. 학생들은 집단으로서 지식을 한데 모아야 했다. 그리고 그들이 가르치는 행위를 통해 배우기도 한다는 사실은 믿을 만한 이유가 있다.

가르치는 행위는 놀라울 정도로 막강한 학습 방법이다. 16개 연구 자료를 메타 분석한 결과를 보면, 학생들을 무작위로 나눈 뒤 한 집단에게는 또래 학생들을 가르치도록 했더니[7] 가르친 학생들이 자기들이 가르친 과목에서 훨씬 높은 점수를 얻었다. 읽기를 가르친 학생들은 읽기 점수가 높아졌다. 산수를 가르친 학생들은 산수 점수가 눈에 띄게 향상되었다. 가르치는 데 시간을 많이 들일수록 더 많이 배웠다. 한 연구 집단은 다음과 같은 결론을 내렸다. "가르친 사람은 본인이 가르친 아이들과 마찬가지로, 자신이 가르친 과목의 교본에 대한 이해도가 향상되었고[8] 그 과목에 대한 태도도 훨씬 긍정적으로 바뀌었다."●

● 교습 효과는 인간의 정신에서 가장 신비로운 면으로 손꼽히는 면모를 드러내준다. 첫째는 왜 나중에 태어난 동생들보다 인지적으로 유리할까?[1] 모든 분석에서 하나같이 나타나지는 않지만 많은 신뢰할 만한 대규모 연구에서 가족 중 첫째는 지능 검사에서 동생들보다 약간 높다고 나타난다. 가족의 규모, 사회경제적 지위, 부모의 지능, 그 밖에 여러 가지 다른 요인들을 통제한다고 해도 말이다. 생물학적 요인과 출생 전 요인들은 배제할 수 있다.[II] 24만 명의 노르웨이 10대 청소년들을 대상으로 한 연구에 따르면, 먼저 태어난 형제자매가 어렸을 때 사망하고 난 후에 태어난, 즉 첫째처럼 키워진 아이들이 지능 검사에서 더 높은 점수를 받았다. 첫째가 학습에 유리한 여건을 지닌다면 이는 타고나는 게 아니라 양육 여건 때문이다. 첫째 아이에게 부모는 더 많은 시간과 에너지를 할애한다는 게 통념이다. 부모의 관심도 일정 부분 기여할지 모르지만, 왜 (부모의 관심을 한 몸에 받는) 외둥이가[III] 동생을 둔 첫째보다 지능 검사에서 점수가 덜 나오는지는 설명하지 못한다. 바로 여기서 교습 효과가 진가를 발휘한다. 외둥이는 막내로 태어난 아이처럼 동생을 가르

심리학자들은 이 현상을 교습 효과(tutor effect)라고 일컫는다.[9] 초보자들에게도 효과가 있는 현상이다. 뭔가를 배우는 가장 좋은 방법은 가르치는 방법이다. 상기하면 더 잘 기억하게 된다.[10] 그리고 설명한 내용은 더 잘 이해하게 된다. 교습 방법에 익숙해지기 전까지는 누군가에게 가르쳐야 한다는 불편한 느낌을 받아들이기만 하면 된다. 여러분이 누군가에게 뭔가를 가르쳐야 한다는 말만 들어도[11] 여러분의 학습 효과가 급상승한다.

자기는 잘하지 못해도 남을 가르칠 수 있다는 문구에 또 한 번 반전이 일어난다. 자기는 잘하지 못하지만 가르침으로써 가르친 내용을 자신도 터득하게 된다. 역사학자 헨리 애덤스(Henry Adams)는 중세역사 강의를 함으로써 그 분야의 전문가가 되었다.[12] 그는 학생들에게 처음에 자신은 중세 역사에 대해 전혀 몰랐고 강의 준비를 하면서 점점 진전을 이루게 되었다고 고백했다. 화가 조지아 오키프(Georgia O'Keeffe)[13]는 미술 과목을 가르치면서 목탄과 물감으로 추상화 기법을 연마했다. 캘리포니아공과대학교 교수인 물리학자 존 프레스킬(John Preskill)은 양자컴퓨팅을 가르치겠다고 자원해 그 분야를 터득했다.[14] 그리고 황금의 13인은 그들이 배우고 싶은 걸 가르침으로써 해군 장교 시험을 우수한 성적으로 통과했다.

칠 기회가 없고, 따라서 발달이 제약을 받는다. 대가족의 첫째로 태어나면 어린 동생들을 가르치면서 자신도 배운다. 흥미롭게도 교습 효과는 서열이 높은 아이들이 가르칠 거리가 있고 서열이 낮은 아이들이 배우고 싶어 안달이 나는 12세 무렵 나타나기 시작한다.[IV]

뜻밖의 잠재력

장교 훈련이 시작되자 황금의 13인 대부분은 그처럼 짧은 시간에 그렇게 많은 지식을 축적하기는 불가능하다고 느꼈다. 조지 쿠퍼 (George Cooper) 말마따나, "우리는 하나같이 '에라 될 대로 되라, 이 많은 분량을 어떻게 해'라고 생각했다". 그들을 지원해줄 이가 거의 없는 상황에서 그들은 서로에게 의지해야 했다. 경쟁이 치열하기로 악명높은 상황에서 그리해야만 했다.

장교 후보생을 전원 합격시키진 않는 해군 전통에 따라 후보생들은 서로를 팀원보다는 경쟁 상대로 보는 경향이 있었다. 그러나 황금의 13인은 막사에서 만나 서로 돕겠다는 서약을 했다. 모두가 하나를 위하고 하나는 모두를 위한다는 서약이었다. "우리는 처음부터 죽어도 같이 죽고 살아도 같이 살기로 했다. 다행히 적어도 우리 중 한 사람은 우리가 배워야 하는 과제 중 하나를 이미 숙지하고 있었다"라고 쿠퍼는 말했다.

벅찬 분량의 과제를 해내기 위해서 황금의 13인은 서로 의지하자고 결의를 다졌다. 그들은 배운 지식을 한데 모으고 걸러가면서 스펀지가 되었다. 각자 자신 있는 분야를 나머지 열두 명에게 가르쳤다. 교과서를 받고 난 후에는 주제를 쭉 훑어보고 주제별로 누군가가 "그건 내가 맡을게"라고 나서주기를 기다렸다.

수학을 잘하는 쿠퍼, 그레이엄 마틴(Graham Martin), 그리고 레지널드 굿윈(Reginald Goodwin)은 기술적인 주제에 강한 존 레이건(John

Reagan)과 함께 분석적인 주제를 대부분 맡았다. 역사광인 반즈와 데니스 넬슨(Dennis Nelson)은 군사 역사를 맡았다. 리어는 정규 교육을 못 받았지만, 선박 조종술과 매듭 묶기에서의 경험과 지도력에서 자질을 보였으므로, 앨브즈와 이 주제에 십시일반 했다. 그리고 아보는 고급 항해술 훈련을 받았던 경험이 있었으므로, 모르스 부호를 단기간에 섭렵하려는 나머지 동료 훈련생들은 그에게 의존했다. 그가 벽을 탁탁 쳐서 동료 훈련생들에게 신호를 보내면 그들도 벽을 쳐서 응답했다. 그들은 서로서로 신발 끈(자구책)을 동여매주었다.

공식적인 소등 시간은 밤 10시 30분이었다. 밤만 되면 황금의 13인은 손전등을 들고 화장실에 둘러앉아 자정이 훌쩍 넘도록 공부했다. 그들은 들키지 않으려고 손전등 불빛이 새어나가지 않게 창문을 침대 시트로 가렸다.

나는 폴 스틸웰(Paul Stillwell)이 쓴 기념비적인 저서 덕분에 황금의 13인에 대해 알게 되었다. 해군 역사학자인 그는 황금의 13인이 세상을 떠나기 전에 그들의 경험담을 기록하는 큰일을 했다. 그들의 사연과 인용문과 깨달음에 대해 인터뷰한 기록들을 샅샅이 살펴보니, 그들이 성공한 명백한 이유는 그들이 자격 있는 동료 후보생들로부터 배울 수 있었기 때문이라는 사실이 드러났다. 게다가 교습 효과도 한몫했다는 생각이 들었다. 가르쳐서 지식을 공유하는 행위를 통해 가르치는 행위를 하는 이들의 능력이 향상되었다. 그들은 서로 협력해 더 튼튼한 자구책을 만들었다.

처음으로 법과 관련된 문제가 등장하자 모두가 변호사인 화이트에게로 눈을 돌렸다. 그는 동료 후보생들에게 자기는 해군 법은 전혀 모른다고 말했다. 그도 직접 찾아봐야 했다. 그는 동료 후보생들에게 해군 법을 가르치면서 해군의 규정에 대해 터득했다. 그리고 훈련소에서 해군 법을 가르치면서 자신도 터득하게 된 주제에 관한 정보를 습득했다. 남에게 가르친 내용은 오래 기억되었다.

프랭크 서블렛(Frank Sublett)은 기계공으로서의 경험을 살려서 달튼 보(Dalton Baugh)와 함께 기계, 총포, 보일러 관련 주제를 맡았다. 그러나 그들이 답하지 못하는 질문들이 많이 쏟아졌다. 가르치도록 지명받은 사람이 해당 지식이 없을 때 황금의 13인은 모두가 중지를 모았다. 이런 방법으로 그들에게 비교적 낯선 과제들을 가르칠 기회가 모두에게 골고루 주어졌다. 최상의 해법에 대해 합의에 다다르면 그들은 서로 질문 공세를 퍼부으며 반복적으로 연습했다. 서로에게 퀴즈를 내고 막 습득한 지식을 모두가 공유할 기회를 더 많이 만들어냈다. 서블렛은 그들이 서로 나눌 통찰력이 있음을 보고 '여기 속한 사람들은 정보를 파악할 역량과 능력을 갖췄다'라는 사실을 깨달았다. 그들이 구축한 자구책은 튼튼했다. 그들은 시험을 칠 무렵이 되자 각자가 모든 과목을 탁월한 성적으로 통과할 지식을 갖추게 되었다.

본인 자신의 조언에 귀 기울이기

다른 사람을 가르치면 실력이 향상된다. 본인의 자신감을 높이려면 다른 사람을 지도해봐야 한다. 다른 사람에게 장애물을 극복하도록 격려하면 본인의 동기도 유발된다. 내가 부모로서 직접 목격한 바다.

처음으로 테드(TED) 강연을 하게 됐을 때 무척이나 떨렸다. 그래서 나는 내 큰딸에게 조언을 구하기로 했다. 딸아이는 내게 청중 가운데 미소를 짓고 고개를 끄덕이는 한 사람을 찾아내라고 했다. 나는 강연이 끝나고 집에 돌아와, 맨 앞줄에서 표정이 아주 밝은 사람을 보고 용기를 얻었다고 신이 나서 내 딸에게 말했다.

몇 주 후 내 아내 앨리슨과 나는 우리 딸 조애나가 학교 연극에서 맡은 역할 때문에 초조해하고 있다는 걸 감지했다. 조애나는 무대에 오르자 관중석에 앉아 있는 우리에게 시선을 고정하더니 우리만큼이나 입이 찢어지게 씩 웃었다. 딸아이는 우리의 조언에 기대지 않고 본인이 내게 준 조언을 그대로 따랐다. 그 순간이 전환점이었다. 우리는 그 순간 이후로 딸아이가 본인에 대해 지닌 기대치가 상승하는 모습을 목격했다. 머지않아 딸아이는 자원해서 발표도 하게 되었고, 교사들은 딸아이가 침착하고 자신감이 넘친다며 칭찬했다.

나는 이를 지도 효과(coach effect)라고 생각하게 되었다.[15] 우리는 다른 사람이 장애물을 극복하도록 지도한 후에 장애물을 극복하는 본인의 역량에 대해 훨씬 자신감을 얻게 된다. 펜실베이니아대학교 심리학과 교수인 로렌 에스크라이스-윙클러(Lauren Eskreis-Winkler)가 주도한 실험들에서 일관성 있게 나타나는 결과다. 한 실험에서 고등학생들을 무작위로 여러 집단으로 나눈 뒤, 한 집단에게는 그들보다 어린 학생들에게 어떻게 하면 동기 유발된 상태를 유지하고 할 일을 미루지 않을지 조언하게 했더니 이 집단이 여러 과제에서 훨씬 높

실력이 향상된다

특정 주제에 대해 다른 이들에게 가르침으로써 더 많은 지식을 얻는다

여러분의 부모님이 기술과 관련해 도움이 필요할 때

"우리는 이걸 터득하게 된다"

자신 안에서 해답을 찾아라

때로는 지도를 받기보다 지도하는 게 훨씬 효과적이다

자신이 뭘 하는지 모르는 상태에서 해도 효과가 있을지 모른다

자신감이 생긴다

다른 사람들의 동기를 유발함으로써 여러분 자신의 동기도 유발된다

여러분의 자녀들이 여러분 말을 듣지 않을 때

"우리는 이걸 할 수 있다"

은 점수를 받았다. 또 다른 실험에서는 중학생들을 무작위로 여러 집단으로 나누고, 한 집단에게 (전문가 교사들로부터 동기 유발 조언을 받기보다) 자기들보다 어린 학생들에게 동기 유발 조언을 하게 했더니 이 집단 학생들이 숙제하는 데 더 많은 시간을 할애했다. 그리고 저축하느라, 체중을 줄이느라, 분노를 조절하느라, 구직하느라 애를 먹는 사람들 모두가 조언을 받기보다 조언을 준 후에 더 동기가 유발되었다.

지도 효과는 교습 효과와는 다르다. 교습 효과는 우리가 습득하고자 하는 바로 그 지식을 공유함으로써 우리 스스로 학습하는 게 초점이다. 지도 효과는 우리 자신에게 필요한 동기를 다른 이들에게 유발함으로써 우리 스스로 동기가 유발되는 방법을 포착한다. 지도하기는 우리가 이미 지닌 도구들을 우리 스스로 상기시킴으로써 우리 자

신에 대한 기대치를 높인다.

지도는 우리가 도움이 필요할 때 보통 하는 행위의 정반대다. 어려운 시기에 우리는 가장 먼저 본능적으로 누군가에게 전화해 조언을 구한다. 과거에 자신이 남에게 했던 조언을 돌이켜보거나 비슷한 상황에 놓인 누군가에게 연락해 그들에게 조언하면 도움이 된다. 우리는 우리가 다른 사람에게 하는 조언에 귀를 기울여야 한다. 남에게 하는 조언이 보통 내게 필요한 조언이다.

내가 실시한 한 연구에서는 받기보다 주는 게 훨씬 더 동기 유발된다는 결과가 나왔다.[16] 받는 행위는 수동적이다. 늘 지도를 받기만 하면 다른 사람에게 의존하게 된다. 주는 행위는 능동적이다. 다른 사람을 지도하면 여러분이 뭔가 남에게 해줄 거리가 있다는 사실을 떠올리게 된다. 여러분이 스스로 힘으로 해낼 만큼 강하다는 자신감을 준다. 여러분은 이미 여러분의 힘으로 다른 사람을 도왔으니까 말이다.

겨울 한 철 내내 황금의 13인은 서로에게 의지해 서로 지도하고 격려했다. 집단을 똘똘 뭉치게 하려고 리어는 모임에 일찍 나타났다. 동료 후보생들이 항해술의 육분의(六分儀)를 사용하는 방법을 배우느라 애를 먹을 때 그는 그 기법을 계속 시도하도록 그들을 지도하고 격려했다. 이를 통해 그는 자신도 그들에게 기여할 게 있다는 사실을 본인에게(그리고 동료 후보생들에게) 보여주었다.

황금의 13인은 서로 지도하면서 단순히 조언과 격려만 하는 데 그치지 않았다. 그들은 서로에게 책임도 물었다. 쿠퍼는 "우리 한 사람 한 사람 모두 포기하고 싶은 순간이 있었다"라고 회상하면서 다음과 같이 덧붙였다. "그때 '어, 포기하면 안 돼. 우리는 이걸 해내야 해'라고 말해줄 동료 후보생들이 곁에 있어서 큰 힘이 되었다." 마틴은 나머지 후보생들에게 반드시 성공해야 한다며 농땡이 부리고 싶은 핑계들을 늘어놓지 말라고 했다. 그들은 생각이 딴 데 가 있는 동료 후보생이 보이면 가차 없이 지적했고 과제에 집중하도록 해주는 비결을 서로 교환했다. 그들은 상부상조하면서 본인 자신에 대한 기대치도 상승했다.

스틸웰은 황금의 13인을 대부분 인터뷰하고 나서 그들의 대응에 놀랐다며 다음과 같이 말했다. "그들을 가르친 가장 엄격한 강사들조차 그들이 자신에게 엄격한 정도만큼 엄격하지는 않았다." 그들 앞에 놓인 어려운 과제는 더는 위협이 되지 않았다. 도전이었다. 그들은 각자가 혼자서 자기 자신에 대해 의구심을 품기보다 집단적인 역량을 믿었다. 쿠퍼 말마따나, "우리는 우리 중 한 사람이 성공하면 우리 모두 성공하게 된다고 확신했다".

황금의 13인은 자신감과 능력에서 처음에 존재하던 격차를 메울 방법을 찾았다. 그러나 군 지도부가 그들에 대해 의구심을 품고 있는 상황에서 그들도 그들 자신에 대해 의구심을 품을 충분한 이유가 있었다. 다른 사람들이 여러분의 역량을 믿지 않는 상황에 놓이면 포기하거나 달아나버리기 쉽다. 존중받지 못하는 상황은 성장을 저해하는 독특한 장애물이고 이를 극복하려면 독특한 종류의 임시 구조물이 필요하다.

최근 나는 이러한 난관을 헤쳐나간 사람을 우연히 만나게 되었다.

나는 내가 무대에 오르기 몇 년 전부터 그녀가 청중을 흥분하게 만든다는 이야기를 들었다. 마침내 그녀를 만났을 때 그녀는 내게 힘겨운 투쟁에서 동기를 유발하는 비결에 대해 놀라운 이야기를 들려주었다.

산더미 같은 의구심

앨리슨 러빈(Allison Levine)은 숨을 헐떡이면서 혹시 실수한 게 아닌가 생각했다.[17] 때는 2002년, 러빈은 세계 최고봉 에베레스트산 첫 등정에 도전한 미국 여성 탐험대의 대장을 맡고 있었다. 러빈은 등반 경로에서 가장 험난한 구역에 도달했다. 쿰부 빙벽(Khumbu Icefall)이었다. 머리 위로 2,000피트(약 610미터) 치솟은 빙벽은 햇볕이 강렬해지면서 점점 불안정해졌다. 그녀는 얼음에 균열이 생기거나 갑자기 눈사태가 발생할 가능성을 피하려면 신속하게 이동해야 했다.

그러나 속도는 러빈의 장점이 아니었다. 키 5피트 4인치(약 163센티미터)에 몸무게 112파운드(약 51킬로그램)에 불과한 그녀는 성큼성큼 큰 보폭으로 걷기에는 체구도 체력도 모자랐다. 30대 중반인 그녀는 겨우 몇 년 전에 등반을 시작했다. 애리조나주 피닉스의 무더운 여름을 견디며 자란 그녀는 북극 탐험가에 관한 책을 섭렵했고 산악 등반가들에 대한 영화는 모조리 봤다. 극지방 탐험을 떠나는 게 그녀의 꿈이었지만 신체적 제약 때문에 혹한을 무릅쓸 용기를 내지 못했다.

러빈은 심장에 구멍이 뚫린 채 태어났다. 직업 탐험가는 언감생심이었다. 그녀는 걸핏하면 기절해 10대를 응급실을 오가며 보냈다. 여러 차례 수술 끝에 심장에 난 구멍은 마침내 닫혔고 그녀는 등반해도 좋다는 진단을 받았다. 그러나 그녀는 여전히 중요한 장애물에 직면하고 있었다. 순환계 장애였다. 혹한의 기온에서 그녀는 동맥이 손가락과 발가락에 혈액을 내보내지 못해 감각을 잃고 동상에 걸리는 심각한 위험에 처할 확률이 높았다.

그래도 아랑곳하지 않고 러빈은 에베레스트 트레킹을 했다. 그녀는 몇 달 동안 후원할 기업을 물색하고 야외 스포츠에 일가견이 있는 여성들을 모아 등반팀을 꾸렸다. 이제 그녀는 그들과 함께 앞으로 건너야 할 빙벽에 난 거대한 구멍을 응시하고 있었다. 발을 조금만 헛디디면 죽음으로 추락할지 모른다.

러빈이 사다리에 발을 딛자 뒤에서 누군가의 목소리가 들렸다. "그 속도로는 정상까지 절대로 못 갑니다." 한 남성 등반가가 외쳤다. "더 빨리 가지 못하겠거든 애초에 여기 있으면 안돼요. 포기하고 집으로 돌아가요." 그녀는 그 남자의 말을 무시하려고 애쓰면서 천천히 그러나 결연히 앞으로 나아갔다.

그녀와 그녀의 등반팀은 결국 쿰부 빙벽을 통과했다. 그들이 통과한 직후 그 구역은 무너져 눈사태가 일어났고 또 다른 등반가는 구사일생으로 죽음을 면했다. 구사일생으로 살아난 게 그때뿐만이 아니었다. 그녀의 팀을 쿰부 협곡까지 데려다준 헬리콥터가 근처 산으로 귀환하다가 추락해 탑승한 전원이 사망했다. 그들이 베이스캠프에서 만난 한 등반가는 나중에 발을 헛디뎌 추락해 사망했다. 러빈은 그녀의 팀이 내리는 수많은 사소한 판단과 그들이 제어할 수 없는 여건들에 목숨이 달려 있다는 사실을 잘 알고 있었다.

거의 두 달 동안 등반한 끝에 러빈과 팀원들은 등반 여정의 마지막 구간까지 도달했다. 죽음의 구역이라고 알려진 곳이었다. 고도가 그정도 되면 인간은 대부분 생존에 필요한 만큼 충분한 산소를 흡수하지 못한다. 러빈은 추가로 산소를 공급받는 장치를 지니고 있었지만, 한 발 내딛는 데 필요한 산소를 공급하기 위해 숨을 5~10차례 들이쉬어야 했다. 그들은 결연히 앞으로 나아갔고 마침내 정상이 시야에 들어왔다.

그때 폭풍이 불어닥쳤다. 강풍에 눈보라로 시계 제로인 상황에서는 전진하기도, 폭풍이 지나가기를 기다리기도 너무 위험했다. 거의 2만 9,000피트(약 8,840미터)를 등반한 끝에 그들은 결국 포기해야 했다. 정상을 채 300피트(약 90미터)도 남겨놓지 않은 상황에서 말이다. 그들은 에베레스트 정상에 오른 최초의 미국 여성팀이 되기를 포기하고 발길을 돌렸다. 러빈은 팀원들을 이끌고 하산했다.

그녀는 귀환하자마자 기자들의 질문 공세에 시달려야 했다. 축하한다, 정상까지 못 갔다, 포기한 심정이 어떤가? 러빈은 그러지 말아야 하는 줄 알면서도 온라인 댓글을 읽었다. 자격도 없는 것들이. 거기 갈 자격이 없어. 그녀가 만찬 모임에서 만난 사람들은 그녀의 노력을 폄훼했다. 에베레스트산 등반했다는 말은 하지 말아라. 정상까지 못 갔으면 등반으로 치면 안 된다. 그녀는 실패자라는 기분이 들었다.

러빈은 자신에 대한 회의와 우울증의 나락으로 빠져들었다. 그녀는 그녀의 팀과 후원해준 기업과 조국을 실망시켰다는 생각이 들었다. 그녀의 귀에는 남자 등반가가 한 말이 계속 들렸다. 속도가 너무 느리다는 말 말이다. 그녀는 다시는 에베레스트산에 발도 들여놓지 않겠다고 맹세했다.

불꽃 살리기

사람들이 우리에게 기대를 걸면 말이 씨가 된다. 다른 사람들이 우리의 잠재력을 믿으면 우리가 오를 사다리가 된다. 다른 사람들의 믿음과 기대는 우리가 더 높은 열망을 품게 하고 더 높은 봉우리에 도달하게 해준다. 직장에서 관리자가 직원들에 대한 기대치를 높이면[18] 직원들이 보통 더 열심히 일하고 더 많이 배우고 업무 수행도 더 잘하게 된다는 수십 개의 연구 결과가 있다. 학교에서는 교사가 학생에 대한 기대치를 높이면[19] 학생들이 더 똑똑해지고 점수도 오른다. 특히 불리한 여건에서 시작하는 학생들의 경우 더더욱 그러하다.

높은 기대는 우리가 정상을 오르는 지지대가 되어주고 낮은 기대는 우리의 전진을 방해한다. 마치 납으로 만든 신발을 신고 있는 느낌을 준다. 이를 골렘 효과(Golem effect)라고 일컫는다. 다른 사람이 우리를 과소평가하면[20] 우리의 노력과 성장도 제약을 받는다. 이처럼 말이 씨가 되는 상황은 특히 걸핏하면 낮은 기대에 직면하는 낙인찍힌 집단에게서 두드러진다.[21] 펜실베이니아대학교 와튼스쿨 교수이자 내 동료인 사미르 누르모하메드(Samir Nurmohamed)가 실시한 파격적인 연구에는 반전이 있다. 다른 사람들의 낮은 기대를 여러분의 장점으로 전환 가능한 때가 있다.[22] 남들의 기대가 낮다고 해서 제자리에 머물라는 법은 없다. 오히려 낮은 기대를 지렛대 삼아 앞으로 나아갈 수 있다.

누르모하메드는 한 실험에서 사람들에게 움직이는 원을 마우스로 클릭하는 과제를 주었다. 실험 대상들이 한 차례 연습을 마친 후 실험 관찰자는 그들에게 무작위로 메시지를 보냈다. 일부는 기대가 크다는 메시지를 받았다. 이 과제에서 당신은 다른 사람들을 깜짝 놀라자빠지게 만들 수 있다. 내 생각에 당신은 다른 사람들을 전부 제칠 자질이 있다. 일부는 기대하지 않는다는 메시지를 받았다. 다른 사람들이 이 과제에서 당신을 묵사발로 만들게 된다. 단 한 사람도 제칠 자질이 보이지 않는다.

		신뢰성	
		무지한 자	식견 있는 자
기대 수준	의구심	도전 정신: 그들이 틀렸음을 증명하리라	위협감: 나는 그걸 해낼 자질이 없다
	믿음	요지부동: 감동시키기는 식은 죽 먹기다	사기 충만: 그들이 옳음을 증명하리라

이러한 기대가 발휘하는 효과는 기대하는 주체가 누군가에 달려 있다. 높은 기대가 가열찬 노력과 과제 수행 결과의 향상으로 이어지려면 기대가 그 과제에 대한 식견이 있는 사람에게서 비롯되어야 한다. 그러나 관찰자가 신뢰할 만한 사람이 아니고 해당 과제에 대해 잘 알지도 못하면 효과는 역전된다. 즉 그런 관찰자가 격려하기보다 의구심을 표할 때 사람들은 한층 더 열심히 하고 훨씬 더 잘한다.

여러분이 이미 목표 추진에 착수했는데 전문가들이 여러분에게 의구심을 보인다면 이는 위협이다. 전문가는 신뢰성은 있을지 모르나 그들은 여러분의 잠재력을 인식하지 못하므로 여러분이 진전을 이루도록 도와줄 코치는 아니다. 그들이 여러분을 믿지 않으면 여러분은 금방 자신감을 잃는다. 그들이 여러분을 미덥지 않아 하면 여러분의 자신감이 무너지고 성장을 저해한다. 말이 씨가 된다.

그런데 미덥지 않아 하는 주체가 식견이 없다면 그들의 낮은 기대감은 실현되지 않을지도 모른다. 여러분은 여러분이 성공하지 못한다는 그들의 확신을 깨부수겠다는 의지가 불타오르게 된다. 누르모하메드는 이를 약자 효과(underdog effect)라고 일컫는다.

초보자들이 여러분을 미덥지 않다고 여기면 여러분의 도전 정신이 불타오르게 된다. 쥐뿔도 모르는 것들이라고 생각하고 그들의 낮은 기대를 마음에 담아두지 않는다. 그러나 그들을 무시하지도 않는다. 그들의 기대를 거스르겠다는 동기가 유발된다. 내가 증명해 보이겠다. 여러분의 자신감을 무너뜨리는 그들의 의구심이 오히려 자신감을 강화하는 시련이 된다. 예상을 깨고 성공할 약자 같은 기분이 든다.● 앨리슨 러빈처럼 말이다.

2002년 에베레스트 정상 등정에 실패한 후 러빈은 사람들의 부정적인 발언이 머리에서 지워지지 않았다. 그녀는 그들이 신뢰할 만한 전문가가 아니라는 사실을 익히 알고 있었다. 온라인 댓글로 사람들을 갈구는 익명의 무리, 기자들, 지인들은 등반에 대해 아무것도 몰랐다. 그녀 뒤에서 산을 오르던 남자 등반가는 그녀의 체격과 체중으로 정상에 오르려면 어떻게 해야 하는지 전혀 알지 못했다. "또 한 번 정상 등정에 실패할지 모른다는 두려움보다 부정적인 발언을 한 이들이 틀렸음을 증명하고 싶은 욕구가 훨씬 강했다. 무지한 누군가가 당신을 미덥지 않다고 여기면 도전하겠다는 투지가 불타오른다. 나는 부정적인 발언을 한 사람들이 이기도록 내버려두고 싶지 않았다. 나는 그들이 내뱉은 말을 취소하게 만들고 싶었다"라고 러빈이 내게 말했다.

가장 큰 난관을 극복하려면 약자 효과를 능가하는 임시구조물이 필요하다. 러빈이 에베레스트에 다시 도전하는 불편함을 받아들이

● 약자 효과는 자신감이 높은 사람들만의 전유물이 아니다. 여러분이 해당 과제를 해낼 자신이 있다고 느끼든 말든 상관없이 무지한 부정적 평가자들은 동기 유발 요인이 될 수 있다는 사실을 사미르 누르모하메드는 발견했다. 그러나 끊임없이 다른 이들로부터 낮은 기대를 받으면 위축된다. 누르모하메드와 동료 학자들이 구직자를 대상으로 한두 가지 실험에서 이를 증명했다.[V] 심각한 차별에 직면한 사람들이 구직에서 훨씬 더 어려움을 겪는다. 차별은 그들의 자신감을 무너뜨린다. 실험 대상들을 무작위로 여러 집단으로 나누고 한 집단에게는 그들이 낮은 기대에 직면해 성공한 경험담을 이야기하도록 했더니 구직의 효과가 높아지고 실제로 채용될 확률도 개선되었다. 일단 부정적인 시각을 극복하고, 그러한 경험을 자신에게 되새기면 다른 사람들이 틀렸음을 증명할 여러분의 역량에 대한 여러분의 믿음이 강해진다. 2023년 오스카 여우주연상을 받은 미셸 여(Michelle Yeoh, 양자경) 말마따나, "여러분 자신이 만든 제약은 여러분을 옥죄는 한계가 되지만, 다른 사람들이 만든 제약은 격파해야 할 한계가 된다[VI]".

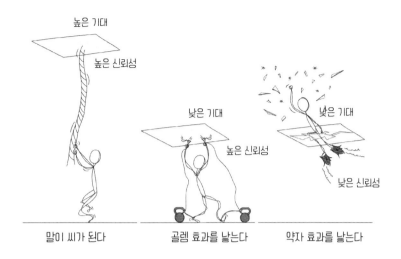

높은 기대

높은 신뢰성

낮은 기대

높은 신뢰성

낮은 기대

낮은 신뢰성

말이 씨가 된다   골렘 효과를 낳는다   약자 효과를 낳는다

겠다고 결심하려면 그녀를 비판하는 이들의 입을 다물게 만들겠다는 것 이상의 동기가 필요했다. 그녀가 다시 자력으로 일어서려고 하다가는 좌절하고 말지 몰랐다. 두 번째로 등반에 실패한다면 그녀는 등반 경력에 종지부를 찍게 될지도 몰랐다. 그녀는 다시는 등반팀을 구성하지도, 후원자를 얻지도 못할지 몰랐다. 그녀는 두 번째 등반이라는 위험을 감수할 더 큰 명분이 필요했다.

열망 불태우기

다른 사람들이 틀렸음을 증명하고픈 욕구는 투지에 불을 지핀다. 그러나 불씨를 불기둥으로 만들려면 투지 이상이 필요하다. 무지한 부정적 평가자는 우리에게 싸울 상대를 주지만, 솟구치는 불기둥은 싸워야 할 명분에서 비롯된다.

우리에게 소중한 사람들을 위해서 투지를 불태울 때 장애물을 극복하기가 훨씬 쉽다. 다른 사람들이 우리를 믿으면 우리는 우리 자신도 몰랐던 강인함을 새삼 발견하게 된다. 조직행동 분야의 전문가 마리사 샌델(Marissa Shandell)과 나는 한 연구에서 올림픽 다이빙 선수들이 개인 경기에 출전했을 때와 파트너와 함께 경기에 출전했을 때의 성적을 비교해봤다. 똑같은 난이도의 다이빙 자세라도 개인 자격으로 출전했을 때보다 팀으로 출전했을 때 실책을 범할 가능성이 더 낮았다.[23] 마시멜로 실험에 참여한 아이들에게서도 유사한 유형이 나타난다. 독일과 케냐에서 아이들에게 지금 당장 쿠키를 먹을 선택지와 몇 분 기다렸다가 쿠키 하나를 더 상으로 받을 선택지를 주었는데, 유혹에 굴복하면 다른 아이도 추가로 쿠키를 받지 못하게 된다는 사실을 알고 나서[24] 보상을 지연하는 시간이 더 길어졌다. 동반자가 있으면 여러분 본인의 역량에 대한 의구심('내가 과연 이걸 할 수 있을까?')을 품지 않게 해주고, 결의('나는 네가 실패하는 이유가 되지 않겠어')를 다져준다. 마이아 앤절로(Maya Angelou) 말마따나, "내가 최선을 다하는 까닭은 나를 믿는 그대를 믿기 때문이다".[25]

에베레스트 정상 등정에 실패한 후 러빈은 그녀를 믿는 사람을 얻었다. 그녀의 친구 메그는 그녀에게 다시 시도해보라고 했다. 러빈은 불가능한 줄 알면서도 "네가 나와 같이 가준다면 할게"라고 대답했다. 메그는 뛰어난 운동선수였지만 두 차례 림프종을 앓는 바람에 폐가 손상되었다. 안타깝게도 메그는 폐렴으로 2009년 세상을 떠났다.

러빈은 그녀의 발자취를 기리기 위해 뭔가 뜻깊은 일을 하고 싶었고, 메그를 추모하는 의미에서 에베레스트 등정을 결심했다. 싸워야 할 중요한 명분이었다. 몇 달 만에 그녀는 메그의 이름을 새긴 피켈을 휴대하고 네팔로 날아가 알지도 못하는 산악 등반가 탐험팀에 합류했다. 이번에 그녀는 직접 선발한 팀을 이끌지는 않았다. 독자적인 등반가들 한 무리와 느슨한 연대를 했을 뿐이다.

러빈은 쿰부 빙벽을 건널 때 자신을 미덥지 않아 한 모든 이들에 대해 생각했다. 뒤따라오던 그 남자와 온라인 댓글부대뿐만 아니라 그녀의 순환계 질환으로 등반은 위험하다고 주장한 의사들도 떠올랐다. 그녀는 다짐했다. 이들 모두 틀렸다는 걸 증명하려면 한 발씩 앞으로 내딛기만 하면 돼. 그것만으로 충분치 않을 때 그녀는 피켈을 내려다보고 자신에게 다짐했다. 나는 메그를 위해서 등반을 하는 거야. 그러한 명분은 그녀에게 자신감을 한층 더 북돋아주었다.

몇 주를 오른 끝에 러빈은 8년 전 등반을 포기한 바로 그 지점에 다시 섰다. 그녀는 체력이 고갈되었고 자신에 대해 의구심이 들기 시작했다. 그때 누군가가 그녀의 이름을 외쳤다. "이봐, 러빈. 여기보다 더 멀리 갈 거라고 약속해." 또 다른 탐험대의 가이드인 마이크 호스트(Mike Horst)는 뒤따라가면서 그녀를 격려했다. "어깨를 짓누르고 있던 짐을 내려놓는 느낌이었다"라고 그녀는 내게 말했다. 그녀는 그를 믿었다. 그는 식견도 있고 그녀를 믿어주었기 때문이다. "호스트는 여러 번 에베레스트 정상에 올랐다. 내가 해낼 거라고 그가 생각한다면 나는 할 수 있다고 생각했다." 무지한 부정적 평가자들이 틀

우리가 경탄해야 하는 대상이라고
배우는 강인함

해냈다!

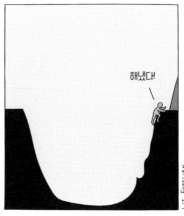

우리가 경탄해야 할
진정한 강인함

해냈다!

렸음을 증명해야 하는 데다가 기려야 할 아끼는 친구도 있고, 게다가 이제는 그녀의 성공을 응원하는 믿음직한 지지자까지 생겼다. 그녀는 호스트와 악수를 하고 계속 전진했다.

러빈이 정상에 도달한 순간 그 의미는 단순히 세계 최고봉 등반이라는 목표를 달성한 데 그치지 않았다. 에베레스트 등반은 모험가 그랜드 슬램을 완성하는 그녀의 마지막 발걸음이었다. 러빈은 7개 대륙의 최고봉들을 모두 등정하고 북극과 남극을 스키로 횡단한 지구상의 몇 십 명에 불과한 부류의 대열에 합류했다. 그러나 그녀는 돌이켜보면 가장 자랑스러운 순간은 그 정상에 마지막 한 발을 디딘 순간이 아니라 그녀가 발걸음을 돌린 바로 그 지점에 도달하기 위해서 에베레스트를 다시 찾기까지의 여정이라고 말한다.

진전을 이룬다고 해서 반드시 앞으로 나아간다는 뜻은 아니다. 때로는 후퇴해야 한다. 진전은 여러분이 도달하는 정상만이 아니라 여러분이 건너는 협곡에서도 보인다. 회복 탄력성은 성장의 한 유형이다.

불모지 개척하기

황금의 13인은 싸워야 할 명분에서(그리고 낮은 기대에 맞서 싸워야 한다는 생각에서) 목적의식을 얻었다. 그들은 전형적인 부정적 평가자들보다 훨씬 큰 장애물에 직면했다. 여러 차례 해군 지도부는 강사들이 편파적임을 지적했다. "대부분이 상종조차 하기를 꺼렸다"라고 백인 대위 존 딜러(John Dille)가 탄식했다. "장교들은 특정한 태도를 보이지 말라(흑인 후보생들을 백인 후보생들과 동등하게 대하라)"는 주의를 받아야 했다. 그런데도 여러 백인 강사들은 그들이 절대로 해내지 못하리라고 말했다.

황금의 13인이 보기에 그들을 부정적으로 평가하는 이들은 그들을 평가할 자격이 없었다. 그들을 가르치는 수석강사는 겨우 2년 앞서 해군사관학교를 졸업했다. 그는 대부분의 13인들보다 경험도 적었다. 그리고 그는 그들의 역량에 대해 조금도 알지 못했다. 그들은 그의 의구심을 동기 유발의 에너지로 삼았다. 그들은 그가 틀렸음을 증명하겠다고 결심했다. "우리가 실패해 흑인 장교 후보생 선발을 중단할 핑계가 생기길 은근히 바라는 이들도 있었다. 우리는 능력도 없고, 똑똑하지도 않았다고 할 수 있으니까 말이다"라고 새뮤얼 반즈는 지적하면서 다음과 같이 말했다. "그 덕분에 기필코 성공하고야 말겠다는 투지가 한층 더 불타올랐다. 우리는 '이걸 이용하자. 우리는 해낼 것이다. 우리가 성공하지 않기를 기대하는 이들이 있기 때문이다'라고 생각했다." 부정적인 평가자들이 틀렸음을 증명하기 위해 그들은 전원이 성공해야 했다. 그리고 그들은 서로를(또는 그들이 만든 공동체를) 실망시키고 싶지 않았다.

우리는 집단 전체가 우리에게 의존할 때 가장 깊숙이 저장된 결의를 발굴해낸다. 내 동료인 케런 놀튼(Karren Knowlton)은 우리가 어떤 집단에 강한 소속감을 느끼면[26] 우리 각자의 자력이 서로 연결되었다고 느낀다는 사실을 보여주었다. 우리는 집단 전체를 끌어올리기 위해 우리 집단에 대한 낮은 기대를 거스르는 투지를 불태우게 된다. 나아가 우리 자신을 증명하는 데 그치지 않고 새로운 길을 만들어 다른 이들이 따라올 수 있게 하고 싶어진다.

황금의 13인은 그들이 본인 자신보다 더 큰 무언가를 대표한다는 사실을 알고 있었다. 조지 쿠퍼는 "우리는 우리가 불모지를 개척하고 있다는 사실을 인식하고 있었다. 우리가 실패하면 향후 아주 오랫동안 이런 기회를 얻지 못하게 될 이들이 12만 명이나 되었다. 이는 아주 무거운 책임감이었다. 우리는 끊임없이 이 책임감에 관해 대화를 나눴다"라고 말했다. 그들은 미래 세대들도 돕고 있었다. 제시 아보말마따나, "우리는 걸음마를 터득했다. 우리를 뒤따라오는 이들은 달릴 수 있도록 말이다".

그들은 미래의 해군 장교들을 위해 피부색 장벽을 무너뜨리는 쾌거 그 이상을 달성했다. 황금의 13인은 그들의 후배들이 대단한 성취를 향해 전진하도록 해줄 수많은 길을 개척했다. 달튼 보는 MIT에서 기계공학 석사학위를 받고 해군 최초로 흑인 최고 엔지니어가 되었다. 데니스 넬슨은 해군 소령으로 진급했고 문해력을 가르치는 프로그램을 운영해 수천 명의 해군 선원을 교육하고 많은 이들이 생애 처음으로 유권자로서 선거에서 한 표를 행사하도록 해주었다. 레지널드 굿윈은 해군 선발 부서 책임을 맡았다. 새뮤얼 반즈는 교육행정에서 박사학위를 취득하고 전미대학체육협회(NCAA) 최초로 흑인 임원이 되었다. 실 화이트는 일리노이 주지사 내각에 합류한 후 판사가 되었다. 그와 쿠퍼는 여성의 권리와 동성애자의 권리를 옹호하는 게 흔해지고 사회적으로 수용되기 수십 년 앞서, 해군에서 여성 권리와 동성애자 권리를 옹호하는 운동을 했다.

책임감 있는 후손보다 훌륭한 조상이 되는 게 훨씬 중요하다. 너무 많은 이들이 미래의 길잡이가 되기보다 과거의 지킴이가 되는 데 자기 삶을 바친다. 우리는 우리 자녀들이 우리를 자랑스러워하도록 만드는 데 집중하기보다 부모가 자랑스러워할 우리가 되려고 노심초사한다. 각 세대는 앞선 세대를 기쁘게 하려고 애쓰기보다 우리를 계승할 이들을 위해 여건을 개선해야 한다는 책임감을 느껴야 한다.

―――――

황금의 13인은 역사적인 성과를 이뤘지만 한동안 해군의 인정을 받지 못했다. 1944년 그들이 장교 훈련을 마칠 당시에 졸업식도 축하도 없었다. 그들은 그레이트 레이크스(Great Lakes)에 있는 장교 클럽 출입도 금지되었다.

1987년 황금의 13인 가운데 당시 생존해 있던 이들은 마침내 그들의 역사가 시작된, 시카고 외곽에 있는 장소에 모였다. 해군 최초의 흑인 장군이 그들이 이룬 성과를 기념하는 건물을 헌정하는 의식을 주관했다. 오늘날에도 새 훈련병들이 기초 훈련을 받기 위해 입소할 때 황금의 13인 등록 센터에서 입소 신고를 한다.

그들의 업적을 기리기 위해 그들의 명칭을 붙인 장소만 생긴 게 아니라, 황금의 13인은 그들의 손길이 닿은 많은 이들에게 감동을 주었다. 그들이 훈련을 마친 지 30년 만에 처음으로 재회할 당시 그들이 만난 흑인 장교는 한 줌도 안 되었다. 이제는 강당 전체가 그들이 활짝 열어젖힌 문을 통과한 수백 명으로 가득 찼다. 흑인 대령들이 연달아 그들에게 다가와 감사를 표했다. "이 모두가 당신들 덕분입니다"라는 의미였다.

주변의 수많은 이들이 황금의 13인을 의심했다. 그들이 본인 자신에 대해 의구심을 품은 순간도 있었다. 그러나 그들은 서로를 믿었고 다른 이들을 위해 새로운 길을 개척하겠다는 결의를 다졌다.

홀로 장애물에 맞서기는 가능하다. 그러나 우리의 힘을 다른 이들과 합하면 우리는 가장 높은 곳에 도달하게 된다. 신뢰성 있는 여러 사람이 우리를 믿어준다면 여러분은 그들을 믿어야 한다. 무지한 부정적 평가자가 우리를 미덥지 않게 생각한다면 우리가 싸우는 명분이 무엇인지 상기시킬 필요가 있다.

HIDDEN POTENTIAL

3부

—

기회를 만드는 체제

기회의 문과 창문을 활짝 열어젖히기

—

ADAM GRANT

품성 기량과 임시 구조물은 우리 자신과 우리 주변 사람들이 숨은 잠재력을 찾고 발휘하도록 도와준다. 그러나 더 많은 사람에게 더 대단한 것들을 성취할 기회를 주려면 훨씬 큰 게 필요하다. 대규모로 기회를 창출하려면 우리는 학교, 팀, 조직에서 더 나은 체제를 구축해야한다. 앞서 언급한, 우리가 유치원에서 배우는 품성 기량이 미래의 성공과 연결된다는 연구를 발표한 라즈 체티는 기회의 영향에 대해 강력한 증거를 제시한다.[1]

체티와 그의 동료 학자들은 혁신가가 되는 데 기회가 어떤 영향을 미치는지에 관심이 있었다. 그들은 일부 아이들은 가용 재원에 특별히 접근하도록 해주는 환경에서 자란다고 가정했다. 100만여 명 이상의 미국인을 대상으로 그들의 연방 소득세 납부 신고와 특허 출원을 연관해 살펴보니 놀라운 결과가 나왔다. 가계 소득 상위 1퍼센트인 가정에서 자란 사람들이 중앙값 소득 이하 가정 출신의 사람들보다 발명가가 될 확률이 10배가 넘었다. 부유한 가정에서 자라면 특허를 취득할 확률이 1,000분의 8이었지만, 가난한 가정에서 자라면 이 확률은 1만 분의 8로 추락했다.

가계 소득은 비슷한 수준의 인지적 기량을 지닌 사람들을 비교할 때도 격차를 보였다. 3학년 학생 두 명이 산수 시험에서 95분위 안에 들었다면, 고소득 가정 출신의 학생이 발명가가 될 확률은 저소득 가정 출신 학생의 두 배 이상 높았다. 설상가상으로, 저소득 가정 출신의 산수 신동들은 같은 산수 시험에서 평균 이하의 점수를 받은 부유한 가정 출신 아이들보다 발명가가 될 가능성이 크지 않았다.

천재를 비범한 능력을 지닌 사람이라고 생각하면 그들에게 영향을 준 삶의 여건의 중요성을 간과하게 된다. 부유한 아이들은 좋은 아이디어가 있으면 이를 시도할 기회를 얻는다. 그러나 그보다 운이 없는 아이들 가운데는 아인슈타인이 될 뻔한 아이들도 있다. 그들은 기회만 있었다면 위대한 혁신가가 됐을지도 모른다.

그 이유를 파악하기는 어렵지 않다. 체티의 연구팀은 부유한 가정의 아이들이 유리한 점으로, 집과 이웃에서 혁신가들에게 훨씬 많이 노출되며 혁신가들을 접할 기회를 얻는다는 걸 꼽았다. 그 아이들의 경우 주변에 그들에게 나침반을 주고 단서를 떨어뜨릴 길잡이들이 훨씬 많다. 그 아이들은 더 원대한 꿈을 꾸고, 더 높이 목표를 세우고, 더 멀리까지 나아간다.

기회 효과는 단순한 상관관계 이상의 의미가 있고, 부를 초월한다. 지리적 여건에서도 기회가 발견된다. 일부 지역은 발명의 온상이고 그런 지역에 발을 들여놓게 되면 큰 영향을 받는다. 체티의 연구팀은 혁신 비율이 높은 지역으로 가족이 이주한 후 아이들이 성인이 되면 특허를 출원할 확률이 더 높아진다는 사실을 증명했다. 아이가 어렸을 때 부모가 루이지애나주 뉴올리언스를 떠나 텍사스주 오스틴으로(1인당 발명가 수가 25분위인 지역에서 75분위인 지역으로) 이주한다면, 아이가 특허를 출원할 확률은 35퍼센트 증가한다. 지리적 여건은 혁신의 분야도 예측한다. 실리콘밸리로 이주하면 아이가 컴퓨터에서 특허를 출원할 확률이 상승한다.

그러나 명당 자리를 찾아 이주한다고 해도 그 지역의 누구에게나 똑같은 혜택이 돌아가지는 않는다. 역할 모델도 중요한데, 소외된 집단들은 종종 역할 모델을 찾는 데 애를 먹는다. 여아들은 여성 발명가들이 많은 지역(매우 드물다)에서 자라야만 특허를 출원할 기회를 더 얻는다. 체티와 그의 동료 학자들은 남아들이 남성 발명가들에게 노출되는 만큼 여아들도 여성 발명가들에게 노출되면 여성의 특허 출원 확률은 두 배 이상 증가하는데, 그렇게 되면 혁신에서 양성 격차를 절반 이상 좁히게 된다는 결과를 얻었다.

훌륭한 체제는 사람들이 장족의 발전을 할 기회를 준다. 훌륭한 체제는 가용 수단이 없이 자란 이들에게 기회의 문을 열어주고, 기회의 문전에서 박대를 당하는 이들에게는 기회의 창을 열어주고, 유리 천장을 박살낼 기회를 걸핏하면 거부당하는 이들에게 유리 천장을 산산조각내게 해준다. 사람들이 숨은 잠재력을 발휘할 체제를 구축하면 아인슈타인처럼 될지도 모를 물리학자[그리고 레이먼드 카버(Raymond Carver)처럼 될지도 모를 소설가, 퀴리 부인(Madame Curie)처럼 될지도 모를 화학자, 에드워드 호퍼(Edward Hopper)처럼 될지도 모를 화가, 리처드 러블레이스(Richard Lovelace)처럼 될지도 모를 시인도]를 잃게 될 위험을 줄이게 된다.

훌륭한 체제를 제대로 설계하면 입학 사정 체제와 채용 체제는 대기만성형과 승산이 낮은 대상에게서 잠재력을 찾아낸다. 팀과 조직

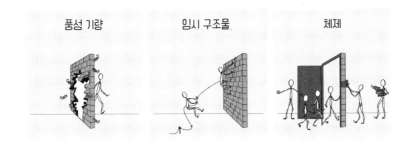

품성 기량　　　　임시 구조물　　　　체제

@RESEARCHDOODLES BY M. SHANDELL

체제는 훌륭한 아이디어는 위에서 아래로만 일방적으로 흐르지 않는 다는 점을 인지하게 된다(그리고 아래로부터의 의견을 경청하게 된다). 그리고 학교 체제는 뒤처진 출발점에서 시작하는 아이들에게 앞서갈 기회를 주게 된다. 천재를 발굴할 만한 곳에서만 천재를 물색하기보다 모든 사람 안에 잠자는 천재성을 육성함으로써 인류가 가장 위대한 잠재력을 발휘하도록 할 수 있다.

7장

모든 아이가 앞서가는 사회
학생들의 잠재력을 최대한 끌어낼 학교 설계하기

> 미켈란젤로가 모든 대리석 조각 안에는 천사가 갇혀 있다고 생각했듯이,
> 나는 모든 학생 안에는 뛰어난 아이가 숨어 있다고 생각한다.[1]
> **마바 콜린스(Marva Collins, 미국의 교육자)**

새 천 년이 시작되면서 10대 수천 명이 각국을 대표해 세계 대회에 모였다. 이 대회는 전 세계에 충격의 파장을 일으키게 되지만 주목을 거의 받지 못했다. 경기장에서의 한판 승부도 없었고, 응원하는 관중도 메달 시상식도 없었다. 대회 결과를 발표하는 소규모 기자 회견이 파리에서 열렸을 뿐이다.

역사상 처음으로 전문가들은 세계 전역에서 모인 청년들의 학업 성취도를 직접 비교할 방법을 고안해냈다. 2000년을 기점으로 3년마다 경제협력개발기구(OECD) 주관하에 수십 개국에서 15세 청소년들이 모여 (수학, 읽기, 과학 기량을 가늠하는 표준화 시험인) 국제학업성취도평

가(Programme for International Student Assessment, PISA) 시험을 치른다.[2] 그들의 점수를 통해 어느 나라가 가장 지식이 풍부한 젊은이들을 배출하는지(그리고 어느 학교가 명문인지) 드러난다.

시험 결과는 단순히 우쭐해할 근거를 제공하는 게 아니다. 현재 교육 체제의 질만큼 미래 세대가 이룰 진전에 큰 영향을 미치는 요소는 없다. 상위인 나라는 다른 나라들이 더 나은 학교를 설계하고 구성원의 교육 수준이 더 높은 사회를 만들 길잡이가 되어준다.

2000년 첫 대회에서 가장 우수한 성적을 올릴 것이라 기대를 받은 나라에는 일본과 한국이 포함되었다. 두 나라는 공부를 열심히 하는 똑똑한 학생들을 배출한다고 정평이 나 있다. 그러나 시험 결과가 나왔을 때 사람들은 깜짝 놀랐다. 최고 성적을 얻은 나라는 아시아에는 없었다. 아메리카 대륙이나 유럽의 교육 초강대국도(캐나다도, 영국도, 독일도) 아니었다. 오스트레일리아나 남아프리카도 아니었다. 우승국은 다름 아니라 뜻밖에도 약체국인 핀란드였다.

한 세대 전만 해도 핀란드는 교육 부문에서는 (말레이시아와 페루와 맞먹고 다른 스칸디나비아 국가들보다 뒤처지는) 후진국으로 알려졌었다. 1960년 기준 핀란드인 89퍼센트의 학력이 9학년을 넘지 못했다. 1980년대 무렵 수학과 과학 올림피아드 성적과 졸업률을 다른 나라들과 비교했을 때 핀란드 학생들은 여전히 평범했다.

그토록 짧은 기간 만에 그처럼 장족의 발전을 한 나라는 드물다. 우발적인 사건이라고 말하는 이들도 있었다. 그런데 2003년 대회에서 우발적 사건이라는 이들의 주장이 틀렸음이 증명되었다. 핀란드는 또다시, 이번에는 더 높은 성적으로 우승을 차지했다.[3] 2006년 핀란드는 대회에 참가한 56개국을 따돌리고 연속해서 세 번째 우승을 거머쥐었다.

물론 어떤 시험이든 결함이 있지만, 핀란드의 탁월한 교육은 PISA에서만(또는 고등학생들 사이에서만) 빛을 발하는 게 아니다. 2012년 OECD가 수십 개국의 16만 5,000명의 성인을 대상으로 다른 성취도 시험을 치렀다.[4] 핀란드는 10대와 20대 모두 수학과 읽기에서 최고 성적을 냈다.

여러 나라의 교장, 정책 수립자, 기자들은 자국의 학교도 개과천선시킬 비법을 알아내기를 바라면서 속속 핀란드로 모여들었다. 그러나 국제 교육 전문가들은 그들에게 그런 비법은 다른 나라에 적용하기가 쉽지 않다고 경고했다. 필수 요소들 가운데는 그 지역에서만 얻을 수 있는 요소도 있었다. 핀란드는 물질적으로 풍요롭고 문화적으로 동질적인 인구 500만 명의 작은 나라다.

이러한 요소들이 핀란드의 성취에 역할을 했을지 모르지만 이러한 요소만으로는 핀란드의 혜성 같은 등장을 설명하는 데 충분치 않다. 핀란드 북쪽의 이웃 나라 노르웨이는 핀란드보다 아동 빈곤율이 훨씬 낮고 학급 규모도 훨씬 작다.[5] 그런데 야릇하게도 핀란드가 급부상한 시기에 노르웨이의 시험 성적은 곤두박질쳤다.[6] 그리고 핀란드는 나머지 스칸디나비아 국가들을 꾸준히 앞질렀다. 뭔가 다른 이유가 있었다.

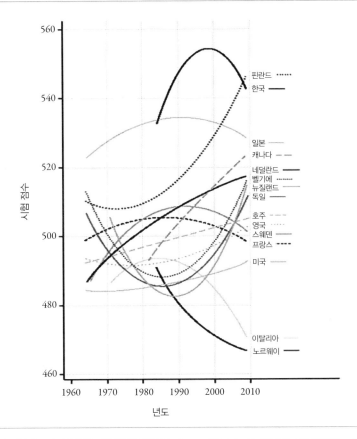

출처: 리플리(Ripley), 《세계에서 가장 똑똑한 아이들(The Smartest Kids in the World)》; 《하누섹 & 뵈스만(Hanushek and Woessmann)》, 《세계적인 지식의 수도(The Knowledge Capital of Nations)》. 경제학자들은 PISA 제도가 도입되기 전의 수치들을 각국이 실시하는 서로 다른 시험들을 비교해 공통적인 척도를 만들어 측정했다.

성적이 기대치를 훌쩍 넘은 핀란드와는 대조적으로, 미국은 기대에 한참 못 미치고 있었다. 2006년 PISA에서 57개 참가국 가운데 미국은 수학 35위, 과학 29위에 그쳤다. 그리고 2018년 무렵 미국은 전체 순위 25위로 여전히 지지부진했다. 미국의 학교들은 핀란드의 놀라운 도약에서 배울 게 많았다.

나는 비법을 찾아 핀란드로 갔다. 교육 전문가들과 대화를 나누고 연구 자료들을 샅샅이 훑어본 끝에 나는 핀란드의 성공을 이끈 단 하나의 마법의 요소가 있는 게 아님을 분명히 알게 되었다.

핀란드를 상징하는 맛있는 블루베리 주스도 아니었다. 그러나 핀란드가 지닌 최고의 요소들 가운데는 어디서든 제구실을 할 수 있는 요소들도 있다. 그리고 그런 요소들을 조정해 개선할 수도 있다. 핀란드가 다른 나라들과 달리한 교육 체제가 뭔지 연구한 결과를 토대로 나는 그들의 성공은 그들이 조성한 문화에서 비롯되었다고 믿게 되었다.

그 문화는 모든 학생의 잠재력에 대한 믿음에 뿌리를 두고 있다. 핀란드 학교는 가장 똑똑한 최고의 학생을 돋보이게 하기보다 모든 학생이 성장할 기회를 주도록 설계되어 있다. PISA에서 핀란드 학교들과 학생들 간의 격차는 세계에서 가장 작았다. 다른 어느 나라보다도 핀란드에서는 불우한 환경이 약점으로 작용하는 정도가 가장 덜했다. 핀란드는 고득점자 비율이 가장 높은 동시에 저득점자 비율도 가장 낮았다.

핀란드 학교에는 "우리는 단 하나의 두뇌도 낭비할 여유가 없다"라는 정서가 널리 퍼져 있었다.[7] 이러한 정서 덕분에 그들의 교육 문화는 독특하다. 숨은 잠재력을 육성하는 비결은 일찍 높은 역량을 보이는 학생들에 대한 투자가 아니라 역량과 상관없이 모든 학생에게 투자하는 길이라는 사실을 그들은 알고 있었다.

기회의 땅에서 배우기

우리가 학교에서 하는 경험은 우리의 성장을 촉진하기도, 부진하게 만들기도 한다. 가용 수단을 총동원해서 우리 안에 숨어 있는 잠재력을 최대한 끌어내는 학교와 교사들도 있다. 전 세계적으로 아동들이 뒤처지느냐 앞서가느냐는 부분적으로는 학교와 교실에서 조성되는 문화에 달려 있다는 증거가 나타난다.[8]

조직심리학에서 문화는 관행(practices), 가치, 저변에 깔린 가정(assumptions), 이 세 가지 요소로 이뤄진다.[9] 관행은 가치를 반영하고 강화하는 일상적 습관이다. 가치는 무엇이 중요하고 바람직한지(어떤 행위를 보상하고 어떤 행위를 처벌할지)를 둘러싼, 공유하는 원칙이다. 저변에 깔린 가정은 마음 깊숙이 뿌리내린, 종종 당연한 믿음처럼 간주되는 세계관이다.[10] 우리가 지닌 가정이 가치를 형성하고, 가치는 다시 관행의 원동력이 된다.

미국의 교육 체제는 승자독식 문화를 중심으로 구축되었다.[11] 미국의 경우 잠재력의 토대는 어렸을 때 발현되는 타고난 역량이라고 가정한다. 그 결과 미국은 드러난 탁월함을 소중히 여긴다. 그래서 미국인들은 뛰어난 역량을 보이는 학생들을 찾아내고 그들에게 투자하는 관행을 채택해왔다. 지능 지수가 높다는 로또에 당첨되었다면 영재 프로그램에 들어가 특별한 관심을 한 몸에 보상받는다. 머리가 나쁘다는 낙인이 찍히면 한 학년 유급하고 자존감이 무너지는 경험을 하게 될지 모른다. 그리고 부잣집에서 태어나는 로또에 당첨되면 최고의 교사들이 포진한 최고 명문교에 입학하기가 훨씬 수월하다. 상대적으로 가난한 가정에서 태어난 또래들은 힘겨운 투쟁에 직면하지만 말이다. 이처럼 불리한 환경에서 태어난 아이들에게 기회를 주기 위해 2001년 미국 의회는 아동 낙오 방지법(No Child Left behind Act)을 입법화했다. 모든 학년에서 모든 학생이 해당 학년 수준에 해당하는 수학과 읽기 역량을 갖추도록 하는 게(그리고 가장 뒤떨어지는 학생들이 낙오하지 않도록 학교에 책임을 묻는 게) 목표였다. 그러나 초당적인 노력에도 불구하고 이 법안은 실효를 거두지 못했다.[12] 미국은 여전히 학교 간에, 그리고 부유층 자녀와 빈곤층 자녀 간에 성취도에서 상당한 격차를 보인다.

이와는 대조적으로 핀란드 교육 체제는 모두에게 기회를 주는 문화를 조성했다. 그 문화의 저변에는 지능은 여러 가지 형태를 띠고 모든 아이는 탁월할 잠재력을 지니고 있다는 정서가 깔려 있다. 이러한 정서 덕분에 균등한 교육이라는 중심적 가치[13]가(그리고 모든 아이가 앞서가도록 설계된 관행들이) 등장하게 된다. 성공은 영재와 재능을 타고난 아이들만의 전유물이 아니다. 모든 학생이 훌륭한 교사로부터 맞춤형 지도를 받고 성장하도록 하는 게 목표다. 학생이 뒤처지면 한 학년 낙제시키는 경우는 극히 드물다. 뒤처지는 학생들이 따라오도록 이끌어주기 위해 학교는 일찍이 개인 교습과 추가 지원을 학생에게 제공한다. 그리고 핀란드는 각 학생이 단순히 성공하도록 돕는 데 그치지 않고 개인적 관심사를 개발하는 데 초점을 맞춘다.

교육 문화 비교

미국: 승자독식
가장 우수한 학생들이 최고의 교사에게
배우고 특별한 관심을 받는다

관행
(우리가 하는 일)

핀란드: 기회의 균등
모든 학생이 최고의 교사에게 배우고
개인 맞춤형 관계와 지원과 관심을 받는다

탁월함 성취

가치
(우리가 소중히 여기는 대상)

기회의 균등 성취

타고난 역량을 지닌
학생들이 어릴 때
잠재력을 드러낸다

저변에 깔린 가정
(우리가 사실이라고 당연히 여기는 것)

모든 학생이
육성 가능한 잠재력을
지니고 있다

에드거 샤인(Edgar Shein)의 문화 모델에서 착안한 피라미드

우리가 교육 체제에 가장 우선 부여하는 가치는 학교에만 영향을 미치는 데 그치지 않는다. 사회에도 스며들게 된다. 미국에서 사람들에게 가장 존경하는 직업이 뭔지 물어보면[14] 가장 흔한 대답이 의사다. 핀란드에서 가장 존경받는 직업은 교사(가르치기)라고 말하는 이들이 많다.[15]

핀란드의 문화가 우연히도 탁월한 교육 체제의 자양분이 되다니 부러울지 모르겠다. 그러나 교육에 대한 한 나라의 가치관과 가정은 주어지는 게 아니라 선택하는 것이다. 1970년대를 기점으로 핀란드는 교육을 전문화하는 대대적인 개혁에 착수했다. 교육 전문가 새뮤얼 에이브럼스(Samuel Abrams)의 설명에 따르면, 핀란드는 "국가 건설의 도구로서 교육의 핵심 가치를 추진했다".[16]

핀란드의 교육 개혁은 교사들을 모집하고 훈련하는 방법을 전면적

으로 뜯어고치는 작업과 더불어 시작되었다. 노르웨이와는 달리 핀란드는 모든 교사에게 명문대 석사학위 자격을 의무화하기 시작했다. 그 덕분에 강하게 동기가 유발되고 사명감이 투철한 후보들이 모여들었다.[17] 교사들은 다른 나라에서 개척해 효과가 증명된 관행들에 대해 고급 훈련을 받았다.[18] 핀란드는 교사에게 봉급도 후하게 주었다.

이러한 가치와 관행들은 하룻밤 새에 문화를 변모시키지 않았다. 1990년대 초, 새로운 지도자가 등장해 '새로운 교육 문화'를[19] 조성할 또 한차례 대대적인 변화를 요구했다. 정책 수립자들은 그들이 이상적이라고 생각하는 문화를 규정하는 노력에[20] 교사와 학생을 동참하게 했다. 그들은 (교사는 신뢰받는 전문가라는) 새로운 가정을 제시했고, 교사들에게 과거에는 고정되었던 교과 과정을 형성할 재량과 융통성을 부여하는 관행을 도입함으로써 그러한 가정을 뒷받침했다.

오늘날 핀란드 교사들은 본인의 판단으로 학생들의 성장을 돕는 대단한 자율성을 누린다. 교사들은 최신 연구 자료를 숙지하고 이를 응용하기 위해 서로 교육하고 지도한다. 그리고 핀란드 교사들은 시험공부에 시간을 허비하지 않아도 된다.●

이러한 노력으로 핀란드 학교들은 기회의 문화를 구축할 토대를 마

● 핀란드는 아주 작은 학생 표본을 추출해 그들에게 교과 과정 전체를 포괄하는 표준화된 시험을 치르게 해[1] 진전이 있는지 점검한다. 이와는 대조적으로 미국과 노르웨이 학생들은 고등학교를 마칠 무렵 대학교에 진학할 준비가 될 때까지 단 하나의 표준화 시험도 치르지 않는다. 핀란드 교사의 봉급이 미국이나 노르웨이 교사의 봉급보다 낮아 보인다면 실질 임금이 아니라 명목 임금으로 비교했을 때 그렇다. 핀란드에서는 달러로 더 많은 소비를 할 수 있고 교사의 각종 혜택도 훨씬 후하므로 교사들이 더 높은 구매력을 누린다.[11]

런했다. 가르치기에 큰 가치를 부여함으로써 누구든 가르침을 받으면 배울 수 있다는 가정이 정착되었다. 핀란드 교육 체제의 세계 최고 권위자인 파시 살베리(Pasi Sahlberg) 말마따나, "핀란드에서 학업 수행 성적이 우수한 학교는 모든 학생이 기대치를 훌쩍 넘는 학교다".

학생 개개인에 내재된 잠재력을 발견하고 개발하려면 교사는 학생 개개인에게 맞춤형 교육을 해야 한다는 근본적인 가정을 받아들여야 한다. 놀랍게도 학급 규모가 작을 필요가 없다. 핀란드 교사는 보통 20명 정도를 가르친다. 맞춤형 학습 관행들도 실행한다. 핀란드 학교들은 학생들이 교사와 개인 맞춤형 관계를 구축하고 맞춤형 지원을 받고 맞춤형 관심사를 개발하도록 함으로써, 균등한 기회를 강조하는 문화를 조성한다.

교사와 학생의 지속적 관계

모든 학교가 (이미 지닌 가용 재원만으로) 전반적으로 학생들이 더 큰 성취를 이루도록 도울 수 있는 단 하나의 간단한 관행이 있다면 어떻게 될까? 핀란드에는 있다. 학생 맞춤형 관계를 촉진하도록 설계된 관행이다. 이는 교사들이 학생들에게 가르치는 자료뿐만 아니라 학생들도 잘 파악하도록 해준다. 그리고 이 관행은 대서양 건너 미국에서도 최근에 실험되었다.

경제학자들이 노스캐롤라이나주 초등학생 수백만 명을 조사한 결과 4학년과 5학년 학생들 일부가 다른 학생들보다 산수와 읽기 수행 평가에서 성적이 급격히 증가할 가능성이 크다는 사실을 발견했다. 원인을 추적해봤더니 평가의 향상은 특히 7,000명의 교사에게서 비롯되었다. 나는 즉시 그 교사들이 무엇을 달리했는지 알고 싶은 호기심이 발동했다. 그런데 결정적 차이는 교사 차원이 아니라 학교 체제 차원에 있었다.

상당한 진전을 이룬 학생들을 가르친 교사가 실력이 더 나았던 게 아니다. 단지 학생들이 2년 연속해서 같은 교사에게 배웠을 뿐이다.[21]

이 관행을 관계 고리 맺기(looping)라 일컫는다. 교사가 매년 똑같은 학년의 새로운 학생들을 가르치기보다, 교사도 학생과 함께 학년이 올라가는 방식이다. 맺은 관계를 지속하는 관행의 효과는 노스캐롤라이나주에서만 나타나는 데 그치지 않았다. 또 다른 경제학자들이 인디애나주의 초등학생과 중학생 100만 명을 대상으로 똑같은 실험을 했더니 똑같은 결과가 나왔다.[22]

학생 개개인을 속속들이 알게 될 1년이라는 시간이 더 주어지면 교사들은 학생이 지닌 장점과 극복해야 할 난관을 더 깊이 파악하게 된다. 교사들은 학급의 모든 학생이 본인의 잠재력을 실현하도록 맞춤형으로 물심양면으로 지원할 수 있다.● 교사들이 각 학생에 대해 얻은 미묘하고 묵시적인 지식은 그 이듬해 새로운 선생에게 학생들

● 관계 고리 맺기는 다른 학생들에게까지 영향을 미친다는 이점이 있다. 최소한 40퍼센트의 학생이 바로 전년도에 배웠던 교사에게서 다시 배우게 되면, 그 학급의 나머지 학생들도 수학과 읽기 역량이 개선될 가능성이 커진다. 교사가 일부 학생들과 이미 교감을 나누고 친숙해지면 처음 맡게 된 학생들을 파악하려고 배가의 노력을 기울이기 때문일지도(그리고 학급을 잘 관리하고 서로 돕는 학습 환경을 조성하기가 훨씬 쉽기 때문일지도) 모른다.

을 넘겨주어도 소실되지 않는다.

핀란드는 관계 고리 맺기 관행을 즐기는데, 나는 핀란드가 이 관행을 어디까지 밀어붙일지 전혀 몰랐다. 핀란드 초등학교의 경우 (겨우 연속 2년이 아니라 6년 동안 연속해서) 여러 학년 동안 같은 교사가 같은 학생들의 교습을 맡는 경우가 흔하다.[23] 교사들은 자신이 담당한 과목에서만 특화하는 데 그치지 않고 자기가 맡은 학생들에 관한 지식에서도 전문가가 된다. 교사의 역할은 강사에서 코치이자 멘토로 진화한다. 교사들은 지식 전달과 더불어 학생들이 본인의 목표를 향해 진전을 이루고 사회적 정서적 난관을 잘 헤쳐나가도록 도와준다.

나는 관계 고리 맺기에 대한 연구 논문을 보기 전까지는 깨닫지 못했는데, 나도 운 좋게도 관계 고리 맺기로부터 이득을 보았다. 내가 다닌 중학교에서는 학생이 총 3년 동안 똑같은 교사 두 명에게 배우는 제도를 시범 운영했다. 내가 수학에서 공간적 시각화에 애를 먹는데도, 볼런드 선생님은 내 학업 수행 역량에 의문을 품지 않았다. 내가 대수학을 배우는 1년 동안 뛰어난 성적을 올린 사실을 알고 있었던 볼런드 선생님은 내가 추상적인 사고를 한다는 사실을 알고, 도형을 3차원으로 그리기에 앞서 등식을 이용해 도형의 차원을 규명하도록 가르쳐주었다. 사회과학과 인문과학에 대해 열정을 보이는 나를 수년 동안 지켜본 미닌저 선생님은 내 관심사가 뭔지 잘 파악하고 있었다. 미닌저 선생님은 그리스 신화의 등장인물을 분석하고 모의재판에서 반박 논리를 예측하는 등 내가 열정을 보이는 과제들의 밑바탕에 깔린 공통적인 주제를 파악하고 내게 1년 동안 심리학 프로젝트를 권했다. 고맙습니다, 미닌저 선생님.

그러나 관계 고리 맺기 관행은 미국 학교에서는 널리 쓰이지 않는다. 1997년부터 2013년 사이의 기간에 노스캐롤라이나주의 학교 85퍼센트는 관계 고리 맺기 관행을 전혀 실행하지 않았고, 2년 연속 같은 교사에게서 배운 학생은 겨우 3퍼센트였다. 교육 비평가들은 교사가 가르치는 학년을 바꾸면 특화된 기량을 개발하는 데 방해가 된다고 우려를 표명해왔다. 학부모들은 같은 교사에게 자녀를 한 번 이상 맡기게 될까 노심초사했다. 내 아이가 《해리포터》에 나오는 볼더모트(Voldemort) 같은 선생의 반에 배정되면 어쩌지? 그러나 관계 고리 맺기는 실제로 뛰어나지 않은 교사들(그리고 성취도가 낮은 학생들)에게 가장 큰 효과가 있다. 장기간 관계를 구축하면 고군분투하는 교사와 학생들이 가장 큰 혜택을 누린다는 데이터가 있다. 교사와 학생이 함께 성장할 기회를 주기 때문이다.

그러나 학생들이 한 명의 교사가 감당할 수 있는 정도를 훌쩍 능가하는 난관에 직면했다면 어떻게 될까? 학생들이 고군분투할 때는 교사와의 개인 맞춤형 관계 이상의 뭔가가 필요하다. 바로 이런 상황에서 핀란드는 맞춤형 지원의 관행들을 제시하는 데 있어서 한발 더 나아간다.

네 곁을 떠나지 않겠다는 약속

수년 전 핀란드의 에스푸(Espoo)라는 도시에서 베사트 카바시(Besart

Kabashi)라는 6학년 학생이 학업에서 뒤처지고 있었다. 알바니아 이민자인 그의 부모님은 그를 데리고 코소보 전쟁을 피해 핀란드로 이주해 난민 신청을 하려는 중이었고 핀란드어는 그에게 낯설었다. 학교 교장 카리 루히부오리(Kari Louhivuori)[24]는 이례적으로 조기에 조치를 취하기로 했다. 교장은 카바시를 1년 유급시키고 특수교사 한 명을 배정해주기로 했다가, 카바시가 허덕이지 않도록 본인이 직접 나섰다. "나는 그해 카바시를 직접 맡았다."

미국에서는 교장이 학생들의 수업을 참관하러 교실에 발을 들여놓는 경우조차 본 기억이 없다. 그런데 핀란드의 한 학교 교장은 바쁜 일정에도 불구하고 시간을 내서 한 학생을 직접 가르치겠다고 주저하지 않고 자원했다. 학생들에 대한 루히부오리의 애정이 얼마나 깊은가 하면, 그는 오래전부터 '아침 운동'이라면서 유치원 교실에 들러 아이들 45명을 차례로 어깨 위로 번쩍 들어 올리곤 했다. 그때마다 신나 하는 아이들의 웃음소리가 울려 퍼졌다. 그는 카바시를 도와야겠다는 결심을 하자 좌고우면하지 않았다. "호들갑 떨 일이 아니다. 우리가 날마다 하는 일이다. 아이들에게 삶을 준비시키는 일 말이다."

벤저민 프랭클린(Benjamin Franklin)은 "호미로 막을 일을 가래로 막는다"라는 말을 했다.[25] 불리한 여건에 놓여 학습 장애가 있는 학생들을 조기에 도우면[26] 그들이 산수와 읽기에서 큰 진전을 이룬다는 수많은 실험 결과가 있다. 그러나 미국에서 가용 재원이 부족한 수많은 학교는 학생들에게 맞춤형 지원을 해줄 여력이 없다. 대부분 주에서 뒤처지는 학생들이나 언어 장벽이 있는 아이들에게 무료 개인 교습이나 지원을 할 인력은 고사하고 연방 특별 교육법을 준수하지도 않는다.[27] 카바시 같은 학생들은 관심 밖으로 밀려나 방치되기가 쉽고 실제로 그런 일은 비일비재하다.

핀란드에서는 모든 학생이 맞춤형 지원과 도움을 받을 수 있다. 이는 상층부에서부터 시작된다. 핀란드 학교 지도부는 단순한 행정가들이 아니다. 그들은 학생 하나하나의 복지 상태와 진전을 이루는지 정기적으로 점검할 책임이 있다. 그리고 직접 학생들을 가르치는 일도 그들의 업무 일환이다.●

교장인 루히부오리의 공식적 직함은 수석교사였다. 그는 매주 시간을 내 3학년 학생들을 가르쳤다. 그는 카바시를 자기가 가르치는 3학년 반에 데리고 와서 다른 학생들이 일과 활동을 하는 동안 읽기를 가르쳐주었다. 그는 카바시에게 그보다 어린 학생들을 도와주도록 함으로써 교습 효과를 발동시켰다. 1년에 걸쳐 루히부오리가 만든

● 해당 조직의 핵심적인 업무에 대해 식견을 갖춘 지도자들이[III] 학교에만 이득이 되는 게 아니다. 의사가 병원을 운영하면 암, 소화기관, 심장과 관련해 훨씬 질 높은 진료를 한다는 연구 결과가 있다. 그리고 대학교는 자기 분야에서 성공한 학자를 총장으로 임명하면 대학교의 연구가 활성화된다. 업무를 깊이 이해하는 지도자는 재능있는 인재들을 모으고 그들의 신임을 얻고 효과적인 전략을 개발하기가 훨씬 수월하다. 핀란드 학교 교장들이 직접 가르치기도 계속하듯이, 조직을 이끄는 의사들도 환자 진료를 계속해야 하고 대학 총장들도 연구를 계속해야 할 설득력 있는 이유가 있다. 내 동료 시걸 바세이드(Sigal Basade)는 이를 설명하는 표현을 만들었다. 직접 본보기가 됨으로써 지도력을 발휘한다(leading by doing).[IV] 그녀는 지도자가 돌아다니면서 지시만 내리고 관리만 하기보다 자기 시간의 5~10퍼센트를 자기 팀이 하는 실제 업무에 투자하라고 권했다. 실제 업무 현장이 어떻게 돌아가는지 파악하고 서열이 낮은 부하 직원들이 지도자보다 못한 사람들이 아니라는 신호를 보내는 강력한 방법이다.

임시 구조물은 카바시에게 큰 변화를 초래했다. 카바시는 새로운 언어를 터득하고 동급생들을 따라잡고 자기가 훨씬 대단한 일을 해낼 역량이 있음을 깨닫게 되었다.

그 이듬해 카바시는 다른 학교로 진급했다. 루히부오리는 카바시의 교사와 정기적으로 연락을 주고받으면서 카바시가 잘하고 있는지 점검했다. 수년이 흐른 후 카바시는 루히부오리의 크리스마스 파티에 나타나 루히부오리에게 감사의 표시로 브랜디 한 병을 건넸다. 루히부오리는 카바시가 겨우 스무 살의 나이에 하나도 아니고 두 가지 사업체(자동차 수리 회사와 세탁 회사)를 운영하는 모습을 보고 흐뭇하고 뿌듯했다.

지원은 상층부에서 시작되지만 거기서 끝나지는 않는다. 핀란드 교육 체제 단계마다 지원 기능이 통합되어 있다. 핀란드의 학교는 하나같이 학생의 복지를 증진하는 팀이다.[28] 그 팀은 학생의 담임교사, 심리학자, 사회복지사, 간호사, 특수교육 교사, 그리고 학교 교장으로 구성된다. 루히부오리도 카바시가 겪는 어려움에 대해 처음으로 팀을 통해 알게 되었다. 학생 복지팀과 만나 카바시를 지원할 최선의 방안을 모색했다.

이러한 지원 체제는 학생에게 사회적 안전망과 같다. 대개의 경우 학생이 뒤처질 때는 한 학년 유급시키는 대안을 쓴다.[29] 핀란드의 학교는 무료 개인 교습을 통해 학생이 유급되지 않고 진전을 이룰 기회를 제공한다. 이러한 기회는 절실한 도움이 필요한 학생들에게 적용되는 데 그치지 않는다. 핀란드 학생들의 30퍼센트가 첫 9학년 동안 추가로 도움을 받는다.[30] 조기에 학생이 직면한 난관이 뭔지 규명함으로써 더 큰 문제가 발생할 여지를 차단하게 된다.

핀란드 교육 체제는 예방을 강조한다는 점이 핀란드의 스칸디나비아반도 이웃 나라인 노르웨이 교육이 뒤처진 이유를 설명해준다. 노르웨이의 교육 체제는 학생들이 처음으로 어려움을 겪는다는 징후를 보일 때 핀란드만큼 조기에 조치를 취하지 않는다.[31] 미국에서는 일부 주들이 이 부문에서 진전을 보기 시작했다. 앨라배마주와 웨스트버지니아주는 중학교에서 고등학교로 진학하는 과정에서 성적이 떨어진 신입생들을 조기에 지원하는 조치를 취함으로써[32] 고등학교 졸업률을 높였다.

핀란드에서는 유치원 입학 때부터 교사들이 학부모와 만나 각 학생의 맞춤형 학습 계획을 짠다. 교사들이 바쁜데 그럴 시간이 어디 있나 하고 궁금해할지 모르겠다. 핀란드는 이 문제를 내가 (거의) 블루베리 주스만큼이나 매혹적이라고 생각하게 된 관행으로 타파했다.

핀란드 학교 일과의 특징은[33] 길이보다는 짜임새다. 미국과 비교하면 핀란드 교사들(그리고 학생들)은 휴식 시간이 한 시간 더 길다. 그 덕분에 교사들은 정규 업무 시간에 강의 계획을 세우고 점수를 매기고 자기 계발할 여유를 누리므로 야근과 주말 근무가 필요 없다. 교사들을 위한 조기 조치인 셈이다. 교사들이 받는 요구 사항을 제한하고 교사가 자신의 일과를 장악함으로써 심신이 소진되는 상황을 막아준다.[34] 활력을 유지하면 가르치기에 대한 조화로운 열정을 유지하기가 쉽다. 그렇게 되면 학기 첫날부터 자기가 맡은 학생들에 대해 알고 싶은 애정이 솟아오른다. 그 애정은 학생들이 자신의 관심사를 발견하고 개발하도록 설계된 환경에서 활짝 피어난다.

아이들은 놀아야 한다

내가 핀란드 조기 교육 체제의 다른 점에 호기심을 갖게 된 계기는 '핀란드의 글은 못 읽지만 즐거운 유치원생들'이라는 기발한 기사 제목 때문이었다.[35] 미국의 한 초등학교 교사 팀 워커(Tim Walker)가 쓴 글이었다. 그는 학생들을 신바람 나게 해줄 수업을 준비하느라 고군분투한 끝에 지쳐버렸다. 그의 부인은 핀란드 출신이었고, 두 사람은 핀란드로 이주해 새 출발을 하기로 했다.

헬싱키에 정착해 교사직을 얻은 후 워커는 수업이 어떻게 진행되는지 감을 잡기 위해 여러 수업을 참관하기 시작했다. 그는 공립 유치원을 찾았다가 수업 광경을 보고 자기 눈을 의심했다. 그는 미국 아이들처럼 그들도 책상 앞에 앉아서 인지적 기량을 발달시키기 위해 종이에 뭔가를 끄적거리리라고 예상했다. 미국의 유치원생들은 점점 초등학교 1학년처럼 되어버렸다.[36] 학생들은 단어 철자법, 글쓰기, 산수를 배우는 데 점점 많은 시간을 소비한다. 그리고 공룡, 우주, 예술, 음악, 놀이와 보내는 시간은 점점 줄어들었다. 그렇게 하지 않고서 어떻게 7년 만에 필수 과목에서 앞서고 표준화 시험에서 우수한 성적을 올릴 준비가 되겠는가?

그런데 워커가 핀란드 유치원에서 본 광경은 전혀 딴판이었다. 유치원생들은 일주일에 딱 하루만 책상 앞에 앉아 철자법, 쓰기, 산수를 배웠다.● 각 수업은 최장 45분 계속되고 뒤이어 15분간 휴식 시간이 주어진다. 이 또한 연구 결과가 뒷받침하는 관행이다. 짧은 휴식은[37] 성인뿐 아니라 아동들의 주의력과 학습의 일부 국면들을 개선해준다.

핀란드 조기 교육 체제에서 학생들은 놀면서 시간을 보낸다. 월요일에는 게임과 현장 학습에 할애하고, 금요일은 노래와 각종 놀이 활동을 하며 보내는 식이다. 워커는 유치원생들이 아침에 보드게임을 하고, 오후에는 댐을 만들고 빙 둘러서서 노래를 부르다가 각자 선택한 활동에 참여하는 모습을 참관했다. 요새를 만드는 아이들도 있고 예술과 공예에 몰입하는 아이들도 있다.

교사들은 유치원생들의 이른바 학습 유형에 집착하지 않는다. 그들은 학생들에게 자기 관심사를 탐색할 충분한 시간을 준다. '왜?'라고 미국인들은 물을지 모르겠다. 핀란드 교육 전문가들은 아동들에게 가르칠 가장 중요한 교훈은 배우는 게 재미있다는 사실이라고 여긴다.

● 핀란드 교육 전문가들은 유치원에서의 읽기 가르치기를 크게 중요하게 생각하지 않는다. 읽기 이해도가 가장 높은 10대들이라고 해서 딱히 유치원에서도 읽기에 능했던 아이들은 아니다. 말하기에 능했고 이야기꾼이었던 아이들이다.[V] 일곱 살에 읽기를 배운 아이들은[VI] 초등학교를 마칠 무렵이 되면 다섯 살에 읽기를 배운 또래들을 따라잡는다. 어쩌면 읽고 이해하기에서 훨씬 나은 실력을 보일지도 모른다. 유치원생들은 대부분 아직 문장을 이해하고 이야기 전개를 따라갈 폭넓은 지식이나[VII] 단어를 해독할 어휘를 습득하지 못한 상태다.[VIII] 유치원 교사가 유치원생들에게 읽기를 집중적으로 가르치고 시험을 보게 하는 데 쓰는 시간은 역효과를 낼지도 모른다.[IX] 유치원 단계에서는 아이들이 시각이 아니라 청각으로 단어를 분해하는 법을 익히는 게[X] 훨씬 효용이 있다. 그러나 핀란드는 유치원에서 읽기를 금지하지는 않는다. 학생이 흥미를 보이고 배울 준비가 되었다면 그것은 학생을 위한 맞춤형 학습 계획의 일환이 된다.

이러한 가정은 증거로도 뒷받침된다. 영국에서 실시된 한 연구에 따르면, 여섯 살 때 학교 생활을 즐기는 학생은[38] 열여섯 살에 표준화 시험에서 더 높은 성적을 받는다. 지능 지수와 사회경제적 지위 등의 변수들을 통제한 후에도 말이다. 핀란드 교사들이 즐겨 언급하는 문구가 이를 잘 포착해준다. "아이는 노는 게 일이다."[39]

미국에서 놀이는 몬테소리(Montessori) 학교에서 실천하는 교습법 이다. 핀란드에서는 놀이를 모든 초등교육 기관에서 공통 필수로 의 무화한다. 핀란드 정부는 아이들이 놀아야 한다고 주장한다. 정책 수 립자들이 놀이가 배움에 대한 애정을 키워준다는 사실을 알고 있기 때문이다. 배움에 대한 애정은 조기에 개발하는 게 가장 바람직한 가 치다. 그리고 궁극적으로 더 나은 인지적 기량과 품성 기량들을 구축 해준다.

워커가 방문한 핀란드 유치원에서 가장 인기 있는 놀이는 아이스크 림 가게 놀이였다. 학생들은 모노폴리 게임에서 쓰는 가짜 돈으로 상 상 속의 아이스크림을 사고판다. 아이들이 금전등록기를 사용하고, 주 문을 받고, 잔돈을 거슬러 주면서 기초적인 산수와 말하기 기량을 연 습하는 한편 주도력과 친화력을 습득한다. 아니나 다를까, 자제력과 결의 같은 품성 기량들뿐만 아니라 인지적 기량을 학생들에게 가르칠 때도, 아이들에게 직접 지시하기보다 계획적인 놀이가 훨씬 효과가 크 다는 수십 가지 연구 결과가 있다.[40] 그리고 핀란드 학생들이 PISA에 서 뛰어난 성적을 거두는 이유는 부분적으로는 그들이 세계에서 가장 끈기가 있기 때문이라는 사실을 우리는 잘 알고 있다.

옥에 티

몇 년 전 핀란드를 방문했을 때 나는 핀란드 국민이 자국의 교육 체제에 대해 자부심을 느끼리라고 예상했다. 그러나 (총리에서부터 교육 전문가, 학부모에 이르기까지) 내가 만난 사람들은 대체로 자국의 학교에 대해 비판적이었다. 처음에 나는 이를 북유럽 사람들 특유의 겸손함에서 비롯되었다고 생각했다. 스칸디나비아의 첫 번째 사회 규범은 "네가 특별하다고 생각하지 말아라"이다.[41]

나는 곧 그들이 자국의 학교에 실망하고 답답하게 여기는 데는 그럴 만한 이유가 있음을 깨달았다. 핀란드는 2009년 제4회 PISA에서 성적이 하락하기 시작했다. 연속 세 차례 우승하고 나서 처음으로 핀란드 학생들의 점수가 수학, 읽기, 과학 세 부문 모두에서 하락했다.[42]

세 종목 점수들은 그 후 세 차례 시험에서 계속 하락했다. 2018년 무렵 핀란드는 몇몇 아시아 국가에 밀려났을 뿐만 아니라 유럽에서도 2위로 떨어졌다. 바다 건너 작은 나라가 핀란드를 뛰어넘었다.

에스토니아는 상대적으로 예산도 적고 교사 1인당 학생 수도 상당히 많았지만 순위가 상승했다.[43] 2018년 무렵 에스토니아는 세계에서 5위를 했다. 게다가 에스토니아는 학교 간 그리고 부유층 학생과 빈곤층 학생 간 학업 성취도 격차도 세계에서 가장 작은 나라에 손꼽혔다. 에스토니아 정책 수립자들은 핀란드의 해법을 연구하고 많은 요소를 도입했다. 에스토니아의 1차 교육 기관과 2차 교육 기관에는 실력이 출중한 교사들이 많았다. 교사들은 석사학위는 의무적으로

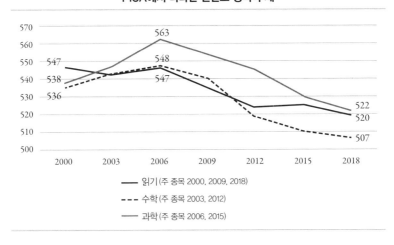

PISA에서 나타난 핀란드 성적 추세

읽기 (주 종목 2000, 2009, 2018)
수학 (주 종목 2003, 2012)
과학 (주 종목 2006, 2015)

소지해야 하고 높은 수준의 재량권을 누렸다. 에스토니아는 1학년 학생을 맡은 교사들이 그 학생이 3학년, 4학년, 5학년, 심지어 6학년이 될 때까지 계속 가르치도록 했다. 고군분투하는 학생들을 유급시키기보다 도와주는 강력한 지원 체제를 실행했다. 그리고 놀이를 바탕으로 한 교과 과정을 짰다. 에스토니아에서는 효과가 나타났는데 왜 핀란드는 갑자기 뒤처지기 시작했을까?

한 가지 분명히 짚고 넘어가자. 핀란드는 뒤처지고 있을지는 모르지만, 분명히 실패하고 있지는 않았다. 핀란드는 여전히 세계 최고 10위 안에 들었고[44] 학교 간에(그리고 사회경제적 지위를 토대로 한 학생들 간에) 학업 성취도 격차는 여전히 아주 작은 상태를 유지했다. 그런데 어쩐 일인지 핀란드 학생들은 감을 잃었다.[45]

전문가들은 핀란드 학생들이 뒤처진 이유가 될 만한 요인들을 살펴보기 시작했다.[46] 그들이 만족감에 안주하게 되었을 가능성, 그리고 2008년 금융 위기 때 예산이 삭감된 여파일 가능성에 무게를 두었다. 그들은 다른 나라들이 핀란드의 관행을 도입해 가르치게 되면서 핀란드의 유리한 입지가 줄어들었을 가능성도 강조했다. 그러나 또 다른 해석도 가능하다는 직접적인 증거도 있었다. 소년들과 고등학생들의 동기 유발에 있어서 난관에 부딪혔다.[47]

2018년 핀란드 학생의 70퍼센트가 PISA에서 최선을 다하지 않았다고 답했다.[48] ● 시험에서만 동기 유발이 부진한 상태인 게 아니다. 핀란드 학생들은 학교에서 끈기를 보이고 진전을 이루고 싶다는 욕구에서도 세계 최저 점수를 받은 나라에 속한다. 여기까지 오는 과정에서 어느 시점에선가 (핀란드 교육 체제가 육성하도록 설계된 바로 내재적 동기 유발 요인인) 배움에 대한 애정이 식은 듯하다.[49] 균등한 기회를 중요시하는 문화는 학생들이 그러한 기회를 활용하도록 동기가 유발되어 있어야만 성공하게 된다.

● PISA처럼 치밀하게 설계된 평가 체제에서조차 역량뿐 아니라 동기 유발도 성취도에 영향을 미친다.[XI] 미국 학생들이 PISA 성적이 기대에 못 미치는 이유는 SAT나 ACT와 달리 이 시험은 인생에서 중요한 문제가 걸린 시험이 아니기 때문이라고 주장하는 이들이 있다. 그 주장도 일견 일리가 있기는 하지만 미국 학생의 성적이 기대에 못 미치는 주요 요인은 아니다. 경제학자들이 유인책이 있는 시험과 없는 시험에서 중국과 미국의 고등학생들의 학업 성취도를 비교하는 실험을 했다. 중국 학생들은 유인책이 있든 없든 같은 성취도를 보였다. 아마도 집단주의 문화로 인해 개인적인 보상이 없는 상황에서도 자기가 속한 집단을 대표한다는 점을 강조하기 때문이라고 추정된다. 미국 학생들은 성적에 따라 보상을 받을 때 더 높은 성취도를 보였다. 아마도 개인주의적 문화 환경에서 자랐기 때문에 개인적 보상이 있을 때 노력을 더 하게 되기 때문이라고 추정된다. PISA에 유인책을 접목하면 미국 학생들의 순위가 상당히 올라갈지도 모른다. 그러나 그런다고 해도 핀란드, 한국, 중국 같은 최상위 국가들과 미국의 격차는 절반도 채 줄이지 못한다.

배움에 대한 애정의 불씨 간직하기

핀란드 정책 수립자와 교육자들은 난관에 직면했음에도 그들이 추구하는 가치를 버리지 않았다. 핀란드 학생들의 PISA 점수가 하락했지만, 순위를 올리자고 서둘러 새로운 구상을 도입하지는 않았다. 그들은 학생들이 더 동기 유발이 되도록 할 방법을 찾아내기 위해 실험하기 시작했다. 내재적 동기 유발의 원천은[50] 자신의 관심사를 탐색할 자유와 기회임을 보여주는 증거가 많이 있다. 핀란드 정책 수립자들은 각급 학년 학생들에게 자신만의 학습 경험을 형성할 주인 의식을 심어주는 방법을 모색했다.

한 실험에서 핀란드 6학년 학생들은 자신만의 소형 도시를 운영하는 중요한 프로젝트를 진행했다. 학생들은 은행을 운영하고 식료품 상점을 관리하고 보건소를 관장했다. 그들은 신문을 발간하고 학생 시장은 정부를 감독했다. 이 프로젝트를 마무리할 무렵 학생 시장은 귀빈을 알현했다. 실제 스웨덴의 왕과 왕비 말이다.

스웨덴 왕과 왕비 부부는 핀란드의 새로운 프로그램인 '나와 내 도시(Me and MyCity)'[51]를 견학하기 위해 핀란드를 방문하고 있었다. 이 구상은 교육 혁신과 기업가적 사고 부문에서 국제적으로 상을 받았다. 초·중등 교육 기관 학생들을 위한 계획적인 놀이의 대표적인 사례다.[52] 이를 유치원생들의 '상상 속의 아이스크림 가게'의 중학교 판이라고 보면 된다. 학생들은 자신의 흥미를 끄는 역할에 지원하고, 원하는 직업을 얻기 위해서 교사와 면접을 치른다.

나와 내 도시는 대대적인 성공을 거둬서 이제 핀란드의 6학년 학생 대부분이 이 프로그램에 참여하고 있다. 이 프로그램이 대단히 효과가 있는 까닭은 학생들이 직접 맞춤형 학습을 주도하기 때문이다. 학생들은 자기 역할을 준비하느라 몇 주를 보내면서 신바람이 나고, 그 역할을 어떻게 풀어갈지 스스로 판단하는 자유를 누린다. 직접 미래를 구상하고 돈을 관리하고 평판을 관리한다. 학생들은 디지털 화폐로 봉급을 받고 은행 신용카드를 발급받아 동급생들로부터 상품과 용역을 구매한다. 교사들은 학생들의 참여를 독려하려고 억지로 강요하거나 유인책을 쓸 필요가 없다. 학생들의 참여 동기가 학생들에게서 비롯되기 때문이다. 그리고 그런 동기 유발 상태가 지속되리라고 믿을 만한 이유도 있다. 이 프로그램에 참여하는 학생들은 경제학 지식의 습득과 더불어 경제학에 훨씬 큰 흥미를 얻게 된다는 연구 결과가 있다.[53]

핀란드 학교들이 어떻게 내적 동기 유발을 촉진하는지에 대해 더 알아보기 위해 나는 카리 루히부오리를 다시 찾았다. 그는 현재 (전 세계 학교들이 핀란드의 교육 관행을 채택하도록 자문하는 사랑스러운 초등학교 교사인) 그의 딸 넬리(Nelli)와 함께 핀란드의 창의적 교육위원회에 참여하고 있다. 부녀는 고맙게도 가족 모임에 불쑥 끼어든 나를 반갑게 맞아주었다.

그들이 내게 말하기를, 실험적 학습 프로그램이 출발점이긴 하나 내적인 동기 유발에 필요한 핵심적인 요소가 또 하나 있다고 했다. "읽기는 모든 과제에 필요한 기본적인 기량이다. 읽고 싶다는 생각이

들지 않으면 그 어떤 과제도 공부할 수 없다"라고 루히부오리는 말했다. 읽고 싶은 욕구를 키우면 흥미를 유발하게 된다.

색다른 종류의 휴식 시간

독서에 대한 애정은 가정에서 시작된다. 최근 핀란드 독서 센터에 따르면 부모 절반 이상이 자녀들에게 흡족할 만큼[54] 책을 읽어주지 못한다고 생각한다.[55] 핀란드 독서 센터는 우선 핀란드에서 출생하는 아기에게 빠짐없이 무료로 책을 한 권씩 주기 시작했다.

집 안을 책으로 가득 채우는 게 출발점이 될지는 모르지만, 그것만으로는 충분치 않다는 사실을 심리학자들은 깨달았다. 자녀들이 독서를 즐기기를 바라면 책을 삶의 일부로 만들어야 한다.[56] 그러려면 식사 시간에, 차 타고 갈 때, 도서관이나 서점을 찾을 때, 책 이야기를 나누고 책을 선물로 주고 부모가 솔선수범해서 독서하는 모습을 보여주어야 한다. 아이들은 부모가 주목하는 대상을 주목한다. 부모가 주의를 집중하는 대상이 부모가 소중히 여기는 대상이라고 자녀들에게 말해주는 셈이다.

내 딸 엘레나가 유지원에 입학하자 내게 왜 책을 안 읽는지 물었다. 내 책꽂이에는 책이 넘치도록 꽂혀 있었다. 내 딸은 어떻게 작가가 책을 안 읽는다고 생각했을까? 배우가 영화를 보지 않거나 화가가 미술관에 발도 들여놓지 않으려 한다고 여긴 셈이었다. 그러다 문득 내 딸이 내가 소설을 탐독하는 모습을 본 적이 없는 이유를 깨달았

다. 나는 딸이 잠든 후에 침대에 누워서 책을 읽었다. 다음 날 밤 나는 딸에게 나와 같이 첫 번째 《해리포터》를 읽자고 했다. 엘레나의 언니도 합류했고 서로 번갈아가면서 몇 쪽씩 읽었다. 결국 우리는 책 한 권 전체를 큰 소리 내어 함께 읽었다. 그로부터 몇 년이 지나 내 아이들은 가족 북클럽을 만들었다. 아이들이 마음에 드는 책을 찾으면 내 아내 앨리슨과 나도 그 책을 읽고 아이들과 대화를 나눈다. 어느 날 밤 내 아이들이 잘 시간이 한 시간 넘게 지났는데도 세 명 모두의 방에서 불빛이 새어 나오길래 현장을 덮친 적이 있었다. 취침 시간을 넘겨 책을 더 읽으려다가 나한테 들킨 거였는데, 나는 가까스로 기쁨을 감추고 근엄한 표정으로 아이들에게 그만 자라고 말했다.

독서는 기회로 가는 관문이다. 독서는 아이들에게 배움을 계속할 기회의 문을 열어준다. 그러나 책은 TV, 비디오게임, 소셜 미디어와 점점 버거운 경쟁을 해야 한다. 2000년과 비교해볼 때 2018년 핀란드의 평균적인 10대는 한 해 동안 여가용 독서에 77시간을 덜 썼다. 핀란드 학생들만 그런 게 아니다. 미국 학생들의 독서에 대한 열정은 해가 갈수록 사그라들고 있다.[57] 고등학생이 될 무렵 학생들의 보통 독서에 대한 태도는 무관심과 질색할 정도로 싫음 사이 어딘가에 위치한다.

영어영문학 강좌의 치명적인 결함으로 손꼽히는 게 학생들이 자신의 흥미를 유발하는 책을 선택할 기회를 주지 않고 억지로 '고전' 작품을 읽게 하는 관행이다. 학생들이 자기가 읽을 책을 직접 선택하고 읽으면 독서에 훨씬 열정을 품게 된다는 연구 결과도 있다.[58] 선순환이다.[59] 재미로 독서를 하면 할수록 읽는 실력이 향상되고 독서를 한층 더 좋아하게 된다. 그리고 독서를 좋아할수록 더 많이 배우게 된다. 게다가 시험 성적도 향상된다. 교사가 할 일은 학생들이 고전을 읽게 하는 게 아니라 독서에 대한 열정에 불을 지펴주는 일이다.

핀란드에서 넬리 루히부오리는 초등학교 학생들이 읽기에서 헤매는 걸 보고 '도서관 휴식'이라는 이름으로 간이 현장 학습을 시켰다. 학생들이 읽어야 할 책 목록을 만들지는 않았다. 학생들이 직접 읽고 싶은 책을 선택했다. 학생들은 사서들과 친해졌다. 그리고 사서들은 학생들의 관심사가 뭔지 알게 되자 신간이 나오면 아이들의 흥미를 돋울 거리를 갖고 넬리의 학급에 들르기 시작했다. 학생들이 그 주에 읽을 책을 고르고 나면 넬리는 학생들이 그 책을 읽고 싶은 장소도 선택하게 했다. 학생들은 곧 새로운 학급 전통을 만들었다. 학생들은 책을 들고 근처 숲으로 가서 나무 사이에 앉아 책에 얼굴을 파묻었다.

그해 내내 넬리는 학생들에게 본인 마음에 든 책의 독후감을 쓰도록 했다. 넬리가 내준 과제는 내용을 요약해서 교사에게 제출하는 식의 전형적인 독후감이 아니었다. "학생들은 그런 식으로는 흥이 나지 않는다"라고 그녀는 내게 말했다. 직접 관여하고 서로 소통하게 하려고, 학생들이 어떤 책에 대해 열정을 보일 때마다 같은 반 친구들에게 그 책에 대해 발표하도록 했다. 이게 또 다른 전통이 되었다. 순식간에 넬리의 학급 전체가 전도유망한 도서 비평가들로 가득 찼다.

이러한 관행을 통해 어디서든, 거의 모든 아이에게, 거의 무엇이든 배우고 싶은 열정을 불러일으킬 수 있다. 자기가 배우고 싶은 대상을 선택하고 이를 다른 사람들과 나눌 기회가 있으면 배움에 대한 흥미는 증폭된다. 내재적 동기 유발은 다른 이들에게 전염된다.[60] 학생들이 자신의 상상력에 불을 지피는 책에 관해 이야기하면 자신이 그 책을 좋아하는 이유가 분명해진다. 그리고 다른 학생들에게 그런 열정을 포착할 기회를 준다.

―――――

이런 종류의 기회들로 배움에 대한 애정에 불을 지피고 그 애정을 계속 유지하기에 충분한지는 오직 시간이 흘러봐야 안다. 그러나 핀란드는 가장 중요한 차원에 있어서 여전히 본보기가 된다. 핀란드인들이 교육을 소중히 여기는 만큼이나 그들의 문화에 대해 내게 가장 깊은 인상을 준 요소는 그들이 아이들의 복지보다 학업 성취를 더 우선 시하지 않는다는 점이었다.

대부분 엘리트 교육 체제에서는 학생들이 탁월함을 성취하기 위해 정신적 건강을 희생한다.[61] 미국에서는 임상적으로 우울증을 겪고 불안 장애에 시달리는 명문 고등학교 학생 수가 전국 평균의 3~7배에 달한다는 연구 결과가 있다.[62] 중국의 경우 학생들이 2018년 PISA에서 학업 성취도에서는 최고 성적을 거뒀지만, 삶의 만족도에서는 세계 하위 10개국에 속했다.[63] 중국 학생들의 절반 이상이 완벽해야 한다는 압박감에 시달리고[64] 장시간 공부를 하면서 스트레스에 시달리는 가운데,[65] 때때로 또는 항상 비참한 기분이 든다고 털어놓고 있으며 학생의 4분의 3 이상이 때때로 또는 항상 우울한 기분이 든다고 했다.

이와는 대조적으로 핀란드에서는 비참한 기분이 든다고 한 고등학생은 3분의 1 이하였고, 우울하다고 한 학생은 절반 이하였다. 핀란드 학생들은 일주일에 겨우 평균 2.9시간을 숙제하는 데 할애하는데도[66] 높은 시험 점수를 받았다. 이는 평균적인 중국 10대가 하루에 숙제에 할애하는 시간보다도 적다. 2018년 PISA에서 핀란드는 시간당 학습 성취도에서 77개국 가운데 1위를 차지했다. 핀란드 학생들은 성장을 가늠하는 궁극적인 척도,[67] 즉 학습 효율성에서 최고 지위를 유지했다는 뜻이다.

핀란드 학생들이 그렇게 할 수 있는 비결이 정확히 뭔지는 너무 복잡해서 일목요연하게 설명하기 힘들다. 대부분 전문가는 고품질 교습과 심화 학습을 촉진하는 내재적 동기 유발이 존재하고 스트레스와 시험에 대한 불안감이 비교적 낮다는 점이 복합적으로 작용해, 어렸을 때부터 집중력이 향상되고 품성 기량이 발달해 시간이 흐르면서 결실을 보게 된다고 믿는다. 현재 우리가 아는 바는 학생들의 시간을 독점하지 않고도, 그들의 삶을 엉망으로 만들지 않고도, 또는 그들이 학교를 싫어하게끔 만들지 않고도 학생들을 돕는 실력은 핀란드가 최고라는 사실이다. 핀란드가 지닌 가장 심오한 가정은 학업 성취도와 학생의 복지가 상충하는 관계이므로 양자택일해야 한다는 인식은 잘못이라는 생각이다.

교육 체제는 (성장 배경, 가용 재원과는 상관없이) 모든 아이가 자신의 잠재력을 실현할 기회를 얻기 전까지는 진정으로 성공적이라고 할 수 없다. 학생들이 대단한 성과를 올리는 학교를 구축하려면 엄선한 몇 명을 집중적으로 학습시켜 탁월한 성과를 내도록 밀어붙이기보다 모든 학생이 지적으로 성장하고 정서적으로 번성하는 문화를 조성해야 한다.

8장

황금 캐기
팀에서 집단 지성 발굴하기

다른 사람의 눈으로 세상을 둘러보면[1]
내가 발견하지 못했던 것을 찾게 된다.
말비나 레이놀즈(Malvina Reynolds, 미국의 싱어송라이터)

머리 위에서 눈사태가 쏟아지기 시작한 순간 남자들 한 무리는 피신할 곳을 향해 달렸다. 아직 눈사태를 보지 못한 동료들도 있었지만, 들리는 소리는 분명했다. 낮게 울리는 불길한 소리가 점점 커져 귀가 찢어질 정도로 부서지는 소리로 변했다. 돌풍에 몸이 붕 뜬 사람도 있고 공중으로 날아간 사람도 있다. 그들은 다시 몸을 추스르고 걸어서 탈출할 길을 찾기 시작했다.

온 사방에 돌이 날아다니는 상황에서 앞이 보이지도 소리가 들리지도 않자 그들은 과연 그 상황에서 벗어날 수 있을지 두려웠다. 그러던 그들은 도로를 질주해 달려오는 픽업트럭을 발견했다. 그들은 트럭에 올라탔고 트럭이 두 차례 좌충우돌할 때 목숨을 부지하기 위해 트럭을 꼭 잡았다. 도로 끝에 도달하자 그들은 마침내 눈사태에서 벗어났다. 그러나 실제로는 안전하지 않았다. 그들은 2,300피트(약 700미터) 지하에 갇혔다.[2]

때는 2010년 8월, 칠레의 사막에 있는 금과 구리 광산이 붕괴했다. 45층 건물만큼 거대한 암석 덩어리가 산 위에서 떨어졌다. 유일한 출입구를 무게 70만 톤 이상의 암석이 막아버렸다. 남자 서른세 명이 광산 안에 갇혔다. 그들이 살아 나올 확률은 1퍼센트가 채 되지 않았다.

그러나 69일 후 그들은 하나도 빠짐없이 가족과 재회했다. 기념비적이고 기적적인 구조 작업이었다. 그들은 지하에 갇힌 후 가장 오랫동안 생존한 기록을 세웠다. 구조 캡슐을 탄 첫 광부가 안전하게 구조되는 모습을 본 내 눈에는 기쁨과 안도의 눈물이 차올랐다. 여러분이 이 사건을 실시간으로 지켜본 10억 명 중 한 사람이라면 여러분 눈에도 눈물이 글썽였을지 모른다. 당시에 방송은 광부들이 어떻게 살아남았는지에 초점을 맞췄다. 몇 년이 지나서야 나는 집단이 함께 협력해 장족의 발전을 하는 방법을 구조팀이 우리에게 가르쳐줬다는 사실을 깨달았다.

구조 임무에 착수했을 당시 광부들이 아직 살아 있는지조차 아무도 몰랐다. 그리고 이를 확인할 쉬운 방법도 없었다. 광산 지도는 완성된 지도도 아니었고 최신 지도도 아니었기 때문에 구조팀은 무작정 굴착 작업을 해야 했다.[3] 에펠탑 두 배 높이의 건초 더미에서 바늘을 찾는 격이었다. 그들은 광부들이 갇힌 위치를 어림짐작하고 곡선을 그리며 굴착을 해야 했다. 지표면에서 단 몇 도만 빗나가도 광산 내부에 도달해야 하는 위치에서 수백 피트가 빗나갈 수 있었다.

17일째 구조팀은 한 줄기 희망을 발견했다. 굴착기 하나가 마침내 광부들의 안전한 피난처라고 생각한 구역에 도달하자, 구조팀은 굴착기를 망치로 때려 광부들에게 소리 신호를 보내기 시작했다. 그러자 신호를 받은 쪽에서 뭔가를 두드려 신호를 다시 보내는 소리가 들렸다. 아니나 다를까, 구조팀이 굴착기를 되돌려 다시 지표면으로 끌어올리자 굴착기 끝에 주황색 페인트칠이 되어 있고 종이쪽지가 붙어 있었다. 광산 안에 갇힌 광부들이 전원 무사하다는 내용의 쪽지였다. 광부들은 그들이 살아 있음을 증명하는 쪽지가 찢어지거나 떨어지지 않게 페인트를 굴착기에 분사했다.

그러나 그 무렵 광부들은 절박한 위기에 처해 있었다. 보급품이 거의 동났다. 사흘에 한 번 오염된 물을 마시고 참치통조림 한 입을 먹는 게 전부였다. 구조팀은 광산이 또다시 붕괴할 위험을 야기하지 않도록 작은 구멍을 여러 개(하나는 식량과 물 공급용, 또 하나는 산소와 전기 공급용) 파서 광부들에게 시간을 벌어주었다. 이제 구조팀은 사람이 빠져나올 만큼 큰 구멍을 팔 방법을 찾아내야 했다. 광부들을 산 채로 매장하지 않고 화강암보다 단단한 암석을 깊이 반 마일까지 뚫어야 했다.

복잡하고 촌각을 다투는 문제에 직면하면 혼자서는 그 문제를 해결하지 못한다는 사실을 우리는 잘 안다. 우리는 가장 식견 있는 사람들을 모으는 게 가장 중요한 결정이라고 생각한다. 일단 전문가들을 찾으면 우리 미래를 그들의 손에 맡긴다.

그러나 칠레의 광부 구조팀 지도자들은 그렇게 하지 않았다. 명망 있는 전문가 집단에 전적으로 의존하지 않고 훨씬 폭넓고 심도 있게 아이디어와 정보를 모을 체제를 구축했다. 구조팀이 처음으로 육성 으로 광부들과 접촉에 성공하게끔 해준 주인공은 무명의 사업가가 만든 10달러짜리 혁신적 아이디어였다. 궁극적으로 구조에 성공하게 해준 주인공은 구조팀 소속도 아닌 24세의 엔지니어가 한 일련의 제 안이었다.

집단 지성을 극대화하기란 단순히 전문가들의 중지를 모으는 게 아니다. 단순히 사람들을 모아서 문제를 해결하는 일 이상이다. 집단 에게서 숨은 잠재력을 일깨우려면 집단의 모든 구성원이 지닌 역량 과 기여할 바를 수렴할 지도력, 팀 절차, 체제가 필요하다. 최고의 팀 은 최고의 생각을 지닌 이들로 구성되지 않는다. 모든 사람으로부터 최고의 생각을 끌어내고 이용하는 팀이 최고의 팀이다.

아무 팀이나 성과를 내지는 않는다

나는 대학 3학년 때 처음으로 집단이 힘을 모아 더 큰 성취를 할 방법 이 뭔지 고민하기 시작했다. 그것은 나를 조직심리에 꽂히게 만든 강 의에서 생겨났다. 오전 8시 30분의 심리학 강의였다. 그 과목을 가르 치는 교수는 가장 강하게 동기가 유발된 학생들만 받으려고 이른 아 침으로 강의 시간을 정했다는 소문이 돌았다.

첫 강의 때 나는 일찍 갔지만 강의실은 이미 꽉 차 있었고 교수는 보이지 않았다. 창밖을 내다보니 NBA 포워드를 해도 될 정도로 키가 크고 머리가 헝클어진 남자가 보였다. 그는 한 손에 파이프를 들고 다른 손에는 뭔가를 적은 쪽지 더미를 쥐고 왔다 갔다 하고 있었다. 그는 강의실에 들어와서 강의계획표에 대해 우리에게 설명하지도 않았다. 그는 자신이 우리나라를 저버렸다고 했다. 때는 2001년 9월 13일이었다.

그 교수의 이름은 사회심리학자인 리처드 해크먼(Richard Hackman)이었고, 그는 팀에 관한 세계적인 전문가였다. 그는 거의 반세기 동안 (비행기 조종사들에서부터 병원 부서, 교향악단에 이르기까지) 생각해낼 수 있는 모든 분야에서 팀을 연구했다.[4] 그는 대부분의 경우 팀워크는 환상적인 결과를 낳는 데 실패하고[5] 악몽이 될 가능성이 크다는 사실을 알아냈다. 학교에서 집단 프로젝트를 해본 사람이라면 누구든 알듯이 말이다. 팀은 대부분 부분의 총합보다 못하다.

수년 동안 해크먼은 미국 주요 정보 기관들 내에서 협력을 촉진할 방법을 연구해왔다.[6] 그는 테러리스트들이 민간 항공기를 납치해 무기로 사용할 위험이 있다고 정보 분석가들이 경고했지만, 정보계 전체가 이를 경청하지 않았다고 말했다. 그가 한 연구에서 좀 더 일찍 절실하게 필요한 결과가 나왔다면 정보계는 9·11 테러 공격을 막을 수 있었을지도 모른다.

해크먼은 그 후 몇 년 동안 그의 수제자로 손꼽히는 아니타 울리(Anita Woolley)와 함께 팀을 더 똑똑하게 만드는 방법을 연구했다. 결국 울리와 그녀의 공동 연구자들은 돌파구를 마련했다. 그들은 팀을 부분의 총합 이상이 되도록 하는 데 꼭 필요한 요소를 밝혔다.

울리는 집단 지성(집단이 함께 문제를 해결하는 역량)에 관심이 있었다. 일련의 선구적인 연구에서 그녀와 동료 연구자들은 폭넓은 분석적, 창의적 과제들에서 각종 팀이 얼마나 좋은 결과를 낳았는지를 추적했다. 집단의 지능 지수 검사인 셈이었다. 나는 집단 지성은 해당 과제와 그 집단을 구성하는 개인들의 역량이 얼마나 잘 맞는지에 달렸다고 생각했다. 나는 언어의 장인들로 구성된 팀은 단어 만들기에서 압도하고, 수학의 귀재들이 모인 팀은 기하학 문제에서 두각을 보이고, 주도력이 강한 사람들이 모인 팀은 계획과 실행을 하는 상황에서 유리하리라고 생각했다. 그런데 내 생각은 완전히 빗나갔다.

놀랍게도 어떤 종류의 과제를 하든 상관없이 꾸준히 탁월한 결과를 낳는 특정한 집단이 있었다. 울리와 그녀의 공동 연구자들이 어떤 과제를 주든 그들은 다른 집단들을 능가했다. 나는 그런 집단은 운 좋게도 천재들이 모여 있었으리라고 추정했다. 그러나 데이터를 보면 집단 지성은 구성원 개인의 지능 지수와 거의 무관하다.[7] 가장 똑똑한 팀은 가장 똑똑한 개인들로 구성되지 않았다.

처음으로 이러한 연구가 발표된 이후로 집단 지성에 대한 과학적 관심이 폭발했고 팀이 더 큰 성과를 올리도록 만드는 추진력이 무엇인지 밝히기 시작했다. 22개 연구의 메타 분석에서 울리와 그녀의 공동 연구자들은 집단 지성은 사람들의 인지적 기량보다 친화적 기량에 좌우된다는 사실을 발견했다.[8] 최고의 팀은 가장 친화적인 구성원들로 구성되었다. 다른 사람들과 협력하는 역량이 뛰어난 사람들 말이다.

팀 친화적인 구성원이라고 해서 뭐든 좋은 게 좋은 거라는 식의 태도를 지닌 사람을 말하는 게 아니다. 친화력이란 늘 다른 구성원들과 원만하게 지내고 모두가 협력하도록 하는 태도가 아니다. 자기가 속한 집단이 필요한 게 뭔지 파악하고 모두가 십시일반 하도록 하는 역량이다. 팀에 현자가 한두 명 있으면 좋겠지만, 아무도 그들의 가치를 알아보지 못하고 구성원들이 자기 나름의 의제를 추구하면 아무 도움이 되지 않는다. 미꾸라지 한 마리가 물을 흐린다는 사실을[9] 증명하는 증거는 수두룩하다. 단 한 사람만 친화적으로 행동하지 않아도[10] 팀 전체를 개인보다 더한 명청이들로 만들기에 충분하다.

물 흐리는 미꾸라지 문제는 (친화적 기량이 부족한 선수들은 자기중심적이고 자기도취적인 사람으로 인식되는 상황에 대한) NBA 농구팀 연구에서도 나타난다. 심리학자들은 선수의 트위터 자기소개 정보에서 그 선수의 자기도취 성향을 읽어낸다. 내 근육 어때. 웃통을 벗고 사진을 찍는 이유는 몸자랑을 하려는 게 아니라 셔츠가 어디 있는지 찾지를 못해서야. 거울에 비친 나를 보면 위대함밖에 안 보여. 내가 경기하는 모습을 내가 보지 못한다는 게 가장 안타까워. 팀에 자기도취적인 선수가 여러 명이거나 극단적인 자기도취 성향의 선수가 단 한 명만 있어도,[11] 팀은 어시스트 성공 횟수가 줄고 경기에서 승리하는 횟수도 줄었다. 그런 팀은 시즌 동안 진전을 이루지 못했다. 특히 포인트 가드 (Point Guard, 패스를 주로 하고 경기 전술을 판단하고 소통하는 역할-옮긴이)가

자기도취 성향이 강한 경우에 그러했다. 자기도취 성향이 강한 사람들은 공을 독차지한다. 같은 팀 선수들이 점수를 올리도록 돕는 선수들이 가장 과소평가되는 선수들이다.[12]

친화적 기량이 있는 선수들은 서로가 각자의 기량을 최대한 발휘하도록 한다. 집단 지성은 팀 구성원들이 서로의 장점을 인식하고 이를 이용할 전략을 짜고 공동의 목표를 추구하기 위해 서로 동기 부여해줄 때 발휘된다.[13] 숨은 잠재력을 발휘하려면 구성원 개개인이 최고인 팀보다는 구성원들을 결속해줄 가장 끈끈한 접착제를 지닌 팀이어야 한다.

내가 세상의 중심이 아니다

친화적 기량은 집단을 팀으로 바꾸는 접착제다. 구성원들이 외로운 늑대들처럼 각개약진하기보다 결속력 있는 무리의 일부가 된다. 우리는 이러한 결속력을 상호 관계로 생각하기 쉬운데, 팀을 결성하고 결속력을 다지는 연습은 사실 과대평가되었다.[14] 협동심을 다지는 각종 훈련은 동지애를 조성하긴 하나, 팀의 업무 성취도를 딱히 개선해주지 않는다는 메타 분석 자료가 있다. 구성원들이 중요한 임무를 달성하려면 서로가 필요하다는 인식이 그 차이를 낳는다. 그러한 인식 덕분에 구성원들이 공동의 정체성을 중심으로 결속하고 협력해 집단적인 목표를 달성하게 된다.

이런 종류의 결속력이 바로 황금의 13인이 해군 장교 훈련에서 함께 탁월한 성과를 낸 비결이다. 그리고 이러한 결속력이 리처드 해크먼이 너무 많은 정보계 부서들에 결여되어 있던 요소라고 알아낸 바다. 해크먼의 연구에 따르면 대부분 정보 분석가는 특정한 부서에 배정되었는데, 그게 다였다. 배정된 게 다였다. 그들은 똑같은 상사를 모셨고 같은 부서 동료들과 똑같은 잡담을 했다. 그 외에는 별것 없었다. 그들은 서로 의견을 교환하고, 서로 지도하고 함께 배우는 데는 시간을 투자하지 않았다. 그들은 서로에게 보고서를 보내긴 했지만, 이는 형식적인 절차였다. 그냥 통상적인 업무를 하나 처리했을 뿐이다.

사람들을 집단에 배치한다고 해서 저절로 팀이 되지는 않는다. 해크먼은 정보 분석가들로 구성된 최고의 집단은 진정한 팀으로 변신하는 집단임을 증명했다. 정보 분석가 팀들은 집단이 낸 결과를 토대로 평가를 받았다. 그들은 공동의 목표를 중심으로 결속했고 각 구성원이 자기가 맡을 역할을 찾아냈다. 그들은 좋은 결과를 내려면 모두가 십시일반 해야 한다는 사실을 알고 있었으므로 지식을 공유하고 정기적으로 서로를 지도했다. 그 덕에 그들이 속한 팀은 하나의 큰 스펀지가 되었다. 그들은 정보가 새로 등장하고 진화함에 따라 그 정보를 흡수하고 걸러내고 적응할 수 있었다.

지도자는 결속력을 다지는 데 중요한 역할을 한다. 지도자는 녹자적인 개인들을 상호 의존적인 팀으로 바꿀 권한을 누린다. 그러나 누가 조종간을 잡을지 판단할 때가 되면 우리는 결속력이라는 요인을 간과하는 경우가 흔하다.

우리는 지도자를 뽑을 때 가장 강력한 지도력 기량을 갖춘 사람을 뽑지 않고, 가장 말을 많이 하는 사람을 뽑는 경우가 흔하다. 이를 수 다 효과(babble effect)라고 일컫는다. 집단은 가장 말을 많이 하는 사 람(그 사람의 역량이나 전문성과 상관없이)을 승격시킨다는 연구 결과가 있 다.[15] 우리는 자신감을 능력으로 오해하고, 확신을 신뢰성으로 오해 하고, 양을 질로 오해한다. 우리는 토론의 수준을 높이는 사람보다 토 론을 장악하는 사람을 뒤따르는 상황에 갇히게 된다.

목소리 큰 사람은 자격도 없는데 지도자로 부상하는 데 그치지 않 는다. 허튼소리를 가장 많이 하는 사람들은 공도 독차지한다. 친화적 기량이 가장 형편없고 자아가 가장 강한 사람들이 대개 권위를 행사 하고 팀과 조직에 해를 끼친다. 한 메타 분석에 따르면 매우 자기도 취적인 사람들이 지도자 지위에 오를 가능성이 크지만,[16] 그런 사람 들은 지도자 역할에 덜 효과적이다.[17]● 그들은 이기적인 판단을 내리 고, 성공을 제로섬(zero sum)의 시각으로 보게 만들고,[18] 치열하게 경 쟁하는 행동을 조장하고, 결속력과 협력을 훼손한다.[19]

집단 지성은 이와는 다른 유형의 지도자가 이끌어야 촉진된다. 자 아보다 임무를 우선시하는(그리고 개인적 영예보다 팀의 결속력을 우선시하 는) 친화적 기량을 갖춘 사람들을 승격시켜야 한다. 그런 사람들은 자

● 유감스럽게도 자기도취적 지도자에게 이끌리는 경향은 일찍 시작된다. 심리학자들은 자 기도취적 아이들은 또래들로부터 더 자주 지도자로 지명되고 자신이 더 나은 지도자라고 (그렇지 않은데도 불구하고) 주장한다는 사실을 알아냈다. 네덜란드에서 초·중등학교 23 개 학급 가운데 22개 학급에서 지도자로 가장 빈번하게 지명된 학생은 '나 같은 아이는 팀 으로 뭔가를 더 받을 자격이 있다'와 같은 문장에 동의할 가능성이 가장 큰 학생이었다. 자기도취 성향이 강한 아이들은 성인이 되면 팀에서 분란을 일으킨다.

기가 팀에서 가장 똑똑한 사람이 되는 게 아니라 팀 전체가 더 똑똑해지게 만드는 게 목표라는 사실을 알고 있다.

뭉치면 산다

칠레에서 광산이 붕괴한 후 첫 며칠 동안 구조 활동은 혼돈 그 자체였다. 현장에는 경찰의 여러 부서, 광업 전문가, 소방수, 구조 활동가, 암벽 등반가들로 북적거렸다. 기술적 가능성을 분석하는 지질학자와 엔지니어들도 있었다. 여섯 가지 서로 다른 유형의 굴착기들을 여기저기 배치하느라 성신없는 광산 장비 수송대도 있었다. 역량 있는 사람들이 모여 집단을 이루고 있었지만, 집단 지성을 발휘하는 결속력 있는 팀은 아니었다. 구조 활동을 시작하고 나흘째 접어들자 칠레 대통령은 구조팀 지도자를 소환했다.

갑자기 내려온 지시라서 마치 납치당한 기분이 들었다고 훗날 앙

드레 소가레트(André Sougarret)는 말했다. 칠레에서 광업 엔지니어로 20년 이상 잔뼈가 굵은 소가레트는 세계 최대 규모의 지하 광산을 관리하고 있었다. 그는 대통령궁으로 오라는 긴급 요청을 접수할 당시 사고 현장으로부터 남쪽으로 600마일(약 965킬로미터) 떨어진 곳에서 일하고 있었다. 그는 광부 헬멧을 쓴 채로 대통령 전용기에 올랐고 공중에서 지시를 받았다. 구조단을 지휘해 코피아포(Copiapó) 광산에 갇힌 서른세 명을 구조하라는 지시였다.

시간과의 싸움이었다. 촌각을 다투는 싸움이었다. 생명이 경각에 달린 상태에서 그 정도 수위의 압박감을 받게 되면 우리는 대부분 집단을 채찍질해 정신을 차리게 하고 질서를 구축할 훈련 교관 같은 사람에게 의지하게 된다. 그러나 사람들이 이미 결의가 굳으면 명령을 큰소리로 외칠 지도자는 필요하지 않다. 관계보다 결과를 중시하는[20] 정서가 팽배한 조직에서 사람들을 우선시하는 지도자가 있으면, 그 조직은 실제로 훨씬 대단한 성취도를 보인다는 연구 결과도 있다. 모든 사람이 하나같이 서둘러 구조를 하려고 허둥지둥하게 되면 모두를 아끼는 사람이 책임자가 되기를 바라게 된다.

능력은 중요하지만, 능력만으로는 충분하지 않다. 소가레트는 기술적인 지식에서는 존경받을 만한 자격이 분명히 있었지만 다른 많은 후보도 그만한 자격은 있었다. 그를 차별화하는 요소는 친화적 기량을 갖췄다는 평판이었다. 그는 팀의 역량을 최대한 끌어내는 역량을 토대로 선발되었다. 그를 추천한 한 고위 간부는 "그는 참을성이 많다. 모든 의견을 경청한 후에 결론에 도달하는 탁월한 역량을 지니

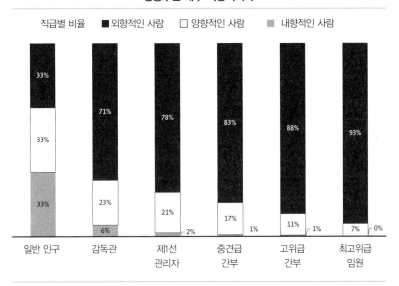

상층부는 매우 외향적이다

직급별 비율　■ 외향적인 사람　□ 양향적인 사람　▨ 내향적인 사람

	일반 인구	감독관	제1선 관리자	중견급 간부	고위급 간부	최고위급 임원
외향적	33%	71%	78%	83%	88%	93%
양향적	33%	23%	21%	17%	11%	7%
내향적	33%	6%	2%	1%	1%	0%

출처: 미국의 지도자와 관리자 4,000명 이상을 대상으로 한 스티븐 딜처트(Stephen Dilchert)와 데니스 원즈(Denis Ones)의 연구

고 있다"라고 말했다.

우리는 경청하는 역량을 지도자가 반드시 갖춰야 하는 역량으로 생각하지 않는다. 전 세계적으로 위대한 지도자들은 외향적이고 자기주장이 강한 사람이라는 고정관념이 있다. 미국에서 지도자와 관리자의 압도적 다수가 외향성에서 중간 지점을 훌쩍 넘는 점수를 받는다. 위로 올라갈수록 외향적인 사람이 늘어난다.[21] 중국처럼 전통적으로 내향적인 나라에서도 외향적인 사람을 전형적인 지도자감으로 여긴다.[22] 그러나 내가 한 연구 가운데 외향적인 사람들이 실제로 내향적인 사람들보다 훨씬 효과적인 지도자인지 조사한 연구가 있는데, 이상적인 지도자 유형은 그렇게 칼로 무 자르듯이 분명하지 않다.

효과적인 지도자는 팀이 얼마나 주도적인지가 좌우한다.

팀이 비교적 상부로부터의 지시에 반응하는 성향이면, 외향적인 사람이 최고의 결과를 견인한다. 그들은 자기 생각을 강하게 주장하고 팀이 자기를 따르도록 동기를 부여한다. 그러나 팀이 주도적이어서 여러 가지 아이디어와 제안을 내놓을 때 그들을 이끌어 더 큰 성취를 하도록 하는 지도자는 내향적인 지도자다. 내향적인 지도자가 아래로부터의 제안에 훨씬 수용적인 태도를 보인다고 인식되고, 따라서 더 나은 아이디어에 접근하고 팀이 더 동기 유발되도록 해준다. 스펀지들로 구성된 팀에서 최고의 지도자는 가장 말이 많은 사람이 아니라,[23] 가장 남의 말을 잘 경청하는 사람이다.

칠레에서 소가레트가 구조팀 지도자로서 가장 처음 한 일은 그가 지닌 경청하는 기량을 발휘하는 일이었다. 시간이 촉박했지만 그는 서둘러 행동에 돌입하지 않았다. 아주 적절하게도 캄파멘토 에스페란자(Campamento Esperanza, 희망의 캠프-옮긴이)라는 별명이 붙은 광산에 그가 도착했을 때 눈에 익은 얼굴들이 그를 맞아주었다. 서른두 명으로 구성된 그의 지원팀은 그가 수년 동안 협력해 이미 잘 아는 사람들(그와 함께 훈련받은 광산 감독관과 그와 함께 일했던 위기 소통 심리학자 등)도 포함되어 있었다. 그들이 공유한 임무는 분명했다. 광부들을 찾아내 가능한 한 빨리 구출하는 일이었다.

그런데 결속력을 촉진하는 전략이 빠져 있었다. 소가레트는 현장에서 전문가들이 알고 있는 지식을 파악하기 위해 전문가들을 면담하기 시작했다. 그는 전문가들의 말을 경청하면서 터널을 뚫어 광산에 진입하는 본래 계획은 선택지가 아니라는 사실을 터득했다. 그는 신속하게 굴착 작업으로 시선을 돌리고 굴착 작업을 조율할 적절한 지도자를 임명하는 작업에 착수했다.

소가레트는 가장 경륜이 높은 굴착 전문가나 가장 자기주장이 강한 관리자에게 권한을 넘겨주지 않았다. 대신 그는 가장 친화적 기량이 강한 사람에게 책임자 업무를 맡겼다. 굴착 전문가들 간의 협력을 진두지휘하게 된 광산 감독관은 팀원들에게 조언을 구하는 지도자 유형으로 알려져 있었다. 그는 팀의 중지를 모아 전략을 세우는 데 반영하고 의사 결정을 내릴 때마다 자신의 논리를 팀원들에게 설명하기 위해 최선을 다했다.

광산은 붕괴 때문에 점점 더 불안정해졌고 구조팀이 작업을 진행하면서 지반이 흔들렸다. 구조 가능성을 극대화하기 위해 소가레트와 동료 구조팀은 중요한 결정을 내렸다. 한 가지 굴착 계획에 집착하지 말고 동시에 여러 가지 굴착 계획을 추진하기로 했다.

소가레트는 아이디어가 절실했다. 그것도 빨리. 그는 날마다 구조팀 구성원들 전체와 더불어 회의를 했다. 훗날 그는 '모든 해답을 다 아는 초인적인 지도자는 없다'라는 사실을 알고 있었다고 말했다. 팀 절차와 조직화 체제를 구축해 집단 시싱을 발휘할 때였다.

백지장도 맞들면 낫다

우리는 골치 아픈 문제에 맞닥뜨리면 사람들을 불러 중지를 모은다.

가능한 한 빨리 최고의 아이디어를 얻으려고 한다. 그런 일이 실제로 벌어지는 광경을 보고 싶다. 그런데 사소한 문제가 하나 있다. 중지를 모으는 방식은 대체로 역효과가 난다.

구두(口頭)로 중지를 모으는 회의(brainstorming)에서는 좋은 아이디어가 대부분 소실된다.[24] 그리고 애초에 좋은 아이디어도 거의 얻지 못한다. 우리가 함께 아이디어를 짜내면 집단 지성을 극대화하는 데 실패한다는 사실을 보여주는 증거가 많이 있다. 중지를 모으는 집단은 각 구성원의 잠재력에 한참 못 미치게 되고, 우리 모두 혼자서 고민하면 더 많은 아이디어를(그리고 더 나은 아이디어를) 얻는다. 유머 칼럼니스트 데이브 배리(Dave Barry)가 다음과 같이 일갈했듯이, "인류가 지금까지 스스로가 지닌 잠재력을 최대한 발휘하지 못했고,[25] 앞으로도 절대로 발휘하지 못하는 이유를 단 한 단어로 규정한다면, 그 단어는 '회의(meeting)'일지 모른다".

회의 자체가 문제가 아니다. 회의를 어떻게 진행하느냐가 문제다. 여러분이 중지를 모으는 회의에 참석한 기억을 떠올려보라. 여러분은 아마 사람들이 자존심에 금이 갈까(나는 멍청해 보이고 싶지 않아), 소란스러울까(우리 모두 동시에 한꺼번에 발언할 수는 없어), 순응하라는 압박 때문에(우리 모두 상사가 하자는 대로 하자!) 입을 꾹 다물고 있는 모습을 본 적이 있으리라. 사고의 다양성은 물 건너가고 집단 사고가 찾아든다. 이러한 난관들은 힘이나 지위가 없는 사람들을 대상으로 증폭된다. 회의 참석자들 가운데 가장 지위가 낮은 사람, 턱수염 더부룩한 백인 남성들이 수두룩한 팀에 유일하게 포함된 유색인종 여성, 외향적 성향인

회의
우리 중 그 누구도 우리 모두를 합친 것만큼 멍청하지 않다.

사람들로 가득한 바다에서 익사하는 내향적인 사람 등등 말이다.

팀의 숨은 잠재력을 발굴하려면 구두로 중지를 모으는 회의보다 의견을 써서 내는, 즉 서면으로 중지를 모으는 과정(brainwriting)으로 전환하는 게 훨씬 바람직하다.[26] 첫 단계는 각자 혼자서 진행한다. 팀 구성원들에게 각자 아이디어를 내라고 요청한다. 그다음 그 아이디어들을 모아서 집단 구성원들과 익명으로 공유한다. 독자적인 판단을 유지하기 위해 각 구성원은 각자 아이디어들을 평가한다. 그러고 나서야 비로소 팀 전체가 모여 가장 바람직한 선택지들을 선정하고 다듬는다. 아이디어를 선택하고 정교하게 다듬기 전에 개별적으로 아이디어를 개발하고 평가함으로써 팀은 그렇게 하지 않았으면 관심을 얻지 못했을지도 모르는 가능성을 표면화하고 발전시킬 수 있다.

아니타 울리와 그녀의 동료들이 한 연구는 이러한 방법이 효과가 있는 이유를 설명한다. 그들은 집단 지성을 발휘하는 또 다른 비결은 균형 잡힌 참여임을 알아냈다.[27] 중지를 모으는 회의에서는 자아가 강한 사람, 목소리가 가장 큰 사람, 가장 힘이 막강한 사람들에게 유리한 쪽으로 참여도가 치우치기 쉽다. 먼저 글로 아이디어를 써서 제출하는 과정을 실행하면 모든 아이디어를 평가 대상으로 삼고 모든 의견을 대화의 주제로 삼게 된다. 아니나 다를까, 서면으로 의견을 제출하는 과정은 집단 지성에 도달하는 데 애를 먹는 집단에 특히 효과적이다.[28]

집단 지성은 개인의 창의성과 더불어 시작된다. 그러나 거기서 끝나지 않는다. 개개인은 홀로 일할 때 다양하고 참신한 아이디어를 더 많이 생산한다. 개개인이 집단보다 훨씬 기발한 아이디어를 많이 생각해낸다는 뜻이다.[29] 그러나 개개인은 또한 집단보다 훨씬 형편없는 아이디어를 더 많이 생각해내기도 한다. 시끄러운 온갖 소음에서 쓸모 있는 신호를 식별해내려면 집단적 판단이 필요하다.

● 흥미롭게도, 더 똑똑한 팀은 여성의 비율이 더 높다.[I] 평균적으로 여성이 사람의 생각과 감정을 읽는 시험에서 남성을 앞지르기 때문이라는 게 그 핵심적인 이유다.[II] 여성이 친화적 기량을 더 갖췄는지, 아니면 그런 기량을 이용하도록 훨씬 더 동기 유발이 되는지 분명치는 않지만,[III] 여성이 팀 내에서 이러한 기량을 심어주는 경향이 있다고 믿을 만한 근거가 있다. 경제학자와 심리학자들은 공히 훌륭한 팀 구성원은[IV] 집단의 나머지 구성원들이 더 많이 기여하도록 동기를 유발한다는 사실을 알아냈다. 그리고 한 법학대학원 교수가 기업 이사회 구성원들의 역학 관계를 연구했는데, 여성이 노르웨이 기업의 이사회에[V] 합류하면 이사들이 회의 전에 회의 자료들을 실제로 읽을 가능성이 더 커졌다. 준비도 안 하고 참석해 다른 이사들에게 뒤지지 않으려고, 남성들은 회의 자료를 미리 읽어온다.

칠레에서 소가레트는 자기 팀 구성원들을 한자리에 모아 장시간 중지를 모으는 회의를 통해 최고의 아이디어를 얻지 않았다. 그와 그의 동료들은 아이디어를 서면으로 제출하는 통합 체제를 구축하고 다양한 인맥으로부터 구조 제안을 받았다. 이 절차를 아수라장인 광산 현장으로부터 보호하기 위해서 별도의 팀을 꾸려 산티아고에서 수백 마일 남쪽에 있는 장소에서 아이디어를 모으고 평가하게 했다.

이 팀은 칠레의 광업부 웹사이트를 통해 전 세계로부터 구조 아이디어를 수집했다. 이 팀은 또한 UPS, NASA, 칠레 해군, 호주의 3차원 지도 제작 소프트웨어 전문 기업, 그리고 아프가니스탄에 파견되

우리는 구두로 중지를 모으는 회의가 효과가 있다고 생각한다

실제로는 서면으로 아이디어를 써서 내는 게 효과적이다

@RESEARCHDOODLES BY M. SHANDELI

어 있던 미국 굴착 전문가 집단처럼 다양한 이들에게 아이디어를 내 달라고 요청했다. 이 팀은 타당성을 바탕으로 제안서들의 순위를 매 긴 후 가장 가망 있는 아이디어를 제출한 사람들을 면담했다.

수백 가지 아이디어가 쏟아져 들어왔는데, 현실성이 없는 아이디 어도 있었다. 쥐 1,000마리에게 패닉 버튼을 부착해 탄광에 풀어주고 광부들이 쥐들을 발견하기를 기대하자는 아이디어도 있었다. 작은 구멍을 통해서 광부들에게 내려보낼 초소형 노란색 플라스틱 전화기 를 2주 만에 발명한 사람도 있었다. 마치 1986년도로 돌아가 직접 공 수해온 전화기 같았다. 엄혹한 상황에서 엔지니어들에게 절실히 필 요했던 웃음을 선사해주었다. 대개 그렇듯이 아이디어를 서면으로 제출하게 하면 양도 늘지만, 질도 천차만별이다.

다행히도 제출된 아이디어 가운데는 재미 이상의 가치를 지닌 아 이디어가 있었다. 한 독자적인 광업 엔지니어는 직경 3~5인치의 관 을 통해 식량과 식수를 내려보내자는 아이디어를 냈다. 구조팀은 그 의 제안을 채택했고 이는 광부들에게 생명줄이 되었다. 이 관은 광부 들이 생명을 지탱하게 해주었을 뿐만 아니라 구조대원들과 소통하는 통로 역할도 했다.

구조팀은 고성능 첨단 카메라를 광부들에게 내려보냈다. 광부들은 갱에 갇힌 후 처음으로 서로의 모습을 보게 되었다. 그러나 오디오가 작동하지 않았다. 엔지니어들은 여러 가지 해결책을 시도해봤지만, 모조리 실패했다. 결국 그들은 자존심을 꺾고 초소형 노란색 전화기 를 사용하기로 했다. 광섬유 케이블에 연결한, 겨우 10달러짜리 플라

스틱 전화기는 광부들과 소통하는 유일한 수단이 되었다. 이 전화기를 발명한 혈혈단신 사업가 페드로 갈로(Pedro Gallo)는 날마다 지하에 갇힌 광부들과 대화를 나누었다.

수천 송이의 꽃이 만개하게 하라

광부들이 갇힌 위치를 파악하고 소통할 채널을 개통하고 나서 구조팀은 그들을 구출하는 데 속도를 냈다. 최선책은 거대한 굴착기로 구멍을 뚫는 일이었다. 그런데 넉 달이나 걸린다는 문제가 있었고, 광산이 굴착 과정을 버텨내고 여전히 멀쩡하리라는 보장이 없었다. 그리고 구멍을 뚫기도 전에 광부들이 긴급한 의료 지원이 필요한 상황이 생길지, 정신적으로 무너질지 아무도 예측할 수 없었다.

구조팀에서 비롯된 협력의 가치에 대한 가장 치밀한 분석은 하버드 경영대학원의 종신 교수이자 조직심리학 분야에서 유명한 에이미 에드먼슨(Amy Edmonson)이 했다. 그녀는 공학자로 출발해 리처드 해크먼의 제자가 되었고 현재 세계 최고의 팀 분석 전문가로 손꼽힌다. 구조 활동에 참여한 핵심적인 구조대원들을 면담한 후 에드먼슨은 내게 특히 한 사례를 심층적으로 조사해보라고 권했다. 금노다지를 캔다고 장담하며 말이다.

어느 날 이고르 프로에스타키스(Igor Proestakis)라는 젊은 공학자는 굴착 장비를 현장에 전달하러 갔다가 굴착 작업을 감독하는 지질학자들과 마주쳤다. 그는 지질학자들에게 광부들에게 더 빨리 접근할 수 있는 아이디어를 제시했다. 최선책에 비하면 대담한 대안이었다. 천천히 새로 구멍을 뚫지 말고 이미 뚫려 있는 구멍들을 넓히는 게 더 빠르지 않을까? 프로에스타키스는 (암석을 파쇄하도록 설계된 독특한 굴착 장비인) 클러스터 해머(cluster hammer)라는 장비를 이용하면 가능할지 모른다고 생각했다.

프로에스타키스는 자기 제안이 받아들여지리라고 기대하지 않았다. 그는 현장에서 가장 어리고 가장 경험이 일천한 공학자였다. 그의 역할은 자기 회사의 장비를 효과적으로 이용하는 방법을 굴착 작업자들에게 자문해주는 일이지, 새로운 전략이나 기술을 제안하는 일이 아니었다. 그러나 그가 자기 생각을 지질학자들에게 언급하자, 그들은 그에게 그의 제안을 소가레트에게 전달해 달라고 했다. "두 시간이면 발표 자료를 준비할 수 있겠나?"라고 그들이 물었다. '날 더러 뭘 하라고?'라는 생각이 들었다고 프로에스타키스는 회상한다. 그는 새파란 자기 말을 누가 귀담아들을까 싶었다. "나는 겨우 스물네 살이었고, 그냥 내 의견을 말했을 뿐이다."

프로에스타키스는 즉시 발표 자료 작성에 착수했다. 그는 자기 제안을 실행에 옮길 장비들이 존재하는지조차 확신할 수 없었다. 그래서 그는 클러스터 해머를 제조하는 한 미국 회사 소유주에게 연락했고 그들은 계획을 짜냈다. 그들은 한 달 반이면 된다고 예상했다. 그러나 속도는 빠르지만, 위험도 컸다. 이 기술은 칠레에서 시도해본 적이 없었고, 이 정도 깊이의 지하에 직경이 이 정도인 구멍을 뚫는 데 사용해본 적도 없었다. 그들은 또 이 작업을 하려면 굴착기를 맞춤형 설계해야 했고 사용하기 전에 시범 운영해볼 시간도 없었다.

그날 느지막이 프로에스타키스는 자기 아이디어를 소가레트에게 제시했고 소가레트는 그의 말을 끊지 않고 들어주었다. 거절할 핑계를 찾고 있어서가 아니라 제안을 받아들일 이유를 찾으려 경청하고 있었다. "이 구조는 아마도 그의 인생에서 가장 중요한 일이었을지 모른다. 나는 경륜도 없고 나이도 어리지만, 그는 내 말을 경청하고, 질문을 하고, 내 의견이 충분히 제시될 기회를 주었다"라고 프로에스타키스는 회상한다. 소가레트는 그에게 칠레 광업부 장관에게 보고할 준비를 해 달라고 요청했다. 그의 아이디어는 곧 승인이 났고, 이제 차선책이 되었다. 그리고 최선책과 차선책 두 계획은 동시에 추진하게 되었다.

여느 조직에서라면 프로에스타키스는 애초에 자기 아이디어를, 채택은 고사하고, 발표할 기회조차 얻지 못했을 게 분명하다. "보통 조직에서라면 그는 입도 뻥긋하지 않았을 게 틀림없다.[30] 그러나 당시 상황에서는 그가 발언해도 되겠다는 분위기가 조성되었다. 그리고 그는 자기 의견을 냈다." 에드먼슨이 내게 말했다.

그러한 분위기를 보통 의사 표명과 심리적 안위에 우호적인 분위기라고 일컫는다.[31] 지도자의 눈길만 받아도[32] 지위가 없는 사람들이 자기 의사를 표명할 용기를 내는 데 충분하다는 증거가 있다. 그러나 에드먼슨의 연구 내용을 파고든 내 눈을 사로잡는 뭔가가 있었다. 구조팀 지도자들은 단순히 그런 분위기만 조성하는 데 그치지 않았다. 그들은 제안이 거절당하기보다 신중하게 고려되는 이례적인 체제를 구축했다. 그리고 나는 그러한 체제가 온갖 종류의 상황에서 집단 지성을 발현하는 광경을 목격했다.

고참에게 도전하는 신참

대부분의 직장에서 기회는 위계질서에 좌우된다. 여러분의 직속 상사는 여러분의 성장을 좌우할 의사 결정을 내린다. 여러분의 직속 상사는 여러분의 업무를 결정하고, 여러분의 제안을 심사하고 여러분이 승진할 자격이 있는지 결정한다. 여러분의 상사가 여러분의 제안을 경청하게 만들지 못하면[33] 여러분의 제안은 쓰레기통행이다. 이러한 체제는 단순하다. 그러나 멍청하기도 하다. 한 개인에게 너무 많은 권한을 부여해 창의성을 묵살하고 사람들의 입을 틀어막는다. 단 한마디 거절로 아이디어를 죽이기에 충분하다. 심지어 남의 승진도 늦출 수 있다.

관리자들이 거절할 명분을 찾기는 쉽다.[34] 여러분의 아이디어가 (훌륭하다면) 관리자의 자아를 위협하거나,[35] (형편없다면) 관리자의 평판을 위협할지 모른다. 관리자들은 여러분의 동기나 명분을 의심할지 모른다. 여러분이 관리자에게 어떤 제안을 할 때 여러분이 친화력이 있고 합리적이라는 평판이 없다면,[36] 그것만으로도 상황이 여러분에게 불리하게 전환하기에 충분하다.

대개 검증되지 않은 아이디어는 너무 큰 위험과 불확실성이 따른다.[37] 관리자들은 자기가 형편없는 제안을 수용하면 경력에 오점을 남기는 수가 될지 모르지만, 훌륭한 아이디어는 거절해도 누가 그 사실을 알게 될 가능성이 희박하다는 사실을 잘 알고 있다. 그리고 설사 관리자가 어떤 아이디어를 지지한다고 해도, 관리자의 상사들이 그 아이디어에 반대한다면,[38] 관리자는 이를 가망 없는 제안으로 보는 경향이 있다. 단 한 명의 문지기가 새로 개척할 땅을 폐쇄해버리는 셈이다.

이러한 위계질서는 잠재력이 감춰진 아이디어를 거절하도록 설계되어 있다.[39] 기술 계통에서 이 점이 분명히 보인다. 제록스(Xerox) 프로그래머들은[40] 개인용 컴퓨터 분야를 개척했지만, 관리자들을 설득해 이를 상업화하는 데 애를 먹었다. 코닥(Kodak)의 한 엔지니어는[41] 최초로 디지털카메라를 발명했지만, 경영진에게 이를 우선 상품화하도록 설득하지 못했다.

조직에 따라 서로 다른 위계질서로써 이 문제를 해결할 수 있다. 기업의 위계질서에 대한 막강한 대안은 격자 모양 질서다. 격자는 체커판처럼 종횡으로 선이 그어진 구조다. 조직에서 격자는 상하를 가로지르고 팀과 팀 사이를 오가는 채널이 있는 조직 구조다. 위계질서에서는 여러분이 상사에게 보고하고 상사가 책임을 지는 한 가지 길이 존재하지만, 격자형에서는 상층부로 향하는 길이 여러 개 존재한다.

격자형 체제는 매트릭스 조직이 아니다. 영화 〈오피스 스페이스 (Office Space)〉처럼 여러분을 닦달하는 여러 명의 상사가 존재하는 그런 조직이 아니다. 여러 명의 관리자가 여러분의 성장을 방해하지도 않고 여러분의 아이디어를 묵살하지도 않는다. 여러분이 전진하고

사다리 체제 　　　　格자형 체제

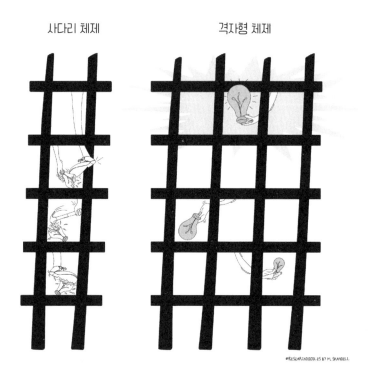

성장하도록 기꺼이 도와줄 의향과 역량이 있는 여러 지도자에게 여러분이 접근하도록 하는 게 목표다.

내가 본 격자형 체제 가운데 가장 훌륭한 사례는[42] 방수 기능이 있는 고어텍스(Gore-tex) 장갑과 재킷을 제조하는 회사 W. L. 고어(W. L. Gore)다. 1990년대 중엽 데이브 마이어스(Dave Myers)라는 평사원이자 의료 기기 엔지니어는 산악자전거의 기어 케이블을 고어텍스로 감싸면 잔모래가 끼지 않게 방지해준다는 사실을 알아냈다. 그는 고어텍스가 손에 묻는 먼지도 퇴치해줄지 모른다는 생각이 들었다. 손의 먼지가 기타 줄에 묻으면 시간이 갈수록 기타 줄이 제 음을 잃게 된다.

본업은 아니었지만, 마이어스는 주도적으로 모형을 만들었다. 그는 이 모형을 선배들에게 보여줬지만, 그들은 이 아이디어를 추진할 가치가 없다고 생각했다. 그들은 기술적인 이견을 표명했다. 진동하는 줄에 형광중합체(fluoropolymer)를 입힐 수는 없어. 그러면 음정이 망가져! 그들은 전략적인 면에서도 우려를 표했다. 음악 사업은 우리 분야가 아니야. 우리가 왜 기타 줄을 만들어야 하지?

여느 조직 같았으면 이러한 저항에 막혀 이 아이디어는 박살이 났을 게 틀림없다. 그러나 고어 회사는 격자형 체제였다. 아이디어가 떠오른 직원은 여러 상급 직원들에게 이를 제시할 자유가 있다. 여러분이 제안한 프로젝트에 실제로 착수하기 위해서는 여러분의 아이디어를 후원할 의향이 있는 지도자 단 한 명만 있으면 된다. 그래서 마이어스는 자신의 아이디어를 계속 알렸다. 결국 그는 리치 스나이더(Richie Snyder)라는 후원자를 찾았고, 그가 마이어스를 존 스펜서(John Spencer)라는 엔지니어와 연결해주었다.

그 이듬해 마이어스와 스펜서는 아직 증명되지 않은 아이디어에 일과 시간을 대부분 쏟아부었다. 고어 회사는 그런 종류의 부차적인 프로젝트를 상부의 명령에 불복하거나 벗어난다고 여기기는커녕 오히려 권장했다. 고어 회사는 직원들에게 이러저러한 시도를 해볼 여유를 주었다. 기타 줄 제작에서 진전을 이루기 위해 마이어스와 스펜서는 스나이더의 공식적인 승인을 받을 필요가 없었다. 두 사람은 음악가 수천 명과 함께 시제품을 개발하고 시험하면서 스나이더에게 정기적으로 진전 상황을 보고했다.

격자형 체제는 사다리 위계질서를 지배하는 다음과 같은 두 가지 불문율을 거부한다. 상사 몰래 일을 꾸미거나 상사를 건너뛰고 그 윗선과 일을 도모하지 않는다. 에드먼슨의 연구에 따르면, 이러한 불문율 때문에 많은 이들이 자기 의견을 내지 않거나 낼 기회를 얻지 못한다.[43] 격자형 체제는 상사를 에둘러 가거나 상사를 건너뛰는 행위에 대한 처벌을 제거하는 게 목적이다.

고어 회사에서 마이어스와 스펜서는 제안이나 지원이 필요할 때면 주저하지 않고 스나이더 윗선에게 도움을 요청했다. 두 사람은 언제 누구든 접촉할 여지를 십분 활용했다. 회장이자 최고경영자가 직접 두 사람이 회의하는 데 들러 조언을 해준 적도 있다.

마이어스, 스펜서, 그리고 임시로 꾸린 팀은 18개월 만에 제품을 개발해 출시했다. 겨우 15개월 만에 그들이 제작한 일릭서(Elixir) 기타 줄은 어쿠스틱 기타 줄 시장에서 선두주자가 되었다. 의료 제품 제작 부서에서 싹튼 아이디어가 음악 산업계에 돌풍을 일으키는 일은 흔하지 않다. 하지만 그런 일이 실제로 일어났고, 이는 격자형 체제 덕분이었다.

조직도가 사다리처럼 보인다고 해도 참신한 아이디어를 드러나게 하고 촉진하는 격자형 체제를 임시로 설계할 수 있다. 이러한 체제는 (문제에 대한 참신한 해결책을 찾아내는 대회인) 혁신 토너먼트에서 흔히 보인다.[44] 다우 케미컬(Dow Chemical)은 사내에서 에너지를 절약하고 폐기물을 줄일 제안을 접수한다고 한 적이 있다. 직원들로부터 아이디어를 접수하기로 하고, 비용은 20만 달러 미만에 1년 안에 비용을 회수할 잠재력이 있는 아이디어를 선정해 후원하겠다고 했다. 그 후 10년에 걸쳐 다우 케미컬은 575개 아이디어를 후원했고, 한 해에 평균 1억 1,000만 달러를 절약했다.[45]

이러한 종류의 혁신 토너먼트에서 의사 결정은 아이디어의 관문 통과 여부를 좌우하는 문지기들의 손에 달려 있지 않다. 격자형 체제에서는 지위 고하를 막론하고 모두가 제출된 아이디어를 평가한다. 따라서 아이디어가 때 이르게 또는 부당하게 참여 기회를 박탈당하지 않고 모든 아이디어가 합당한 심사를 받게 된다.

나약한 지도자는 전령의 입을 막고 사살한다. 강한 지도자는 전령의 전언을 환영하고 감사를 표한다. 위대한 지도자는 전령의 전언을 증폭하고 전령을 격상할 체제를 구축한다.

깊은 터널 속의 불빛

프로에스타키스가 어떻게 차선책을 제안하게 되었는지 알게 됐을 때 나는 격자형 체제의 특징들을 눈여겨보게 되었다. 그가 자기 생각을 굴착 작업을 감독하는 지질학자들에게 제시할 수 있었던(그리고 그들이 어리고 경험도 없는 프로에스타키스의 제안을 최상부에 전달한) 이유가 바로 격자 체제 덕분이었다. 그런데 격자형 체제의 장점은 구조 활동이 시작되고 한 달 정도 접어들면서 더욱 가시화되었다.

최선책은 예상보다 디디게 진행되었고 차선책은 점점 더 희망이 보였다. 클러스터 해머에 대한 프로에스타키스의 생각은 적중했다.

이 장비는 신속하고 순조롭게 암석을 파쇄했다. 이 장비는 분명한 이점이 있었다. 그러던 중 갑자기 작동을 멈추는 상황이 발생했다. 3분의 1쯤 파고들어간 지점에서 클러스터 해머는 공회전하면서 더는 암석을 부수지 못했다.

알고 보니 광산을 보강하기 위해 설치한 일련의 철근에 부딪혔고, 이 철근들이 해머의 굴착 부품을 산산조각 냈다. 그 조각 중 하나(야구공 크기의 금속 덩어리)가 이제 광부들에게 도달하기 위해 넓히던 구멍을 막고 있었다. 구조팀은 그 금속 덩어리를 자석으로 뽑아내려고 해봤지만, 꿈쩍도 하지 않았다. 그들은 프로에스타키스의 차선책을 포기하기로 했다.

그다음 날 프로에스타키스는 또 다른 아이디어를 떠올렸다. 그는 학교에서 배운 적출 장비가 기억났다. 인형뽑기 기계의 공업용 판이라고 할 수 있다. 내 아내 앨리슨은 이 기계를 작동하는 달인이지만, 푹신한 곰 인형을 유리통에서 끄집어내는 용도보다 훨씬 고상한 목적에 쓰이리라고는 꿈에도 생각하지 못했다. 그들에게 필요한 게 바로 이런 종류의 접근 방식이었다. 금속 집게를 구멍 속으로 내려보내 구멍을 막고 있는 금속 덩어리 주변을 꽉 물어 구멍에서 뽑아내면 되었다.

프로에스타키스가 현장 구조원 몇 명에게 이 집게 기계를 처음 제안했을 때 그들은 귀담아듣지 않았다. 그러나 격자 체제 덕분에 프로에스타키스는 다른 경로를 통해 자기 아이디어를 전달했다. 현장에서 자기 아이디어가 묵살당하자 프로에스타키스는 이틀 후 칠레 광업부 장관에게 직접 자기 아이디어를 전달했고 즉시 실행해도 좋다는 허락을 받았다. 그다음 닷새 동안 구조팀은 여러 차례 시도한 끝에 마침내 부서진 굴착 부품을 잡아 뽑아냈고 구멍이 다시 열렸다. 뽑기 기계로 집어낸 최고의 상품이었다. 차선책은 다시 속개되었고 모두가 안도의 한숨을 내쉬었다.

그다음 달 어느 저녁 구조대원 한 명이 캡슐을 타고 그 구멍으로 내려갔다. 자정에 조금 못 미친 시각, 그 캡슐은 첫 광부를 태우고 지상으로 올라왔다. 그리고 그로부터 채 24시간이 지나지 않아 구조 캡슐은 (서른세 명의 광부들 가운데 마지막으로 남아 있던) 십장을 구멍을 통해 끌어올렸다.

프로에스타키스가 제안한 집게 기계가 차선책 구조 계획을 기사회생시켰다. 그리고 그가 제안한 차선책이 서른세 명의 목숨을 살렸다. 그와 다른 많은 이들의 창의적이고 헌신적인 노력에 찬사를 보내야 한다는 데는 의문의 여지가 없다. 그러나 이 사례에서 주목받지 못한 영웅들을 잊어서는 안 된다. 사람들이 거리낌 없이 아이디어를 내고 그 아이디어들이 채택되도록 한 지도력, 팀 구성 절차, 그리고 기회를 주는 체제 등 말이다.

우리가 회의에서 가장 똑똑한 사람의 주장에만 귀를 기울이면 나머지 사람들이 제시하는 기발한 아이디어를 놓치게 된다. 우리의 가장 대단한 잠재력은 우리 안에만 숨어 있는 게 아니다. 때로는 우리 사이에서 잠재력의 불꽃이 일기도 하고, 때로는 우리 팀 바깥에서 잠재력의 불꽃이 비롯되기도 한다.

9장

다듬지 않은 다이아몬드 원석
숨은 잠재력을 지닌 인재 발견하기

성공은 인생에서 도달한 지위가 아니라
성공하려고 애쓰면서 극복한 장애물로 가늠한다.[1]
부커 T. 워싱턴(Booker T. Washington, 미국의 교육자이자 흑인 인권운동가)

1972년 역사에 한 획을 긋게 된 어느 저녁, 열 살 소년 호세 에르난데스(José Hernandez)는 낡은 흑백 TV 앞에 무릎을 꿇고 앉았다.[2] 그는 토끼 귀처럼 생긴 TV 안테나를 잡고 화면에 신호가 잡히게 하려고 애쓰고 있었다. TV 화면의 흐릿한 영상이 점점 선명해지고 에르난데스는 마지막 아폴로 우주인이 달 표면에서 도약하는 모습을 지켜보았다.

에르난데스는 월면 보행에 매료되었지만, 더 잘 보고 싶었다. 그는 TV 화면에서 눈을 떼고 바깥으로 뛰쳐나가 달을 쳐다보고, 다시 집 안으로 달려 들어와 우주인 한 명이 마지막으로 대도약을 하는 모습을 지켜보았다. 에르난데스는 언젠가 자신도 TV에 나온 우주인들과 더불어 자신의 발자국을 달 표면에 남기기를 바랐다.

많은 아이가 한때 우주인을 꿈꾸었다가 포기하지만, 에르난데스는 자신의 꿈을 실현하기로 마음먹었다. 그가 가장 잘하는 과목이 수학과 과학이었으므로 그는 우주로 향하기 위해 공학을 전공하기로 했다. 그 후 20년에 걸쳐 그는 전기공학 학사와 석사학위를 받고 연방정부의 한 연구 시설에 엔지니어로 취직했다. 그는 NASA에 지원할 응모서류에 충분한 자격 요건을 적어 넣고 싶었다.

1989년 에르난데스는 도전할 만반의 준비가 되었다. 그는 우주인 응모서류의 47개 문항을 정성껏 채우고 이력서와 성적증명서를 동봉한 다음 응모서류를 휴스턴으로 부쳤다. 그리고 그는 날마다 우편함을 열어보면서 NASA에서 봉투가 오기를 애타게 기다렸다. 열 달이라는 긴 시간을 기다린 끝에 마침내 봉투가 배달되었다. 그는 허겁지겁 봉투를 열어 우주인 선발 부서 부서장이 보낸 서신을 읽었다. 탈락이었다.

에르난데스는 의기소침하지 않았다. 그의 열망은 높았지만, 그의 기대치는 온건했다. 그는 길게 내다보았다. 그는 자기가 먼저 NASA에 연락해 피드백을 구했고 뒤이어 어떻게 하면 자신을 개선할지 조언을 구하는 다음과 같은 서신을 보냈다.

제가 미처 인지하지 못했거나 제 응모서류에서 발견된 결함이 있다면 무엇이든 개선하거나 바로잡아서, 다음번 선발 과정에서 제가 선발될 가능성을 높이고 싶

습니다. 따라서 제 응모서류에 대한 평가, 제가 받은 심사 결과, 제 응모서류를 검
토하신 분들의 어떤 조언도 주시면 감사히 받겠습니다.

바쁘시겠지만 부디 시간을 내주셔서, 수천 건은 넘을 요청들 가운데 하나일 제
요청에 답해주신다면 대단히 감사하겠습니다.

NASA로부터 실망스러운 답변이 왔다. 그는 1차 관문도 통과하지 못
했고, 그에게 줄 조언도 없다고 했다. 그래도 그는 굴하지 않고 다시
응모했다. 그리고 또 한 번 탈락했다.

NASA
린든 B. 존슨 우주 센터
휴스턴, 텍사스
77058

에르난데스 씨께

이 서신은 귀하께서 우주인 후보 프로그램에 응모
해주신 서류에 대한 답변입니다.

유감스럽게도 귀하는 우주인 후보 프로그램에
선발되지 않았습니다. 존슨 우주 센터는 16명의
탐사 전문가와 7명의 비행사를 선발하기 위해
2,400명 이상으로부터 응모서류를 접수했습니
다. 자격을 갖춘 응모자가 대단히 많아서 선발 과
정이 까다로웠습니다. 유감스럽게도 저희는 우리
나라의 우주 프로그램에 기여할 잠재력을 지닌 소
수 정예만 선발할 수 있습니다.

저희는 필요에 따라 2년마다 소수의 우주인 후보
를 선발하고 있습니다. 저희는 차기 선발 과정에
서 심사할 응모서류를 계속 접수할 예정입니다.

우주인 후보 프로그램을 통해 귀하를 심사할 기회
를 주셔서 감사드리며 앞으로 하시는 일에 성공을
기원합니다.

1990년 1월 26일

두에인 L. 로스
우주인 선발국 국장

에르난데스 씨께

우주인 후보 프로그램에 응모해주셔서 감사합니
다. 유감스럽게도 귀하는 최근에 진행된 우주인
후보 프로그램에 선발되지 않았습니다. 존슨 우
주 센터는 15명의 탐사 전문가와 4명의 비행사
를 선발하기 위해 2,200명 이상으로부터 응모서
류를 접수했습니다.

1992년 4월 7일

에르난데스 씨께

우주인 후보 프로그램에 응모해주셔서 감사합니
다. 유감스럽게도 귀하는 최근에 진행된 우주인
후보 프로그램 선발 과정에서 후보로 선정되지
않았습니다. 존슨 우주 센터는 9명의 탐사 전문
가와 10명의 비행사를 선발하기 위해 2,900명
이상으로부터 응모서류를 접수했습니다.

1994년 12월 20일

에르난데스 씨께

우주인 후보 프로그램에 응모해주셔서 감사합니
다. 유감스럽게도 귀하는 최근에 진행된 우주인
후보 프로그램 선발 과정에서 후보로 선정되지
않았습니다. 존슨 우주 센터는 25명의 탐사 전문
가와 10명의 비행사를 선발하기 위해 2,400명
이상으로부터 응모서류를 접수했습니다.

1996년 5월 9일

에르난데스는 희망을 버리지 않았다. 그는 계속 도전했다. 다시 응모할 때마다 이력서를 다듬고, 장점을 강조하고, 추천서를 새로이 받았다. 그러나 탈락의 연속이었다. 그는 면접 단계까지도 가지 못했다.

1996년에 마지막으로 받은 탈락 통보 서신은 그의 패기를 무너뜨렸다. 에르난데스는 자신이 NASA에 절대로 선발되지 못하리라는 허탈감이 들었다. 그는 서신을 공처럼 구겨서 휴지통에 던졌다. 그는 너무나도 실망한 나머지 구긴 서신이 휴지통에 들어가지도 않고 방바닥에 널브러졌는데도 그냥 내버려뒀다.

삶에서 남들이 우리의 잠재력에 대해 내리는 판단보다 더 중요한 것은 별로 없다. 대학 당국이 학생들의 응시서류를 심사하고 고용주들이 구직자들을 면접할 때, 그들은 그 사람이 미래에 성공할지를 예측한다. 그들의 예측은 기회로 가는 관문이 된다. 그 기회의 문이 활짝 열릴지 쾅 닫힐지는 그들의 평가에 달렸다.

자신이 보낸 응모서류 가운데 NASA의 주목을 조금이라도 끈 서류는 하나도 없었다는 사실을 에르난데스는 몰랐다. NASA는 스트레스 강도가 높은 환경에서 의사 결정을 내린 경험이 있는 사람들을 물색하고 있었다. 그들은 주목할 만한 성과를 올린 엔지니어들을 기대했다. 그들은 자기 학년에서 최상위 성적을 받고 졸업한 응모자들을 주목했다. NASA는 이미 대단한 성취를 이룬 사람들을 찾는 데 집중했고, 그들의 기준에 따르면 에르난데스는 그런 사람이 아니었다. 그러나 (다른 수많은 조직과 마찬가지로) NASA가 후보 선발 과정에서 포착하지 못한 게 있다. 바로 대단한 성과를 올릴 잠재력이었다.

한 응모 기간이 끝나고 다음 응모 기간이 될 때까지 에르난데스는 NASA가 높이 산다고 알려진 기술 기량, 체력 기량, 품성 기량을 개발하고 증명했다. 그는 멘토의 도움을 받아 정부 연구 지원금을 받고 디지털 암 탐지 기술을 개발해 많은 생명을 구했다. 그는 여가를 활용해 7차례 마라톤을 완주했고, 3시간 이하로 완주해 본인의 최고 기록을 세웠다. 1마일당 7분 이하의 속도로 26.2마일(42.195킬로미터)을 달렸다. 그는 자제력과 결의가 강한 데다가 친화력도 있었다. 그는 고등학생들에게 수학을 가르치는 자원봉사를 했고, 멕시코계 미국인 과학자와 엔지니어들의 전문직 협회의 한 지부를 출범시키기도 했으며, 지역 사회에서 지역 차원과 전국 차원의 각종 지도자 역할도 했다. 그는 우주인 후보 프로그램에 재도전할 때마다 새로 이룬 성과들을 강조했지만, 조금도 먹히지 않았다.

NASA가 에르난데스의 잠재력을 보여주는 징후들을 놓친 이유는 그들의 선발 과정이 그러한 징후들을 찾아내도록 설계되지 않았기 때문이다. 그들은 응모자의 직장 경력과 과거의 업무 수행 능력에 대한 정보는 있었지만, 인생 경험과 성장 배경에 대한 정보는 없었다. 그들은 에르난데스가 농장일꾼으로 일하는 이민자 가정에서 자랐다는 사실을 몰랐다. 그들은 그가 캘리포니아에서 유치원에 입학할 당시 영어도 할 줄 몰랐고, 그가 열두 살이 되면서 마침내 삶이 윤택해지기 시작했다는 사실도 몰랐다. 그들은 그가 대학에 입학해 엔지니어가 되기까지 장족의 발전을 했다는 사실을 몰랐다. 그가 초창기에 제출한 응모서류에는 그가 성취한 내용이 담겨 있지 않았고 따라서 역량이 없는 듯 보였지만, 사실 이는 역경이 존재했음을 뜻했다.

사람들이 도달한 높이만으로 사람들을 평가하면 안 된다. 이미 탁월한 성과를 올린 응모자들을 선호하는 체제는 대단한 성과를 이룰 역량이 내재된 후보들을 과소평가하고 간과하게 된다. 과거의 성과를 미래의 잠재력과 혼동하면 커다란 장애물을 극복하는 성과를 이룬 사람들을 놓치게 된다. 우리는 그들이 얼마나 가파른 언덕을 올랐는지, 얼마나 멀리까지 올라갔는지, 그리고 그 과정에서 어떻게 성장했는지를 고려해야 한다. 다이아몬드 원석의 진가는 처음부터 눈부시게 빛나는지가 아니라 열과 압력에 어떻게 반응하는지가 좌우한다.

후진적인 선발 과정

인류 역사를 통틀어 대부분의 기간 동안 기회는 타고난 특권이었다. 귀족으로 태어나면 세상은 자기 봉이었다. 집안 배경이 좋지 않으면 팔자는 이미 정해졌고 선택지는 제약되었다. 수많은 문화권에서 수 세기에 걸쳐 사람들이 왕조, 귀족, 그리고 신분 제도에 맞서면서 이런 역학관계는 변했다. 유교 사상이 지배하는 중국에서 왕조들은 연달아 정부 직책들을 어려운 과거 시험에 개방하기 시작했다. 중국은 그래도 여전히 갈 길이 멀었다. 여성과 장애인은 시험을 보지 못하게 금지되어 있었으니 말이다. 고대 그리스에서 소크라테스와 플라톤은 공부를 통해 지혜를 얻은 철인왕(philosopher king)이 사회를 통치해야 한다고 주장했다. 단순히 지도자를 선택하는 방법을 재고하자는 게 아니었다. 주체 의식과 역량을 갖춘 개인들에게 보상하는 새로운 사회 질서를 구축할 토대를 마련하자는 게 두 사람의 의도였다.

오늘날 대학과 고용주들은 자격을 갖춘 사람이라면 누구에게든 기회의 문을 열어주는 방식을 우선시한다. 원칙적으로는 폭넓은 다양한 배경에서 자란 사람들을 불러 그들이 역량을 보일 기회를 주는 게 응모 절차다. 그러나 실제로 우리가 자격을 심사하는 체제는 결함이 있다.

학교와 직장에서의 선발 체제는 보통 탁월함을 포착하도록 설계되었다. 탁월함을 향해 진전하고 있는 사람들은 거의 선발되지 않는다는 뜻이다.[3] 우리는 이런 사람들과 그들이 걸어온 (우여곡절과 장애물이 산재한) 길에 큰 관심을 보이지 않는다. 우리가 숨은 잠재력을 포착하지 못하면, 사람들의 꿈을 산산조각 낼 뿐 아니라 그들이 공헌함으로써 얻을 혜택을 놓치게 된다.

제한된 시간 내에 수많은 응모자를 심사하다 보면 평가 절차의 여러 단계에서 잠재력을 규명하는 데 있어서 실수를 범하게 된다. 첫 번째 관문에서는 모든 후보를 제대로 파악하기가 불가능하다. 다이아몬드 원석을 포착하는 알고리듬이 있지도 않고 각 후보자의 인생 역정을 자세히 들여다볼 시간적 여유가 있지도 않다. 평가자는 후보자들에 대한 단편적이고 빈약한 정보만을 토대로[4] 그들의 인생을 좌지우지할 결정을 내리게 된다.

채용 과정의 첫 단계에서 고용주들은 자격증에 의존해 이러한 난관을 극복하려고 한다. 명문대는 최고의 응시생들만 합격시킨다고 가정한다. 그러나 학력은 생각만큼 그렇게 대단한 의미가 있는 게 아니다. 2만 8,000명 이상의 학생들을 연구한 자료에 따르면, 명문대 학생들은 컨설팅 프로젝트에서 다른 학생들보다 아주 조금 더 나은 성과를 올렸을 뿐이다.[5] 업무의 질과 협력자로서 기여한 바를 살펴보면, 예일대학교 학생은 클리블랜드 주립대학교 학생보다 겨우 1.9퍼센트 나은 성과를 냈다.[6] 응모자에게 학사학위를 요구하면 미국 노동력의 절반 이상을 놓치게 된다. 이러한 자격 요건은 직업학교나 2년짜리 커뮤니티 칼리지(Community college), 문하생이나 군 복무를 통해 또는 독학이나 직장에서 기량을 습득하는 등 대학이 아닌 다른 경로를 통해 기량을 습득하는[7] 후보들에게 체계적으로 불리하다.

학사학위 외에도 수많은 관리자가 후보의 자격을 파악할 때 과거의 경험에 관심을 보인다. 그러나 경험도 한 사람의 자격을 평가하는 데 타당한 지표가 되지 못한다. 여러 가지 다양한 직종에서 1만 1,000명 이상의 사람들을 대상으로 한 44개 연구를 메타 분석한 내용을 보면, 과거의 직장 경력은 업무 수행을 평가하는 데 거의 아무런 영향을 주지 못한다.[8] 이력서상으로 20년 경력을 지닌 후보는 한 해 동안 한 똑같은 경험을 20번 반복했을 뿐일지도 모른다. 직업을 구하려면 경력이 필요한데, 경력을 쌓으려면 일자리를 얻어야 하는 모순이 생긴다. 그리고 그 경력은 잠재력에 대해 아무런 단서도 제공하지 못한

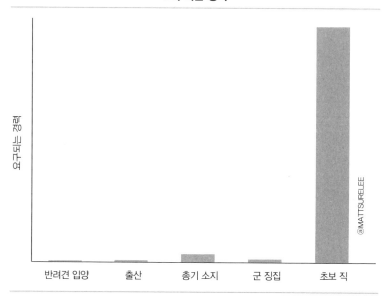

요구되는 경력

세로축: 요구되는 경력

가로축: 반려견 입양　출산　총기 소지　군 징집　초보 직

@MATTSURELEE

다.* 사람들이 얼마나 오랫동안 특정한 일을 했는지가 아니라 특정한 일을 수행하기 위해 필요한 기량을 얼마나 잘 습득할 역량이 있는지가 관건이다.

어느 후보들을 그다음 평가 관문으로 넘길지 결정하기 위해 많은 고용주가 과거 업무 수행 성과를 본다. 학력이나 과거의 직장 경력과 비교해볼 때 이는 훨씬 나은 평가 척도가 된다. 누군가가 과거에 얼마나 업무를 잘 수행했는지 보면 현재 그 사람의 역량이 어느 정도인

● 극도로 복잡한 직업은 예외였다. 이런 직업에서 경험은 업무 수행 능력을 가늠하는 타당한 예측 지표였다. 이러한 직업에는 외과 수술과 로켓 과학처럼 고도의 인지적 역량이 요구되는 분야뿐만 아니라, 〈들어가는 말〉에서도 언급했듯이, 경험이 중요한 유치원 교사처럼 사회적 정서적으로 힘든 직업도 포함된다.

지 감을 잡을 수 있다.[9] 그러나 이 척도 또한 너무 많은 이들의 잠재력을 간과하게 된다는 단점이 있다.

과거의 업무 수행 성과는 새로운 일자리가 과거의 일자리와 비슷한 기량이 필요할 때만 도움이 된다. 경제학자들이 3만 8,000명 이상의 판매 직원들을 살펴봤더니 가장 성공한 판매 직원이 관리직으로 승진할 가능성이 더 컸다. 그러나 판매 기량은 관리 기량과 같지 않다. 거래를 성사시키는 역량이 월등한 후보들이 직원을 관리하는 능력은 더 떨어졌다.[10] 팀의 업무 수행 역량을 향상한 관리자들은 판매 실적이 가장 좋은 직원들이 아니라 가장 친화력이 있는 구성원이었다. 그들은 다른 동료들과 협력해 판매를 성사시키는 경우가 빈번했다.

이는 교육학자이자 심리학자인 로렌스 J. 피터(Laurence J. Peter)가 개발한 피터의 법칙(Peter Principle)이라고 알려진 현상의 한 예다.[11] 직장에서 사람들은 그들이 '무능한 수준'까지 승진하는 경향이 있다는 개념이다. 사람들은 과거 경력에서 이룬 성공을 바탕으로 계속 승진하다가 그들의 역량으로는 버거운 새로운 역할의 덫에 갇히게 된다는 뜻이다. 이 경우 최고의 판매 직원들이 계속 승진해 무능한 관리자가 되고 관리자로서 잠재력이 가장 큰 직원들은 별 볼 일 없는 판매 직원에 머무르게 된다.●●

●● 이 문제를 해결할 가장 좋은 방법은 승진 경로를 두 가지 만드는 방법이다.[1] 하나는 지도력 승진 경로, 또 하나는 개인적인 기여도 승진 경로, 그리고 봉급과 지위는 비슷하게 부여한다. 이 접근 방식은 인력을 관리할 농간나 기량이 부족한 후보들이 승진할 기회를 확대하고 관리자로 성장할 잠재력이 큰 사람들이 승진할 길을 더 넓힌다. 그러나 그러한 잠재력을 평가할 때는 신중해야 한다. 후보들이 우리가 특정한 자리에 대해 지닌 고정관념

후보의 과거 업무 수행 성과가 현재의 역할과 관련이 있다고 해도, 과거의 성과라는 척도는 원석이 아니라 이미 가공된 다이아몬드를 식별하도록 설계되었다. 톰 브래디(Tom Brady)의 사례를 보자. 그의 팬이든 아니든 그는 미식축구 역사상 가장 대단한 쿼터백(Quarterback, 미식축구의 포지션 중 하나로 공격을 지휘하는 역할-옮긴이)으로 널리 인정받는다. 그러나 그는 전미풋볼리그(NFL)에 합류할 당시 199번째로 스카우트됐다. 스카우트 담당자들은 대학에서 그리고 선수 선발 과정에서 그가 보인 경기 실력을 토대로 판단해볼 때 그가 공을 회전시켜 장거리 패스를 할 정도로 팔 힘이 강한지에 대해 심각한 의구심을 품고 있었다. 그가 여러 명의 수비 선수들을 따돌릴 정도로 빠를 가능성은 희박했다.

스카우트 담당자들이 브래디의 정신력이 아니라 체격에 집중한다는 게 문제였다. 브래디에게 신체적 제약이 있다는 그들의 말은 맞다. 브래디는 체중이 겨우 211파운드(약 95킬로그램)였지만 300파운드(약 136킬로그램) 이상 나가는 거구를 자랑하는 25명의 라인맨(lineman, 쿼터백을 상대 수비수로부터 보호하는 역할-옮긴이)보다 달리기에서 뒤처졌다. 그러나 스카우트 담당자들은 훗날 기자들이 '강철 같은 심장'이라 일컫게 된 기량을 간과했다.[12] 스카우트 담당자들이 "그의 흉부를 절개

에 부합하지 않으면 편견이 개입하게 된다. 경제학자들에 따르면, 여성은 남성보다 높은 업무 수행 평가를 받아도 승진할 가능성이 더 작다.[11] 잠재력이 남자보다 낮다고 평가되기 때문이다. 이 이유가 양성 간 승진 격차의 거의 절반을 차지한다. 승진하는 여성이 남성보다 업무 수행에서 앞서고 그 직책을 유지할 가능성이 더 큰데도 말이다.

해 심장을 들여다보지 않았다"라고 한 코치는 한탄했다. 재능은 최저 한도를 설정하고 품성은 최고 한도를 설정한다는 말이 있다. 브래디는 사람들이 그가 도달하지 못하리라고 추정한 최고 한도들을 계속 돌파했다. 그는 마흔 살이 되던 해에 자신이 스무 살 때 세운 40야드(약 36미터) 돌진 기록을 깼다. 물론 브래디처럼 속도가 느리면 최저 한도는 상당히 낮게 설정된다.

사람들의 타고난 재능이 출발점을 결정한다면, 습득한 품성은 얼마나 멀리까지 갈지에 영향을 준다. 그러나 품성 기량은 늘 즉각적으로 드러나지는 않는다. 우리가 겉모습을 초월해 그 이상을 보지 못하면 뛰어난 숨은 잠재력을 놓치게 된다.

다듬지 않은 원석

숨은 잠재력을 찾아내는 방법을 알고 싶었던 나는 NASA가 내 연구 대상으로 이상적인 조직이라고 생각했다. 적임자를 선발하지 못하면 치러야 할 대가가 아주 컸기 때문이다. 엉뚱한 우주인을 뽑으면 탐사 활동을 위험에 빠뜨리고 다른 대원들이 목숨을 잃게 된다. 따라서 NASA는 (훌륭한 후보를 탈락시키는) 거짓 음성 판정보다 (형편없는 후보를 선발하는) 거짓 양성 판정을 훨씬 더 우려했다.

우리가 잠재력을 놓치는 이유와 잠재력을 포착하는 방법을 이해하기 위해 나는 두에인 로스(Duane Ross)에게 도움을 청했다. 그는 40년 동안 NASA에서 우주인 선발을 담당하면서 (에르난데스에게 보낸 서신을 비롯해) 응모자들에게 탈락을 통보하는 서신에 서명했다. 나는 우주인을 꿈꾸는 수천 명의 응모자 가운데 최정예 몇 명을 선발해 우주 탐험의 미래를 맡기게 되는 그 과정을 자세히 알고 싶었다.

로스와 그의 동료 테리사 고메즈(Teresa Gomez)는 적합한 자질을 갖춘 후보들을 물색했다.[13] 겨우 11명에서 35명을 선발하는 과정에 2,400명에서 3,100명이 지원했고, NASA의 선발 담당자들은 누가 잠재력이 있고 누가 없는지 신속하게 판단해야 했다. 그들이 보기에 에르난데스는 잠재력이 없었다.

NASA는 그가 불법 이민자의 가정에서 가난하게 자랐다는 사실을 전혀 몰랐다. 입에 풀칠하기 위해서 온 가족이 겨울마다 자동차를 타고 멕시코 중부에서 캘리포니아 북부로 장거리 여행을 했다. 그들은 오는 길에 농장에 들러 딸기와 포도에서부터 토마토와 오이에 이르기까지 무엇이든 차에 실었다. 가을이 오면 그들은 다시 멕시코로 가 몇 달 동안 머문 후 다시 길을 떠났다. 이 장거리 여행 때문에 에르난데스는 학교를 몇 달이고 빼먹었고 나머지 몇 달은 서로 다른 세 구역에 있는 학교에 다니면서 겨우겨우 버텼다. 에르난데스가 2학년이 되자 그의 아버지는 가족이 한 장소에 머무를 수 있도록 여러 가지 허드렛일을 하기 시작했지만, 에르난데스는 여전히 가족을 부양하는 데 보탬이 되기 위해 주말이면 들판에서 일해야 했다. 이로 인해 그는 숙제할 시간이 빠듯했고, 초등학교 3학년에서 배움이 멈춘 부모는 숙제를 도와줄 수도 없었다.

이러한 사연이 NASA에는 보이지 않았다. 그들은 적합한 자질을 갖춘 인재를 물색했지만 적합한 자질에 접근하지 못했다. NASA에서 거의 반세기를 근무한 후 은퇴한 로스는 최근 내게 다음과 같이 말했다. "후보자들이 오늘날에 이르기까지 얼마나 큰 시련을 겪었는지 선발 절차에 반영해야 한다. 일찍이 우리는 그 점을 후보들에게 묻기 위해 우리 나름의 응모서류 양식을 개발했다. 그런데 정부에서 모든 응모서류는 동일해야 한다고 결정했고, 그래서 후보자가 역경을 극복한 부분은 상당히 놓치게 되었다." 수천 명의 응모자들 가운데 그들은 겨우 400명에 대한 추천서를 확인할 수 있었고 상위 120명만 면접을 보았다.

첫 번째 관문에서 연방 정부가 규정한 응모 절차는 직장 경력, 학력, 특수한 기술, 수상 경력 등에 초점을 두었다. 응모서류 양식은 포도를 따는 기술 같은 이례적인 기술이 있는지는 묻지 않았다. 영어를 습득하는 역량을 칭송할 만한 자질로 간주하지도 않았다. 수상 경력 부분은 들판에서 일하면서 물리학 시험을 통과했다는 사실을 언급할 공간이 아니었다. 이 선발 체제는 후보자들이 극복한 역경을 찾아내고 저울질하도록 설계되지 않았다.

이로 인해 에르난데스는 자신이 성장한 배경은 응모서류에 언급하지 말아야 한다고 생각했다. 응모서류 양식의 마지막 부분에서는 비행기 조종처럼 우주 비행과 관련된 활동에서 경험이 있는지 물었다. 내가 에르난데스에게 이민자 농장 노동자로 일한 경력을 써넣지 않은 이유를 묻자 그는 이렇게 말했다. "우주 비행과 무관한 경험이라고 생각했다. 전문가로서 동화하려는 세계에서는 오히려 내게 불이

익이 되리라고 생각했다." NASA가 그가 과거에 극복한 어려움을 알았다면 그가 미래에 실현할 잠재력을 엿보게 되었을지도 모른다.

계량화가 불가능한 대상을 계량화하기

업무 성과는 역량에만 좌우되지 않는다는 사실을 우리는 잘 알고 있다. 업무의 난이도도 성과에 영향을 미친다. 얼마나 역량이 있어 보이는지는 수행하는 과제가 얼마나 어려운지에 달려 있다. 퀴즈쇼〈제퍼디!(Jeopardy!)〉출연자는 허를 찌르는 1,000달러짜리 문제보다 200달러짜리 문제를 풀면 더 똑똑해 보인다. 같은 코미디언이라도 정신이 말짱한 아침에 은행 직원들을 상대로 우스갯소리를 할 때보다 나이트클럽에서 알딸딸하게 취한 청중을 상대할 때 훨씬 재미있어 보인다.

그러나 우리는 잠재력을 평가할 때 실행에만 집중하고 난이도를 무시한다. 우리는 본의 아니게 쉬운 과제를 잘 해낸 후보들을 선호하고 역경을 극복한 후보들을 무시한다. 그들이 장애물을 극복하기 위해 갈고닦은 기량들(특히 이력서에 나타나지 않는 기량들)을 보지 못한다.

대부분 체제는 난이도를 드러내고 측정하도록 설계되지 않았다. 그렇게 설계하기가 어렵기 때문이다. 시도한 이들도 있지만 처참하게 실패했다. 2019년 대학 진학 적성검사(Scholastic Aptitude Test, SAT)에 역경 점수를 도입해 응시자가 가족, 거주 환경, 학교에서 겪은 역경에 최고 100점까지 가산점을 주려고 했다가 거센 역풍이 불어 채

1년을 가지 못했다. 역경을 어떻게 점수로 환산할지는 고사하고 어떤 유형의 역경을 고려할지에 대한 합의도 없었다.

사회과학자들은 오래전에 이미 사람들이 똑같은 사건에 반응하는 방식이 천차만별이라는 사실을 발견했다.[14] 한 사람의 끔찍한 경험은 다른 사람에게는 단순히 차질에 불과할지도 모른다. 한 사람에게 방해물에 불과한 게 다른 사람에게는 넘기 힘든 장애물일지도 모른다. 다이빙에서는 난이도를 계산할 수 있지만, 삶에서 겪는 역경의 난이도를 계량화하는 공식은 없다.

이게 바로 오래전부터 소수자 우대 정책(affirmative action)의 고질적인 문제였다. 약자 집단을 우대하는 정책을 수립하는 문제는 정치적으로 논란이 뜨겁다. 민주당 진영과 공화당 진영은 소수자 우대 정책이 역사적인 불의에 대해 보상함으로써 기회를 균등하게 하는지, 아니면 역차별 정책을 도입함으로써 불의를 지속시키는지에 대해 열띤 갑론을박을 벌인다.[15] 이념적 입장이 어떻든 사회과학자로서 최고의 증거를 찾는 게 내가 할 일이다. 소수자 우대 정책은(심지어 이 정책의 수혜자들에게도) 양날의 칼인 경우가 흔하다.

45개 연구 자료를 메타 분석한 결과에 따르면, 소수자 우대 정책을 실행하는 조직에서[16] 사회적 약자 집단의 구성원이 과제를 수행하느라 훨씬 애를 먹고 업무 수행에서 더 낮은 평가를 받는다. 소수자 우대 정책이 존재한다는 사실만으로도 관찰자가 보기에도(그 사람들이 정말 승진할 자격이 있나?), 그리고 수혜자가 생각하기에도(내가 정말 내 능력으로 승진했나?) 소수 집단 구성원의 역량에 대한 의문을 제기하기에 충분하다. 이런 효과는 여성과 소수 인종이 충분한 자격을 갖췄다는 사실을 입증하는 실험에서도 나타난다.

많은 집단이 여전히 문화적이고 구조적인 제약에 묶여 있다. 기회를 박탈당해온 사람들에게 기회의 문을 열어줄 체계적인 방법을 찾는 게 중요하다. 그러나 좋은 의도를 담은 이러한 노력이 수혜자들(그리고 다른 사람들)로 하여금 그들이 그럴 만한 자격을 얻었는지 의구심을 품게 만드는 방식으로 실행된다니 유감스러운 일이다. 그 문제를 해결한다고 해도 집단의 역경을 고려하는 정책이 개인이 감내해온 모든 역경을 포착하지는 못한다.

전문 교향악단이 마침내 여성을 채용하려는 노력을 기울이기 시작했을 당시 가장 흔한 해결책은 후보들이 가림막 뒤에서 오디션을 보도록 하는 방법이었다. 단원 후보의 성별을 가려서 심사위원들이 후보의 기량에만 집중하게 되었다. 이 방법으로 여성이 채용될 확률이 개선되었지만,[17] 양성 간의 차를 완전히 좁히지는 못했다. 여성은 남성과 같은 전문적인 훈련에 접근하지 못했으므로 소수자 우대 정책 옹호자들은 여성 할당제를 주장할지도 모르겠다. 아니면 일시적으로 여성이 집단으로서 직면한 불이익들을 토대로 여성들을 위해서 특정 업무를 수행하는 데 필요한 기량 요건들을 하향 조정하자고 요구할지도 모르겠다. 그러나 그렇게 하면 여성 음악가들의 역량에 대한 의구심을 유발할 위험이 있다. 개개인이 겪은 역경의 난이도를 고려하는 게 훨씬 도움이 되는 해결책이다. 기량에 대한 기대치를 기회의 접근성으로써 조정하는 방식이다. 예컨대 교향악단 오디션을 볼 때

줄리어드(Julliard) 음악원에서 정식으로 음악 훈련을 받은 이들과 독학으로 연주 기법을 터득한 후보들에게 서로 다른 기준을 적용하는 방식이다.

개인이 겪은 역경의 난이도를 측정함으로써 달성하려는 목표는 역경에 직면한 사람들에게 유리한 여건을 만드는 게 아니다. 역경을 헤쳐나가는 사람들이 불리한 여건에 놓이지 않도록 하는 게 목표다. 자기소개서는 대학 응시자가 직면한 난관을 들여다볼 기회를 주는 듯하지만, 극단적인 고통을 겪은 학생들은 자신이 겪은 고통스러운 경험을 떠벌리고[18] 그런 고통을 마케팅한다는 생각만 해도 괴롭다. 한편 심각한 차질을 피해갈 정도로 운이 좋은 이들은 자신이 겪은 일을 과장해야 한다는 압박감을 느낀다. 결국 잠재력을 가늠하는 핵심적인 지표는 사람들이 부딪히는 역경의 강도가 아니라 그 역경에 어떻게 대응하는지다. 바로 사람들이 역경에 대응하는 방식이 훨씬 바람직한 선발 체제가 평가해야 할 대상이다.

눈에 보이지 않는 대상을 보이게 하기

미국의 선발 체제는 역경의 난이도라는 맥락에서 성취도를 측정하지 못하는 경우가 허다하다. 학생들이 대학원에 응시할 때 입학 사정관들은[19] 놀랍게도 학생이 대학에서 수강한 과목과 전공의 난이도에 크게 관심을 두지 않는다는 연구 결과가 있다. 쉬운 과목에서 높은 학점을 받는 게 어려운 과목에서 꽤 괜찮은 학점을 받는 경우보다 합격

할 확률이 높아진다.

이게 얼마나 부당한지 잘 생각해보라. 입학 사정관들이 올림픽 피겨스케이팅 심판이라고 치면 네 차례 회전하는 기술에서 6점을 받은 선수가 달랑 한 번 회전하는 기술에서 8점을 받은 선수에게 지는 셈이다. 입학 사정관들이 투자 자문가라면, 하락장에서 괜찮은 수익을 올린 종목을 제치고 상승장에서 대단한 수익을 올린 종목을 선택하는 셈이다.

입학 사정관(또는 고용 담당자)을 탓하는 게 아니다. 그들은 대부분 그들이 사용하는 대리 척도가 형편없다는 사실을 모르고, 잠재력을 식별하는 훈련을 받은 이는 거의 없다. 나는 아이비리그 입학 사정 위원회에서 20년 동안 입학 사정 결정을 내려왔는데, 최근에 와서야 비로소 응시자들의 전공 난이도와 관련해 학점을 평가하게 되었다. 서로 다른 교과 과정을 비교할 역량이 없는 나는 한 응시자의 성취도를 다른 응시자의 성취도와 비교할 역량이 없었다. 알 만한 사람이 말이다.

선별 체제는 맥락 속에서 성과를 평가해야 한다. 레슬링선수는 자기 체급에 맞는 급수에서 경쟁해야 하듯이 말이다. 학생들을 그들의 또래 집단과 객관적으로 비교하는 척도들을[20] 개발하는 접근 방식이 희망을 주고 있다. 각 학생의 학점과 더불어 성적증명서는 학생이 다니는 학교와 전공 과목의 평균 학점과 범위를 보여준다.

과제의 난이도는 성과를 맥락에서 살펴보는 한 가지 방법일 뿐이다. 학생들을 그들과 비슷한 여건에 처한 또래 집단과 비교함으로써 교실 바깥에서 겪는 역경을 반영할 수도 있다. 학생들의 학점을 그들이 사는 지역의 다른 학생들과 비교해 성적표에 반영하는[21] 고무적인 조치를 취하는 학교들도 있다. 이렇게 하면 입학 사정관들이 상대적으로 부유한 가정 출신 학생들의 열정을 잠식하지 않고도 저소득층 학생들의 잠재력을 포착하도록 해준다는 실험 결과도 있다. 영국에서는 대학과 고용주들이 경제적 역경을 나타내는 징후들[22] (예컨대 학교에서 시간제로 일하면서 학교에 다니거나 무료 급식 수혜자이거나)을 반영하기 시작했다. 나는 로스에게 이 아이디어에 대해 어떻게 생각하는지 물었더니 그는 이런 종류의 정보가 에르난데스의 응모서류에 담겨 있었다면 NASA는 그를 더 면밀하게 평가했으리라며 다음과 같이 말했다. "후보가 이민자 농장일꾼이라면 그 점을 염두에 두어야 한다. 특히 그가 뭔가 긍정적인 성과를 올렸다면 말이다."

이러한 접근 방식은 다듬지 않은 원석을 찾아내는 데 도움이 되지만, 역경이란 대부분 엄격한 학점이나 경제적 시련보다 훨씬 주관적이고 측정하기 어렵다. 사람들이 삶의 여정에서 독특한 장애물을 극복하고 얼마나 장족의 발전을 했는지 측정할 방법이 필요하다. 학교와 고용주들이 이미 가치 있는 데이터에 접근하고 있다는 희소식이다. 봐야 할 곳을 제대로 보고 있는지가 관건이지만.

일정한 기간 얼마나 진전했는지 보여주는 기울기

경제학자 조지 벌먼(George Bullman)은 1999년부터 2002년까지 플로리다에서 고등학교를 졸업한 학생들이 모두 수록된 대규모 데이터를 분석해 놀라운 결과를 얻었다. 그들의 학점이 미래의 성공(대학 졸업률과 10년 후 소득)을 예측했는지 조사하는 게 목적이었다.

1학년 성적은 학생이 미래에 성공할 잠재력이 있는지 전혀 예측하지 못했다. 2학년과 3학년 학점은 중요했다. 평균 학점이 1점 올라갈 때마다 훗날 소득이 5퍼센트 상승했다. 그리고 4학년 학점은 중요도가 두 배로 증가했다. 평균 학점이 1점 올라갈 때마다 소득은 10퍼센트 상승했다.

그러나 소득 잠재력보다 더 두드러지게 나타난 현상은 학생이 시간이 흐르면서 점점 나아졌는지다. 유감스럽게도 대학교는 학생이 밟은 궤적을 지우고 이를 하나의 점수로 압축해버린다. 대학교는 4년

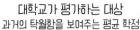

대학교가 평가하는 대상
과거의 탁월함을 보여주는 평균 학점

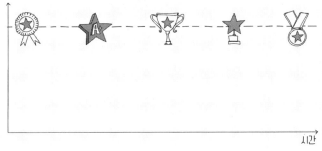

대학교가 평가해야 할 대상
최근에 얼마나 성장했는지를 보여주는 학점의 궤적

시간

@RESEARCHDOODLES BY M. SHANDELL

에 걸쳐 학생이 얻은 평균 학점을 토대로 학생들을 분류할 뿐, 그들이 학점이 나아졌는지 나빠졌는지는 살펴보지 않는다.[23]

대학을 졸업할 확률에서도 비슷한 패턴이 드러났다. 고등학교 1학년에서 3학년으로 갈수록 학점이 올라간 학생들이, 같은 기간 동안 학점이 떨어진 학생들보다 대학을 졸업할 가능성이 훨씬 컸고 중퇴할 가능성이 훨씬 작았다. 그러나 입학 사정관들은 이러한 변화를 고려하지 않았다.

이는 정말 어처구니없는 방법이다. 학교는 석 달 전에 올린 성과

못지않게 3년 전에 올린 성과를 동등하게 취급해 여러분을 평가하고, 가장 최근의 데이터는 볼 생각도 하지 않는다. 우리는 험난한 출발을 이겨내고 부상한 사람들에게 장족의 발전을 했다며 보상하기는커녕 오히려 그런 사람들을 처벌하고 있다.

대학교와 고용주들은 이제 또 다른 척도를 추가할 때가 됐다. 평균 학점(Grade Point Average, GPA)과 더불어 학점이 그린 궤적(Grade Point Trajectory, GPT)도 평가해야 한다고 나는 생각한다. 이는 기초적인 나눗셈으로써 시간이 흐르면서 이룬 진전율을 계산할 수 있다. 어떤 사람이 처음에는 실패했지만 뒤이어 성공했다면[24] 이는 숨은 잠재력의 징표다.

평균 학점만 놓고 보면, 우주인 후보에 지원한 다른 공학도들과 비교해볼 때 에르난데스는 두각을 보이지 않았다. 대학교에서 그는 화학, 미적분, 프로그래밍에서 C학점을 받았다. 그의 별 볼 일 없는 학업 성적은 그가 비행 엔지니어나 탐사 전문가가 되는 데 필요한 기술적 역량을 지녔는지에 대한 의문을 불러일으켰다. NASA는 학점 하한선을 엄격히 정해놓지는 않았다는 점은 인정한다. 그러나 그들은 학업 성적이 뛰어난 후보들을 선호했다. 그리고 그들은 에르난데스의 학점이 왜 부진했는지(또는 시간이 지나면서 학점이 오른 이유가 뭔지) 그 이유는 알지 못했다.

에르난데스는 학비를 마련하기 위해 과일과 채소 통조림 공장에서 밤 10시부터 아침 6시까지 야간 교대 근무를 했다. 그러니 공부 시간에 강의 내용을 소화하기는커녕 깨어 있기도 힘들었다. 과일이 나는 계절이 지나면 그는 평일 밤과 주말에 식당에서 손님 식탁의 그릇을 치웠다. 어려운 강의를 따라가느라 또 빡빡한 일상을 소화하느라 고군분투하는 가운데 그는 첫 학기를 평균 C학점에서 마무리했다.

에르난데스는 학업을 따라가느라 고군분투하면서 소외감을 느꼈고 자기 역량에 의문을 품게 되었다. 사회 계층 간의 성취도 격차를[25] 보여주는 증거들이 많이 있다. 이민 1세대 대학생들은 여러 가지 눈에 보이지 않는 불리한 여건 때문에 학업 성적이 부진한 경향이 있다. 자기 길을 자신이 개척해야 한다는 기대 때문에 그들은 도움을 청하길 꺼린다.[26] 학비를 스스로 벌어야 한다는 압박감, 자기 자신에 대한 회의, 그리고 소속감의 결여가[27] 모두 그들이 학업에 집중할 역량을 잠식한다.

대학 첫 학기는 에르난데스에게 특히 힘들었다. 그는 훨씬 합리적인 시간대에 할 수 있는 일자리를 찾고, 훨씬 지속 가능한 일상을 유지하고, 자기 지식에서 부족한 부분을 가르쳐줄 사람을 직접 찾아 나서면서 여건이 개선되었다. 학기를 거듭할수록 그의 학점은 올랐다. 그의 평균 학점은 1학년 가을 학기의 2.41점에서 봄 학기에 2.9점으로 올랐고, 2학년 가을 학기에서 봄 학기로 넘어가면서 3.33점에서 3.56점으로 올랐다. 그는 학년이 올라가면서 수많은 A학점을 받았고 우등으로 졸업했다. 그는 전 학년 장학금을 받고 샌타바버라에 있는 캘리포니아 주립대학교 공학대학원에 진학했다. 평균 학점은 만점이 아니었지만 학점이 그린 궤적은 눈부셨다.

진전을 잠재력의 징표로 사용할 때 주의해야 할 점이 한 가지 있다. 기대치를 합리적으로 설정해야 한다. 후보를 심사하는 첫 관문에서 상승 궤적은 그 후보가 역경을 극복해왔다는 단서다. 그러나 항상 가파른 상승을 기대할 수는 없다. 사람들이 큰 장벽에 부딪히게 되면 극복해야 하는 장벽의 기울기가 점점 가팔라지므로 꾸준한 성과를 유지하는 것 자체가 성취일 수 있다.

단 하나의 척도로 진전을 측정하기는 불가능하다. 궤적은 잠재력을 가늠할 출발점으로 요긴한 척도이긴 하지만, 궤적이 잠재력을 온전히 측정하지는 못한다. 사람들이 가파른 장벽을 얼마나 높이까지 오르는지 가늠하려면 그들이 지금까지 획득한 기량과 역량을 면밀하게 살펴봐야 한다. 과거의 경력이나 과거의 성과보다는 그들이 무엇을 터득했고 얼마나 잘 배울 수 있는지를 알아내야 한다. 그리고 그러기 위해서는 면접 방식을 재고해야 한다. 내가 지금까지 본 방법 중 가장 기발한 접근 방식은 이스라엘에 있는 고객 전화 서비스 센터에서 실행하고 있다.

흡혈귀 없는 면접

수십 년 전 길 원치(Gil Winch)라는 한 심리 상담사는 임상심리학이 답답해졌다. 한 번에 환자 한 명을 상대하는 게 흡족하지 않았다. 그는 대규모로 문제를 해결하고 싶었다. 어느 날 신체가 마비된 이웃과 이야기를 하던 원치는 전 세계적으로 장애인들이 구직에 어려움을 겪는다는 사실을 깨닫게 되었다. 청각, 시각, 운동, 기억, 학습, 소통 장애가 있는 사람들은 똑같은 경험을 했다. 평생 낙인찍히고 거부당한 채 살아온 경험으로 미뤄볼 때 그들은 신체적 장애든 심리적 장애든 장애가 있으면 과소평가되고 간과될 가능성이 크다는 사실을 알고 있었다.

윈치는 특히 구직 면접에서 장애인들이 불리하다는 사실을 간과했다. 보통 면접은 심문하는 형식을 띤다. 면접 시험관들이 여러분의 단점에 대해 집요하게 파고든다. 당신의 최대 약점이 뭐죠? '내가 그동안 한 모든 실수를 순서대로 낱낱이 나열한 목록을 드리죠'라고 할까? 면접 시험관들은 여러분의 미래에 대해 답하기 불가능한 질문을 한다. 앞으로 5년 후 본인의 모습을 그려보시죠? '내가 면접 시험관을 하면 너보다 더 합당한 질문을 하고 면접도 더 잘하겠다'라고 말해주고 싶어진다. 뇌를 쥐어짜게 만드는 황당한 질문●으로 사람을 얼떨떨하게 만드는 면접도 있다. 점보제트기에 골프공을 몇 개나 넣을 수 있을까요? '도대체 어떤 정신 나간 인간이 왜 제트기를 골프공으로 채운단 말이야?'라는 생각이 든다. 장애가 없는 후보라도 이러한 접근 방식은 불안감과 어색함만 증폭시킨다.

면접에서 조성되는 스트레스로[28] 인해 우리는 사람들의 잠재력을

● 이런 머리 아픈 질문은 실제로 후보에 대해 그 어떤 유용한 정보도 드러내지 않지만,[III] 그런 질문을 하는 면접관에 대해서는 시사하는 바가 있다. 한 연구에 따르면, 뇌를 쥐어짜는 질문을 할 가능성이 가장 큰 면접관은 자기도취 성향이나 가학적 성향이 있는 사람이다.[IV] 그런 성향이 있다는 데 자부심을 느끼는 사람이 아닌 다음에야 면접 보는 사람이 쩔쩔매는 모습을 보면서 자기가 똑똑하다고 느끼지는 않는다. 자기가 한심하다고 느껴야 정상이다.

제대로 파악하지 못한다. 그러한 스트레스는 특히 과거에 과소평가된 적이 있는 사람들에게 두드러지게 나타난다. 여러분이 속한 집단에 대한 고정관념이 있다는 사실을 알기만 해도, 여러분은 압박감에 놓여 성과를 제대로 못 내게 된다. 부정적인 고정관념을 확인시켜주게 될지 모른다는[29] 두려움으로 인해 수학 시험에서는 여성이, 언어 시험에서는 이민자가, SAT에서는 흑인이, 인지 능력 테스트에서는 노인이, 신체적 장애와 학습 장애가 있는 학생들은 각종 시험에서 집중력이 흐트러지고 기억이 잘 나지 않는다. 그들은 실패하게끔 되어 있다.

윈치는 장애인의 역량을 보여주고 싶었다. 그들이 남들과 다르다는 이유로 장족의 발전을 하지 못하는 일이 없게 하려고 그는 과감한 시도를 했다. 장애인들만 고용한 고객 전화 상담 센터를 출범시켰다. 그는 히브리어로 '무엇이든 할 수 있다'라는 뜻에서 센터를 콜 야촐 (Call Yachol)이라 일컬었다. 구직자들이 성공할 수 있도록 그는 표준적인 면접 절차를[30] 뒤집었다. 그가 구축한 이 체제는 놀라움으로 가득했다.

응모자는 면접에 오기 전에 (소중히 여기는 책에서부터 좋아하는 음악, 가장 좋아하는 취미에 이르기까지) 자신의 열정에 대한 설문지를 작성한다. 응모자는 지원군으로 면접에 반려동물이나 동반자를 데리고 와도 된다. 응모자가 면접 장소에 도착하면 면접관은 취조관과는 정반대라는 사실을 깨닫게 된다. 면접관들은 응모자들을 안내해 사무실을 구경시키고, 커피나 차를 권하고 마치 자기 집을 방문한 손님처럼 대우

한다. 그들은 커다랗고 푹신한 소파가 있는 가정집 거실처럼 보이는 면접실로 응모자를 안내하고 응모자가 지닌 열정에 대해 질문을 한다. 단지 응모자가 긴장을 풀도록 하려는 게 목적이 아니다. 응모자가 열정을 지닌 대상에 대해 이야기하면서 생기가 도는 모습을 면접관이 볼 기회도 된다.

그다음은 응모자의 장점을 보여주게 된다. 원치는 까다로운 수수께끼와 낯선 문제들을 응모자에게 퍼붓기보다 응모자가 익숙한 여건에서 자신의 기량을 과시할 기회를 줄 일련의 난관들을 만들었다. 장애물에 부딪혔을 때 결의를 보여주고 싶은가? 여러분이 사는 건물을 개조하기 위해 여러분이 제시한 아이디어에 사사건건 반대하는 까다로운 이웃을 만날 마음의 준비를 하라. 꼼꼼하다는 장점을 보여주고 싶은가? 할머니가 장수하도록 할 방법을 모색할 때다. 할머니는 땅콩 알레르기가 있고, 여러분이 수행할 과제는 장 볼 때 살 품목을 적은 목록에서 할머니가 잡수셔도 안전한 품목들을 고르는 일이다. 설득과 협상의 귀재임을 증명하고 싶은가? 10대 청소년이 저녁 먹는 동안 휴대전화를 보지 않게 설득할 방법을 말해보라.

면접의 과학에서는 이러한 종류의 기량을 드러내는 걸 작업 예시 (work sample)라고 일컫는다. 작업 예시는 응모자가 지닌 기량을 순간 포착한다. 때로는 과거의 업무에 대해 제출한 포트폴리오도 작업 예시가 된다. 많은 대학교에서 이러한 포트폴리오를 입학 사정 절차에 포함해, 학생들에게 창의적인 포트폴리오를 제출하도록 권장한다. 음악가라면 녹음을 제출할 수도 있고, 극작가나 시나리오작가라면 대본을, 배우나 무용가, 또는 마술사라면 자신을 찍은 동영상을 제출할 수도 있다.

그러나 과거의 작업 예시는 과거의 업무 성과와 비슷한 한계가 있다. 기준이 다른 두 가지를 비교하는 셈이다. 지금까지 후보들이 견뎌온 난관은 천차만별인데 이를 변별할 방법이 없다. 이때는 실시간 작업 예시를 만드는 게 유용한 대안이 된다. 모두에게 똑같은 문제를 주고 그 자리에서 풀도록 하는 방법이다. 이러한 종류의 실시간 작업 예시는 후보들의 역량을 드러냄으로써 면접에서 간파하지 못하는 틈을 메워준다.[31] 오로지 후보들이 하는 말에만 의존하지 않고 그들이 어떤 역량이 있는지 직접 관찰하게 되고, 후보들도 이를 고맙게 여긴다.[32]

나는 심리학자의 길을 걷게 된 초창기에 작업 예시에 대해 처음 알게 되었는데, 당시에는 이를 일컫는 명칭이 있는 줄도 몰랐다. 나는 내 동료와 함께 판매 직원팀을 채용하고 있었고, 우리는 우리에게 썩은 사과를 팔아보라고 그들에게 요청했다. 다음과 같이 말한 응모자의 판매 기법을 잊을 수가 없다. "이게 썩은 사과처럼 보일지 몰라도, 사실 오래된 골동품 사과다. 하루에 사과 한 알을 먹으면 의사 진료를 받을 필요가 없고 나이가 들수록 더 많은 영양소를 얻는다고 한다. 그리고 뒷마당에 씨앗을 심을 수도 있다." 정직성에 대한 우려 몇 가지를 해결한 후, 그 응모자는 내가 채용한 최고의 판매 직원이 되었다. 그 이후로 나는 여러 산업 분야에 걸쳐 실시간 작업 예시에 접근하는 창의적인 다양한 방법들을 보았다. 교직 응모자들에게 실시간 강의를 준비하라고 함으로써 주도력을 평가하는 학교, 항공기 정비사 후보들에게 함께 레고로 헬리콥터를 만들라고 함으로써 친화적 기량을 평가한 제조업 회사들이 가장 내 마음에 든 사례들이다.

작업 예시는 보통 한 번 하면 끝이다. 그러나 첫 시도에서 최고의 결과가 나오는 적은 거의 없다. 이게 바로 콜 야촐 체제가 제거한 또 하나의 걸림돌이다. 콜 야촐의 작업 예시는 사람들에게 성공할 두 번째 기회를 주도록 설계되었다. 할머니가 돌아가시지 않게 하려고 애쓰는데 진전이 없다면 중간 휴식을 요청하고 도움을 청할 수 있다. 면접 말미에는 응모자가 평가를 받는 대신 스스로 심판관이 된다. 응모자는 자신의 면접 경험을 평가해 달라는 요청을 받는다. 면접관이 당신을 얼마나 환영한다는 느낌이 들었는가, 당신이 본인의 최고의 기량을 보여주었다고 생각하는가, 면접이 만족스럽지 않다면 다시 면접을 볼 수 있다. 면접관들은 당신에게 그들이 당신을 더 잘 알려면 무엇을 달리해야 하는지 묻는다.

하비라는 남자가 두 번째 면접을 보러 콜 야촐을 찾았는데, 그는 분명히 집중하는 데 애를 먹고 있었다. 면접관은 면접을 잠시 멈추고 그에게 기분이 어떤지 물었다. 하비는 자폐증이 있었고, 그는 그날 아침 신은 신발이 불편해서 고쳐 신으려다가 셔츠에 커피를 쏟았고 버스를 놓쳤다고 털어놓았다. 그는 면접 시간에 늦지 않으려고 허둥댔고 신발은 여전히 어딘가 불편했다. 면접관은 잠시 휴식 시간을 갖자고 했고 그에게 한 시간을 주고 마음을 진정시키도록 했다. 그 후 하비는 두 번째 면접을 훌륭하게 해냈고 합격했다.

작업 예시를 모으려면 시간이 걸린다. 그러나 많은 작업 예시는 이제 온라인으로 수집할 수 있다. 디지털로 문제 해결 과제를 만들기가 점점 쉬워지고 있다. 디지털로 문제 해결하는 과제를 응모자에게 직접 풀게 한다고 해도, 면접 진행보다 시간이 더 많이 들지도 않는다. 우리는 누굴 채용할지 매우 신중하게 결정해야 한다는 사실을 알기 때문에 그만한 시간을 투자한다. 그리고 인공지능이 아무리 발달했다고 해도 하비의 잠재력을 포착할 알고리듬은 아직 보지 못했다.● 그는 무턱대고 모르는 사람에게 전화해야 하는 어려운 일을 맡았고, 이 일에서는 무례함과 거절을 다반사로 당하게 된다. 대부분 몇 년 만에 이 일을 그만두지만, 하비는 참을성과 끈기의 화신이었다. 그는 꾸준히 월별 목표를 달성하고 고객 전화 상담 센터 전 직원 앞에서 분기 실적이 가장 우수한 직원에게 주는 상을 받으며 8년 동안 승승장구했다.

산업계 종사자들은 윈치의 채용 모델이 (특히 고객 전화 상담 센터에서)

● 알고리듬이 쓸모가 없다는 뜻은 아니다. 누굴 선발할지 결정을 내릴 때[V] 알고리듬은 응모자의 미래 학점, 업무 수행, 그리고 승진율을 예측하는 데 있어서 인간보다 훨씬 우수하다. 알고리듬은 수많은 정보원으로부터 체계적으로 정보를 모으고 경중을 따지는 데 있어서 인간보다 유리하고, 일부 전문가들이 지적하듯이, 편견이 있는 인간보다[VI] 편향된 알고리듬을 수정하는 게 훨씬 쉽다. 대학 입학 자기소개서에서 (끈기와 친화력에서부터 업무 숙달 지향성, 지도력, 그리고 협동심에 이르기까지) 품성 기량과 가치에 점수를 매기도록 훈련받은 머신 러닝(machine learning) 알고리듬[VII]은 시험 점수와 학점을 넘어 졸업률까지 예측한다. 그러나 알고리듬은 근본적인 한계가 있다. 과거의 데이터에 의존해 미래의 잠재력을 예측하고 중요한 정보를 간과하기 마련이라는 점이다. 예컨대 여러분이 운동선수를 스카우트하려는데, 알고리듬은 스카우트 1순위 대상인 선수가 전날 밤 교통사고에서 다리가 부러졌고 음주운전으로 체포됐다는 사실을 아마도 의사 결정에 포함하지 않으리라. 알고리듬은 인간이 판단을 내리는 데 고려해야 할 사항일 뿐[VIII] 인간의 판단을 대체하지는 못한다.

제대로 작동할지에 대해 의구심을 품었다. 그들은 장애인들이 고도의 압박감을 견뎌야 하고 빠르게 변하는 환경에서 성공하리라고 기대하지 않았다. 윈치가 첫 번째 고객을 확보하기까지 1년이 걸렸다. 2009년 마침내 윈치는 여러 가지 장애가 있는 15명을 채용했다. 청각 기능을 상실한 직원을 감독하는, 법적으로 시각 장애인인 관리자도 있었다. 딱히 성공할 요소들을 갖춘 듯이 보이지 않았지만, 윈치는 성공하리라는 자신이 있었다. 그들이 지닌 장점을 가까이서 본 그는 그 장애인팀이 장족의 발전을 할 잠재력이 있음을 알았다. 그들은 기대를 충족시키는 데 그치지 않고 기대치를 완전히 박살 냈다. 그 이후로 콜 야출은 계속 성장했고, 장애인팀들은 고객과의 통화 시간과 시간당 정보를 확보하는 고객 수 등 여러 가지 지표에서 산업 기준을 훌쩍 초과했으며, 장애가 없는 사람들로 꾸려진 팀들보다 우수한 성과를 낸 장애인팀들도 있었다.

윈치에게 이는 시작에 불과했다. 그는 잠재력을 무시당해온 집단은 장애인 집단뿐만이 아님을 알고 있었다. 그는 자신이 구축한 채용 모델을 확장해 (이민자에서부터 전과자에 이르기까지) 불리한 여건에 놓인 다른 집단들을 위해 기회를 창출했다. 2018년 그의 팀은 이스라엘 의회에 초청돼 개인과 사회에 선행을 공헌한 공로로 상을 받았다.

콜 야출 같은 면접 모델은 약자에게 기회의 문을 열어줄 유용한 방법일 뿐 아니라 (각 후보가 지닌 기량이 드러나도록 하므로) 모든 이에게서 잠재력을 발견하는 방법이기도 하다. 심문하는 듯한 면접은 응모자를 불안하게 한다. 누구든 구직 면접을 보러 가는 길에 불상사를 당할 수도 있다. 한 사람의 기량은 그가 하는 말과 과거에 한 일이 아니라 앞으로 어떤 일을 할 수 있는지가 가장 잘 가늠한다. 사람들이 실수하는지 알아보려고 하기보다, 그들에게 자신이 지닌 최고의 기량을 드러낼 기회를 주어야 한다. 사람들에게 두 번째 기회를 주었을 때 보이는 반응은 그들이 첫 번째 시도에서 보인 성과보다 그들의 품성을 들여다보고 더 정확히 파악할 창문이 되어준다.

기회의 창 열기

NASA는 해마다 응모자들에게 응시서류를 최신 정보로 업데이트하도록 권하므로, 호세 에르난데스는 해마다 다시 도전할 기회를 얻었다. 1996년 무렵 여러 차례 계속해서 탈락한 끝에 그는 포기하기 직전까지 갔지만, 그의 아내 아델라는 그에게 꿈을 포기하지 말라고 격

려했다. "NASA가 당신을 탈락시키게 해요. 당신 스스로 탈락시키지 말고"라고 그녀는 말했다.

에르난데스는 선발될 자격을 더 갖추기 위해 자신이 할 수 있는 일이 더 있음을 깨달았다. 그는 '스펀지가 되기로' 마음먹었다. 그는 대부분의 우주인이 조종사나 스쿠버다이버라는 사실을 알고 1년 걸려 조종사 자격증을 땄고, 또 다른 1년이라는 시간을 투자해 주말마다 스쿠버다이빙 훈련을 받아 기초, 고급, 전문가 자격증을 모두 땄다. 그리고 연방 정부 연구소에서 시베리아 지역에서의 핵 확산을 억제하는 일을 할 흔치 않은 기회를 에르난데스에게 제시하자, 그는 조건을 한 가지 내걸었다. 업무의 일환으로 러시아어를 배우겠다고 했다. 그는 NASA의 다음번 채용 때 러시아어를 구사한다는 점이 장점으로 부각되기를 바랐다.

1998년 36세인 에르난데스는 또 한 번 우주인 응모서류를 보냈다. 그리고 마침내 고무적인 소식이 들려왔다. 2,500명의 응모자 가운데 최종적으로 선정된 120명의 후보에 에르난데스도 뽑혔다.

에르난데스는 마침내 완전한 실시간 작업 예시를 보여줄 기회를 얻었다. 그는 존슨 우주 센터에서 족히 일주일 동안 체력과 심리 평가를 받았다. 선직 우주인들이 그의 공학 지식과 조종 기법과 협동심과 소통 기량에 대해 질문을 했다. 그는 압박감을 받는 상황에서 머릿속으로 물체를 회전해 문제를 해결하는 시험을 치렀다. 우주인 선발 위원회는 에르난데스에게 총 99점 중 91점을 주었다.

면접관들은 그에게 어떤 역경을 이겨냈는지 직접 묻지 않았다. 그들은 그에게 한 시간을 주고 성장 배경에 대해 말해보라고 했다. 자신이 지닌 기술적 기량을 증명했다는 자신감을 느낀 그는 처음으로 마음을 열고 자신이 이민자 농장일꾼으로 출발한 과거를 털어놓았다. "여러분이 에르난데스처럼 성장해 이 모든 성과를 올릴 역량이 있다면, 그 모든 역경을 극복하고 다른 사람들과 같은 장소에 도달했다면 그 욕구와 역량은 충분하다는 뜻이다"라고 두에인 로스는 말한다.

면접이 끝나고 에르난데스는 로스에게 직접 연락을 받았다. 유감스럽게도 NASA는 또다시 그를 탈락시켰다. 그러나 이번에는 서광이 비쳤다. NASA가 그에게 일자리를 제안했다. 우주인이 아니라 엔지니어로 말이다.

에르난데스는 해마다 변신을 해왔는데, 이제 그는 다시 변신해야 했다. 그가 직접 우주 공간에 올라가지는 못할지라도 인간을 우주로 보내는 탐사에 참여하게 되었다. 지금까지의 경험을 통해 그는 한 가지 교훈을 얻었다. "하늘에 별은 하나 이상이고 인생에서 목표와 목적도 하나 이상이다."

———

2004년 NASA에서 엔지니어로 여러 해 일한 끝에 에르난데스는 전화 한 통을 받았다. 발신자는 그에게 그가 하는 일을 다른 사람으로 교체해도 될지 물었다. 에르난데스는 본인의 일을 맡을 사람을 기꺼이 훈련시키겠다고 했다. 관리자는 "좋아요"라고 말한 뒤 다음과 같이 덧붙였다. "당신은 우주인 부서에 와서 일하는 게 어때요?"

15년 동안 우주인 후보 프로그램에 응모한 끝에 에르난데스는 마침내 선발되어 우주에 가게 되었다. "희소식을 들은 순간 온몸이 감각을 잃었다"라고 그는 회상한다. 그는 집으로 달려가 아내, 아이들, 그리고 부모님께 이 소식을 알렸고, 가족은 서로 껴안고 덩실덩실 춤을 추며 축하해주었다.

마흔일곱 살이 된 지 몇 주 지난 2009년 8월, 에르난데스는 우주선에 발을 들여놓았다. 그는 자기 좌석에 앉아 안전벨트를 매고, 이륙하기를 기다렸다. 자정 직전에 그는 카운트다운하는 소리와 함께 엔진이 점화되는 모습을 지켜보았다. 우주선이 하늘로 치솟은 후 8분 30초가 지나자 엔진이 꺼졌고 에르난데스는 자기 눈을 의심했다. 꿈인지 생시인지 확인하기 위해 그는 장비 하나를 허공에 던졌다. 장비가

허공에 둥둥 떠 있는 광경이 경이로웠다. "우리가 우주에 도착했다."

에르난데스는 딸기밭에서 딸기를 따던 농장일꾼에서 별들 사이를 떠다니는 우주인이 되었다. 우주에서 보낸 2주에 걸쳐 그는 500만 마일(약 800만 킬로미터)을 날았다. 그가 우주복을 걸치기까지 걸어온 거리에 비하면 가볍게 깡충 뛴 짧은 거리에 불과하다.

에르난데스 같은 후보가 성공하는 모습을 보면 신이 나긴 하지만 그것만으로는 충분치 않다. 그의 성공은 우리가 수많은 이들에게서 무엇을 놓치는지 보여준다. 그는 고정관념을 깨고 결함이 있는 체제를 헤쳐나가야 했다. 그는 이례적인 사례이지만, 사실은 그런 사례가 흔해야 한다.

사람을 평가할 때 다이아몬드 원석을 발견하는 일보다 보람 있는 일은 없다. 우리가 할 일은 압력을 가해 눈부신 광채를 드러내게 하는 일이 아니다. 이미 압력에 직면해온 이들을 간과하지 않도록 만전을 기하는 게(그리고 그들의 잠재력이 빛나도록 하는 게) 우리가 할 일이다.

먼 길 가기

꿈을 꼭 붙들라.[1]
꿈이 사라지면, 삶은 날개가 부러져 날지 못하는 새가 된다.

랭스턴 휴즈(Langston Hughes, 미국의 시인)

내가 잠재력에 관한 책을 쓴다고 하자 사람들은 내게 꿈과 관련한 질문을 했다. 꿈을 실현하는 내용이냐? 독자들에게 원대한 꿈을 꾸라고 격려하는 책이냐? 거기까지 가고 싶지는 않았다. 너무 순진하고 낙천적이고 유치하게 들렸다. 꿈은 진지한 사회과학자가 연구하는 대상이 아니라 자기 계발 전문가라는 사람들이 써먹는 숭고한 표현처럼 들린다.

여러분이 마틴 루터 킹 주니어(Martin Luther King Jr.)가 지닌 미래상과 유인력과 도덕적 숭고함을 지녔다면 꿈을 거론해도 먹힐지 모르겠다. 하지만 킹 목사에게 자문하는 이들도[2] 꿈이라는 단어가 '진부하고 흔해 빠진' 느낌이 든다고 걱정했다. 나는 꿈은 어린 시절 한때 지니는 대상으로 남겨둬야 한다고 생각했다.

그러다가 원대한 꿈을 지닌 사람들이 더 큰 성과를 올린다는 새로운 증거를 접하게 되었다. 경제학자들이 수천 명을 대상으로 출생한 후부터 55세가 될 때까지 추적해봤더니, 청소년 때 품은 열망은 그들이 성인이 되고 펼쳐진 삶의 전조가 되었다. 꿈이 원대한 청년일수록[3] 학교에서 앞서갔고 직장에서 더 높이 승진했다.

인지적 기량, 품성 기량, 가계 소득, 부모의 학력, 직업, 열망 등 다른 여러 가지 요인들을 통제한 후에도 그들 자신이 품은 꿈은 그들이 어떻게 진전을 이루고 어떤 인물이 되는지에 영향을 미쳤다.

나는 내가 품은 꿈과 그 꿈이 실현되도록 나를 도와준 사람들이 아니었다면 이 책은 존재하지 않으리라는 깨달음을 얻었다.

———

고등학교 3학년이 시작되면서 나는 미시건주에서 대학을 갈 계획을 세웠다. 그런데 9월의 어느 날 밤 나는 하버드대학교에 입학하는 꿈을 꾸었다. 전에 생각해본 적도 없는 선택지였다. 나는 가능성이 별로 없다는 사실을 알고 있었다. 내가 자격이 있는지 확신도 없었고, 우리 가족은 내가 사는 주가 아닌 다른 지역 학교의 학비를 감당할 여력도 되지 않았다. 그러나 영화 〈굿 윌 헌팅〉을 막 보고 난 나는 그 영화가 머리에서 지워지지 않았다.

내 고향 디트로이트시 교외 지역에서는 부와 외모 같은 피상적인
자질을 토대로 지위를 얻었다. 학교에서 인기 있는 아이들은 대부분
집이 부자이거나 외모가 출중했다. 케임브리지(Cambridge, 하버드대학교
가 위치한 지역-옮긴이) 하면 멋지고 똑똑하다는 인상이 떠올랐다. 기숙
사에는 공부 벌레 천지이고, 강의 시간에는 세계에서 가장 뛰어난 석
학들로부터 지식을 흡수할 기회를 얻는다.

그해 늦가을, 나는 단 한 벌뿐인 양복을 입고 근처 법률 회사의 하
버드를 졸업한 동문에게 면접을 보러 갔다. 집을 나서려던 그때 갑자
기 번뜩 무슨 생각 하나가 머리를 스쳤다. 나는 도로 집으로 들어가
서랍에서 작은 상자를 하나 꺼내 재킷 주머니에 넣었다.

법률 회사에 도착한 나는 덜덜 떨고 있었다. 면접을 본 적도 없고

하버드 졸업생을 만난 적도 없었다. 그가 하는 말을 하나도 못 알아 들으면 어쩌지?

1시간으로 예정됐던 면접이 3시간 동안 계속되었다. 그게 무슨 의미인지 전혀 몰랐다. 그 후로 날마다 나는 방과 후 버스를 타고 집에 도착하면 떨리는 마음으로 우편함을 열어보았다. 12월에 하버드로부터 봉투가 하나 도착했다.

합격 통지서였고 일정 정도 재정적 지원을 해준다는 내용도 있었다. 그래도 나머지 학비는 내가 내야 했지만 말이다. 나는 뛸 듯이 기뻐서 절대로 춤은 추지 않는다는 규칙을 깨고 미식축구에서 터치다운 했을 때 추는 춤을 추었다. 나중에 가서야 깨달았는데, 내가 멍청한 짓을 할 때마다 사람들은 내게 "너 하버드 다닌 거 맞니?"라고 물었다.

봄이 되자 나는 여러 행사에서 그리고 온라인에서 앞으로 같이 공부할 친구들을 만났는데, 두 가지 유형이 있었다. 하버드는 두 유형의 서로 상극인 학생들을 끌어모으는 듯했다. 자신이 세상에 주는 선물이라고 확신하는 유형과 자신이 실수로 뽑힌 듯하다고 생각하는 유형이다. 나는 후자 쪽에 속했다. 어찌어찌 합격은 했지만 제대로 해낼 만큼 내가 똑똑한지 자신이 없었다.

학기가 시작되고 첫 주에 나는 내가 하버드에 다닐 만큼 똑똑한지 파악할 기회를 얻게 된다. 수업이 시작되기 전에 신입생은 하나같이 의무적으로 글쓰기 시험을 봐야 한다. 그 성적을 토대로 신입생 작문 세미나 반을 배정한다. 시험을 통과하면 한 학기 동안 작문을 배운다.

시험을 통과하지 못하면 교정 차원에서 추가로 한 학기 더 작문 수업을 들어야 한다. 한 2학년 학생이 내게 걱정하지 말라고 했다. 교정 작문은 영어가 낯선 외국 학생이나 운동 특기생들이 듣는 강의라고 했다.

작문의 제목이 뭐였는지는 기억이 안 나지만, 뭐라고 썼는지는 기억난다. 〈굿 윌 헌팅〉에 나오는 등장인물 분석이었다. 며칠 후 봉투 하나가 방문 밑으로 들어왔다. 내가 작문 시험에 떨어졌다는 통보였다.

나는 망연자실했다. 작문 시험은 하버드가 처음으로 내 지적 능력을 평가하는 계기였는데, 하늘이 무너지는 듯한 판결이었다. 만족스럽지 않은 수준의 그대 지능에 유죄 판결을 내린다. 가면 증후군(impostor syndrome, 남들 생각만큼 자신은 뛰어난 사람이 아니며, 언젠가는 사람들이 이 사실을 다 알게 된다고 불안해하는 증상-옮긴이)도 아니고, 실제로 나는 사기꾼이 된 기분이었다. 한편 (미식축구팀 쿼터백 운동 특기생으로 입학한) 내 룸메이트는 작문 시험을 통과했다.

내게 어떤 선택지들이 있는지 알아보기 위해 나는 내 시험 점수를 매긴 작문 센터 전문가들과 면담을 했다. 그들은 어떤 강의를 수강할지 결정은 궁극적으로 학생에게 달렸다면서, 그러나 교정 수업을 수강할 것을 강력히 권고한다고 말했다. 작문 시험에 떨어진 후 곧바로 정규 과목을 수강한 학생들은 학점이 B-를 넘지 못했다. 작문 전문가들은 내 작문 실력으로 미뤄볼 때 교정 작문을 수강하지 않고 정규 과목을 수강하는 선택지는 훨씬 더 위험하다고 이야기했다. 내 글은 너무 불분명하고 짜임새가 없어서 교정 작문 과목을 건너뛰면 나는 아마도 C학점을 받으리라고 예상했다. 그러나 결정은 내게 달렸다고도 했다.

갈등이 일었다. 한편으로는 평균 학점을 망치고 싶지 않았고, 글쓰기를 즐겼던 나는 작문 실력을 향상하고 싶었다. 다른 한편으로는 유급이라고 생각하니 창피했고, 선택 과목을 수강할 기회를 교정 작문 수강으로 낭비하고 싶지 않았다.

결정하려면 조언을 해줄 사람이 필요했다. 그러나 나를 잘 아는 사람들은 하버드를 잘 몰랐고, 하버드 사람들은 나를 전혀 몰랐다. 그러던 나는 내 동문 면접관이 생각났다. 존 기어락(John Gierak)이라는 변호사 말이다. 그는 수십 년 동안 하버드 입학 사정 위원회 일에 관여해왔고 나라는 사람을 잘 파악하기 위해 많은 시간을 투자했다.

그보다 몇 달 앞서 나는 신입생들을 환영하는 리셉션에서 기어락을 만났고, 그에게 내가 합격한 이유를 물어보았다. 그는 자기는 입학 사정 위원회 위원이 아니라 잘 모르겠다고 답했다. 그러나 그가 하버드에 보낸 나와의 면접 보고서에서는 강조했지만 내 하버드 응모서류에는 드러나지 않은 사실이 있었다.

———

그 전년 가을, 내가 기어락의 법률 사무소에서 면접을 볼 때 그는 가장 먼저 내 관심사와 취미를 물었다. 그는 "마술사로 공연도 했네요. 가장 즐겨 하는 마술이 뭐죠?"라고 물었다.

나는 집을 나서다가 도로 들어가 주머니에 넣었던 작은 상자를 꺼냈다. 카드 한 벌이었다. "직접 보여드릴까요?" 기어락이 미소를 지었다. 나는 카드를 섞기 시작했고 카드 한 벌 전체를 이용해 이야기를 엮었다. 내가 어떤 카드인지 말할 때마다 그 카드가 마법처럼 맨 위에 나타났다. 그에게 카드를 두 뭉치로 나누고 한 뭉치를 뒤집어보도록 해도 말이다.

마술 공연에서는 보통 공연이 끝날 무렵 관중이 내게 그 마술을 어떻게 하는 건지 물었다. 그러나 기어락은 내게 그 마술을 어떻게 배웠는지 물었다. 나는 열두 살 때 TV에서 마술사를 보고 내 나름대로 하는 방법을 터득했다고 그에게 말했다.

기어락은 다른 사람의 카드로도 마술을 할 수 있는지 물었다. 그는 사무실을 뒤지더니 몇 분 후에 카드 한 벌을 찾아냈다. 나는 몇 가지 마술을 더 보여주었다. 책에서 본 마술도 있었고 내가 직접 생각해낸 마술도 있었다.

신입생 환영회에서 기어락은 내가 두각을 나타낸 건 마술이 아니라고 했다. 그가 내게서 본 가능성은 독학으로 무언가를 스스로 깨우친 주도력과 기어락 앞에서 즉흥으로 공연을 하면서 보여준 용기라고 했다. 기어락과의 면접은 내가 처음으로 본 면접이었다. 당시에 나는 면접은 그냥 대화만 하는 것이란 걸 몰랐다. 조직심리학자가 되고 나서야 비로소 나는 내가 기어락에게 작업 예시를 주었다는 사실을 깨달았다.

기어락은 내 면접에서 두드러진 면을 내게 말해줌으로써 내게 품성 기량의 중요성을 일깨워주었다. 성공은 자신이 애초에 지닌 역량이 아니라 배우고자 하는 역량과 동기가 좌우한다.

내가 하버드 작문 시험에 통과하지 못한 일은 작문 전문가들이 나를 작가로서 실패자라고 단정한 게 아니었다. 그들은 나를 잘 몰랐고, 따라서 나는 그들이 틀렸음을 증명하기로 했다. 나는 시험에 낙방한 학생에서 수강 성적이 뛰어난 학생이 되기로 했다.

나는 교정 작문 세미나 과목을 건너뛰고 정규 수업을 수강했다. 나는 스펀지가 되었고 교수와 내 글을 읽어줄 사람이라면 누구에게든 건설적인 비판을 끊임없이 구하는 불편함을 감수했다. 추수감사절 휴가 때에도 나는 집에 가지 않고 학교에 남아서 내가 쓴 글을 고치고 또 고쳤다. 그 학기가 끝날 무렵 나는 장족의 발전을 했다. 교수는 그 수업에서 나 혼자 A를 받았다며 축하를 건넸다. 드디어 해냈다. 뛸 듯이 기뻤다.

가면 증후군이 있으면, '내가 뭘 하고 있는지 모르겠다. 모두가 내 실체를 알게 되는 건 시간문제야'라고 생각한다. 성장하고픈 마음가짐이 있으면, '아직 내가 뭘 하고 있는지 모르겠지만, 알아내는 건 시간문제야'라고 생각한다. 임시 구조물은 그 뭔가를 파악하는 데 필요한 버팀목이 되어준다.

기어락을 못 만난 지 20년이 됐지만, 품성 기량의 위력에 대해 그가 내게 준 깨달음은 임시 구조물의 중요한 요소였다. 그 요소는 내 나침반이 되었고 그 후 수년 동안 나를 앞으로 이끌어주었다.

돌이켜보면, 내가 정규 과목을 수강하는 도전을 선택하지 않았다면 나는 절대로 작가가(또는 심리학자가) 되지 못했을지도 모른다. 작문 세미나는 폭넓은 주제를 다루었고, 그해 가을 내가 선택한 세미나에서 나는 주제로 사회적 영향력을 선택했다. 강의 교재 가운데는 심리학자 로버트 치알디니(Robert Cialdini)가 쓴 책이 있었고, 나는 그 책에 너무나도 매료되어서, 그 책이 내가 수강하는 다른 강의에서 교재로 쓰일 때 다시 한 번 읽었다. 그때 처음으로 나는 심리학자가 되겠다고 생각했다. 언젠가는 나도 그런 책을 쓰겠다는 꿈을 꾸기 시작했다.

그다음 10년 동안 그 꿈은 희미해졌다. 교수가 된 나는 학생들을 가르치는 방법을 터득해야 했다. 남들 앞에서 말하기에 대한 불안감을 떨쳐버리고 난 후에도 나는 여전히 상당히 경직되어 있었다. 그런데 내 멘토인 제인 더튼(Jane Dutton)이 단서를 떨어뜨려준 후 바뀌었다. 그녀는 내게 내 안에 숨어 있는 마술사를 깨우라고 충고했다.

나는 실험 학습에서 뜻밖의 반전과 깜짝 놀랄 결과가 담긴, 직관에 반하는 연구 자료들을 소개하기 시작했다. 나는 학생들의 기억에 남을 강의를 하고 가치 있는 연구를 하는 데 집중했다. 그러다가 나는 와튼 경영대학원에서 정교수직을 받았다. 산 정상에 오른 나는 다른 사람들도 산 정상에 오르도록 더 돕고 싶었다. 나는 강의실과 학술지 밖에서 내가 배운 바를 (학생과 연구학사보나 너 폭넓은 청중과) 공유해야 한다는 책임감을 느꼈다.

몇 주 후 한 멘토가 책을 집필한다며 내게 연락을 해왔다. 유인책에 관한 책이었다. 그는 내가 동기 유발을 연구했으므로 자기와 공동 집필을 했으면 좋겠다고 했다. 그는 내가 따르고 싶은 본보기로 손꼽는 분이었고, 나는 학생들에게 그가 내게 책을 함께 쓰자고 제안했다는 사실을 알리고선 정말 영광스럽고 신난다고 했다. 그런데 학생들이 반기를 들었다. 책을 쓰려면 자기만의 아이디어로 출발해야 한다. 우리한테 가르친 걸 잊었냐? 성공 중에 최악은 다른 사람들의 목표를 이루는 일이다. 다른 사람의 꿈을 실현하지 마라. 그들이 옳았다. 나는 나만의 생각을 담은 책을 쓰기로 했다.

내 동료 몇 명이 출판 에이전트 리처드 파인(Richard Pine)을 극찬했고, 그는 내 에이전트가 되어주었다. 6월, 몇 주 동안 독자적으로 서면으로 아이디어를 끄적거린 끝에, 그는 제안서 초안을 작성해 출판 가능성이 있을 법한 출판사들에 보낼 때가 됐다고 했다. 나는 이 주제에 대해 몇 년을 연구해왔으므로 아이디어가 쏟아졌다. 8월, 나는 10만 3,914개 단어가 담긴 초안을 그에게 보냈다. 그리고 두 달 만에 나는 책 한 권의 초안을 썼다.

나는 빨리 파인의 의견을 듣고 싶었다. 그는 내가 마음 상하지 않게끔 조심스럽게 내용이 너무 학술적이라고 했다. 후하게 평가해서 그 정도였다. 사실 따분했다. 다시 말해서 술술 읽히지 않았다. 연구 자료를 너무 깊이 파고들어서 내 동료 학자들조차 흥미를 잃을 지경이었다. 파인은 내게 더 큰 그림을 보고 처음부터 다시 쓰라고 권했다.

무기력증이 찾아왔다. 진전이 없었다. 해낼 수 있는지는 고사하고 어디서부터 시작해야 할지 몰랐다. 가면 증후군이 기승을 부리며 다시 등장했다. 내 까짓 게 뭐라고 책을 쓰나? 내가 쓴 책을 뭐하러 읽겠어? 파인은 심판관에서 코치로 역할을 전환해 내게 나 자신에 관해

가면 증후군

의문을 품지 말라고 했다. "당연히 당신은 할 수 있어요! 학술지에 실릴 연구 논문이 아니라 학생들 가르치듯이 글을 쓰세요."

나는 그를 믿었다. 그는 신뢰성 있는 전문가로서 나를 믿는 데 그치지 않고 나를 더 나은 방향으로 안내했다. 나는 초안에서 10만 2,000개의 단어를 폐기 처분했고(4쪽 정도 건졌다) 마침내 내 첫 책을 탈고했다. 그 이후로 학생들 가르치듯이 글을 쓰는 방식이 내 나침반이 되었다. 그런 방식을 길잡이 삼아 여러분이 실제로 흥미 있게 읽은 책들을 썼다. 뭐 적어도 한 권 정도는 흥미로웠기를 바란다. 돈 아깝다는 생각이 들지 않을 정도로.

얼마 전 나는 가면 증후군은 다음과 같이 모순임을 깨닫게 되었다.

- 다른 사람이 여러분을 믿는다.
- 여러분은 여러분 자신을 믿지 않는다.
- 그러나 여러분은 다른 사람이 아니라 여러분 자신을 믿는다.

여러분이 자기 자신에 대해 의구심을 품으면, 여러분 자신이 여러분에 대해 내리는 낮은 평가에 대해서도 의구심을 품어야 하지 않는가?

이제 나는 가면 증후군은 숨은 잠재력의 징표라고 믿는다. 다른 사람들이 여러분을 과대평가한다는 느낌이 들지만, 여러분이 여러분을 과소평가했을 가능성이 훨씬 크다. 다른 사람들은 여러분의 눈에는 아직 보이지 않는 성장 역량을 간파했는데 말이다. 여러 사람이 여러분을 믿으면 여러분은 이제 그들을 믿어야 할 때가 됐을지도 모른다.

많은 이들이 목표를 달성하기를 꿈꾼다. 자신이 획득하는 지위와 다른 이들로부터 얻는 찬사로 자신의 발전을 가늠한다. 그러나 가장 중요한 성과는 가장 가늠하기 어렵다. 가장 의미 있는 성장은 경력을 쌓는 게 아니라 품성을 쌓는 일이다.

성공은 단순히 목표를 달성하는 게 아니다. 우리가 소중히 여기는 가치를 실천하는 삶이다. 오늘의 우리보다 더 나은 내일의 우리가 되려는 열망보다 더 높은 가치는 없다. 우리의 숨은 잠재력을 발휘하는 성취보다 더 위대한 성취는 없다.

숨은 잠재력을 실현하는
효과적인 행동 지침

여러분의 숨은 잠재력에 대한 퀴즈를 풀고 싶다면 www.adam-grant.net을 방문하라.

우리가 지식을 습득한다고 해서 학습 과정이 끝나지는 않는다. 우리가 습득한 지식을 끊임없이 응용할 때 비로소 학습 과정은 완성된다. 숨은 잠재력을 발휘하고 원대한 목표를 달성하기 위해 참고할 만한 실용적인 40가지 요점을 아래에 정리했다.

I. 품성 기량을 키워라

1. **품성 기량을 통해 숨은 잠재력을 발휘하라.** 가장 성장하는 사람들은 가장 똑똑한 사람들이 아니다. 자기 자신과 다른 사람들을 더 똑똑하게 만들려고 애쓰는 사람들이 가장 똑똑한 사람들이다. 기회가 문을 두드리지 않으면 문을 만들 방법을 찾아라. 아니면 창문을 만들어 들어오게 하든가.

A. 불편함에 익숙해져라

2. **새로운 시도를 겁내지 마라.** 여러분이 좋아하는 학습 방식에 집

중하기보다 방식을 과제에 맞추는 불편함을 받아들여라. 읽기와 쓰기는 비판적 사고를 기르는 최고의 방법이다. 경청은 정서와 감정을 이해하는 데 이상적이고, 실천은 정보를 기억하는 훌륭한 방법이다.

3. **해보지 않으면 얻는 게 전혀 없음을 기억하라.** 준비됐다는 생각이 들기 전에 실전에 뛰어들라. 여러분의 기량을 연습하기 전에 편안함을 느껴야 할 필요가 없다. 여러분이 기량을 연습함에 따라 편안한 느낌도 생긴다. 다언어 구사자들이 보여주듯이, 전문가조차도 바닥부터 시작해야 한다.

4. **불편함을 추구하라.** 그저 배우려고만 하지 말고 불편한 느낌을 목표로 삼아라. 불편함을 추구하면 더 빨리 성장할 길이 열린다. 제대로 하고 싶다면 우선 불편하다는 느낌이 들어야 한다.

5. **실수를 허용하라.** 시행착오를 권장하기 위해서 여러분이 하루 또는 일주일에 최소한 몇 번 실수를 허용할지 목표를 세워라. 실수하리라고 예상하면 실수에 크게 집착하지 않게 되고 한층 더 개선된다.

B. 스펀지가 되어라

6. **흡수하는 역량을 키워라.** 새로운 지식, 새로운 기량, 새로운 관점을 물색해 (여러분의 자아가 아니라) 여러분의 성장에 자양분을 공급하라. 진전은 여러분이 물색하는 정보의 양이 아니라 여러분이 흡수하는 정보의 질에 좌우된다.

7. **피드백이 아니라 조언을 구하라.** 피드백은 과거 지향적이다. 사

람들이 여러분을 비판하거나 응원하게 된다. 조언은 미래 지향적이다. 사람들이 여러분을 지도하게 된다. "다음번에 내가 더 잘할 수 있는 게 한 가지 있다면 뭘까요?"라는 단순한 질문을 하면 여러분을 비판하는 사람들과 응원하는 사람들이 모두 코치 역할을 하게 된다.

8. **신뢰할 대상을 잘 선택하라.** 어떤 정보가 흡수할 가치가 있는지 (그리고 어떤 정보를 걸러내야 할지) 잘 판단하라. 해당 분야에 전문성이 있고(신뢰도), 여러분을 잘 알고(친숙함), 여러분이 잘되기를 바라는(아낌, 애정) 코치들의 말을 경청하라.

9. **여러분 자신에게 있었으면 하는 코치가 되어라.** 정직은 가장 고차원적인 충정의 표현이다. 솔직하게 그리고 상대방에 대한 존중이 담긴 방식으로 말함으로써 효과적인 코칭의 본보기가 되어라. 사람들에게 그들의 잠재력을 믿는 사람에게서 엄연한 진실을 듣는 게 얼마나 쉬운지 보여줘라.

C. 불완전주의자가 되어라

10. **완벽함이 아니라 탁월함을 추구하라.** 진전은 결함을 모조리 제거하면 이뤄지는 게 아니라 높은 기준을 유지하면 이뤄진다. 여러분이 받아들일 수 있는 결함을 찾아냄으로써 불완전함 속의 아름다움을 기리는 기술인 와비사비를 실천하라. 여러분이 최고를 추구해야 할 부분과 그만하면 충분한 선에서 타협할 수 있는 부분을 구분하라. 에릭 베스트가 제안한 다음과 같은 질문들로써 스스로 얼마나 성장했는지 가늠하라. 오늘 더 나은 내가 되었나? 오늘 누군가를 더 나은 사람으로 만들었나?

11. **여러분의 진전을 평가할 사람들을 선정하라.** 여러분이 최소한의 호응을 얻을 만한 성과를 냈는지 알아보려면, 몇 사람에게 개별적으로 자신이 이룬 성과에 대해 0부터 10까지의 점수를 매겨 달라고 하라. 여러분이 몇 점을 받든지 상관없이 10점에 가까워지려면 어떻게 해야 할지 그들에게 물어보라. 목표로 삼는 결과와 받아들일 만한 수준의 결과를 설정하라. 그리고 여러분이 우선시하는 부분에서 높은 점수를 받으려면 우선순위가 낮은 다른 부분에서는 그보다 낮은 점수에 만족해야 한다는 점을 명심하라.

12. **여러분 스스로 최종 심판관이 되어라.** 여러분 자신을 실망시키기보다 남을 실망시키는 게 낫다. 여러분이 만든 결과물을 세상에 공개하기 전에 그 결과물이 여러분을 잘 대표하는지 평가하라. 그 결과물이 다른 사람들이 여러분을 판단할 유일한 근거라면, 여러분은 그 결과물에 자부심을 느끼겠는가?

13. **정신적 시간 여행을 떠나라.** 여러분이 진전을 이룬다는 생각이 들지 않을 때는 과거의 자신이, 현재의 내가 이룬 성과를 어떻게 볼지 생각해보라. 5년 전의 여러분이 지금의 여러분만큼 성취할 줄 알았다면 여러분은 자부심을 느꼈겠는가?

II. 임시 구조물을 구축해 장애물을 극복하라

14. **알맞은 지원을 적시에 외부에서 찾아라.** 어떤 난관이든 그 난관을 극복하려면 난관에 적합한 지원이 필요하다. 여러분이 필요한 지원은 영구적이지 않다. 그것은 여러분이 혼자 힘으로

올라가게 되기 전까지 발을 딛거나 여러분을 끌어 올려줄 임시 구조물이다.

A. 실행을 놀이로 전환하라

15. **따분하고 반복적인 일상을 즐거움의 원천으로 전환하라.** 조화로운 열정을 유지하려면 계획적인 놀이를 중심으로 실행을 설계하라. 기량을 키우는 난관들을 재미있게 만들어라. 에벌린 글레니가 드럼으로 바흐의 작품을 연습했듯이, 스테판 커리가 1분 만에 21점을 득점하려고 했듯이, 그리고 병원 레지던트들이 비언어적 소통 기량을 키우기 위해서 즉흥 코미디 게임의 무의미한 단어들을 이용했듯이 말이다.

16. **여러분 자신과 경쟁하라.** 경쟁자를 상대로 진전을 가늠하지 말고 시간이 흐름에 따라 여러분이 진전을 이뤘는지 가늠하라. 다른 사람들을 상대로 경쟁하면 여러분이 진전을 이루지 않고도 이기는 위험에 처한다. 여러분이 자신과 경쟁하면 이길 방법은 성장하는 방법뿐이다.

17. **경직된 일상의 볼모가 되지 마라.** 실행에 참신함과 다양함을 도입하면 심신 소진과 따분함을 방지할 수 있다. 여러분이 갈고 닦는 다양한 기량들을 번갈아 연습하거나 그러한 기량을 습득하는 데 사용하는 도구와 방법을 바꿔보면 된다. 약간만 변화를 주어도 크게 달라진다.

18. **지치기 전에 휴식을 취하고 원기를 회복하라.** 심신이 소진되고 따분해 죽을 지경이 될 때까지 참지 말고 휴식을 취하라. 휴식을 계획의 일환으로 만들어라. 휴식을 취하면 조화로운 열정

을 유지하고, 새로운 아이디어를 떠올리고, 학습을 심화하는 데 도움이 된다. 휴식은 시간 낭비가 아니다. 안녕과 복지에 대한 투자다.

B. 진전으로 가는 우회로를 택하라

19. **제자리걸음을 할 때는 후퇴해야 전진할 수 있음을 명심하라.** 막다른 골목에 다다르면 뒤돌아 나와서 새로운 길을 모색할 때가 됐을지도 모른다. 후퇴하는 느낌이 들겠지만 그게 앞으로 나아가는 길을 찾을 유일한 방법일 때가 종종 있다.

20. **나침반을 찾아라.** 새로운 길을 가기 위해 지도가 필요하지는 않다. 나침반만 있으면 옳은 방향으로 가고 있는지 가늠할 수 있다. 훌륭한 나침반은 여러분이 경로를 벗어나면 경고음을 울려주는 신뢰할 만한 대상이다.

21. **여러 명의 길잡이를 구하라.** 단 한 명의 전문가나 멘토에게 의지하기보다 여러 명의 길잡이로부터 길 안내를 받는 게 가장 좋다. 그들에게 그들이 직접 떠난 여정에서 본 이정표와 전환점에 관해 물어보라. 그리고 그들에게 여러분이 지금까지 걸어온 길에 대해 들려주어라. 길잡이들이 단서를 떨어뜨리면 그 단서들을 조합해서 여러분에게 알맞은 길을 만들어라.

22. **취미를 만들어라.** 무기력증에 빠지면 새로운 목적지로 에둘러 가는 방법으로써 추진력을 얻을 수 있다. 부업이나 취미에서 진전을 이루면 소소한 결실을 얻게 되고, 이는 여러분에게 앞으로 나아갈 수 있다는 사실을 일깨워준다.

C. 자기 힘으로 날아라

23. **여러분 자신이 배우고 싶은 바를 남에게 가르쳐보라.** 뭔가를 배우는 최고의 방법은 가르치는 방법이다. 뭔가를 남이 알아듣게 설명하고 나면 여러분 자신도 그 뭔가를 더 잘 이해하게 된다. 그리고 그 뭔가를 떠올린 후에는 그것이 더 생생하게 기억에 남는다. 황금의 13인처럼 각 구성원이 나머지 구성원들에게 특정한 기량을 가르치거나 정보를 전해주는 등 집단 차원에서 할 수도 있다.

24. **다른 사람들을 지도함으로써 자신감을 얻어라.** 여러분이 장애물을 극복하는 자신의 역량에 대한 의구심이 들면, 남에게 조언을 구하기보다 조언을 해라. 다른 사람이 난관을 극복하도록 도우면 여러분 자신에게 그 난관을 극복할 역량이 있다는 사실을 알게 된다. 여러분이 다른 사람에게 주는 조언이 보통 여러분에게 필요한 조언이다.

25. **여러분에 대한 높은 기대와 낮은 기대를 둘 다 동기 유발의 계기로 삼아라.** 무지하면서 부정적인 견해를 지닌 사람들이 여러분의 역량을 의심한다면 이를 도전으로 여겨라. 그들이 여러분의 자신감을 뭉개도록 내버려두지 말고, 이를 그들이 틀렸음을 증명할 기회로 삼아라. 그리고 여러분의 역량을 믿는 믿을 만한 이들이 여러분을 응원하면 분연히 떨쳐 일어나 그들이 옳음을 증명하라.

26. **훌륭한 선례를 남겨라.** 여러분의 믿음이 흔들리면 스스로 뭘 위해 싸우는지 상기하라. 다른 사람이 여러분을 믿고 의지한다는 사실은 가장 깊은 인내와 회복 탄력성의 원천이다.

III. 기회를 부여하는 체제를 구축하라

27. 과소평가되고 간과된 사람들에게 문호를 개방하라. 영재와 잠재력이 큰 직원뿐만 아니라 모두에게 투자하고 기회를 창출하는 체제를 구축하라. 과소평가된 약자와 대기만성인 이들이 어떻게 장족의 발전을 했는지 보여줄 기회를 그들에게 주는 체제가 바람직한 체제다.

A. 모든 학생이 자신이 지닌 최고의 기량을 발휘하도록 학교를 설계하라

28. 단 한 명의 학생도 포기하지 마라. 지능은 여러 가지 형태를 띠고 모든 아이는 탁월한 잠재력을 지니고 있다는 사실을 인식하라. 최상위 학생들만 성공했다고 판단하지 말고 학생 하나하나가 얼마나 진전을 이뤘는지로 성공을 가늠하라.

29. 교육에 전문가를 투입하라. 핀란드의 사례를 좇아 교사들을 믿을 만한 전문가로 훈련하고 대우하라. 교사들이 최신 정보를 접하고 유지하도록 권장하고, 교사들이 서로를 지도하는 교과과정을 만들면 차세대는 더 원대한 목표를 이룰 수 있다.

30. 학생들을 같은 선생과 여러 해 동안 함께 보내게 하라. 관계 고리 맺기라는 관행은 교사들이 자기 전문 분야뿐만 아니라 자기가 가르치는 학생들에 대해서도 전문적인 지식을 얻도록 해준다. 교사들은 충분한 시간을 갖고 각 학생을 개인적으로 잘 알게 되므로, 학생의 코치와 멘토가 되어 모든 학생이 잠재력을 발휘하도록 맞춤형으로 지도하고 정서적으로 도움을 주게

된다.

31. **학생들에게 학생 개인의 관심사를 탐색하고 나눌 자유를 부여하라.** 학생들에게 가르쳐야 할 가장 중요한 교훈은 배움이 즐겁다는 사실이다. 학생들이 본인이 흥미를 느끼는, 현실 상황을 재현한 활동이나 책 그리고 프로젝트를 선택하게 하면 내재적인 동기 유발을 촉진할 가능성이 훨씬 크다. 학생들이 자기가 좋아하는 주제에 대해 발표하면 열정이 강화되고 같은 반 학우들이 그 열정을 포착할 기회가 열린다.

B. 팀에 내재된 집단 지성을 발굴하라

32. **집단을 팀으로 변모시켜라.** 집단 지성은 결속력이 좌우한다. 의미 있는 사명을 완수할 책임을 공유한다는 생각을 중심으로 팀은 결속한다. 사람들이 중요한 목표를 달성하기 위해 서로가 필요하다고 믿으면, 그들은 부분의 총합 이상이 된다.

33. **친화적 기량을 토대로 지도자를 뽑아라.** 목소리 큰 독불장군을 승진시키기보다 자기 자존심보다 사명 완수를 우선시하는(그리고 개인적인 영예보다 팀의 결속력을 우선시하는) 사람들을 승격시켜라. 팀 구성원들이 서로 앞다퉈 자기 몫을 하려고 한다면, 이 팀의 가장 효과적인 지도자는 목소리가 가장 큰 사람이 아니라 남의 말을 가장 잘 경청하는 사람이다.

34. **구두로 중지를 모으지 말고, 서면으로 독자적인 의견을 모아라.** 구성원들로 하여금 골고루 참여하게 하고 더 나은 해결책을 찾으려면, 집단으로 모이기 전에 구성원들에게 독자적으로 아이디어를 내고 평가하게 하라. 모든 아이디어가 제시되고 모

든 구성원이 빠짐없이 모이면, 집단에게 가장 가망 있는 아이디어를 선정하고 다듬게 하라.

35. **기업의 수직 구조를 격자 체제로 대체하라.** 단 한 명의 상사가 말 한마디로 부하 직원들의 제안을 묵살하기보다, 직원들에게 자기 의견을 표명할 다양한 길을 열어주어라. 직원들이 한 명 이상의 상사에게 자기 의견을 개진할 기회를 얻으면, 한 사람의 단 한마디 거절로 아이디어가 묵살되지 않는다. 그리고 단 한 사람만 승인해도 그 아이디어를 건질 수 있다.

C. 구직 면접과 대학 입학 사정에서 다듬지 않은 원석을 발견하라

36. **학력과 경력 요구 사항을 철폐하라.** 다른 사람들을 평가할 때는 과거의 성과와 경험을 미래의 잠재력과 혼동하지 마라. 성장 배경과 재능은 사람들의 출발점을 결정하지만, 품성 기량은 그들이 얼마나 높이 오르게 될지를 결정한다.

37. **난이도를 고려하라.** 고군분투했다고 해서 반드시 역량이 부족하다는 뜻은 아니다. 대개 역경이 존재했음을 의미한다. 지원자가 직면해온 장애물을 반영하려면 지원자가 다닌 학교, 택한 전공, 그리고 성장한 지역 공동체의 또래 집단 구성원들과 지원자를 비교함으로써 그가 이룬 성과를 적합한 맥락에서 평가해야 한다.

38. **평가할 때는 궤적을 이용하라.** 최근의 성과나 평균적 성과를 평가하는 것만으로는 충분치 않다. 시간이 흐르면서 성과가 그려낸 궤적이 훨씬 중요하다. 한 지원자가 그린 궤적이 상승세를 보인다면 이는 그 지원자가 역경을 극복했다는 단서다.

39. **지원자가 성공하도록 면접 방식을 재설계하라.** 지원자가 받는 스트레스를 극대화하는 면접을 설계하지 말고, 지원자가 빛날 기회를 조성하는 면접을 설계하라. 지원자가 좋아하는 대상을 공유하고 그의 장점을 보여줄 기회를 부여하라. 그러고 나서 그에게 면접 결과가 그의 역량을 제대로 대표하는지 물어보라. 그리고 아니라면 그에게 다시 한 번 기회를 주어라.

40. **성공을 새로이 규정하라.** 가장 의미 있는 형태의 성과는 진전이다. 잠재력을 가늠하는 궁극적인 지표는 얼마나 높은 곳까지 도달했는지가 아니라 얼마나 장족의 발전을 했는지(그리고 다른 이들도 장족의 발전을 하도록 도왔는지)다.

감사의 말

이 책은 뛰어난 에이전트 리처드 파인과 타의 추종을 불허하는 편집자 릭 콧이 주도하지 않았다면 그 잠재력에 한참 못 미치는 책이 되었을지 모른다. 파인은 이 책 첫 쪽부터 마지막 쪽까지 내가 한층 대담하고 원대하게 생각하도록 박차를 가했다. 콧은 횡설수설을 수려한 문장으로 다듬고 단시간에 초안들의 편집을 마무리했다. 두 사람은 함께 내가 제자리걸음을 할 때 돌려세워 새 길로 안내했고 새로운 경로를 탐색하는 일을 즐기게 해주었다.

집필은 외로운 여정이 될 수도 있지만, 나는 나를 평가하고 지도해주는 역동적인 두 사람과 협업하는 대단한 행운을 누렸다. 마리사 셴델과 캐런 놀턴은 이 책의 구석구석을 헤아릴 수 없을 정도로 풍요롭게 만들었다. 그들은 어설픈 아이디어가 눈에 띄면 재빨리 철거하고 훨씬 튼튼한 구조물로 탈바꿈시키는 전문가다운 면모를 보여주었다. 그들은 각각의 사례마다 독창성을 불어넣었고, 지적 능력을 동원해 문장 하나하나를 다듬었으며, 삽화와 요점을 하나하나 격상시키는 데 에너지를 쏟았다. 쉔델은 내 눈에 미처 보이지 않는 문제들에 대한 해결책을 제시했고, 내가 놓치고 있는 줄도 몰랐던 새 단서들을 떨어뜨려줬으며, 혼돈에 질서를 부여했다. 놀턴은 나를 지탱할 지지대를 구축하고 아이디어의 순서를 새롭게 하고, 여러 장을 관통하는 주제들을 엮는 데 있어서 선구적인 역할을 했다. 나는 창의적인 프로젝트의 수준을 두 사람만큼 극적으로 개선하는 모습을 본 적이 없다.

이 책 초안을 세심하게 읽고 소중한 평가를 해준 이들도 있다. 품질 관리의 대가인 폴 더빈은 이 책의 연구 논문과 사례들을 깊이 파고들어 구체적인 내용이 모두 정확한지 점검하고 내용이 사실인지 빠짐없이 꼼꼼하게 확인했다. 그래도 혹시 오류가 이 책에 담겨 있다면 이는 오로지 나의 잘못이다. 뛰어난 길잡이 그레이스 루벤스타인은 핵심적인 사항들을 분명히 하고, 거슬리는 내용을 다듬고, 내가 주제를 맥락에 놓고 보도록 밀어붙였다. 아이디어 창출의 대가 렙 레벨은 커다란 깨달음의 순간을 증폭하고 개념적인 결속력을 향상시켰다. 스테이시 칼리시는 사례들을 추적해 거대한 임시 구조물을 제시해주었다. 그녀는 또한 교습 효과와 지식의 저주가 교차하는 지점에서 생기는 모순을 지적해주었다. 여러분이 다른 사람을 가르침으로써 배우기도 하지만, 일단 지식을 숙지하고 나면 다른 사람에게 가르치기가 훨씬 어려워진다는 모순 말이다.

블랙베리(BlackBerry)의 열렬한 옹호자인 말콤 글래드웰은 큰 아이디어와 사례에 생명을 불어넣고, 여러 부분을 서로 이어주는 결합조직을 더 만들고, 그 과정에서 이야기가 다양해지도록 하라고 격려했다. 내 책을 편집할 자격이 차고 넘치는 전문가 셰릴 샌드버그는 선천성과 후천성의 근본적인 차이를 강조하도록 도와주었다. 좋은 의미에서 완벽주의자인 수전 그랜트는 틀에 박힌 사연들을 지적해주고 문법적 오류와 맞춤법 오류를 바로잡아주었다. 그리고 교육 전문가 샘 에이브럼스는 수업 시간, 교사 봉급, 표준화 시험, 학교의 지출, PISA에 대한 오해를 바로잡아주었다. 그는 또한 핀란드에서 관계 고리 맺기 정책을 실행하는 부문은 교육계 말고도 더 있다는 사실을 내게 알려주었다. 널리 알려진 핀란드의 하키 프로그램은 보통 어린 선수들이 열다섯 살이 될 때까지 한 코치에게 배우고, 스무 살이 될 때까지 같은 프로 코치들과 훈련한다.

리즈 포슬리언, 매트 셜리, 그리고 마리사는 기발하고 재미있는 맞춤형 삽화를 그려주었다. 댄 핑크, 린지와 알리 밀러, 저스틴 버그, 그리고 238여 명은 이 책에 형편없는 제목을 달지 않도록 도와주었다. 그리고 수많은 이들이 친절하게도 그들을 인터뷰할 기회의 문을 내게 열어주었다. 모리스 애슐리에게 내가 스토커가 아니라고 보증해준 켈리 스테츨, 안도 다다오에 대해 내게 귀띔해준 비아크 잉겔스, 브랜든 페인에게 나를 소개해준 셰인 배티어(그리고 안도에 관한 이야기를 내게 들려준 대니 사우스윅), 그리고 황금의 13인에 대한 정보의 보고인 재니스 요겐슨, R. A. 디키와 만날 기회를 마련해준 데이비드 엡스테인, 존 워타임, 호세 에르난데스와 연결해준 캐디 콜먼, 그리고 내가 쓴 책 가운데 이 책이 최고라고 문자메시지를 보내준 보조마 세인트

존에게 감사하다고 말하고 싶다.

출판사 잉크웰과 바이킹의 쟁쟁한 팀들(알렉시스 헐리, 너새니얼 잭스, 엘리자 로스타인)의 지원 덕분에 이 책을 집필하는 과정은 꽃길을 걷는 기분이었다. 자기가 집필한 책을 출간해본 경험이 없는 사람이라면 공감하겠지만, 책이란 참 팔기 야릇한 물건처럼 느껴진다. "어이! 이 봐요! 나의 정신적인 여정에 당신의 소중한 시간을 투자해주세요. 마음에 들 겁니다. 약속해요"라고 말하는 셈이니 말이다. 캐롤린 콜번, 휘트니 필링, 린지 프레빗, 줄리아 포크너는 홍보 활동을 순조롭고 재미있게 꾸며주었고, 케이트 스타크, 몰리 피센든, 샹탈 커닐리즈는 창의적인 마케팅 구상으로 청중에게 다가갈 새로운 길을 열어주었다. 리디아 허트는 내가 발간하는 뉴스 레터 〈그랜티드(Granted)〉를 섭스택(Substack) 플랫폼으로 이전해 청중의 규모를 확대해주었다(그리고 나와 피클볼 게임을 하기로 한 약속을 아직 안 지켰다). 천재적인 예술성을 발휘해준 제이슨 라미레스, 미진한 부분을 짚어준 카밀 르블랑, 편집과 출판에서 탁월한 실력을 보여준 트리셔 콘리와 에릭 웹터, 우아한 책 디자인을 한 대니얼 라긴, 아트 디렉션을 한 클레어 바카로, 나는 음치인데도 오디오북은 노래하듯이 만들어준 줄리 윌슨과 로렌 클라인, 이 책의 잠재력을 간파하고 대머리 아저씨인 나를 믿어준 브라이언 타트와 안드레아 슐츠에게 특히 감사드린다.

내 아이들은 우리 주변에 힘들이지 않고도 찾아낼 수 있는 잠재력이 무수히 많이 숨어 있다는 사실을 날마다 내게 일깨워준다. 나는 아이들이 품성 기량을 드러내는 모습을 보면 흐뭇하다. 헨리는 3학년을 거치면서 불편함을 받아들이는 모습(롤러코스터가 존재하는 이유는 세 가지다. 재미있고, 두려움을 직시하게 하고, 자신을 시험하게 해준다)과 (롤러코스터를 타기 위해 줄을 서는) 인지적인 역량을 보여 나를 놀라게 했다. 초등학교를 졸업한 엘레나는 선생님을 놀려줄 새로운 장난(가짜 쥐를 가져가 선생님을 놀라게 했다)을 배우더니 맞닥뜨리게 될 장애물을 예상하고, 그에 따른 차선책을 생각해냈다(혹시 선생님이 해리슨에게 속지 않으면 차선책으로 쓸 여분의 쥐를 준비했다!). 고등학교에 막 입학한 조애나는 불완전함을 받아들이고('히든 포텐셜'이라는 제목은 좀 따분하게 들릴지 모르지만, 적어도 이 책의 내용을 잘 보여주는 제목이다) 표지에 생명을 불어넣는 데 한몫했다.

사랑하는 앨리슨 그랜트는 지난 20년 동안 작가로서 그리고 한 인간으로서 내 잠재력을 가꾸어주었다. 그녀는 가장 먼저 새로운 방향에서 가망을 감지하고, 내가 엉뚱한 길에 들어서도 가장 먼저 지적해준다. 이 책도 예외가 아니다. 내 아내는 눈에 보이지 않는 보석을 찾아내고, 거친 단락들을 매끄럽게 다듬고, 설명에서 불필요한 세부 사항을 삭제했다. 그녀는 형편없는 제목(세상에, '일취월장', '타고난 괴짜'가 다 뭐람!)보다 차라리 제목이 없는 게 낫다고 나를 설득했다. 더할 나위 없이 지적이고, 마음씨 곱고, (마요네즈라는 단어를 여전히 틀리게 발음하는 나를 견뎌주는) 인내심이 무한한 아내에 대한 고마운 마음을 형언할 단어가 없다.

주

들어가는 말

1 Tupac Shakur, *The Rose That Grew from Concrete* (New York: Pocket Books, 2002), 3.

2 personal interviews with Maurice Ashley, January 10, 2022, and Francis Idehen, December 20, 2021, January 10, 2022, and February 23, 2022; Maurice Ashley, *Chess for Success* (New York: Broadway Books, 2007); Henry Louis Gates Jr., *America Behind the Color Line* (New York: Grand Central, 2007); Franz Lidz, "The Harlem Gambit," *Sports Illustrated*, November 11, 1991, and "Master Mind," *Sports Illustrated*, May 30, 1994; Steve Fishman, "Day for Knight," *New York*, June 22, 1998; Charlotte Wilder, "How Maurice Ashley, the First Black Chess Grandmaster, Uses the Game to Change Inner-City Kids' Lives," *USA Today*, May 19, 2016; Dave Von Drehle, "Chess Players Destroy Nerd, Black Stereotypes," *The Seattle Times*, June 2, 1991; The Tim Ferris Show, "Grandmaster Maurice Ashley—The Path and Strategies of World-Class Mastery," July 30, 2020; John Tierney, "Harlem Teen-Agers Checkmate a Stereotype," *The New York Times*, April 26, 1991; "Maurice Ashley 2.1.2008," City Club of Cleveland, YouTube, August 13, 2015, youtu.be/riiQ0BkMhf0; Joe Lemire, "A Star of the 'Raging Rooks,' He Helped Changed the Face of N.Y.C. Chess," *The New York Times*, November 6, 2020; Philippe Boulet-Gercourt, "The Incredible Story of the 8 'Kids,' Harlem Chess Players," Chess in the Schools, December, 26, 2020.

3 Benjamin Bloom, *Developing Talent in Young People* (New York: Ballantine Books, 1985).

4 Kenneth R. Koedinger, Paulo F. Carvalho, Ran Liu, and Elizabeth A. McLaughlin, "An Astonishing Regularity in Student Learning Rate," *PNAS* 120, no. 13 (2023): e2221311120.

5 Chia-Jung Tsay and Mahzarin R. Banaji, "Naturals and Strivers:

Preferences and Beliefs about Sources of Achievement," *Journal of Experimental Social Psychology* 47, no. 2 (2011): 460-65.

6 Agnes Callard, Aspiration: *The Agency of Becoming* (New York: Oxford University Press, 2018).

7 Raj Chetty, John N. Friedman, Nathaniel Hilger, Emmanuel Saez, Diane Whitmore Schanzenbach, and Danny Yagan, "How Does Your Kindergarten Classroom Affect Your Earnings? Evidence From Project Star," *The Quarterly Journal of Economics* 126, no. 4 (2011): 1593-1660 and "$320,000 Kindergarten Teachers," *Kappan*, November 2010.

    I Raj Chetty, John N. Friedman, and Jonah E. Rockoff, "Measuring the Impacts of Teachers II: Teacher Value-Added and Student Outcomes in Adulthood," *American Economic Review* 104, no. 9 (2014): 2633-79.

8 Aristotle, *Aristotle's Nicomachean Ethics*, trans. Robert C. Bartlett and Susan D. Collins (Chicago: University of Chicago Press, 2012).

9 Alexander P. Burgoyne, Giovanni Sala, Fernand Gobet, Brooke N. Macnamara, Guillermo Campitelli, and David Z. Hambrick, "The Relationship between Cognitive Ability and Chess Skill: A Comprehensive Meta-Analysis," *Intelligence* 59 (2016): 72-83.

10 Guillermo Campitelli and Fernand Gobet, "Deliberate Practice: Necessary but Not Sufficient," *Current Directions in Psychological Science* 20, no. 5 (2011): 280-85.

11 James J. Heckman and Tim Kautz, "Hard Evidence on Soft Skills," *Labour Economics* 19, no. 4 (2012): 45164; Tim Kautz, James J. Heckman, Ron Diris, Baster Weel, and Lex Borgans, "Fostering and Measuring Skills: Improving Cognitive and Non-Cognitive Skills to Promote Lifetime Success," NBER Working Paper 20749, December 2014.

12 Laura E. Berk and Adam Winsler, *Scaffolding Children's Learning: Vygotsky and Early Childhood Education* (Washington, DC: National Association for the Education of Young Children, 1995).

    II Zainab Faatimah Haider and Sophie von Stumm, "Predicting Educational and Social-Emotional Outcomes in Emerging Adulthood from Intelligence, Personality, and Socioeconomic Status," *Journal of Personality and Social Psychology* 123, no. 6 (2022): 1386-1406.

13 Giovanni Sala and Fernand Gobet, "Do the Benefits of Chess Instruction Transfer to Academic and Cognitive Skills? A Meta-Analysis," *Educational Research Review* 18 (2016): 46-57; Michael Rosholm, Mai Bjørnskov Mikkelsen, and Kamilla Gumede, "Your Move: The Effect of Chess on

Mathematics Test Scores," *PLoS ONE* 12 (2017): e0177257; William M. Bart, "On the Effect of Chess Training on Scholastic Achievement," *Frontiers in Pscyhology* 5 (2014): 762; John Jerrim, Lindsey Macmillan, John Micklewright, Mary Sawtell, and Meg Wiggins, "Does Teaching Children How to Play Cognitively Demanding Games Improve Their Educational Attainment?," *Journal of Human Resources* 53, no. 4 (2018): 993–1021; Fernand Gobet and Guillermo Campitelli, "Educational Benefits of Chess Instruction: A Critical Review," in *Chess and Education: Selected Essays from the Koltanowski Conference*, ed. Tim Redman (Dallas: University of Texas, 2006).

1부

1   William James, *The Principles of Psychology*, vol. 2 (New York: Holt, 1890).

2   Francisco Campos, Michael Frese, Markus Goldstein, Leonardo Iacovone, Hillary C. Johnson, David McKenzie, and Mona Mensmann, "Teaching Personal Initiative Beats Traditional Training in Boosting Small Business in West Africa," *Science* 357, no. 6357 (2017): 1287–90.

3   Paul G. Whitmore, John P. Fry, "Soft Skills: Definition, Behavioral Model Analysis, Training Procedures," ERIC Clearinghouse Professional Paper 3–74 (1974).

1장

1   Hellen Keller, *Helen Keller's Journal* (New York: Doubleday, 1938).

2   personal interview, February 14, 2022; "Interview with Sara Maria Hasbun," International Association of Hyperpolyglots, 2022, polyglotassociation.org/members/sara-maria-hasbun; John Fotheringham, "Polyglot & Miss Linguistic Founder Sara Maria Hasbun on How to Learn a Language Like a Linguist," *Language Mastery*, May 3, 2019; Sara Maria Hasbun, "I've Learned 9 Languages, All After the Age of 21," MissLinguistic, August 21, 2018, misslinguistic.com/i-learned-nine-languages; "Interview with Sara Maria Hasbun," Glossika, YouTube, November 21, 2019, youtu.be/isErps6IuoA.

3   personal communication, April 2, 2023; Martin Williams, "Natural-Born Linguists: What Drives Multi-Language Speakers?," *The Guardian*,

September 5, 2013; Andreas Laimboeck, "How Far Did Benny Lewis Get to Learn Fluent Mandarin in Three Months?," LTL Language School, February 28, 2023; Benny Lewis, *Fluent in 3 Months: How Anyone at Any Age Can Learn to Speak Any Language from Anywhere in the World* (New York: HarperOne, 2014) and fluentin3months.com.

4   Kenji Hakuta, Ellen Bialystok, and Edward Wiley, "Critical Evidence: A Test of the Critical-Period Hypothesis for Second-Language Acquisition," *Psychological Science* 14, no. 1 (2003): 31–38; Frans van der Slik, Job Schepens, Theo Bongaerts, and Roeland van Hout, "Critical Period Claim Revisited: Reanalysis of Hartshorne, Tenenbaum, and Pinker (2018) Suggests Steady Decline and Learner-Type Differences," *Language Learning* 72, no. 1 (2022): 87–112.

5   Philip M. Newton and Atharva Salvi, "How Common Is Belief in the Learning Styles Neuromyth, and Does It Matter? A Pragmatic Systematic Review," *Frontiers in Education* 5 (2020): 602451.

6   Harold Pashler, Mark McDaniel, Doug Rohrer, and Robert Bjork, "Learning Styles: Concepts and Evidence," *Psychological Science in the Public Interest* 9, no. 3 (2008): 105–19.

7   Massa and Richard E. Mayer, "Testing the ATI Hypothesis: Should Multimedia Instruction Accommodate Verbalizer-Visualizer Cognitive Style?," *Learning and Individual Differences* 16, no. 4 (2006): 321–35.

8   Polly R. Husmann and Valerie Dean O'Loughlin, "Another Nail in the Coffin for Learning Styles? Disparities among Undergraduate Anatomy Students' Study Strategies, Class Performance, and Reported VARK Learning Styles," *Anatomical Sciences Education* 12, no. 1 (2019): 6–19.

9   Donggun An and Martha Carr, "Learning Styles Theory Fails to Explain Learning and Achievement: Recommendations for Alternative Approaches," *Personality and Individual Differences* 116, no. 1 (2017): 410–16.

10 Steve Martin, *Born Standing Up: A Comic's Life* (New York: Scribner, 2007), *Cruel Shoes* (New York: G. P. Putnam's Sons, 1979), and *Pure Drivel* (New York: Hyperion, 1998); Harry Shearer and Steve Martin, "Not Wild but Witty Repartee with Martin, Shearer," *Los Angeles Times*, December 9, 1998; Catherine Clinch, "No Art Comes from the Conscious Mind," *Creative Screenwriting*, March 8, 2016; Steven Gimbel, *Isn't That Clever: A Philosophical Account of Humor and Comedy* (New York: Taylor & Francis, 2017).

I   Robert Boice, *Professors as Writers: A Self-Help Guide to Productive*

Writing (Oklahoma: New Forums, 1990).

II Shakked Noy and Whitney Zhang, "Experimental Evidence on the Productivity Effects of Generative Artificial Intelligence," SSRN, March 1, 2023.

11 Tim Urban, "Why Procrastinators Procrastinate," Wait But Why, October 30, 2013.

12 Fuschia M. Sirois, *Procrastination: What It Is, Why It's a Problem, and What You Can Do About It* (Washington, DC: APA LifeTools, 2022); Adam Grant, "The Real Reason You Procrastinate," *WorkLife*, March 10, 2020.

13 Adam Grant, "Steve Martin on Finding Your Authentic Voice," *Re:Thinking*, May 4, 2023.

14 Steve Martin, host, *The 75th Annual Academy Awards*, March 23, 2003.

15 *Ted Lasso*, "Pilot," August 14, 2020.

16 David B. Daniel and William Douglas Woody, "They Hear, but Do Not Listen: Retention for Podcasted Material in a Classroom Context," *Teaching of Psychology* 37, no. 3 (2010): 199-203.

17 Janet Geipel and Boaz Keysar, "Listening Speaks to Our Intuition while Reading Promotes Analytic Thought," *Journal of Experimental Psychology: General* (2023).

18 Daniel T. Willingham, "Is Listening to a Book the Same Thing as Reading It?", *The New York Times*, December 8, 2018.

III Michael W. Kraus, "Voice-Only Communication Enhances Empathic Accuracy," *American Psychologist* 72, no. 7 (2017): 644-54.

IV Aldert Vrij, Pär Anders Granhag, and Stephen Porter, "Pitfalls and Opportunities in Nonverbal and Verbal Lie Detection," *Psychological Science in the Public Interest* 11, no. 3 (2010): 89-121.

19 Natsuko Shintani, "The Effectiveness of Processing Instruction and Production-Based Instruction on L2 Grammar Acquisition: A Meta-Analysis," *Applied Linguistics* 36, no. 3 (2015): 306-25; Natsuko Shintani, Shaofeng Li, and Rod Ellis, "Comprehension-Based versus Production-Based Grammar Instruction: A Meta-Analysis of Comparative Studies," *Language Learning* 63, no. 2 (2013): 296-329.

20 Joseph P. Vitta and Ali H. Al-Hoorie, "The Flipped Classroom in Second Language Learning: A Meta-Analysis," *Language Teaching Research* (2020): 1-25.

21 Kaitlin Woolley and Ayelet Fishbach, "Motivating Personal Growth by Seeking Discomfort," *Psychological Science* 33, no. 4 (2022): 510-23.

V Katherine W. Phillips, Katie A. Liljenquist, and Margaret A. Neale, "Is the Pain Worth the Gain? The Advantages and Liabilities of Agreeing with Socially Distinct Newcomers," *Personality and Social Psychology Bulletin* 35, no. 3 (2009): 336–50; see also Samuel R. Sommers, "On Racial Diversity and Group Decision Making: Identifying Multiple Effects of Racial Composition on Jury Deliberations," *Journal of Personality and Social Psychology* 90, no. 4 (2006): 597–612; Denise Lewin Loyd, Cynthia S. Wang, Katherine W. Phillips, and Robert B. Lount Jr., "Social Category Diversity Promotes Premeeting Elaboration: The Role of Relationship Focus," *Organization Science* 24, no. 3 (2013): 757–72; Katherine W. Phillips and Robert B. Lount, "The Affective Consequences of Diversity and Homogeneity in Groups," in *Research on Managing Groups and Teams*, vol. 10, ed. Elizabeth A. Mannix and Margaret A. Neale (Bingley, UK: Emerald, 2007).

22 Patricia J. Brooks and Vera Kempe, "More Is More in Language Learning: Reconsidering the Less-Is-More Hypothesis," *Language Learning* 69, no. S1 (2019): 13–41; Lindsay Patterson, "Do Children Soak Up Language Like Sponges?," *The New York Times*, April 16, 2020.

23 Kate B. Wolitzky-Taylor, Jonathan D. Horowitz, Mark B. Powers, and Michael J. Telch, "Psychological Approaches in the Treatment of Specific Phobias: A Meta-Analysis," *Clinical Psychology Review* 28, no. 6 (2008): 1021–37.

24 Lori A. Zoellner, Jonathan S. Abramowitz, Sally A. Moore, and David M. Slagle, "Flooding," in *Cognitive Behavior Therapy: Applying Empirically Supported Techniques in Your Practice*, ed. William T. O'Donohue and Jane E. Fisher (New York: Wiley, 2008).

25 Annemarie Landman, Eric L. Groen, M. M. (René) van Paassen, Adelbert W. Bronkhorst, and Max Mulder, "The Influence of Surprise on Upset Recovery Performance in Airline Pilots," *The International Journal of Aerospace Psychology* 27, no. 1–2 (2017): 2–14; Stephen M. Casner, Richard W. Geven, and Kent T. Williams, "The Effectiveness of Airline Pilot Training for Abnormal Events," *Human Factors* 55, no. 3 (2013): 477–85.

VI Michael Kardas, Amit Kumar, and Nicholas Epley, "Overly Shallow? Miscalibrated Expectations Create a Barrier to Deeper Conversation," *Journal of Personality and Social Psychology* 122, no. 3 (2022): 367–98.

26 Janet Metcalfe, "Learning from Errors," *Annual Review of Psychology* 68

(2017): 465-89.

27 Robert Eisenberger, "Learned Industriousness," *Psychological Review* 99, no. 2 (1992): 248-67.

2장

1 "It Is Not the Strongest of the Species That Survives but the Most Adaptable," Quote Investigator, May 4, 2014, quoteinvestigator.com/2014/05/04/adapt/.

2 David P. G. Bond and Stephen E. Grasby, "Late Ordovician Mass Extinction Caused by Volcanism, Warming, and Anoxia, Not Cooling and Glaciation," *Geology* 48, no. 8 (2020): 777-81; Jack Longman, Benjamin J. W. Mills, Hayley R. Manners, Thomas M. Gernon, and Martin R. Palmer, "Late Ordovician Climate Change and Extinctions Driven by Elevated Volcanic Nutrient Supply," *Nature Geoscience* 14, no. 12 (2021): 924-29; Xianqing Jing, Zhenyu Yang, Ross N. Mitchell, Yabo Tong, Min Zhu, and Bo Wan, "Ordovician-Silurian True Polar Wander as a Mechanism for Severe Glaciation and Mass Extinction," *Nature Communications* 13 (2022): 7941; Cody Cottier, "The Ordovician Extinction: Our Planet's First Brush with Death," *Discover*, January 16, 2021.

3 Joseph P. Botting, Lucy A. Muir, Yuandong Zhang, Xuan Ma, Junye Ma, Longwu Wang, Jianfang Zhang, Yanyan Song, and Xiang Fang, "Flourishing Sponge-Based Ecosystems after the End-Ordovician Mass Extinction," *Current Biology* 27, no. 4 (2017): 556-62.

4 Frankie Schembri, "Earth's First Animals May Have Been Sea Sponges," *Science*, October 17, 2018.

5 Sally P. Leys and Amanda S. Kahn, "Oxygen and the Energetic Requirements of the First Multicellular Animals," *Integrative and Comparative Biology* 58, no. 4 (2018): 666-76.

6 Niklas A. Kornder, Yuki Esser, Daniel Stoupin, Sally P. Leys, Benjamin Mueller, Mark J. A. Vermeij, Jef Huisman, and Jasper M. de Goeij, "Sponges Sneeze Mucus to Shed Particle Waste from Their Seawater Inlet Pores," *Current Biology* 32, no. 17 (2022): P3855-61.

7 Steven E. Mcmurray, James E. Blum, and Joseph R. Pawlik, "Redwood of the Reef: Growth and Age of the Giant Barrel Sponge Xestospongia muta in the Florida Keys," *Marine Biology* 155 (2008): 159-71.

8 Sabrina Imbler, "A Swirling Vortex Is No Match for This Deep-Sea Sponge," *The New York Times*, September 9, 2021.

9   Carmel Mothersil and Brian Austin, *Aquatic Invertebrate Cell Culture* (London: Springer-Verlag, 2000).

10 personal interview, November 17, 2021; Adam Grant, "Mellody Hobson on Taking Tough Feedback," *Re:Thinking*, June 15, 2021.

11 Max Weber, *The Protestant Ethic and the Spirit of Capitalism* (New York: Routledge, 1992).

12 Amy Wrzesniewski, Clark McCauley, Paul Rozin, and Barry Schwartz, "Jobs, Careers, and Callings: People's Relations to Their Work," *Journal of Research in Personality* 31, no. 1 (1997): 21-33.

13 Stuart Bunderson and Jeffery A. Thompson, "The Call of the Wild: Zookeepers, Callings, and the Double-Edged Sword of Deeply Meaningful Work," *Administrative Science Quarterly* 54, no. 1 (2009): 32-57.

14 Sascha O. Becker and Ludger Woessmann, "Was Weber Wrong? A Human Capital Theory of Protestant Economic History," *The Quarterly Journal of Economics* 124, no. 2 (2009): 531-96.

   I   Sascha O. Becker, Steven Pfaff, and Jared Rubin, "Causes and Consequences of the Protestant Reformation," *Explorations in Economic History* 62 (2016): 1-25; Felix Kersting, Iris Wohnsiedler, and Nikolaus Wolf, "Weber Revisited: The Protestant Ethic and the Spirit of Nationalism," *The Journal of Economic History* 80, no. 3 (2020): 710-45; Federico Mantovanelli, "The Protestant Legacy: Missions and Literacy in India," CEPR Discussion Paper No. 913309, November 2018; Davide Cantoni, "The Economic Effects of the Protestant Reformation: Testing the Weber Hypothesis in the German Lands," *Journal of the European Economic Association* 13, no. 4 (2015): 561-98.

   II Ezra Karger, "The Long-Run Effect of Public Libraries on Children: Evidence from the Early 1900s," SocArXiv (2021): e8k7p.

   III Enrico Berkes and Peter Nencka, "Knowledge Access: The Effects of Carnegie Libraries on Innovation," SSRN, December 22, 2021.

15 Wesley M. Cohen and Daniel A. Levinthal, "Absorptive Capacity: A New Perspective on Learning and Innovation," *Administrative Science Quarterly* 35, no. 1 (1990): 128-52.

16 Adam M. Grant and Susan J. Ashford, "The Dynamics of Proactivity at Work," *Research in Organizational Behavior* 28 (2008): 3-34.

17 Susan J. Ashford, Ruth Blatt, and Don Vande Walle, "Reflections on the Looking Glass: A Review of Research on Feedback-Seeking Behavior

in Organizations," *Journal of Management* 29 (2003): 773-99; Adam M. Grant, Sharon Parker, and Catherine Collins, "Getting Credit for Proactive Behavior: Supervisor Reactions Depend on What You Value and How You Feel," *Personnel Psychology* 62, no. 1 (2009): 31-55; Lukasz Stasielowicz, "Goal Orientation and Performance Adaptation: A Meta-Analysis," *Journal of Research in Personality* 82 (2019): 103847.

18 personal communications, September 19, 2022, and March 8, 2023; Erin C.J. Robertson, "Get to Know Julius Yego, Kenya's Self-Taught Olympic Javelin-Thrower Dubbed 'The Youtube Man,'" *OkayAfrica*, okayafrica. com/get-know-julius-yego-kenyas-self-taught- olympic-javelin-thrower-dubbed-youtube-man; "Julius Yego—The YouTube Man," GoPro, YouTube, May 19, 2016, youtu.be/lO1fzo1aCHU; Roy Tomizawa, "No Coach, No Problem: Silver Medalist Javelin Thrower Julius Yego and the YouTube Generation," *The Olympians*, September 5, 2016; David Cox, "How Kenyan Javelin Thrower Julius Yego Mastered His Sport By Watching YouTube Videos," *Vice*, August 16, 2016.

19 Mike Rowbottom, "Ihab Abdelrahman El Sayed, Almost the Pharoah of Throwing," World Athletics, September 16, 2015; "Throw Like an Egyptian," World Athletics, January 12, 2015.

20 Jackie Gnepp, Joshua Klayman, Ian O. Williamson, and Sema Barlas, "The Future of Feedback: Motivating Performance Improvement through Future-Focused Feedback," *PLoS ONE* 15, no. 6 (2020): e0234444; Hayley Blunden, Jaewon Yoon, Ariella S. Kristal, and Ashley Whillans, "Soliciting Advice Rather Than Feedback Yields More Developmental, Critical, and Actionable Input," Harvard Business School Working Paper No. 20-021, August 2019 (revised April 2021).

IV Katie A. Liljenquist, "Resolving the Impression Management Dilemma: The Strategic Benefits of Soliciting Advice," Northwestern University ProQuest Dissertations Publishing (2010): 3402210.

V Stacey R. Finkelstein and Ayelet Fishbach, "Tell Me What I Did Wrong: Experts Seek and Respond to Negative Feedback," *Journal of Consumer Research* 39, no. 1 (2012): 22-38; Ayelet Fishbach, Tal Eyal, and Stacey R. Finkelstein, "How Positive and Negative Feedback Motivate Goal Pursuit," *Social and Personality Psychology Compass* 48, no. 10 (2010): 517-30; Ayelet Fishbach, Minjung Koo, and Stacey R. Finkelstein, "Motivation Resulting from Completed and Missing Actions," *Advances in Experimental Social Psychology* 50 (2014): 257-307.

21 C. Neil Macrae, Galen V. Bodenhausen, and Guglielmo Calvini, "Contexts of Cryptomnesia: May the Source Be with You," *Social Cognition* 17, no. 3 (1999): 273–97.

22 Emily S. Wong, Dawei Zheng, Siew Z. Tan, Neil I. Bower, Victoria Garside, Gilles Vanwalleghem, Federico Gaiti, Ethan Scott, Benjamin M. Hogan, Kazu Kikuchi, Edwina McGlinn, Mathias Francois, and Bernard M. Degnan, "Deep Conservation of the Enhancer Regulatory Code in Animals," *Science* 370, no. 6517 (2020): eaax8137; Riya Baibhawi, "Sea Sponge Unravels 700-Million-Year-Old Mystery of Human Evolution," *Republic World*, November 21, 2020.

23 Danielle Hall, "Sea Sponges: Pharmacies of the Sea," *Smithsonian*, November 2019.

24 Carl Zimmer, "Take a Breath and Thank a Sponge," *The New York Times*, March 13, 2014; Megan Gannon, "Sponges May Have Breathed Life into Ancient Oceans," *LiveScience*, March 11, 2014; Michael Tatzel, Friedhelm von Blanckenburg, Marcus Oelze, Julien Bouchez, and Dorothee Hippler, "Late Neoproterozoic Seawater Oxygenation by Siliceous Sponges," *Nature Communications* 8 (2017): 621.

3장

1 Leonard Cohen, "Anthem," *The Future* (Columbia, 1992).

2 Tadao Ando, *Tadao Ando: Endeavors* (New York: Flammarion, 2019); Michael Auping, *Seven Interviews with Tadao Ando* (London: Third Millennium, 2002); Kanae Hasegawa, "Tadao Ando Interview," *Frame*, December 6, 2014; Sharon Waxman, "A Natural Designer," *Chicago Tribune*, May 28, 1995; Jocelyn Lippert, "Japanese Architect Ando Speaks at TD Master's Tea," *Yale Daily News*, October 12, 2001; "CNN Talk Asia Program—Japanese Architect, Tadao Ando," Daniel J. Stone, YouTube, January 13, 2010, youtu.be/dZuSoBCR-I; Walter Mariotti, "Tadao Ando: The World Must Change," *Domus*, December 3, 2020; Bianca Bosker, "Haute Concrete," *The Atlantic*, April 2017; Julie V. Iovine, "Building a Bad Reputation," *The New York Times*, August 8, 2004; "Artist Talk: Tadao Ando," Art Institute of Chicago, YouTube, November 27, 2018, youtu.be/cV0hiUcFFG8.

3 Adam Grant, "What Straight-A Students Get Wrong," *The New York Times*, December 8, 2018

4 Thomas Curran and Andrew P. Hill, "Perfectionism Is Increasing Over

Time: A Meta-Analysis of Birth Cohort Differences from 1989 to 2016,"
Psychological Bulletin 145, no. 4 (2019): 410-29.

5   Thomas Curran and Andrew P. Hill, "Young People's Perceptions of
Their Parents' Expectations and Criticism Are Increasing Over Time:
Implications for Perfectionism," *Psychological Bulletin* 148, no. 1-2 (2022):
10728.

6   Andrew P. Hill and Thomas Curran, "Multidimensional Perfectionism and
Burnout: A Meta-Analysis," *Personality and Social Psychology Review*
20, no. 3 (2016): 269-88.

7   Dana Harari, Brian W. Swider, Laurens Bujold Steed, and Amy P.
Breidenthal, "Is Perfect Good? A Meta-Analysis of Perfectionismin the
Workplace," *Journal of Applied Psychology* 103, no. 10 (2018): 1121-44.

8   Kathryn D. Sloane and Lauren A. Sosniak, "The Development of
Accomplished Sculptors," in Benjamin Bloom, *Developing Talent in
Young People* (New York: Ballantine Books, 1985).

9   Donald W. Mackinnon, "The Nature and Nurture of Creative Talent,"
American Psychologist 17 (1962): 484-95.

10 Adam Grant, "Breaking Up with Perfectionism," *WorkLife*, May 3, 2022.

11 Leonard Koren, *Wabi-Sabi for Artists, Designers, Poets & Philosophers*
(Point Reyes, CA: Imperfect Publishing, 2008).

I   Jenn Bennett, Michael Rotherham, Kate Hays, Peter Olusoga, and
Ian Maynard, "Yips and Lost Move Syndrome: Assessing Impact and
Exploring Levels of Perfectionism, Rumination, and Reinvestment,"
Sport and Exercise Psychology Review 12, no. 1 (2016): 14-27;
Melissa Catherine Day, Joanna Thatcher, Iain Greenlees, and
Bernadette Woods, "The Causes of and Psychological Responses
to Lost Move Syndrome in National Level Trampolinists," *Journal
of Applied Sport Psychology* 18 (2006): 151-66; Jenn Bennett and
Ian Maynard, "Performance Blocks in Sport: Recommendations for
Treatment and Implications for Sport Psychology Practitioners,"
Journal of Sport Psychology in Action 8, no. 1 (2017): 60-68.

12 Ivana Osenk, Paul Williamson, and Tracey D. Wade, "Does Perfectionism
or Pursuit of Excellence Contribute to Successful Learning? A Meta-
Analytic Review," *Psychological Assessment* 32, no. 10 (2020): 972-83.

13 Edwin A. Locke and Gary P. Latham, "Building a Practically Useful
Theory of Goal Setting and Task Motivation: A 35-Year Odyssey,"
American Psychologist 57, no. 9 (2002): 705-17, and "Work Motivation
and Satisfaction: Light at the End of the Tunnel," *Psychological Science* 1

(1990): 240–46; Gerard Seijts, Gary P. Latham, Kevin Tasa, and Brandon W. Latham, "Goal Setting and Goal Orientation: An Integration of Two Different Yet Related Literatures," *Academy of Management Journal* 47, no. 2 (2004): 227–39.

14 Thomas Suddendorf, Donna Rose Addis, and Michael C. Corballis, "Mental Time Travel and the Shaping of the Human Mind," in *Predictions in the Brain: Using Our Past to Generate a Future*, ed. Mohse Bar (New York: Oxford, 2011).

15 Daniel J. Madigan, "A Meta-Analysis of Perfectionism and Academic Achievement," *Educational Psychology Review* 31 (2019): 967–89.

16 Alice Moon, Muping Gan, and Clayton Critcher, "The Overblown Implications Effect," *Journal of Personality and Social Psychology* 118, no. 4 (2020): 720–42.

17 Glenn D. Reader and Marilynn B. Brewer, "A Schematic Model of Dispositional Attribution in Interpersonal Perception," *Psychological Review* 86, no. 1 (1979): 61–79.

18 Twyla Tharp, *The Creative Habit: Learn It and Use It for Life* (New York: Simon & Schuster, 2009); Robin Pogrebin, "Movin' Out beyond Missteps; How Twyla Tharp Turned a Problem in Chicago into a Hit on Broadway," *The New York Times*, December 12, 2002; Michael Phillips, "In Chaotic 'Movin Out,' Dancing Off to the Vietnam War," *Los Angeles Times*, July 22, 2022, and "Tharp Reshapes 'Movin Out' before It Goes to Broadway," *Chicago Tribune*, August 22, 2022; Tim Harford, "Bless the Coal-Black Hearts of the Broadway Critics," *Cautionary Tales*, May 20, 2022.

19 Richard P. Larrick, Albert E. Mannes, and Jack B. Soll, "The Social Psychology of the Wisdom of Crowds," in *Social Judgment and Decision Making*, ed. Joachim I. Kruger (New York: Psychology Press, 2012).

20 Leigh Thompson, "The Impact of Minimum Goals and Aspirations on Judgments of Success in Negotiations," *Group Decision and Negotiation* 4 (1995): 513–24.

21 Andrew P. Hill, Howard K. Hall, and Paul R. Appleton, "The Relationship between Multidimensional Perfectionism and Contingencies of Self-Worth," *Personality and Individual Differences* 50, no. 2 (2011): 238–42.

22 Karina Limburg, Hunna J. Watson, Martin S. Hagger, and Sarah J. Egan, "The Relationship between Perfectionism and Psychopathology: A Meta-Analysis," *Journal of Clinical Psychology* 73, no. 10 (2017): 1301–26.

23 Emma L. Bradshaw, James H. Conigrave, Ben A. Steward, Kelly A. Ferber,

Philip D. Parker, and Richard M. Ryan, "A Meta-Analysis of the Dark Side of the American Dream: Evidence for the Universal Wellness Costs of Prioritizing Extrinsic over Intrinsic Goals," *Journal of Personality and Social Psychology* 124, no. 4 (2023): 873-99.

24 Jennifer Crocker and Lora E. Park, "The Costly Pursuit of Self-Esteem," *Psychological Bulletin* 130, no. 3 (2004): 392-414.

2부

1 Emily A. Holmes, Ella L. James, Thomas Coode-Bate, and Catherine Deeprose, "Can Playing the Computer Game 'Tetris' Reduce the Build-Up of Flashbacks for Traumaé A Proposal from Cognitive Science," *PLoS ONE* 4 (2009): e4153; Emily A. Holmes, Ella L. James, Emma J. Kilford, and Catherine Deeprose, "Key Steps in Developing a Cognitive Vaccine against Traumatic Flashbacks: Visuospatial Tetris versus Verbal Pub Quiz," *PLoS ONE* 7 (2012): 10.1371.

2 Amalia Badawi, David Berle, Kris Rogers, and Zachary Steel, "Do Cognitive Tasks Reduce Intrusive-Memory Frequency after Exposure to Analogue Trauma? An Experimental Replication," *Clinical Psychological Science* 8, no. 3 (2020): 569-83.

3 Thomas Agren, Johanna M. Hoppe, Laura Singh, Emily A. Holmes, and Jörgen Rosèn, "The Neural Basis of Tetris Gameplay: Implicating the Role of Visuospatial Processing," *Current Psychology* (2021); Rebecca B. Price, Ben Paul, Walt Schneider, and Greg J. Siegle, "Neural Correlates of Three Neurocognitive Intervention Strategies: A Preliminary Step Towards Personalized Treatment for Psychological Disorders," *Cognitive Therapy and Research* 37, no. 4 (2013): 657-72.

4 Ella L. James, Alex Lau-Zhu, Hannah Tickle, Antje Horsch, and Emily A. Holmes, "Playing the Computer Game Tetris Prior to Viewing Traumatic Film Material and Subsequent Intrusive Memories: Examining Proactive Interference," *Journal of Behavior Therapy and Experimental Psychiatry* 53 (2016): 25-33.

5 Ella L. James, Michael B. Bonsall, Laura Hoppitt, Elizabeth M. Tunbridge, John R. Geddes, Amy L. Milton, and Emily L. Holmes, "Computer Game Play Reduces Intrusive Memories of Experimental Trauma via Reconsolidation-Update Mechanisms," *Psychological Science* 26, no. 8 (2015): 1201-1215.

1 Bernard De Koven, *The Well-Played Game: A Player's Philosophy* (Cambridge, MA: MIT Press, 2013).

2 personal interview, August 8, 2022; Evelyn Glennie, *Good Vibrations: My Autobiography* (London: Hutchinson, 1990), *Listen World!* (London: Balestier Press, 2019), and "How to Truly Listen," TED talk, 2003, ted. com/talks/evelyn_glennie_how_to_truly_listen; Sofia Pasternack, "Evelyn Glennie on the Olympics Opening Ceremony," *Tom Tom*, February 2013.

3 Brooke N. Macnamara, David Z. Hambrick, and Frederick L. Oswald, "Deliberate Practice and Performance in Music, Games, Sports, Education, and Professions: A Meta-Analysis," *Psychological Science* 25, no. 8 (2014): 1608-18.

4 Maynard Solomon, *Mozart: A Life* (New York: HarperCollins, 2005).

5 Wolfgang Amadeus Mozart, *The Letters of Mozart and His Family*, ed. Stanley Sadie and Fiona Smart (London: Macmillan, 1985).

6 Robert Spaethling, *Mozart's Letters, Mozart's Life* (New York: Norton, 2000).

7 Malissa A. Clark, Jesse S. Michel, Ludmila Zhdanova, Shuang Y. Pui, and Boris B. Baltes, "All Work and No Play? A Meta-Analytic Examination of the Correlates and Outcomes of Workaholism," *Journal of Management* 42, no. 7 (2016): 1836-73.

8 Erin C. Westgate and Timothy D. Wilson, "Boring Thoughts and Bored Minds: The MAC Model of Boredom and Cognitive Engagement," *Psychological Review* 125, no. 5 (2018): 689-713; A. Mohammed Abubakar, Hamed Rezapouraghdam, Elaheh Behravesh, and Huda A. Megeirhi, "Burnout or Boreout: A Meta-Analytic Review and Synthesis of Burnout and Boreout Literature in Hospitality and Tourism," *Journal of Hospitality Marketing & Management* 31, no. 8 (2022): 458-503.

9 Lauren A. Sosniak, "Learning to Be a Concert Pianist," in Benjamin Bloom, *Developing Talent in Young People* (New York: Ballantine Books, 1985).

10 Arielle Bonneville-Roussy, Geneviève L. Lavigne, and Robert J. Vallerand, "When Passion Leads to Excellence: The Case of Musicians," *Psychology of Music* 39 (2011): 123-38.

11 Jon M. Jachimowicz, Andreas Wihler, Erica R. Bailey, and Adam D. Galinsky, "Why Grit Requires Perseverance and Passion to Positively Predict Performance," *PNAS* 115, no. 40 (2018): 9980-85.

I   Lieke L. Ten Brummelhuis, Nancy P. Rothbard, and Benjamin Uhrich, "Beyond Nine to Five: Is Working to Excess Bad for Health?," *Academy of Management Discoveries* 3, no. 3 (2017): 262-83.

II Robert J. Vallerand, Yvan Paquet, Frederick L. Phillipe, and Julie Charest, "On the Role of Passion for Work in Burnout: A Process Model," *Journal of Personality* 78, no. 1 (2010): 289-312.

12 Jean Côté, "The Influence of the Family in the Development of Talent in Sport," *The Sport Psychologist* 13, no. 4 (1999): 395-417.

13 Jean Côté, Joseph Baker, and Bruce Abernethy, "Practice and Play in the Development of Sport Expertise," in *Handbook of Sport Psychology*, ed. Gershon Tenenbaum and Robert C. Eklund (New York: Wiley, 2007); Jackie Lordo, "The Development of Music Expertise: Applications of the Theories of Deliberate Practice and Deliberate Play," *Update: Applications of Research in Music Education* 39, no. 3 (2021): 56-66.

14 Adam M. Grant, Justin M. Berg, and Daniel M. Cable, "Job Titles as Identity Badges: How Self-Reflective Titles Can Reduce Emotional Exhaustion," *Academy of Management Journal* 57, no. 4 (2014): 1201-25.

15 Katie Watson and Belinda Fu, "Medical Improv: A Novel Approach to Teaching Communication and Professionalism Skills," *Annals of Internal Medicine* 165, no. 8 (2016): 591-92.

16 Katie Watson, "Serious Play: Teaching Medical Skills with Improvisational Theater Techniques," *Academic Medicine* 86, no. 10 (2011): 1260-65.

17 Kevin P. Boesen, Richard N. Herrier, David A. Apgar, and Rebekah M. Jackowski, "Improvisational Exercises to Improve Pharmacy Students' Professional Communication Skills," *American Journal of Pharmaceutical Education* 73, no. 2 (2009): 35.

18 Richard A. Rocco and D. Joel Whalen, "Teaching Yes, and ... Improv in Sales Classes: Enhancing Student Adaptive Selling Skills, Sales Performance, and Teaching Evaluations," *Journal of Marketing Education* 36, no. 2 (2014): 197-208.

19 Arne Güllich, Brooke N. Macnamara, David Z. Hambrick, "What Makes a Champion? Early Multidisciplinary Practice, Not Early Specialization, Predicts World-Class Performance," *Perspectives on Psychological Science* 17, no. 1 (2022): 6-29.

20 Shelby Waldron, J.D. DeFreese, Brian Pietrosimone, Johna Register-Mihalik, and Nikki Barczak, "Exploring Early Sport Specialization: Associations with Psychosocial Outcomes," *Journal of Clinical Sport Psychology* 14 (2019): 182-202.

21 Daniel Memmert, *Teaching Tactical Creativity in Sport: Research and Practice* (London: Routledge, 2015).

22 Pablo Greco, Daniel Memmert, and Juan C. P. Morales, "The Effect of Deliberate Play on Tactical Performance in Basketball," *Perceptual and Motor Skills* 110, no. 3 (2010): 849–56.

III Conor Heffernan, "The Treadmill's Dark and Twisted Past," TEDEd, ted.com/talks/conor_heffernan_the_treadmill_s_dark_and_twisted_past.

23 personal interview, July 22, 2022; Seerat Sohi, "Meet the Coaches Who Scrutinize the World's Greatest Shot," Yahoo! Sports, January 29, 2021; Tom Haberstroh, "The Story of Luka Doncic's Undercover Steph Curry Workout," NBC Sports, January 24, 2019.

24 Jihae Shin and Adam M. Grant, "Bored by Interest: Intrinsic Motivation in One Task Can Reduce Performance in Other Tasks," *Academy of Management Journal* 62 (2019): 1–22.

25 Nick Greene, "8 Early Criticisms of Stephen Curry That Sound Absurd in Retrospect," *Mental Floss*, May 17, 2016; "How Stephen Curry Went from Ignored College Recruit to NBA MVP," Yahoo! Sports, April 23, 2015; Hanif Abdurraqib, "The Second Coming of Stephen Curry," *GQ*, January 10, 2022; Lee Tran, "Muggsy Bogues on Stephen Curry as a Child," *Fadeaway World*, January 17, 2021; Mark Medina, " 'He's in Love with Getting Better': How Stephen Curry Has Maintained Peak Conditioning," NBA.com, June 13, 2022, and "After Offseason Focused on Perfection, Stephen Curry Could Be Even More Unstoppable," NBA.com, October 22, 2021.

26 Brian M. Galla and Angela L. Duckworth, "More Than Resisting Temptation: Beneficial Habits Mediate the Relationship between Self-Control and Positive Life Outcomes," *Journal of Personality and Social Psychology* 109, no. 3 (2015): 508–25.

27 Walter Mischel, Yuichi Shoda, and Monica L. Rodriguez, "Delay of Gratification in Children," *Science* 244, no. 4907 (1989): 933–38; Yuichi Shoda, Walter Mischel, and Philip K. Peake, "Predicting Adolescent Cognitive and Self-Regulatory Competencies from Preschool Delay of Gratification: Identifying Diagnostic Conditions," *Developmental Psychology* 26, no. 6 (1990): 978–86.

28 Armin Falk, Fabian Kosse, and Pia Pinger, "Re-Revisiting the Marshmallow Test: A Direct Comparison of Studies by Shoda, Mischel, and Peake (1990) and Watts, Duncan, and Quan (2018)," *Psychological*

Science 31, no. 1 (2020): 100-104.

IV Laura E. Michaelson and Yuko Munakata, "Same Data Set, Different Conclusions: Preschool Delay of Gratification Predicts Later Behavioral Outcomes in a Preregistered Study," *Psychological Science* 31, no. 2 (2020): 193-201.

V Keith Payne and Pascal Sheeran, "Try to Resist Misinterpreting the Marshmallow Test," *Behavioral Scientist*, July 3, 2018.

29 Matthias Brunmair and Tobias Richter, "Similarity Matters: A Meta-Analysis of Interleaved Learning and Its Moderators," *Psychological Bulletin* 145 (2019): 1029-52.

30 Nicholas F. Wymbs, Amy J. Bastian, and Pablo A. Celnik, "Motor Skills Are Strengthened through Reconsolidation," *Current Biology* 26, no. 3 (2016): 338-43; Johns Hopkins Medicine, "Want to Learn a New Skill? Faster? Change Up Your Practice Sessions," *ScienceDaily*, January 28, 2016.

31 "I Trained Like Steph Curry for 50 Days to Improve My Shooting," Goal Guys, YouTube, August 18, 2021, youtu.be/2Cf0n7PmMJ0; Philip Ellis, "An Average Guy Trained Like Golden State Warrior Steph Curry for 50 Days to Improve His Shooting," *Men's Health*, August 19, 2021.

32 Patricia Albulescu, Irina Macsinga, Andrei Rusu, Coralia Sulea, Alexandra Bodnaru, and Bogdan Tudor Tulbure, "'Give Me a Break!' A Systematic Review and Meta-Analysis on the Efficacy of Micro-Breaks for Increasing Well-Being and Performance," *PLoS ONE* 17, no. 8 (2022): e0272460.

33 Laura M. Giurge and Kaitlin Woolley, "Working during Non-Standard Work Time Undermines Intrinsic Motivation," *Organizational Behavior and Human Decision Processes* 170, no. 1 (2022): 104134.

34 Maddy Shaw Roberts, "How Many Hours a Day Do the World's Greatest Classical Musicians Practice?," Classic FM, June 21, 2021.

35 Ut Na Sio and Thomas C. Ormerod, "Does Incubation Enhance Problem Solving? A Meta-Analytic Review," *Psychological Bulletin* 135 (2009): 94-120.

36 Jihae Shin and Adam M. Grant, "When Putting Work Off Pays Off: The Curvilinear Relationship between Procrastination and Creativity," *Academy of Management Journal* 64, no. 3 (2021): 772-98.

37 Adam Grant, "Lin-Manuel Miranda Daydreams, and His Dad Gets Things Done," *Re:Thinking*, June 29, 2021.

38 Mason Currey, "Tchaikovsky, Beethoven, Mahler: They All Loved Taking Long Daily Walks," *Slate*, April 25, 2013; Oliver Burkeman, "Rise and Shine: The Daily Routines of History's Most Creative Minds," *The*

Guardian, October 5, 2013.

39 Michaela Dewar, Jessica Alber, Christopher Butler, Nelson Cowan, and Sergio Della Sala, "Brief Wakeful Resting Boosts New Memories over the Long Term," *Psychological Science* 23, no. 9 (2012): 955-60; David Robson, "An Effortless Way to Improve Your Memory," BBC, February 12, 2018.

40 Jaap M.J. Murre and Joeri Dros, "Replication and Analysis of Ebbinghaus' Forgetting Curve," *PLoS ONE* 10, no. 7 (2015): e0120644.

41 Nikhil Sonnad, "You Probably Won't Remember This, but the 'Forgetting Curve' Theory Explains Why Learning Is Hard," *Quartz*, February 28, 2018.

5장

1 George Eliot, *Middlemarch* (London: Pan Macmillan, [1872] 2018).

2 personal interview, January 2, 2023; R. A. Dickey, *Wherever I Wind Up: My Quest for Truth, Authenticity, and the Perfect Knuckleball* (New York: Plume, 2012) and "Reaching the Summit of Kilimanjaro," *The New York Times*, January 14, 2012; Tim Kurkjian, "The Knuckleball Experiment," ESPN, December 1, 2012; Kevin Bertha, "A Missing Ligament and the Knuckleball: The Story of R. A. Dickey," *Bleacher Report*, April 11, 2010; Alan Schwarz, "New Twist Keeps Dickey's Career Afloat," *The New York Times*, February 27, 2008; Jeremy Stahl, "Master of the Knuckleball," *Slate*, October 29, 2012; Brian Costa, "Knuckleballs of Kilimanjaro: Dickey Plots Ascent," *The Wall Street Journal*, December 27, 2011; Ben Maller, "Mets Pitcher R. A. Dickey Risking $4 Million Salary to Climb Mount Kilimanjaro," ThePostGame, November 2, 2011; Aditi Kinkhabwala, "Rocket Boy vs. the Baffler," *The Wall Street Journal*, July 3, 2010; James Kaminsky, "R. A. Dickey: Did Mt. Kilimanjaro Turn New York Mets Pitcher into an All-Star?," *Bleacher Report*, June 6, 2012; "R. A. Dickey Climbed Mount Kilimanjaro, the Mets' Knuckleballer Again Beats Fear with Staunch Belief," Yahoo! Sports, June 29, 2012.

3 Alex Speier, "What Is a Baseball Player's Prime Age?," *Boston Globe*, January 2, 2015; Rich Hardy, Tiwaloluwa Ajibewa, Ray Bowman, and Jefferson C. Brand, "Determinants of Major League Baseball Pitchers' Career Length," *Arthroscopy* 33 (2017): 445-49.

4 "Determinants of Major League Baseball Pitchers' Career Length," *Arthroscopy* 33 (2017): 445-49.

5 Eldad Yechiam, Ido Erev, Vered Yehene, and Daniel Gopher, "Melioration and the Transition from Touch-Typing Training to Everyday Use," *Human Factors* 45, no. 4 (2003): 671-84.

6 Yoni Donner and Joseph L. Hardy, "Piecewise Power Laws in Individual Learning Curves," *Psychonomic Bulletin & Review* 22, no. 5 (2015): 1308-19.

7 Jerry Slocum, David Singmaster, Wei-Hwa Huang, Dieter Gebhardt, and Geert Hellings, *The Cube: The Ultimate Guide to the World's Bestselling Puzzle* (New York: Black Dog & Leventhal, 2009).

8 John S. Chen and Pranav Garg, "Dancing with the Stars: Benefits of a Star Employee's Temporary Absence for Organizational Performance," *Strategic Management Journal* 39, no. 5 (2018): 1239-67.

9 H. Colleen Stuart, "Structural Disruption, Relational Experimentation, and Performance in Professional Hockey Teams: A Network Perspective on Member Change," *Organization Science* 28, no. 2 (2017): 283-300.

   I Roxanne Khamsi, "Quicksand Can't Suck You Under," *Nature*, September 28, 2005; Asmae Khaldoun, Erika Eiser, Gerard H. Wegdam, and Daniel Bonn, "Liquefaction of Quicksand Under Stress," *Nature* 437, no. 7059 (2005): 635.

10 Danny Lewis, "Physicists May Have Finally Figured Out Why Knuckleballs Are So Hard to Hit," *Smithsonian*, July 20, 2016.

11 David N. Figlio, Morton O. Schapiro, and Kevin B. Soter, "Are Tenure Track Professors Better Teachers?," *The Review of Economics and Statistics* 97, no. 4 (2015): 715-24.

   II John Hattie and Herbert W. Marsh, "The Relationship between Research and Teaching: A Meta-Analysis," *Review of Educational Research* 66, no. 4 (1996): 507-42.

12 Colin Camerer, George Loewenstein, and Martin Weber, "The Curse of Knowledge in Economic Settings: An Experimental Analysis," *Journal of Political Economy* 97, no. 5 (1989): 1232-54.

13 Sian Beilock, "The Best Players Rarely Make the Best Coaches," *Psychology Today*, August 16, 2010.

14 Walter Isaacson, *Einstein: His Life and Universe* (New York: Simon & Schuster, 2007); Dennis Overbye, *Einstein in Love: A Scientific Romance* (New York: Penguin, 2001); Peter Smith, *Einstein* (London: Haus, 2005).

15 George Bernard Shaw, *Man and Superman* (New York: Penguin Classics, [1903] 1963).

16 Asha Thomas and Vikas Gupta, "Tacit Knowledge in Organizations:

Bibliometrics and a Framework-Based Systematic Review of Antecedents, Outcomes, Theories, Methods and Future Directions," *Journal of Knowledge Management* 26 (2022): 1014-41.

17 Kristin E. Flegal and Michael C. Anderson, "Overthinking Skilled Motor Performance: Or Why Those Who Teach Can't Do," *Psychonomic Bulletin & Review* 15 (2008): 927-32; Joseph M. Melcher and Jonathan W. Schooler, "The Misremembrance of Wines Past: Verbal and Perceptual Expertise Differentially Mediate Verbal Overshadowing of Taste Memory," *Journal of Memory and Language* 35 (1996): 231-45.

18 David E. Levari, Daniel T. Gilbert, and Timothy D. Wilson, "Tips from the Top: Do the Best Performers Really Give the Best Advice?," *Psychological Science* 33, no. 5 (2022): 685-98.

19 Monica C. Higgins and David A. Thomas, "Constellations and Careers: Toward Understanding the Effects of Multiple Developmental Relationships," *Journal of Organizational Behavior* 22 (2001): 223-47.

20 Richard D. Cotton, Yan Shen, and Reut Livne-Tarandach, "On Becoming Extraordinary: The Content and Structure of the Developmental Networks of Major League Baseball Hall of Famers," *Academy of Management Journal* 54, no. 1 (2011): 15-46.

21 Corey L.M. Keyes, "The Mental Health Continuum: From Languishing to Flourishing in Life," *Journal of Health and Social Behavior* 43, no. 2 (2002): 207-22.

III Adam Grant, "There's a Name for the Blah You're Feeling: It's Called Languishing," *The New York Times*, April 19, 2021, and "How to Stop Languishing and Start Finding Flow," TED, 2021.

22 Vanessa M. Hill, Amanda L. Rebar, Sally A. Ferguson, Alexandra E. Shriane, and Grace E. Vincent, "Go to Bed: A Systematic Review and Meta-Analysis of Bedtime Procrastination Correlates and Sleep Outcomes," *Sleep Medicine Reviews* 66 (2022): 101697; Lui-Hai Liang, "The Psychology behind 'Revenge Bedtime Procrastination,'" BBC, November 25, 2020.

IV William K. English, Douglas C. Englebart, and Melvyn L. Berman, "Display-Selection Techniques for Text Manipulation," *IEEE Transactions on Human Factors in Electronics* HFE-8 (1967): 5-15.

23 Hudson Sessions, Jennifer D. Nahrgang, Manuel J. Vaulont, Raseana Williams, and Amy L. Bartels, "Do the Hustle! Empowerment from Side-Hustles and Its Effects on Full-Time Work Performance," *Academy of Management Journal* 64, no. 1 (2021): 235-64.

24 Ciara M. Kelly, Karoline Strauss, John Arnold, and Chris Stride, "The Relationship between Leisure Activities and Psychological Resources That Support a Sustainable Career: The Role of Leisure Seriousness and Work-Leisure Similarity," *Journal of Vocational Behavior* 117 (2020): 103340.

25 Teresa Amabile and Steven Kramer, *The Progress Principle: Using Small Wins to Ignite Joy, Engagement, and Creativity at Work* (Boston: Harvard Business Review Press, 2011).

26 Karl E. Weick, "Small Wins: Redefining the Scale of Social Problems," *American Psychologist* 39, no. 1 (1984): 40-49.

V Zhaohe Yang, Lei Chen, Markus V. Kohnen, Bei Xiong, Xi Zhen, Jiakai Liao, Yoshito Oka, Qiang Zhu, Lianfeng Gu, Chentao Lin, and Bobin Liu, "Identification and Characterization of the PEBP Family Genes in Moso Bamboo (Phyllostachys Heterocycla)," *Scientific Reports* 9, no. 1 (2019): 14998; Abolghaseem Emamverdian, Yulong Ding, Fatemeh Ranaei, and Zishan Ahmad, "Application of Bamboo Plants in Nine Aspects," *Scientific World Journal* (2020): 7284203.

6장

1 Stephen Colbert at the White House Correspondents' Association Dinner, April 29, 2006.

2 Paul Stillwell, *The Golden Thirteen: Recollections of the First Black Naval Officers* (Annapolis: Naval Institute Press, 1993); Dan C. Goldberg, *The Golden 13: How Black Men Won the Right to Wear Navy Gold* (Boston: Beacon, 2020); Ron Grossman, "Breaking a Naval Blockade," *Chicago Tribune*, July 8, 1987; "The Golden Thirteen," Naval History and Heritage Command, November 25, 2020; Kevin Michael Briscoe, "Remembering the Sacrifices of the 'Golden 13,'" *Zenger*, November 26, 2020.

3 Nathan P. Podsakoff, Jeffery A. LePine, and Marcie A. LePine, "Differential Challenge Stressor-Hindrance Stressor Relationships with Job Attitudes, Turnover Intentions, Turnover, and Withdrawal Behavior: A Meta-Analysis," *Journal of Applied Psychology* 92, no. 2 (2007): 438-54.

4 David S. Yeager, Jamie M. Carroll, Jenny Buontempo, Andrei Cimpan, Spencer Woody, Robert Crosnoe, Chandra Muller, Jared Murray, Pratik Mhatre, Nicole Kersting, Christopher Hulleman, Molly Kudym, Mary Murphy, Angela Lee Duckworth, Gregory M. Walton, and Carol S. Dweck, "Teacher Mindsets Help Explain Where a Growth-Mindset Intervention

Does and Doesn't Work," *Psychological Science* 33 (2022): 18–32; David S. Yeager, Paul Hanselman, Gregory M. Walton, Jared S. Murray, Robert Crosnoe, Chandra Muller, Elizabeth Tipton, Barbara Schneider, Chris S. Hulleman, Cintia P. Hinojosa, David Paunesku, Carissa Romero, Kate Flint, Alice Roberts, Jill Trott, Ronaldo Iachan, Jenny Buontempo, Sophia Man Yang, Carlos M. Carvalho, P. Richard Hahn, Maithreyi Gopalan, Pratik Mhatre, Ronald Ferguson, Angela L. Duckworth, and Carol S. Dweck, "A National Experiment Reveals Where a Growth Mindset Improves Achievement," *Nature* 573, no. 7774 (2019): 364–69.

5   J. Richard Hackman and Ruth Wageman, "Asking the Right Questions about Leadership," *American Psychologist* 62 (2007): 43–47; J. Richard Hackman and Michael O'Connor, "What Makes for a Great Analytic Team? Individual vs. Team Approaches to Intelligence Analysis," February 2004.

6   Eliot L. Rees, Patrick J. Quinn, Benjamin Davies, and Victoria Fotheringham, "How Does Peer Teaching Compare to Faculty Teaching: A Systematic Review and Meta-Analysis," *Medical Teacher* 38, no. 8 (2016): 829–37.

7   Kim Chau Leung, "An Updated Meta-Analysis on the Effect of Peer Tutoring on Tutors' Achievement," *School Psychology International* 40, no. 2 (2019): 200–14.

8   Peter A. Cohen, James A. Kulik, and Chen-Lin C. Kulik, "Educational Outcomes of Tutoring: A Meta-Analysis of Findings," *American Educational Research Journal* 19 (1982): 237–48.

I   Julia M. Rohrer, Boris Egloff, and Stefan C. Schmukle, "Examining the Effects of Birth Order on Personality," *PNAS* 112, no. 46 (2015): 14224–29, and "Probing Birth-Order Effects on Narrow Traits Using Specification Curve Analysis," *Psychological Science* 28, no. 12 (2017): 1821–32; Rodica Ioana Damian and Brent W. Roberts, "The Associations of Birth Order with Personality and Intelligence in a Representative Sample of U.S. High School Students," *Journal of Research in Personality* 58 (2015): 96–105; Sandra E. Black, Paul J. Devereux, and Kjell G. Salvanes, "Older and Wiser? Birth Order and IQ of Young Men," *CESifo Economic Studies* 57 (2011): 103–20; Kieron J. Barclay, "A Within-Family Analysis of Birth Order and Intelligence Using Population Conscription Data on Swedish Men," *Intelligence* 49 (2015): 134–143.

II   Petter Kristensen and Tor Bjerkedal, "Explaining the Relation between

Birth Order and Intelligence," *Science* 316, no. 5832 (2007): 1717.

III Tor Bjerkedal, Petter Kristensen, Geir A. Skjeret, and John I. Brevik, "Intelligence Test Scores and Birth Order among Young Norwegian Men (Conscripts) Analyzed within and between Families," *Intelligence* 35, no. 5 (2007): 503-14.

IV Frank J. Sulloway, "Birth Order and Intelligence," *Science* 316, no. 5832 (2007): 1711-12.

9 Robert B. Zajonc and Frank J. Sulloway, "The Confluence Model: Birth Order as a Within-Family or Between-Family Dynamic?," *Personality and Social Psychology Bulletin* 33, no. 9 (2007): 1187-94.

10 Aloysius Wei Lun Koh, Sze Chi Lee, and Stephen Wee Hun Lim, "The Learning Benefits of Teaching: A Retrieval Practice Hypothesis," *Applied Cognitive Psychology* 32, no. 3 (2018): 401-10.

11 John F. Nestojko, Dung C. Bui, Nate Kornell, and Elizabeth Ligon Bjork, "Expecting to Teach Enhances Learning and Organization of Knowledge in Free Recall of Text Passages," *Memory & Cognition* 42, no. 7 (2014): 1038-48.

12 Henry Cabot Lodge, in *Proceedings of the Massachusetts Historical Society* Cambridge: The University Press, 1918).

13 Hunter Drohojowska-Philp, *Full Bloom: The Art and Life of Georgia O'Keeffe* (New York: Norton, 2005).

14 John Preskill, "Celebrating Theoretical Physics at Caltech's Burke Institute," *Quantum Frontiers*, February 24, 2015; "John Preskill on Quantum Computing," *YCombinator*, May 15, 2018.

15 Lauren Eskreis-Winkler, Katherine L. Milkman, Dena M. Gromet, and Angela L. Duckworth, "A Large-Scale Field Experiment Shows Giving Advice Improves Academic Outcomes for the Advisor," *PNAS* 116, no. 30 (2019): 14808-810; Lauren Eskreis-Winkler, Ayelet Fishbach, and Angela L. Duckworth, "Dear Abby: Should I Give Advice or Receive It?," *Psychological Science* 29, no. 11 (2018): 1797-1806.

16 Adam Grant, *Give and Take: Why Helping Others Drives Our Success* (New York: Viking, 2013); Adam M. Grant and Jane Dutton, "Beneficiary or Benefactor: Are People More Prosocial When They Reflect on Giving or Receiving?," *Psychological Science* 23, no. 9 (2012): 1033-39; Adam M. Grant, Jane E. Dutton, and Brent D. Rosso, "Giving Commitment: Employee Support Programs and the Prosocial Sensemaking Process," *Academy of Management Journal* 51, no. 5 (2008): 898-91.

17 personal interview, November 28, 2022; Alison Levine, *On the Edge: The*

Art of High-Impact Leadership (New York: Grand Central, 2014); Sarah Spain, "Alison Levine Proves She's All Heart," ESPN, December 27, 2011; Associated Press, "Climber Conquers Everest and Records Grand Slam," *The New York Times*, August 14, 2010.

18 D. Brian McNatt, "Ancient Pygmalion Joins Contemporary Management: A Meta-Analysis of the Result," *Journal of Applied Psychology* 85, no. 2 2000): 314-22.

19 Robert Rosenthal, "Interpersonal Expectancy Effects: A 30-Year Perspective," *Current Directions in Psychological Science* 3 (1994); 176-79.

20 Oranit B. Davidson and Dov Eden, "Remedial Self-Fulfilling Prophecy: Two Field Experiments to Prevent Golem Effects among Disadvantaged Women," *Journal of Applied Psychology* 85, no. 3 (2000): 386-98; Dennis Reynolds, "Restraining Golem and Harnessing Pygmalion in the Classroom: A Laboratory Study of Managerial Expectations and Task Design," *Academy of Management Learning & Education* 4 (2007): 475-83.

21 Lee Jussim and Kent D. Harber, "Teacher Expectations and Self-Fulfilling Prophecies: Knowns and Unknowns, Resolved and Unresolved Controversies," *Personality and Social Psychology Review* 9, no. 2 (2005): 131-55.

22 Samir Nurmohamed, "The Underdog Effect: When Low Expectations Increase Performance," *Academy of Management Journal* 63, no. 4 (2020): 1106-33.

   V Samir Nurmohamed, Timothy G. Kundro, and Christopher G. Myers, "Against the Odds: Developing Underdog versus Favorite Narratives to Offset Prior Experiences of Discrimination," *Organizational Behavior and Human Decision Processes* 167 (2021): 206-21.

   VI Michelle Yeoh, "Harvard Law School Class Day," May 24, 2023: youtube.com/watch?v=PZ7YERWPftA.

23 Marissa Shandell and Adam M. Grant, "Losing Yourself for the Win: How Interdependence Boosts Performance Under Pressure," working paper, 2023.

24 Rebecca Koomen, Sebastian Grueneisen, and Esther Herrmann, "Children Delay Gratification for Cooperative Ends," *Psychological Science* 31, no. 2 (2020): 139-48.

25 Maya Angelou, *Rainbow in the Cloud: The Wisdom and Spirit of Maya Angelou* (New York: Random House, 2014).

26 Karren Knowlton, "Trailblazing Motivation and Marginalized Group Members: Defying Expectations to Pave the Way for Others" (PhD. diss., University of Pennsylvania, 2021).

3부

---

1 Alex Bell, Raj Chetty, Xavier Jaravel, Neviana Petkova, and John Van Reenen, "Who Becomes an Inventor in America? The Importance of Exposure to Innovation," *The Quarterly Journal of Economics* 134, no. 2 (2019): 647-713.

7장

---

1 Marva Collins and Civia Tamarkin, *Marva Collins' Way* (New York: TarcherPerigee, 1990).

2 OECD, "PISA 2000 Technical Report" (2002), "Learning for Tomorrow's World: First Results from PISA 2003" (2004), and "PISA 2006" (2008), all at pisa.oecd.org.

3 Pasi Sahlberg, *Finnish Lessons 3.0: What Can the World Learn from Educational Change in Finland?* (New York: Teachers College Press, 2021 and "The Fourth Way of Finland," *Journal of Educational Change* 12 (2011): 173-85; OECD, "TopPerformer Finland Improves Further in PISA Survey as Gap Between Countries Widens.

4 PIAAC, "International Comparisons of Adult Literacy and Numeracy Skills Over Time," Institute of Education Sciences (NCES 2020-127), nces.ed.gov/surveys/piaac/international_context.asp.

5 Dylan Matthews, "Denmark, Finland, and Sweden Are Proof That Poverty in the U.S. Doesn't Have to Be This High," *Vox*, November 11, 2015.

6 Eric A. Hanushek and Ludger Woessmann, *The Knowledge Capital of Nations: Education and the Economics of Growth* (Cambridge, MA: MIT Press, 2015); Amanda Ripley, *The Smartest Kids in the World: And How They Got That Way* (New York: Simon & Schuster, 2013).

7 Christine Gross-Loh, "Finnish Education Chief: 'We Created School System Based on Equality,'" *The Atlantic*, March 17, 2014.

8 Doris Holzberger, Sarah Reinhold, Oliver Lüdtke, and Tina Seidel, "A Meta-Analysis on the Relationship between School Characteristics and Student Outcomes in Science and Maths: Evidence from Large-

Scale Studies," *Studies in Science Education* 56 (2020): 1–34; Faith Bektas, Nazim çogaltay, Engin Karadag, and Yusuf Ay, "School Culture and Academic Achievement of Students: A Meta-Analysis Study," *The Anthropologist* 21, no. 3 (2015): 482–88; Selen Demirtas-Zorbaz, Cigdem Akin-Arikan, and Ragip Terzi, "Does School Climate That Includes Students' Views Deliver Academic Achievement? A Multilevel Meta-Analysis," *School Effectiveness and School Improvement* 32 (2021): 543–63; Roisin P. Corcoran, Alan C.K. Cheung, Elizabeth Kim, and Chen Xie, "Effective Universal School-Based Social and Emotional Learning Programs for Improving Academic Achievement: A Systematic Review and Meta-Analysis of 50 Years of Research," *Educational Research Review* 25 (2018): 56–72.

9 Edgar H. Schein, "Organizational Culture," *American Psychologist* 45, no. 2 (1990): 109–19; Daniel R. Denison, "What Is the Difference between Organizational Culture and Organizational Climate? A Native's Point of View on a Decade of Paradigm Wars," *Academy of Management Review* 21 (1996): 619–54; Charles A. O'Reilly and Jennifer A. Chatman, "Culture as Social Control: Corporations, Cults, and Commitment," *Research in Organizational Behavior* 18 (1996): 157–20.

10 Mark E. Koltko-Rivera, "The Psychology of World views," *Review of General Psychology* 8, no. 1 (2004): 3–58; Jeremy D.W. Clifton, Joshua D. Baker, Crystal L. Park, David B. Yaden, Alicia B.W. Clifton, Paolo Terni, Jessica L. Miller, Guang Zeng, Salvatore Giorgi, H. Andrew Schwartz, and Martin E.P. Seligman, "Primal World Beliefs," 31, no. 1 (2019): 82–99.

11 Robert Frank and Philip J. Cook, *The Winner-Take-All Society: Why the Few at the Top Get So Much More Than the Rest of Us* (New York: Penguin, 1996); Daniel Markovits, *The Meritocracy Trap: How America's Foundational Myth Feeds Inequality, Dismantles the Middle Class, and Devours the Elite* (New York: Penguin, 2019)

12 Lily Eskelsen García and Otha Thornton, "'No Child Left Behind' Has Failed," *The Washington Post*, February 13, 2015; Rajashri Chakrabarti, "Incentives and Responses under *No Child Left Behind*: Credible Threats and the Role of Competition," Federal Reserve Bank of New York Staff Report No. 525, November 2011; Ben Casselman, "No Child Left Behind Worked: At Least in One Important Way," FiveThirtyEight, December 22, 2015; "Achievement Gaps," National Center for Education Statistics, nces. ed.gov/nationsreportcard/studies/gaps/.

13 Linda Darling-Hammond, *The Flat World and Education: How America's*

Commitment to Equity Will Determine Our Future (New York: Teachers College Press, 2015).

14 Matthew Smith and Jamie Ballard, "Scientists and Doctors Are the Most Respected Professions Worldwide," YouGovAmerica, February 8, 2021.

15 Pasi Sahlberg, "The Secret to Finland's Success: Educating Teachers," Stanford Center for Opportunity Policy in Education Research Brief, September 2010.

16 Samuel E. Abrams, *Education and the Commercial Mindset* (Boston: Harvard University Press, 2016)

17 Pasi Sahlberg, "Q: What Makes Finnish Teachers So Special? A: It's Not Brains," *The Guardian*, March 31, 2015.

18 Valerie Strauss, "Five U.S. Innovations That Helped Finland's Schools Improve but That American Reformers Now Ignore," *The Washington Post*, July 25, 2014.

19 Vilho Hirvi, quoted in Sahlberg, 2021.

20 Pasi Sahlberg and Timothy D. Walker, *In Teachers We Trust: The Finnish Way to World-Class Schools* (New York: W. W. Norton, 2021).

  I   Abrams, 2016.

  II Abrams, 2016.

21 Andrew J. Hill and Daniel B. Jones, "A Teacher Who Knows Me: The Academic Benefits of Repeat Student-Teacher Matches," *Economics of Education Review* 64 (2018): 1-12.

22 NaYoung Hwang, Brian Kisida, and Cory Koedel, "A Familiar Face: Student-Teacher Rematches and Student Achievement," *Economics of Education Review* 85 (2021): 102194.

23 Mike Colagrossi, "10 Reasons Why Finland's Education System is the Best in the World," World Economic Forum, September 10, 2018.

24 personal interview, February 24, 2023; LynNell Hancock, "Why Are Finland's Schools Successful?," *Smithsonian*, September 2011.

25 Benjamin Franklin, "On Protections of Towns from Fire," *The Pennsylvania Gazette*, February 4, 1735.

26 Gena Nelson and Kristen L. McMaster, "The Effects of Early Numeracy Interventions for Students in Preschool and Early Elementary: A Meta-Analysis," *Journal of Educational Psychology* 111, no. 6 (2019): 1001-22; Steven M. Ross, Lana J. Smith, Jason Casey, and Robert E. Slavin, "Increasing the Academic Success of Disadvantaged Children: An Examination of Alternative Early Intervention Programs," *American Educational Research Journal* 32, no. 4 (1995): 773-800; Frances A. Campbell and

Craig T. Ramey, "Cognitive and School Outcomes for High-Risk African-American Students at Middle Adolescence: Positive Effects of Early Intervention," *American Educational Research Journal* 32, no. 4 (1995): 743-72.

27 John M. McLaughlin, "Most States Fail Education Obligations to Special Needs Students: So, What Else Is New?," *USA Today*, August 10, 2020.

III Amanda H. Goodall, "Physician Leaders and Hospital Performance: Is There an Association?," *Social Science & Medicine* 73, no. 4 (2011): 535 39, and "Highly Cited Leaders and the Performance of Research Universities," *Research Policy* 38, no. 7 (2009): 1079-92.

IV Sigal G. Barsade and Stefan Meisiek, "Leading by Doing," in *Next Generation Business Handbook: New Strategies from Tomorrow's Thought Leaders*, ed. Subir Chowdhury (New York: Wiley, 2004).

28 Timothy D. Walker, *Teach Like Finland: 33 Simple Strategies for Joyful Classrooms* (New York: W. W. Norton, 2017).

29 Eva Hjörne and Roger Säljö, "The Pupil Welfare Team as a Discourse Community: Accounting for School Problems," *Linguistics and Education* 15 (2004): 321-38.

30 Hancock, 2011.

31 Rune Sarromaa Hausstätter and Marjatta Takala, "Can Special Education Make a Difference? Exploring the Differences of Special Educational Systems between Finland and Norway in Relation to the PISA Results," *Scandinavian Journal of Disability Research* 13, no. 4 (2011): 271-81.

32 Andrew Van Dam, "Why Alabama and West Virginia Suddenly Have Amazing High-School Graduation Rates," *The Washington Post*, November 18, 2022.

33 Sarah D. Sparks, "Do U.S. Teachers Really Teach More Hours?," *EducationWeek*, February 2, 2015; Abrams, 2016.

34 Margot van der Doef and Stan Maes, "The Job-Demand-Control(-Support) Model and Psychological Well-Being: A Review of 20 Years of Empirical Research, *Work & Stress* 13, no. 2 (1999): 87-114; Gene M. Alarcon, "A Meta-Analysis of Burnout with Job Demands, Resources, and Attitudes," *Journal of Vocational Behavior* 79, no. 2 (2011): 549-62; Nina Santavirta, Svetlana Solovieva, and Töres Theorell, "The Association between Job Strain and Emotional Exhaustion in a Cohort of 1,028 Finnish Teachers," *British Journal of Educational Psychology* 77 (2007): 213-28; Adam Grant, "Burnout Is Everyone's Problem," *WorkLife*, March 17, 2020.

35 Timothy D. Walker, "The Joyful, Illiterate Kindergartners of Finland," *The Atlantic*, October 1, 2015.

36 Daphna Bassok, Scott Latham, and Anna Rorem, "Is Kindergarten the New First Grade?," *AERA Open* 1, no. 4 (2016): 1–31.

V   Sebastian Suggate, Elizabeth Schaughency, Helena McAnally, and Elaine Reese, "From Infancy to Adolescence: The Longitudinal Links between Vocabulary, Early Literacy Skills, Oral Narrative, and Reading Comprehension," *Cognitive Development* 47 (2018): 82–95.

VI   Sebastian P. Suggate, Elizabeth A. Schaughency, and Elaine Reese, "Children Learning to Read Later Catch Up to Children Reading Earlier," *Early Childhood Research Quarterly* 28, no. 1 (2013): 33–48.

VII Daniel T. Willingham, "How to Get Your Mind to Read," *The New York Times*, November 25, 2017.

VIII Sebastian Paul Suggate, "Does Early Reading Instruction Help Reading in the Long-Term? A Review of Empirical Evidence," Research on Steiner Education 4, no. 1 (2019): 123–131.

IX   Nancy Carlsson-Paige, Geralyn Bywater, and Joan Wolfsheimer Almon, "Reading Instruction in Kindergarten: Little to Gain and Much to Lose," Alliance for Childhood/Defending the Early Years, 2015, available at eric.ed.gov/?id=ED609172.

X   Wolfgang Schneider, Petra Küspert, Ellen Roth, Mechtild Vis?, and Harald Marx, "Short-and Long-Term Effects of Training Phonological Awareness in Kindergarten: Evidence from Two German Studies," *Journal of Experimental Child Psychology* 66, no. 3 (1997): 311–40.

37 Alvaro Infantes-Paniagua, Ana Filipa Silva, Rodrigo Ramirez-Campillo, Hugo Sarmento, Francisco Tomás González-Fernández, Sixto González-Villora, and Filipe Manuel Clemente, "Active School Breaks and Students' Attention: A Systematic Review with Meta-Analysis," *Brain Sciences* 11, no. 6 (2021): 675; D.L.I.H.K. Peiris, Yanping Duan, Corneel Vandelanotte, Wei Liang, Min Yang, and Julien Steven Baker, "Effects of In-Classroom Physical Activity Breaks on Children's Academic Performance, Cognition, Health Behaviours and Health Outcomes: A Systematic Review and Meta-Analysis of Randomised Controlled Trials," *International Journal of Environmental Research and Public Health* 19, no. 15 (2022): 9479.

38 Tim T. Morris, Danny Dorling, Neil M. Davies, and George Davey Smith,

"Associations between School Enjoyment at Age 6 and Later Educational Achievement: Evidence from a UK Cohort Study," *NPJ Science of Learning* 6 (2021): 18.

39 Pasi Sahlberg and William Doyle, "To Really Learn, Our Children Need the Power of Play," 2019, pasisahlberg.com/to-really-learn-our-children-need-the-power-of-play.

40 Kayleigh Skene, Christine M. O'Farrelly, Elizabeth M. Byrne, Natalie Kirby, Eloise C. Stevens, and Paul G. Ramchandani, "Can Guidance during Play Enhance Children's Learning and Development in Educational Contexts? A Systematic Review and Meta-Analysis," *Child Development* 93, no. 4 (2022): 1162-80.

41 Aksel Sandemose, *A Fugitive Crosses His Tracks* (New York: Knopf, 1936).

42 Arto K. Ahonen, "Finland: Success through Equity—The Trajectories in PISA Performance," in *Improving a Country's Education*, ed. Nuno Crato (Cham: Springer, 2021.

43 Sarah Butrymowicz, "Is Estonia the New Finland?," *The Atlantic*, June 23, 2016, and "Everyone Aspires to Be Finland, But This Country Beats Them in Two Out of Three Subjects," *The Hechinger Report*, June 23, 2016; Branwen Jeffreys, "Pisa Rankings: Why Estonian Pupils Shine in Global Tests," BBC, December 2, 2019; Rachel Sylvester, "How Estonia Does It: Lessons from Europe's Best School System," *The Times* (London), January 27, 2022; Thomas Hatch, "10 Surprises in the High-Performing Estonian Education System," *International Education News*, August 2, 2017; John Roberts, "Estonia: Pisa's European Success Story," *Tes Magazine*, December 3, 2019; Marri Kangur, "Estonia's Education Is Accessible to Everyone—Thanks to Social Support and an Adaptable System," *Estonian World*, December 27, 2021, and "Kindergarten Teaching in Estonia Balances between Education Goals and Game-Based Learning," *Estonian World*, October 12, 2021; Alexander Kaffka, "Gunda Tire: 'Estonians Believe in Education, and This Belief Has Been Essential for Centuries,'" *Caucasian Journal*, April 1, 2021; Adam Grant, "Estonia's Prime Minister Kaja Kallas on Leading with Strength and Sincerity," *Re:Thinking*, January 31, 2023.

44 "PISA 2018 Worldwide Ranking," OECD, factsmaps.com/pisa-2018-worldwide-ranking-average-score-of-mathematics-science-reading.

45 Chester E. Finn Jr. and Brandon L. Wright, "A Different Kind of Lesson from Finland," *EducationWeek*, November 3, 2015.

46 Pasi Sahlberg and Andy Hargreaves, "The Leaning Tower of PISA," *Washington Post*, March 24, 2015; Adam Taylor, "Finland Used to Have the Best Education System in the World—What Happened?," *Business Insider*, December 3, 2013; Thomas Hatch, "What Can the World Learn from Educational Change in Finland Now? Pasi Sahlberg on Finnish Lessons 3.0," *International Education News*, February 28, 2021.

47 Sanna Read, Lauri Hietajärvi, and Katariina Salmela-Aro, "School Burnout Trends and Sociodemographic Factors in Finland 2006-2019," *Social Psychiatry and Psychiatric Epidemiology* 57 (2022): 1659-69.

48 Uri Gneezy, John A. List, Jeffrey A. Livingston, Xiangdong Qin, Sally Sadoff, and Yang Xu, "Measuring Success in Education: The Role of Effort on the Test Itself," *American Economic Review: Insights* 1, no. 3 (2019): 291-308.

    XI Angela Lee Duckworth, Patrick D. Quinn, Donald R. Lynam, Rolf Loeber, and Magda Stouthamer-Loeber, "Role of Test Motivation in Intelligence Testing," *PNAS* 108, no. 19 (2011): 7716-20.

49 Martin Thrupp, Piia Seppänen, Jaakko Kauko, and Sonja Kosunen, eds., *Finland's Famous Education System: Unvarnished Insights into Finnish Schooling* (Singapore: Springer, 2023).

50 Erika A. Patall, Harris Cooper, and Jorgianne Civey Robinson, "The Effects of Choice on Intrinsic Motivation and Related Outcomes: A Meta-Analysis of Research Findings," *Psychological Bulletin* 134, no. 2 (2008): 270-300.

51 Timothy D. Walker, "Where Sixth-Graders Run Their Own City," *The Atlantic*, September 1, 2016; Eanna Kelly, "How Finland Is Giving 12-Year-Olds the Chance to Be Entrepreneurs," Science|Business, March 22, 2016.

52 Olivia Johnston, Helen Wildy, and Jennifer Shand, "Teenagers Learn through Play Too: Communicating High Expectations through a Playful Learning Approach," *The Australian Educational Researcher* (2022).

53 Panu Kalmi, "The Effects of Me and My City on Primary School Students' Financial Knowledge and Behavior," presented at 4th Cherry Blossom Financial Education Institute, Global Financial Literacy Excellence Center, George Washington University, Washington, DC, April 12-13, 2018.

54 "10 Facts about Reading in Finland 2020," Lukukeskus Läscentrum, lukukeskus.fi/en/10-facts-about-reading-in-finland/#fakta-2.

55 "Read Aloud-Program and Book Bag to Every Baby Born in Finland," Lue Lapselle, luelapselle.fi/read-aloud/.

56 Daniel T. Willingham, *Raising Kids Who Read: What Parents and Teachers Can Do* (San Francisco: Jossey-Bass, 2015); Adriana G. Bus, Marinus H. van Ijzendoorn, and Anthony D. Pellegrini, "Joint Book Reading Makes for Success in Learning to Read: A Meta-Analysis on Intergenerational Transmission of Literacy," *Review of Educational Research* 65, no. 1 (1995): 1-21; Joe Pinsker, "Why Some People Become Lifelong Readers," *The Atlantic*, September 19, 2019.

57 Daniel Willingham, "Moving Educational Psychology into the Home: The Case of Reading," *Mind Brain and Education* 9, no. 2 (2015): 107-11.

58 Gary P. Moser and Timothy G. Morrison, "Increasing Students' Achievement and Interest in Reading," *Reading Horizons* 38, no. 4 (1998): 233-45.

59 Jessica R. Toste, Lisa Didion, Peng Peng, Marissa J. Filderman, and Amanda M. McClelland, "A Meta-Analytic Review of the Relations between Motivation and Reading Achievement for K—12 Students," *Review of Educational Research* 90, no. 3 (2020): 420-56; Suzanne E. Mol and Adriana G. Bus, "To Read or Not to Read: A Meta-Analysis of Print Exposure from Infancy to Early Childhood," *Psychological Bulletin* 137, no. 2 (2011): 267-96.

60 Rémi Radel, Philippe G. Sarrazin, Pascal Legrain, and T. Cameron Wild, "Social Contagion of Motivation between Teacher and Student: Analyzing Underlying Processes," *Journal of Educational Psychology* 102, no. 3 (2010): 577-87.

61 Xiaojun Ling, Junjun Chen, Daniel H.K. Chow, Wendan Xu, and Yingxiu Li, "The 'Trade-Off' of Student Well-Being and Academic Achievement: A Perspective of Multidimensional Student Well-Being," *Frontiers in Psychology* 13 (2022): 772653.

62 Suniya S. Luthar, Nina L. Kumar, and Nicole Zillmer, "High-Achieving Schools Connote Risks for Adolescents: Problems Documented, Processes Implicated, and Directions for Interventions," *American Psychologist* 75 (2020): 983-95.

63 Yingyi Ma, "China's Education System Produces Stellar Test Scores. So Why Do 600,000 Students Go Abroad Each Year to Study?," *The Washington Post*, December 17, 2019.

64 Andrew S. Quach, Norman B. Epstein, Pamela J. Riley, Mariana K. Falconier, and Xiaoyi Fang, "Effects of Parental Warmth and Academic Pressure on Anxiety and Depression Symptoms in Chinese Adolescents," *Journal of Child and Family Studies* 24 (2015): 106-16.

65 Mark Mohan Kaggwa, Jonathan Kajjimu, Jonathan Sserunkuma, Sarah Maria Najjuka, Letizia Maria Atim, Ronald Olum, Andrew Tagg, and Felix Bongomin, "Prevalence of Burnout among University Students in Low- and Middle-Income Countries: A Systematic Review and Meta-Analysis," *PLoS ONE* 16, no. 8 (2021): e0256402; Xinfeng Tang, Suqin Tang, Zhihong Ren, and Daniel Fu Keung Wong, "Prevalence of Depressive Symptoms among Adolescents in Secondary School in Mainland China: A Systematic Review and Meta-Analysis," *Journal of Affective Disorders* 245 (2019): 498-507; Ziwen Teuber, Fridtjof W. Nussbeck, and Elke Wild, "School Burnout among Chinese High School Students: The Role of Teacher- Student Relationships and Personal Resources," *Educational Psychology* 41, no. 8 (2021): 985-1002; Alan Ye, "Copying the Long Chinese School Day Could Have Unintended Consequences," *The Conversation*, February 24, 2014.

66 Joyce Chepkemoi, "Countries Who Spend the Most Time Doing Homework," WorldAtlas, July 4, 2017.

67 Jenny Anderson, "Finland Has the Most Efficient Education System in the World," *Quartz*, December 3, 2019.

8장

1 Malvina Reynolds, "This World" (Schroder Music Company, [1961] 1989).

2 Amy C. Edmondson and Kerry Herman, "The 2010 Chilean Mining Rescue (A) & (B)," Harvard Business School Teaching Plan 613-012, May 2013; Jonathan Franklin, *33 Men: Inside the Miraculous Survival and Dramatic Rescue of the Chilean Miners* (New York: G. P. Putnam's Sons, 2011); Héctor Tobar, *Deep Down Dark: The Untold Stories of 33 Men Buried in a Chilean Mine, and the Miracle That Set Them Free* (New York: Farrar, Straus and Giroux, 2014); Manuel Pino Toro, *Buried Alive: The True Story of the Chilean Mining Disaster and the Extraordinary Rescue at Camp Hope* (New York: St. Martin's Press, 2011); Faazia Rashid, Amy C. Edmondson, and Herman B. Leonard, "Leadership Lessons from the Chilean Mine Rescue," *Harvard Business Review*, July-August 2013,: 113-19; Michael Useem, Rodrigo Jordán, and Matko Koljatic, "How to Lead during Crisis: Lessons from the Rescue of the Chilean Miners," *MIT Sloan Management Review*, August 18, 2011; Korn Ferry, "The Man behind the Miracle": kornferry.com/insights/briefings-magazine/ issue- 6/34-the-man-behind-the-miracle.

3 Connie Watson, "The Woman Who Helped Find the Needle in the Haystack," CBC News, October 22, 2010.

4 J. Richard Hackman, *Leading Teams: Setting the Stage for Great Performances* (Boston: Harvard Business School Press, 2002) and "Learning More by Crossing Levels: Evidence from Airplanes, Hospitals, and Orchestras," *Journal of Organizational Behavior* 24, no. 8 (2003): 90522.

5 J. Richard Hackman, ed., *Groups That Work (and Those That Don't* (San Francisco: Jossey- Bass, 1991).

6 J. Richard Hackman, *Collaborative Intelligence: Using Teams to Solve Hard Problems* (San Francisco: Berrett-Koehler, 2011); Hackman and O'Connor, 2004.

7 Anita Williams Woolley, Christopher F. Chabris, Alex Pentland, Nada Hashmi, and Thomas W. Malone, "Evidence for a Collective Intelligence Factor in the Performance of Human Groups," *Science* 330, no. 6004 (2010): 686-88.

8 Christoph Riedl, Young Ji Kim, Pranav Gupta, Thomas W. Malone, and Anita Williams Woolley, "Quantifying Collective Intelligence in Human Groups," *PNAS* 118, no. 21 (2021): e2005737118.

9 Patrick D. Dunlop and Kibeom Lee, "Workplace Deviance, Organizational Citizenship Behavior, and Business Unit Performance: The Bad Apples Do Spoil the Whole Barrel," *Journal of Organizational Behavior* 25, no. 1 (2004): 67-80; Will Felps, Terence R. Mitchell, and Eliza Byington, "How, When, and Why Bad Apples Spoil the Barrel: Negative Group Members and Dysfunctional Groups," *Research in Organizational Behavior* 27, no. 3 (2006): 175-22.

10 Nicoleta Meslec, Ishani Aggarwal, and Petru L. Curseu, "The Insensitive Ruins It All: Compositional and Compilational Influences of Social Sensitivity on Collective Intelligence in Groups," *Frontiers in Psychology* 7 (2016): 676.

11 Emily Grijalva, Timothy D. Maynes, Katie L. Badura, and Steven W. Whiting, "Examining the 'I' in Team: A Longitudinal Investigation of the Influence of Team Narcissism Composition on Team Outcomes in the NBA," *Academy of Management Journal* 63, no. 1 (2020): 7-33.

12 Peter Arcidiacono, Josh Kinsler, and Joseph Price, "Productivity Spillovers in Team Production: Evidence from Professional Basketball," *Journal of Labor Economics* 35, no. 1 (2017): 191-225.

13 Ben Weidmann and David J. Deming, "Team Players: How Social Skills Improve Group Performance," NBER Working Paper 27071, May 2020.

14 Eduardo Salas, Drew Rozell, Brian Mullen, James E. Driskell, "The Effect of Team Building on Performance: An Integration," *Small Group Research* 30, no. 3 (1999): 309-29; Cameron Klein, Deborah DiazGranados, Eduardo Salas, Huy Le, C. Shawn Burke, Rebecca Lyons, and Gerald F. Goodwin, "Does Team Building Work?," *Small Group Research* 40, no. 2 (2009): 181-222.

15 Neil G. MacLaren, Francis J. Yammarino, Shelley D. Dionne, Hiroki Sayama, Michael D. Mumford, Shane Connelly, Robert W. Martin, Tyler J. Mulhearn, E. Michelle Todd, Ankita Kulkarni, Yiding Cao, and Gregory A. Ruark, "Testing the Babble Hypothesis: Speaking Time Predicts Leader Emergence in Small Groups," *The Leadership Quarterly* 31 (2020): 101409.

16 Emily Grijalva, Peter D. Harms, Daniel A. Newman, Blaine H. Gaddis, and R. Chris Fraley, "Narcissism and Leadership: A Meta-Analytic Review of Linear and Nonlinear Relationships," *Personnel Psychology* 68, no. 1 (2015): 1-47.

17 Eddie Brummelman, Barbara Nevicka, and Joseph M. O'Brien, "Narcissism and Leadership in Children," *Psychological Science* 32, no. 3 (2021): 354-63.

18 Hemant Kakkar and Niro Sivanathan, "The Impact of Leader Dominance on Employees' Zero-Sum Mindset and Helping Behavior," *Journal of Applied Psychology* 107 (2022): 1706-24.

19 Charles A. O'Reilly III, Jennifer A. Chatman, and Bernadette Doerr, "When 'Me' Trumps 'We': Narcissistic Leaders and the Cultures They Create," *Academy of Management Discoveries* 7 (2021): 419-50.

20 Chad A. Hartnell, Angelo J. Kinicki, Lisa Schurer Lambert, Mel Fugate, and Patricia Doyle Corner, "Do Similarities or Differences between CEO Leadership and Organizational Culture Have a More Positive Effect on Firm Performance? A Test of Competing Predictions," *Journal of Applied Psychology* 101, no. 6 (2016): 846-61.

21 Deniz S. Ones and Stephan Dilchert, "How Special Are Executives? How Special Should Executive Selection Be? Observations and Recommendations," *Industrial and Organizational Psychology* 2 (2009): 163-70.

22 Sing Lim Leung and Nikos Bozionelos, "Five-Factor Model Traits and the Prototypical Image of the Effective Leader in the Confucian Culture," *Employee Relations* 26 (2004): 62-71.

23 Adam M. Grant, Francesca Gino, and David A. Hofmann, "Reversing the

Extraverted Leadership Advantage: The Role of Employee Proactivity," *Academy of Management Journal* 54, no. 3 (2011): 528-50.

24 Brian Mullen, Craig Johnson, and Eduardo Salas, "Productivity Loss in Brainstorming Groups: A Meta-Analytic Integration," *Basic and Applied Social Psychology* 12 (1991): 3-23.

25 Dave Barry, *Dave Barry Turns 50* (New York: Ballantine Books, 1998).

26 Paul B. Paulus and Huei-Chuan Yang, "Idea Generation in Groups: A Basis for Creativity in Organizations," *Organizational Behavior and Human Decision Processes* 82, no. 1 (2000): 76-87.

27 Anita Williams Woolley, Ishani Aggarwal, and Thomas W. Malone, "Collective Intelligence and Group Performance," *Current Directions in Psychological Science* 24, no. 6 (2015): 420-24.

I Riedl et al., 2021.

II David Engel, Anita Williams Woolley, Lisa X. Jing, Christopher F. Chabris, and Thomas W. Malone, "Reading the Mind in the Eyes or Reading between the Lines? Theory of Mind Predicts Collective Intelligence Equally Well Online and Face-to-Face," *PLoS ONE* 9 (2014): e115212.

III William Ickes, Paul R. Gesn, and Tiffany Graham, "Gender Differences in Empathic Accuracy: Differential Ability or Differential Motivation?," *Personal Relationships* 7, no. 1 (2000): 95-109.

IV Weidmann and Deming, 2021; J. Mark Weber and J. Keith Murnighan, "Suckers or Saviors? Consistent Contributors in Social Dilemmas," *Journal of Personality and Social Psychology* 95, no. 6 (2008): 1340-53.

V Aaron A. Dhir, *Challenging Boardroom Homogeneity: Corporate Law, Governance, and Diversity* (New York: Cambridge University Press, 2015).

28 Benjamin Ostrowski, Anita Williams Woolley, and Ki-Won Haan, "Translating Member Ability into Group Brainstorming Performance: The Role of Collective Intelligence," *Small Group Research* 53, no. 1 (2022): 3-40.

29 Ethan Bernstein, Jesse Shore, and David Lazer, "How Intermittent Breaks in Interaction Improve Collective Intelligence," *PNAS* 115 (2018): 8734-39.

30 Adam Grant, "Is It Safe to Speak Up?," *WorkLife*, July 20, 2021.

31 y: Amy C. Edmondson, *The Fearless Organization: Creating Psychological Safety in the Workplace for Learning, Innovation, and Growth* (New

York: Wiley, 2018); Elizabeth W. Morrison, Sara L. Wheeler-Smith, and Dishan Kamdar, "Speaking Up in Groups: A Cross-Level Study of Group Voice Climate and Voice," *Journal of Applied Psychology* 96, no. 1 (2011): 183-91.

32 So-Hyeon Shim, Robert W. Livingston, Katherine W. Phillips, and Simon S.K. Lam, "The Impact of Leader Eye Gaze on Disparity in Member Influence: Implications for Process and Performance in Diverse Groups," *Academy of Management Journal* 64, no. 6 (2021): 1873-1900.

33 James R. Detert, Ethan R. Burris, David A. Harrison, and Sean R. Martin, "Voice Flows to and around Leaders: Understanding When Units Are Helped or Hurt by Employee Voice," *Administrative Science Quarterly* 58, no. 4 (2013): 624-68.

34 "Balancing on the Creative Highwire: Forecasting the Success of Novel Ideas in Organizations," *Administrative Science Quarterly* 61, no. 3 (2016): 433-68; Jennifer Mueller, Shimul Melwani, Jeffrey Loewenstein, and Jennifer J. Deal, "Reframing the Decision-Makers' Dilemma: Towards a Social Context Model of Creative Idea Recognition," *Academy of Management Journal* 61, no. 1 (2018): 94-110.

35 Nathanael J. Fast, Ethan R. Burris, and Caroline A. Bartel, "Managing to Stay in the Dark: Managerial Self-Efficacy, Ego Defensiveness, and the Aversion to Employee Voice," *Academy of Management Journal* 57, no. 4 (2014): 1013-34; Ethan R. Burris, "The Risks and Rewards of Speaking Up: Managerial Responses to Employee Voice," *Academy of Management Journal* 55, no. 4 (2012): 851-75.

36 Grant, Parker, and Collins, 2009; Adam M. Grant, "Rocking the Boat but Keeping It Steady: The Role of Emotion Regulation in Employee Voice," *Academy of Management Journal* 56, no. 6 (2013): 1703-23.

37 Damon J. Phillips and Ezra W. Zuckerman, "Middle-Status Conformity: Theoretical Restatement and Empirical Demonstration in Two Markets," *American Journal of Sociology* 107, no. 2 (2001): 379-429; Jennifer S. Mueller, Shimul Melwani, and Jack A. Goncalo, "The Bias against Creativity: Why People Desire but Reject Creative Ideas," *Psychological Science* 23, no. 1 (2012): 13-17.

38 James R. Detert and Linda K. Treviño, "Speaking Up to Higher-Ups: How Supervisors and Skip-Level Leaders Influence Employee Voice," *Organization Science* 21 (2010): 249-70; Andrea C. Vial, Victoria L. Brescoll, and John F. Dovidio, "Third-Party Prejudice Accommodation Increases Gender Discrimination," *Journal of Personality and Social*

Psychology 117, no. 1 (2019): 73-98.

39 Charalampos Mainemelis, "Stealing Fire: Creative Deviance in the Evolution of New Ideas," *Academy of Management Review* 35, no. 4 (2010): 558-78.

40 Douglas K. Smith and Robert C. Alexander, *Fumbling the Future: How Xerox Invented, Then Ignored, the First Personal Computer* (Lincoln, NE: iUniverse, 1999).

41 Claudia H. Deutsch, "At Kodak, Some Old Things Are New Again," *The New York Times*, May 2, 2008.

42 Adam Grant, "Rethinking Flexibility at Work," *WorkLife*, April 19, 2022

43 James R. Detert and Amy C. Edmondson, "Implicit Voice Theories: Taken-for-Granted Rules of Self-Censorship at Work," *Academy of Management Journal* 54, no. 3 (2011): 461-88.

44 "Why Some Innovation Tournaments Succeed and Others Fail," *Knowledge at Wharton*, February 2014.

45 Christian Terwiesch and Karl T. Ulrich, *Innovation Tournaments: Creating and Selecting Exceptional Opportunities* (Boston: Harvard Business School Press, 2009.

9장

1 Booker T. Washington, *Up from Slavery: An Autobiography* (New York: Doubleday, 1907).

2 personal interview, August 31, 2022; José Hernandez, *Reaching for the Stars: The Inspiring Story of a Migrant Farmworker Turned Astronaut* (New York: Center Street, 2012); Jocko Willink, "310: Relish the Struggle and Keep Reaching for the Stars with José Hernandez," *Jocko Podcast*, December 1, 2021; Octavio Blanco, "How This Son of Migrant Farm Workers Became an Astronaut," CNN Business, March 14, 2016; "An Interview with Astronaut José Hernandez," UCSB College of Engineering, YouTube, December 18, 2014, youtu.be/2fLdKrv8zkM; José Hernandez, "Dreaming the Impossible," Talks at Google, YouTube, October 15, 2010, youtu.be/lwVqVu5Tl-k.

3 Elanor F. Williams and Thomas Gilovich, "The Better-Than-My-Average Effect: The Relative Impact of Peak and Average Performances in Assessments of the Self and Others," *Journal of Experimental Psychology* 48, no. 2 (2012): 556-61.

4 Noah Eisenkraft, "Accurate by Way of Aggregation: Should You Trust

Your Intuition-Based First Impressions?," *Journal of Experimental Social Psychology* 49, no. 2 (2013): 277-79; Nalini Ambady and Robert Rosenthal, "Thin Slices of Expressive Behavior as Predictors of Interpersonal Consequences: A Meta-Analysis," *Psychological Bulletin* 111, no. 2 (1992): 256-74.

5   Vas Taras, Marjaana Gunkel, Alexander Assouad, Ernesto Tavoletti, Justin Kraemer, Alfredo Jiménez, Anna Svirina, Weng Si Lei, and Grishma Shah, "The Predictive Power of University Pedigree on the Graduate's Performance in Global Virtual Teams," *European Journal of International Management* 16, no. 4 (2021): 555-84.

6   Vasyl Taras, Grishma Shah, Marjaana Gunkel, Ernesto Tavoletti, "Graduates of Elite Universities Get Paid More. Do They Perform Better?," *Harvard Business Review*, September 4, 2020.

7   Peter Q. Blair and Shad Ahmed, "The Disparate Racial Impact of Requiring a College Degree," *The Wall Street Journal*, June 28, 2020; Peter Q. Blair, Tomas G. Castagnino, Erica L. Groshen, Papia Debroy, Byron Auguste, Shad Ahmed, Fernando Garcia Diaz, and Cristian Bonavida, "Searching for STARs: Work Experience as a Job Market Signal for Workers without Bachelor's Degrees," NBER Working Paper 26844, March 2020.

8   Chad H. Van Iddekinge, John D. Arnold, Rachel E. Frieder, Philip L. Roth, "A Meta-Analysis of the Criterion-Related Validity of Prehire Work Experience," *Personnel Psychology* 72, no. 4 (2019): 571-98.

9   Leaetta M. Hough, "Development and Evaluation of the 'Accomplishment Record' Method of Selecting and Promoting Professionals," *Journal of Applied Psychology* 69 (1984): 135-46; Charlene Zhang and Nathan R. Kuncel, "Moving beyond the Brag Sheet: A Meta-Analysis of Biodata Measures Predicting Student Outcomes," *Educational Measurement* 39 (2020): 106-21.

10 Alan Benson, Danielle Li, and Kelly Shue, "Promotions and the Peter Principle," *The Quarterly Journal of Economics* 134, no. 4 (2019): 2085-2134.

11 Laurence J. Peter and Raymond Hull, *The Peter Principle: Why Things Always Go Wrong* (New York: Harper Business, [1969] 2014).

   I   Alan Benson, Danielle Li, and Kelly Shue, "Research: Do People Really Get Promoted to Their Level of Incompetence," *Harvard Business Review*, March 8, 2018.

   II Alan Benson, Danielle Li, and Kelly Shue, "'Potential' and the Gender

Promotion Gap," working paper, June 22, 2022.

12 Steven Ruiz, "Re-scouting Tom Brady at Michigan: Why NFL Teams Had No Excuse for Passing on Him," *USA Today*, October 20, 2017; ZeeGee Cecilio, "Huge Mistake: Kurt Warner Admits Rams Overlooked Tom Brady in Super Bowl 36," *Blasting News*, December 30, 2019.

13 Duane Ross, personal interviews, August 26, 2022, and April 3, 2023; David J. Shayler and Colin Burgess, *NASA's First Space Shuttle Astronaut Selection* (Switzerland: Springer, 2020); Tom Wolfe, *The Right Stuff* (New York: Farrar, Straus and Giroux, 1979).

14 Peggy A. Thoits, "Undesirable Life Events and Psycho-physiological Distress: A Problem of Operational Confounding," *American Sociological Review* 46, no. 1 (1981): 97-109.

15 Philip E. Tetlock, Ferdinand M. Vieider, Shefali V. Patil, and Adam M. Grant, "Accountability and Ideology: When Left Looks Right and Right Looks Left," *Organizational Behavior and Human Decision Processes* 122 (2013): 22-35.

16 on: Lisa M. Leslie, David M. Mayer, and David A. Kravitz, "The Stigma of Affirmative Action: A Stereotyping-Based Theory and Meta-Analytic Test of the Consequences for Performance," *Academy of Management Journal* 57, no. 4 (2014): 964-89.

17 Claudia Goldin and Cecilia Rouse, "Orchestrating Impartiality: The Impact of 'Blind' Auditions on Female Musicians," *American Economic Review* 90, no. 4 (2000): 715-41.

18 Elijah Megginson, "When I Applied to College, I Didn't Want to 'Sell My Pain,'" *The New York Times*, May 9, 2021.

19 Michael A. Bailey, Jeffrey S. Rosenthal, Albert H. Yoon, "Grades and Incentives: Assessing Competing Grade Point Average Measures and Postgraduate Outcomes," *Studies in Higher Education* 41 (2016): 1548-62; see also Michael N. Bastedo, Joseph E. Howard, and Allyson Flaster, "Holistic Admissions after Affirmative Action: Does "Maximizing" the High School Curriculum Matter?," *Educational Evaluation and Policy Analysis* 38, no. 2 (2016): 389-409.

20 Michael N. Bastedo, Nicholas A. Bowman, Kristen M. Glasener, and Jandi L. Kelly, "What Are We Talking about When We Talk about Holistic Review? Selective College Admissions and Its Effects on Low-SES Students," *The Journal of Higher Education* 89, no. 5 (2018): 782-805.

21 Michael N. Bastedo, D'Wayne Bell, Jessica S. Howell, Julian Hsu, Michael Hurwitz, Greg Perfetto, and Meredith Welch, "Admitting Students in

Context: Field Experiments on Information Dashboards in College Admissions," *The Journal of Higher Education* 93, no. 3 (2022): 327-74; Michael N. Bastedo, Kristen M. Glasener, K.C. Deane, and Nicholas A. Bowman, "Contextualizing the SAT: Experimental Evidence on College Admission Recommendations for Low-SES Applicants," *Educational Policy* 36, no. 2 (2022): 282-311.

22 Raphael Mokades, "Only Posh Kids Get City Jobs? This Man Has an Algorithm to Change That," *The Times* (London), April 19, 2022.

23 George Bulman, "Weighting Recent Performance to Improve College and Labor Market Outcomes," *Journal of Public Economics* 146 (2017): 97-108.

24 Jerker Denrell, Chengwei Liu, David Maslach, "Underdogs and One-Hit Wonders: When Is Overcoming Adversity Impressive?," *Management Science* (2023).

25 Sarah S. M. Townsend, Nicole M. Stephens, and MarYam G. Hamedani, "Difference-Education Improves First-Generation Students' Grades throughout College and Increases Comfort with Social Group Difference," *Personality and Social Psychology Bulletin* 47, no. 10 (2021): 1510-19.

26 Nicole M. Stephens, Stephanie A. Fryberg, Hazel Rose Markus, Camille S. Johnson, and Rebecca Covarrubias, "Unseen Disadvantage: How American Universities' Focus on Independence Undermines the Academic Performance of First-Generation College Students," *Journal of Personality and Social Psychology* 102, no. 6 (2012): 1178-97.

27 Mary C. Murphy, Maithreyi Gopalan, Evelyn R. Carter, Katherine T. U. Emerson, Bette L. Bottoms, and Gregory M. Walton, "A Customized Belonging Intervention Improves Retention of Socially Disadvantaged Students at a Broad-Access University," *Science Advances* 6, no. 29 (2020): eaba4677.

III Adam Pasick, "Google Finally Admits That Its Infamous Brainteasers Were Completely Useless for Hiring," *The Atlantic*, June 20, 2013.

IV Scott Highhouse, Christopher D. Nye, and Don C. Zhang, "Dark Motives and Elective Use of Brainteaser Interview Questions," *Applied Psychology: An International Review* 68 (2019): 311-40.

28 Deborah M. Powell, David J. Stanley, and Kayla N. Brown, "Meta-Analysis of the Relation between Interview Anxiety and Interview Performance," *Canadian Journal of Behavioural Science* 50, no. 4 (2018): 195-207.

29 Claude M. Steele, "A Threat in the Air: How Stereotypes Shape

Intellectual Identity and Performance," *American Psychologist* 52, no. 6 (1997): 613–29; Hannah-Hanh D. Nguyen and Ann Marie Ryan, "Does Stereotype Threat Affect Test Performance of Minorities and Women? A Meta-Analysis of Experimental Evidence," *Journal of Applied Psychology* 93, no. 6 (2008): 1314–34; Markus Appel, Silvana Weber, and Nicole Kronberger, "The Influence of Stereotype Threat on Immigrants: Review and Meta-Analysis," *Frontiers in Psychology* 6 (2015): 900; Claude M. Steele and Joshua Aronson, "Stereotype Threat and the Intellectual Performance of African Americans," *Journal of Personality and Social Psychology* 69 (1995): 797–811; Ruth A. Lamont, Hannah J. Swift, and Dominic Abrams, "A Review and Meta-Analysis of Age-Based Stereotype Threat: Negative Stereotypes, Not Facts, Do the Damage," *Psychology and Aging* 30, no. 1 (2015): 180–93; Stephanie L. Haft, Caroline Greiner de Magalhães, and Fumiko Hoeft, "A Systematic Review of the Consequences of Stigma and Stereotype Threat for Individuals with Specific Learning Disabilities," *Journal of Learning Disabilities* 56, no. 3 (2023): 193–209.

30 Gil Winch, *Winning with Underdogs: How Hiring the Least Likely Candidates Can Spark Creativity, Improve Service, and Boost Profits for Your Business* (New York: McGraw Hill, 2022); Adam Grant, "It's Time to Stop Ignoring Disability," *WorkLife*, June 13, 2022.

31 Philip L. Roth, Philip Bobko, and Lynn A. McFarland, "A Meta-Analysis of Work Sample Test Validity: Updating and Integrating Some Classic Literature," *Personnel Psychology* 58, no. 4 (2005): 1009–37.

32 Neil Anderson, Jesús F. Salgado, and Ute R. Hülsheger, "Applicant Reactions in Selection: Comprehensive Meta-Analysis into Reaction Generalization versus Situational Specificity," *International Journal of Selection and Assessment* 18, no. 3 (2010): 291–304.

V Nathan R. Kuncel, David M. Klieger, Brian S. Connelly, and Deniz S. Ones, "Mechanical versus Clinical Data Combination in Selection and Admissions Decisions: A Meta-Analysis," *Journal of Applied Psychology* 98, no. 6 (2013): 1060–72.

VI Sendhil Mullainathan, "Biased Algorithms Are Easier to Fix Than Biased People," *The New York Times*, December 6, 2019.

VII Benjamin Lira, Margo Gardner, Abigail Quirk, Cathlyn Stone, Arjun Rao, Lyle Ungar, Stephen Hutt, Sidney K. D'Mello, and Angela L. Duckworth, "Using Human-Centered Artificial Intelligence to Assess Personal Qualities in College Admissions," working paper

(2023).

VIII put: Adam Grant, "Reinventing the Job Interview," *WorkLife*, April 21, 2020.

나가는 말

1 Langston Hughes, *The Collected Poems of Langston Hughes* (New York: Knopf, 1994).
2 Jim Polk and Alicia Stewart, "9 Things about MLK's Speech and the March on Washington," CNN, January 21, 2019.
3 Warn N. Lekfuangfu and Reto Odermatt, "All I Have to Do Is Dream? The Role of Aspirations in Intergenerational Mobility and Well-Being," *European Economic Review* 148 (2022): 104193.

성공을 이루는 숨은 잠재력의 과학

히든 포텐셜

제1판 1쇄 발행 | 2024년 1월 25일
제1판 13쇄 발행 | 2024년 9월 13일

지은이 | 애덤 그랜트
번   역 | 홍지수
펴낸이 | 김수언
펴낸곳 | 한국경제신문 한경BP
책임편집 | 이혜영
교정교열 | 이근일
저작권 | 박정현
홍   보 | 서은실·이여진
마케팅 | 김규형·박정범·박도현
디자인 | 권석중
본문디자인 | 디자인 현

주   소 | 서울특별시 중구 청파로 463
기획출판팀 | 02-3604-590, 584
영업마케팅팀 | 02-3604-595, 562   FAX | 02-3604-599
H | http://bp.hankyung.com   E | bp@hankyung.com
F | www.facebook.com/hankyungbp
등   록 | 제 2-315(1967. 5. 15)

ISBN 978-89-475-4936-3 03320